DORN . BADER

PHYSIK

Sek II Einführungsphase

**Gymnasium
Niedersachsen**

DORN ■ BADER

Physik Sek II Einführungsphase
Gymnasium
Niedersachsen

Herausgegeben von
Prof. Dr. Rainer Müller

Begründet von
Prof. Dr. Franz Bader †, Prof. Friedrich Dorn †

Bearbeitet von
Dr. Maximilian Barth
Dirk Brockmann-Behnsen
Prof. Dr. Gunnar Friege
Frauke Haake
Dr. Henning Rode
Kristine Tschirschky

westermann GRUPPE

© 2017 Bildungshaus Schulbuchverlage Westermann Schroedel Diesterweg Schöningh Winklers GmbH
Braunschweig, www.westermann.de

Druck A^5 / Jahr 2021
Alle Drucke der Serie A sind im Unterricht parallel verwendbar.

Redaktion und Satz: Dr. Ulrich Kilian, science & more redaktionsbüro
Illustrationen: Camici, Axel; diGraph Medienservice Fontner-Forget; Domke, Franz-Josef; Griese, Dietmar; Kilian, Ulrich - science & more redaktionsbüro; Lithos; Lüddecke, Liselotte; newVISION! GmbH; Pustlaukdesign GmbH - Thilo Pustlauk; Wildermuth, Werner
Druck und Bindung: Westermann Druck GmbH, Braunschweig

ISBN 978-3-14-**152330**-0

Dynamik
Kinematik 1

Dynamik
Newtonsche Gesetze 2

Inhaltsverzeichnis

Dynamik

3 Kreisbewegungen

Dynamik

4 Energie

Inhaltsverzeichnis

Akustik 5

Inhaltsverzeichnis

6 Optische Abbildungen

7 Strahlungsphysik und Klima

Atom- und Kernphysik 8

■ weist auf Sonderelemente und -texte hin (Auswahl)

Kinematik

Bewegungen im Alltag: Wir alle bewegen uns. Zum Beispiel gehen wir morgens zur Schule oder zur Arbeit. Die Straßenbahn bewegt sich, der Uhrzeiger, die Wolken.

Bewegungen beschreiben: Meistens denken wir über unsere Bewegungen nicht nach. Wir gehen einfach – auf gewohnten Wegen, in einer bekannten Zeit. Manchmal müssen wir es aber genauer wissen, etwa Abfahrtszeiten von Bus und Bahn oder beim Sport. Physikalische Größen sind hilfreich, um Bewegungen präzise zu beschreiben. Dazu gehören die Position, die Geschwindigkeit und die Beschleunigung.

1

Das können Sie in diesem Kapitel erreichen:

- Sie können Bewegungen mit Worten, Graphen und Formeln präzise beschreiben.
- Sie können Geschwindigkeiten und Beschleunigungen bei einfachen und schwierigeren Bewegungen bestimmen und berechnen.
- Sie können typische Bewegungsformen wie Fall, waagerechter Wurf und schiefer Wurf unterscheiden.
- Sie können Bewegungen mit technischen Hilfsmitteln aufnehmen und auswerten.
- Sie können Bewegungen idealisiert betrachten und reale Bewegungen, in denen die Luftreibung eine wichtige Rolle spielt, beschreiben.

1.1 Geschwindigkeit

B1 *Kartbahn – Fahren im „Kreis"*

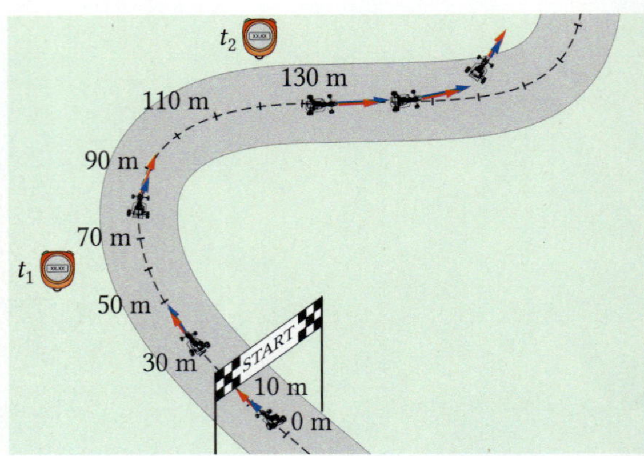

B2 *Kartbahn – Zeitpunkte, Orte, Wege und Richtungen*

Bewegungen beschreiben. Wir sind umgeben von Bewegungen: Der Bus fährt, der Uhrzeiger dreht sich und Kinder fahren mit ihrem Kart auf einer kurvigen Bahn (Bild **B1**). In der **Kinematik** versucht man diese Bewegungen möglichst genau zu beschreiben.

Ein Merkmal einer Bewegung ist der von einem Körper zurückgelegte **Weg**. Auf der Kartbahn können wir vom Startpunkt aus mit einem Maßstab den Weg ausmessen (Bild **B2**), der kurvige Weg lässt sich als Summe vieler kurzer gerader Strecken beschrieben. Bis zur ersten Kurve sind es zum Beispiel $s_1 = 70$ m, und hinter der Kurve ist ein Kart bereits $s_2 = 120$ m gefahren. Der Weg in der Kurve ist somit $s_2 - s_1 = 50$ m lang.

Tempo. Wie schnell ist das Kart unterwegs? Das **Tempo** (auch Schnelligkeit genannt) ist eine weitere physikalische Größe, mit der Bewegungen beschrieben werden. Aus dem Alltag sind Tempoangaben wie $130\,\frac{\text{km}}{\text{h}}$ bekannt. Bei einem Tempo von $130\,\frac{\text{km}}{\text{h}}$ kann ein Auto in einer Stunde 130 km zurücklegen. Um das Tempo zu beschreiben, ist also neben einer Wegangabe auch noch eine Zeitangabe nötig. Zum Zeitpunkt $t_1 = 6$ s erreicht das Kart die Kurve, zum Zeitpunkt $t_2 = 11$ s ist es aus der Kurve heraus (Bild **B2**). Insgesamt hat das Kart dafür eine **Zeitspanne** (kurz: Zeit) von $t_2 - t_1 = 5$ s benötigt. Das Tempo v ist das Verhältnis aus zurückgelegtem Weg und der dafür benötigten Zeitspanne:

$$v = \frac{s_2 - s_1}{t_2 - t_1} = \frac{50\ \text{m}}{5\ \text{s}} = 10\ \frac{\text{m}}{\text{s}}.$$

Mit dem Δ-Symbol (Delta) vereinfacht sich die Schreibweise von Differenzen ($\Delta s = s_2 - s_1$, $\Delta t = t_2 - t_1$) und das Tempo lässt sich einfacher als

$$v = \frac{\Delta s}{\Delta t}$$

schreiben.

Beachten Sie: Das Tempo ist immer größer oder gleich null, da Wege (Strecken) immer positiv sind, ebenso wie die Zeit, die ein bewegter Körper dafür benötigt. Ein ruhender Körper hat das Tempo null.

> **❗ Merksatz**
>
> Das Tempo v eines Körpers bezeichnet das Verhältnis aus zurückgelegtem Weg Δs und der dafür benötigten Zeit Δt:
>
> $$v = \frac{\Delta s}{\Delta t}.$$

Das Tempo kann sich von Moment zu Moment ändern, etwa im Auto, dessen Tacho zu jedem Zeitpunkt das aktuelle Tempo anzeigt. Solche genauen Messungen des Tempos erfordern kurze zurückgelegte Wege und entsprechende Messungen kleiner Zeitspannen.

Bewegungsrichtung und Geschwindigkeit. Fährt das Kart in die „richtige" Richtung oder falsch herum, steuert es elegant um die Kurve oder in die Bande? Bewegungen haben zu jedem Zeitpunkt eine Richtung. In Bild **B2** ist diese mit roten Pfeilen gekennzeichnet. Der physikalische Begriff **Geschwindigkeit** fasst zwei Bewegungsmerkmale zusammen: die Richtung und das Tempo. Das Tempo wird auch als **Betrag der Geschwindigkeit** bezeichnet. In eindeutigen Fällen sprechen wir vereinfachend von Geschwindigkeit, obwohl das Tempo gemeint ist (siehe Exkurs Sprachgebrauch). Die Geschwindigkeit ist eine **vektorielle Größe**. Sie wird graphisch mit einem **Pfeil** dargestellt und mit $\vec{v}$ bezeichnet (blaue Pfeile in Bild **B2**). Die Pfeilrichtung zeigt in Richtung der Bewegung, die Pfeillänge steht für den Betrag der Geschwindigkeit. Bild **B2** zeigt, dass die Karts vor der Kurve schneller fahren als in der Kurve.

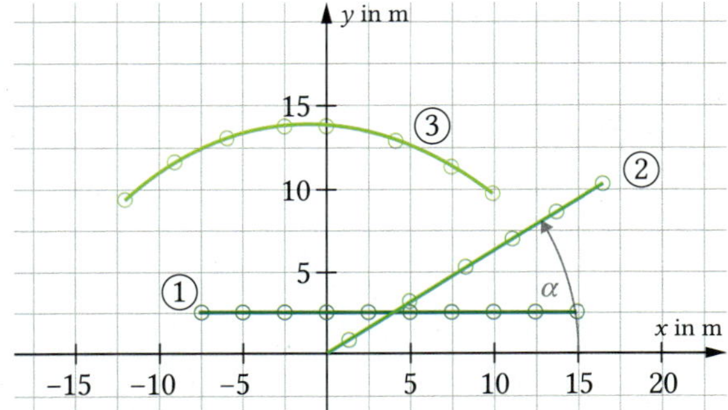

B3 *x-y-Ortskoordinaten und Bahnkurven*

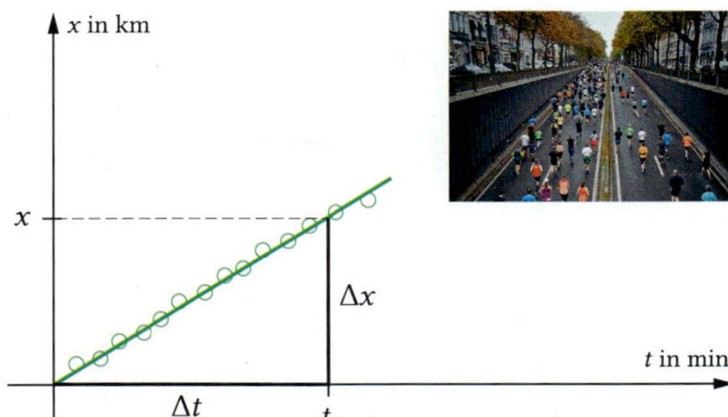

B4 *Zeit-Orts-Diagramm eines Marathonläufers*

! Merksatz

Die physikalische Größe Geschwindigkeit $\vec{v}$ gibt an, in welche Richtung und mit welchem Tempo v (Betrag der Geschwindigkeit) sich ein Körper bewegt. Der Geschwindigkeitspfeil ist eine Darstellung dieser vektoriellen Größe. Die Pfeilrichtung gibt die Bewegungsrichtung und die Länge des Pfeils den Betrag an.

Richtungen und Koordinatensysteme. In der Mathematik werden Punkte und Richtungen in x-y-Koordinatensystemen dargestellt, die wir auch bei physikalischen Bewegungen in einer Ebene verwenden können. Bild **B3** zeigt die (x, y)-Koordinaten der Bewegung von drei Körpern. Wir sehen einige Punkte der Bahnkurven, können dieser Darstellung jedoch nicht entnehmen, zu welchen Zeitpunkten die Körper an welchem Ort sind. Bewegung ① verläuft parallel zur x-Achse. Der zurückgelegte Weg lässt sich aus den Ortskoordinaten bestimmen: $\Delta s = 12{,}5$ m $- (-7{,}5$ m$) = 20$ m. Durch geschickte Wahl des Ursprungs (Nullpunkt) wäre eine einfachere Beschreibung mit nur positiven x-Koordinaten möglich gewesen. Bewegung ② und Bewegung ③ verlaufen in der x-y-Ebene. Die Richtung von Bewegung ② lässt sich auch durch den Richtungswinkel α zwischen Koordinatenachse und Bewegungsrichtung angeben. Bei Bewegung ③ ändert sich dieser Winkel ständig.

Spezialfall: Gleichförmige geradlinige Bewegung.

Bewegt sich ein Körper mit einer unveränderten (konstanten) Geschwindigkeit in Richtung und Betrag, spricht man von einer **gleichförmig geradlinigen Bewegung**. Näherungsweise lässt sich diese Bewegung bei Marathonläufern beobachten, wenn sie sich auf geraden Teilstücken ihres Laufs befinden. Geradlinige Bewegungen lassen sich einfach in einem x-y-Koordina-

tensystem mit positiver x-Achse in Bewegungsrichtung beschreiben: Der Nullpunkt der x-Achse wird auf den Beginn des Teilstücks gelegt, die Zeitmessung startet bei $t = 0$ s, wenn der Läufer den Nullpunkt passiert. Wird an mehreren Orten jeweils die Zeit notiert, an der der Läufer vorbeikommt, erhält man Zeit-Ort-Wertepaare (t, x), die in ein **Zeit-Orts-Diagramm** eingetragen werden (Bild **B4**). Diesem Zeit-Orts-Diagramm entnimmt man:

☐ Die Messwerte liegen auf einer Geraden.
☐ Betrag der Geschwindigkeit: Da der Läufer geradlinig in positive x-Richtung läuft, entspricht die x-Koordinate dem zurückgelegten Weg auf diesem Teilstück. Also ist

$$v = \frac{\Delta s}{\Delta t} = \frac{\Delta x}{\Delta t} = \frac{x}{t}. \tag{1}$$

☐ Die Steigung der Gerade und damit v ändern sich mit der Zeit nicht, sie sind konstant.
☐ Je steiler die Gerade, desto größer ist v.

Umformen der Gleichung (1) für den Betrag der Geschwindigkeit nach der x-Koordinate zur Zeit t führt auf die **Bewegungsgleichung** der gleichförmig geradlinigen Bewegung:

$$x(t) = v \cdot t.$$

! Merksatz

Bei einer gleichförmigen geradlinigen Bewegung sind Betrag und Richtung der Geschwindigkeit $\vec{v}$ konstant. Der Betrag v der Geschwindigkeit lässt sich aus der Steigung der Geraden im Zeit-Orts-Diagramm entnehmen. Die Bewegungsgleichung ist:

$$x(t) = v \cdot t.$$

Beginnt auch die Wegmessung zum Zeitpunkt $t = 0$ s bei $s(0$ s$) = 0$ m, so ist in diesem Spezialfall einer Bewegung der zurückgelegte Weg s proportional zu t: $s \sim t$.

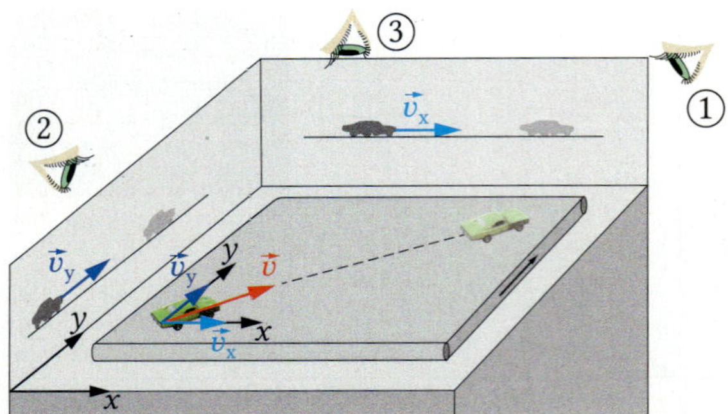

B1 Modellauto auf einem Fließband

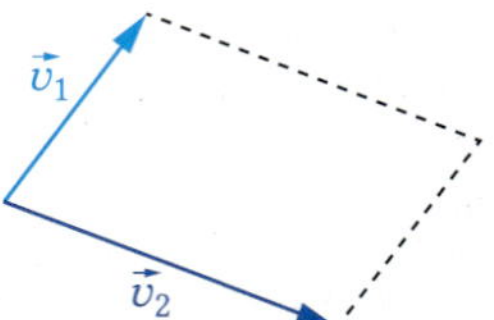

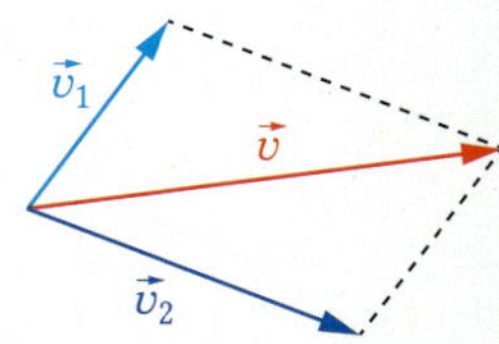

B2 *Geschwindigkeitsvektoren werden addiert wie andere Vektoren in der Physik auch. Die resultierende Geschwindigkeit ergibt sich als Diagonale des von den Teilgeschwindigkeiten aufgespannten Parallelogramms. Stehen die zu addierenden Vektoren senkrecht aufeinander, lässt sich der Betrag des resultierenden Vektors mit dem Satz des Pythagoras berechnen.*

Beobachtung von Geschwindigkeiten. Für die Bestimmung der Geschwindigkeit von Objekten ist der Standort des **Beobachters** oft entscheidend.

Gedankenexperiment 1: Ein kleines Modellauto fährt mit konstantem Tempo v_x in positive x-Richtung. Zugleich steht es auf einem Fließband, das sich mit konstantem Tempo v_y in y-Richtung bewegt. Zwei ruhende Beobachter sehen von der Seite den Schatten des Autos, ein dritter schaut sich die Bewegung von oben an (Bild **B1**). Folgende Beobachtungen werden gemacht:

☐ Beobachter ① sieht im Schattenbild nur die Bewegung des Autos in x-Richtung und misst das Tempo v_x.

☐ Beobachter ② sieht im Schattenbild nur die Bewegung des Autos in y-Richtung und misst das Tempo v_y.

☐ Beobachter ③ stellt fest, dass das Auto auf einer schrägen Geraden mit einem Tempo v über das Fließband fährt. Es besitzt neben der Geschwindigkeit v_x noch eine Zusatzgeschwindigkeit v_y durch das Fließband.

Die resultierende Geschwindigkeit ergibt sich als „vektorielle Addition" der Geschwindigkeiten in x- und y-Richtung (Bild **B1** und **B2**): $\vec{v} = \vec{v}_1 + \vec{v}_2$. Das Tempo von $\vec{v}$ ergibt sich mit dem Satz von Pythagoras zu

$$v = \sqrt{v_1^2 + v_2^2}\,.$$

Der Satz des Pythagoras lässt sich aber nur anwenden, wenn die addierenden Vektoren rechtwinklig zueinander stehen (Bild **B2**).

Gedankenexperiment 2: Ein vierter Beobachter steht auf der Seite von Beobachter 1. Er bewegt sich jedoch zeitgleich mit dem Auto in positive Richtung mit einem Tempo v_x. Er blickt also stets direkt auf den Schatten des Autos und sieht keine Bewegung. Für ihn ruht das Auto.

In der Physik ist es eine erfolgreiche Strategie, Bewegungen aus verschiedenen Beobachterpositionen zu betrachten.

✳ Beispielaufgabe

Wanderer A geht einen geraden, 400 m langen Berghang mit einem gleichbleibenden Tempo von $3\,\frac{m}{s}$ hinauf. Wanderer B geht zeitgleich mit $5\,\frac{m}{s}$ den Berghang hinunter. Bestimmen Sie Zeitpunkt und Ort des Treffpunkts der beiden Wanderer.

Lösung:

Die positive x-Achse zeigt bergauf, der Ursprung liegt im Tal. Beide Wanderer absolvieren eine gleichförmige Bewegung und starten zum Zeitpunkt $t = 0$ s. Wanderer A startet bei $x_{A,0} = 0$ m und geht in Richtung der positiven Achse mit $v_A = 3\,\frac{m}{s}$, d.h. $x_A(t) = v_A \cdot t$. Wanderer B startet am Ort $x_{B,0} = 400$ m und geht in negative x-Richtung mit $v_B = 5\,\frac{m}{s}$. Die x-Koordinate verringert sich daher in jeder Sekunde um 5 m.

Seine Koordinatengleichung ist $x_B(t) = 400\ \mathrm{m} - v_B \cdot t$. Ein Treffen der Wanderer zum Zeitpunkt t_T bedeutet:

$$x_A(t_T) = v_A \cdot t_T = 400\ \mathrm{m} - v_B \cdot t_T = x_B(t_T).$$

Auflösen nach t_T führt auf: $t_T = \frac{400\ \mathrm{m}}{v_A + v_B} = 50$ s.

Der Ort des Treffens ist $x_A(t_T) = 3\,\frac{m}{s} \cdot 50\ \mathrm{s} = 150$ m.

Im t-x-Diagramm werden die Orte der Wanderer punktweise aufgetragen. Zeit und Ort des Treffens lassen sich auch aus dem Schnittpunkt der Bahnkurven ablesen. Wanderer A hat bis zum Treffen einen Weg von 150 m und Wanderer B einen von 250 m zurückgelegt.

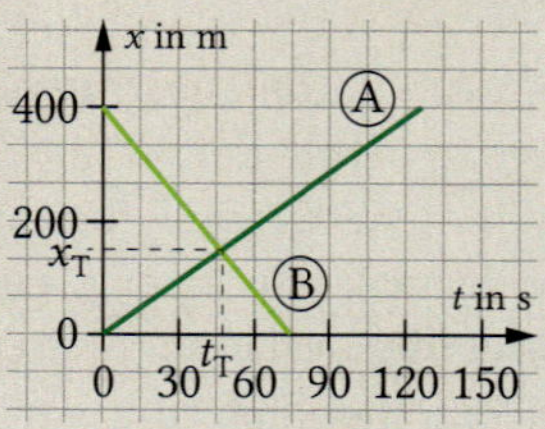

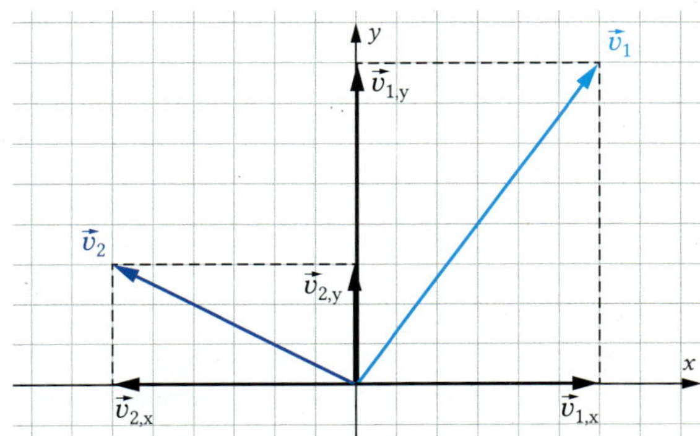

B3 *Geschwindigkeiten und Geschwindigkeitskomponenten in x- und y-Richtung*

Geschwindigkeitskomponenten. Für die Beschreibung von Bewegungen ist die Betrachtung der Teilgeschwindigkeiten entlang der Achsen eines x-y-Koordinatensystems oftmals nützlich. Bild **B3** zeigt, wie zwei unterschiedliche Geschwindigkeitsvektoren $\vec{v}_1$ und $\vec{v}_2$ in ihre Teilgeschwindigkeiten in x- und y-Richtung zerlegt werden. Umgekehrt ergibt die vektorielle Addition dieser Teilgeschwindigkeiten den ursprünglichen Geschwindigkeitsvektor.

Die Geschwindigkeiten $\vec{v}_1$ und $\vec{v}_2$ unterscheiden sich im Betrag und im Betrag ihrer Teilgeschwindigkeiten $\vec{v}_{1,y}$ und $\vec{v}_{2,y}$ in y-Richtung. Sie unterscheiden sich nicht im Betrag ihrer Teilgeschwindigkeiten $\vec{v}_{1,x}$ und $\vec{v}_{2,x}$ in x-Richtung ($v_{1,x} = v_{2,x}$), jedoch zeigt $\vec{v}_{1,x}$ in Richtung der positiven und $\vec{v}_{2,x}$ in Richtung der negativen x-Achse.

Bei Bewegungen entgegen der x-Richtung spricht man oft von einer „negativen Geschwindigkeit in x-Richtung" und meint damit eine Richtungsangabe bezüglich einer Koordinatenachse und den Betrag. Der Grund liegt darin, dass die x-Koordinate eines sich mit $\vec{v}_{2,x}$ gleichförmig bewegenden Körpers mit der Zeit immer geringer wird, also das Zeit-Orts-Gesetz $x(t) = -v_{2,x} \cdot t$ ist, falls der Körper sich zum Zeitpunkt $t = 0$ s im Ursprung befand.

Lösen Sie selbst

1 Kathi, Lea und Marie fahren mit dem Rad zur Schule. Ihre Fahrradtachos zeigen die Höchstwerte des Tempos auf dem Schulweg an: $5\,\frac{m}{s}$, $20\,\frac{km}{h}$ und 17 mph (mph = Meilen pro Stunde, 1 Meile = 1,609 km). Bestimmen Sie das schnellste Mädchen.

2 Ein Fernlenkauto wird mit gleichbleibendem Tempo durch einen Parcours gelenkt.
a) Übertragen Sie die Zeichnung in Ihr Heft und zeichnen Sie Geschwindigkeitspfeile des Autos ein.
b) An welchen Ortsmarkierungen kann im Vergleich zur vorangegangenen eine Geschwindigkeitsänderung festgestellt werden?

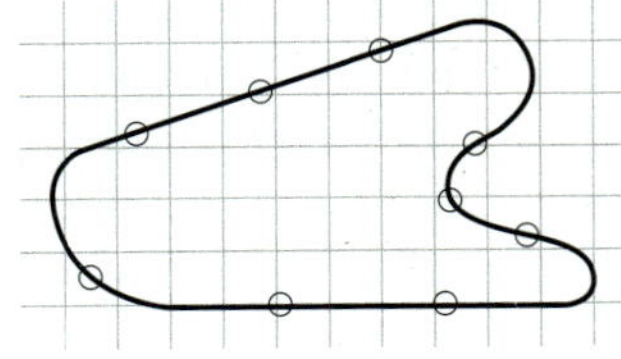

3 Ein Sportler will einen 60 m breiten Fluss mit einem Tempo von $0,6\,\frac{m}{s}$ quer zur Strömungsrichtung durchschwimmen. Der Schwimmer hat neben der Schwimmgeschwindigkeit noch die Zusatzgeschwindigkeit durch die Strömung von $1,5\,\frac{m}{s}$.
a) Berechnen Sie die Zeit, bis der Schwimmer das andere Ufer erreicht hat.
b) Bestimmen Sie, wieviel Meter der Schwimmer von seinem ursprünglichen Ziel durch die Strömung abgetrieben wurde.

4 Radfahrer A startet bei Kilometer 350 mit Tempo $20\,\frac{km}{h}$ und fährt Radfahrer B entgegen. Dieser startet zeitgleich bei Kilometer 420 mit Tempo $25\,\frac{km}{h}$. Beide Fahrer halten ihr Tempo konstant. Bestimmen Sie grafisch und durch Rechnung den Zeitpunkt und den Ort, an dem die Radfahrer aneinander vorbeifahren.

1.2 Beschleunigung

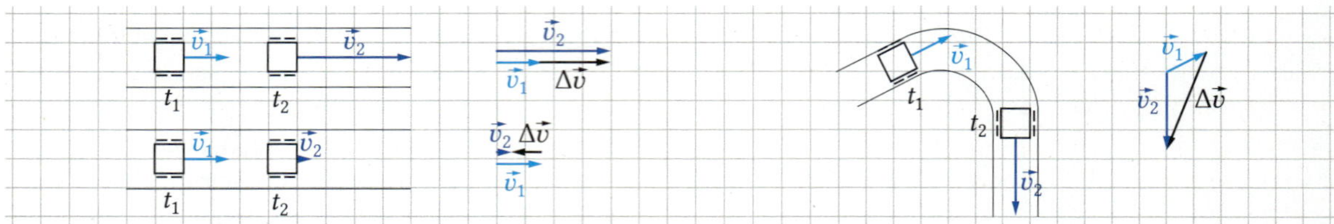

B1 Beschleunigte Bewegungen: Änderungen der Geschwindigkeit $\Delta\vec{v}$ in jeweils einer Zeitspanne $\Delta t = t_2 - t_1$

Beschleunigung. „Von Null auf Hundert in nur 8,2 Sekunden". Diese Sportwagenwerbung bedeutet in die Physik übersetzt: Der Wagen startet aus der Ruhe und erreicht nach 8,2 Sekunden den Geschwindigkeitsbetrag $100\,\frac{\text{km}}{\text{h}}$. Im Alltag sagen wir, dass der Sportwagen „stark beschleunigt". Den umgekehrten Vorgang – Verringerung des Geschwindigkeitsbetrags in einer Zeitspanne Δt – bezeichnen wir im Alltag als „Bremsen".

In der Physik fasst man diese Bedeutungen zusammen und erweitert sie. Man betrachtet nicht nur die Änderung des Tempos, sondern der Geschwindigkeit in einer Zeitspanne Δt, und bezeichnet sie mit einer neuen Größe, der **Beschleunigung**. Bild **B1** zeigt drei Situationen: Der Betrag der Geschwindigkeit wird a) größer, b) kleiner und c) die Richtung der Geschwindigkeit ändert sich, aber nicht der Betrag.

Die Änderung der Geschwindigkeit $\Delta\vec{v}$ wird als **Zusatzgeschwindigkeit** bezeichnet. $\Delta\vec{v}$ zeigt in bzw. entgegengesetzt zur Richtung der Bewegung, wenn sich der Betrag der Geschwindigkeit vergrößert bzw. verkleinert. In Situation c) zeigt $\Delta\vec{v}$ weder in die ursprüngliche noch in die neue Bewegungsrichtung. Es gilt stets die „vektorielle Addition": $\vec{v}_1 + \Delta\vec{v} = \vec{v}_2$.

Die Beschleunigung $\vec{a}$ ist das Verhältnis der Geschwindigkeitsänderung $\Delta\vec{v}$ zur Zeitspanne Δt, in der diese Änderung stattfindet:

$$\vec{a} = \frac{\Delta\vec{v}}{\Delta t}.$$

Sie ist wie die Geschwindigkeit eine vektorielle Größe mit Richtung und Betrag (Bild **B1**). Die Einheit ist $\frac{\text{m}}{\text{s}^2}$.

> **! Merksatz**
>
> Die Beschleunigung $\vec{a}$ gibt die Änderung $\Delta\vec{v}$ der Geschwindigkeit in einer Zeitspanne Δt an:
>
> $$\vec{a}\,(t) = \frac{\Delta\vec{v}}{\Delta t}.$$
>
> Sie ist eine vektorielle Größe und wird mit einem Pfeil dargestellt. Der Pfeil zeigt in Richtung der Geschwindigkeitsänderung $\Delta\vec{v}$, die Länge des Pfeils gibt den Betrag der Beschleunigung an.

Spezialfall: gleichmäßig beschleunigte geradlinige Bewegung. Bewegt sich ein Körper in eine bestimmte Richtung und nimmt der Betrag der Geschwindigkeit in gleichen Zeitspannen gleichmäßig zu, so liegt eine weitere besondere Bewegung vor: die **gleichmäßig beschleunigte geradlinige Bewegung**. Betrag und Richtung der Beschleunigung bleiben dabei konstant.

V1 Seifenkistenrennen

Eine Seifenkiste rollt aus der Ruhe zum Zeitpunkt $t = 0\,\text{s}$ eine gerade Rampe hinunter, also ist $v(0\,\text{s}) = 0\,\frac{\text{m}}{\text{s}}$. Wir wählen zur Beschreibung ein Koordinatensystem mit dem Ursprung am Startpunkt und der x-Achse in Richtung der Rampe.

Entlang der Rennstrecken messen wir jeweils die Zeiten, zu denen die Seifenkiste Orte entlang der Rampe passiert, und bestimmen die Geschwindigkeit der Seifenkiste. Die Zeit-Orts-Werte und Zeit-Geschwindigkeits-Werte stellen wir grafisch dar.

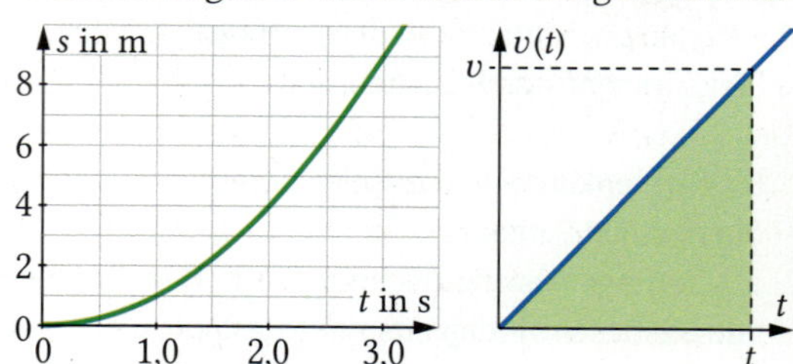

Das Zeit-Orts-Diagramm zeigt einen parabelförmigen Zusammenhang zwischen x und t, also $x \sim t^2$. Der Zeit-Geschwindigkeits-Graph ist eine Gerade durch den Ursprung, der Betrag der Geschwindigkeit nimmt proportional mit der Zeit zu: $v \sim t$.

Eine gut gebaute Seifenkiste (ohne Lenkung) auf einer geraden Rampe führt ein solche Bewegung aus (Versuch **V1**). Die Steigung $\frac{\Delta v}{\Delta t}$ des Zeit-Geschwindigkeits-Diagramms ist in diesem Fall gleich dem Betrag der Beschleunigung. Die Bewegungsgleichung für v lautet:

$$v(t) = a \cdot t.$$

Die x-Koordinate der Seifenkiste ändert sich proportional zum Quadrat der Zeit, also $x(t) \sim t^2$. Mit dem Computer können wir eine Kurve durch die Messpunkte legen und den noch unbekannten Proportionalitätsfaktor bestimmen. Er beträgt für alle gleichmäßig beschleunigten, geradlinigen Bewegungen stets $\frac{1}{2}a$. Die **Bewegungsgleichung** der Seifenkiste für x lautet somit:

$$x(t) = \tfrac{1}{2}\, a \cdot t^2.$$

! Merksatz

Bei einer gleichmäßig beschleunigten und geradlinigen Bewegung nimmt der Betrag der Geschwindigkeit mit der Zeit gleichmäßig zu.

Die Bewegungsgleichungen für eine Bewegung aus der Ruhe mit $x(t = 0\ \text{s}) = 0\ \text{m}$ sind:

Zeit-Orts-Gesetz: $\qquad x(t) = \tfrac{1}{2}\, a \cdot t^2.$

Zeit-Geschwindigkeits-Gesetz: $\quad v(t) = a \cdot t.$

In diesem Spezialfall einer Bewegung entspricht der vom Startpunkt aus gemessene zurückgelegte Weg der x-Koordinate. Der zurückgelegte Weg s der Seifenkiste ist also ebenfalls proportional zu t^2 ($s \sim t^2$).

Den Bremsvorgang beschreiben. Bremsen bedeutet im Alltag, dass sich bei einem Körper das Tempo verringert. In der Physik handelt es sich dabei auch um eine Beschleunigung, die aber nun der Geschwindigkeit entgegengerichtet ist. Sind der Betrag a der (Brems-)Beschleunigung und die Richtung der Beschleunigung konstant, handelt es sich um eine gleichmäßig beschleunigte geradlinige Bewegung. Der Betrag der Geschwindigkeit verringert sich mit der Zeit gleichmäßig. Das **Zeit-Geschwindigkeits-Diagramm** (Bild **B2**) zeigt eine linear fallende Gerade. Das Bewegungsgesetz lautet:

$$v(t) = v_0 - a \cdot t.$$

Der Betrag der Beschleunigung lässt sich auch hier der Steigung der Geraden entnehmen (Bild **B2**), wobei die Steigung $\frac{\Delta v}{\Delta t}$ negativ ist (abnehmende Geschwindigkeit) und der Betrag $a = |\vec{a}| = \left|\frac{\Delta \vec{v}}{\Delta t}\right|$ der Beschleunigung stets positiv.

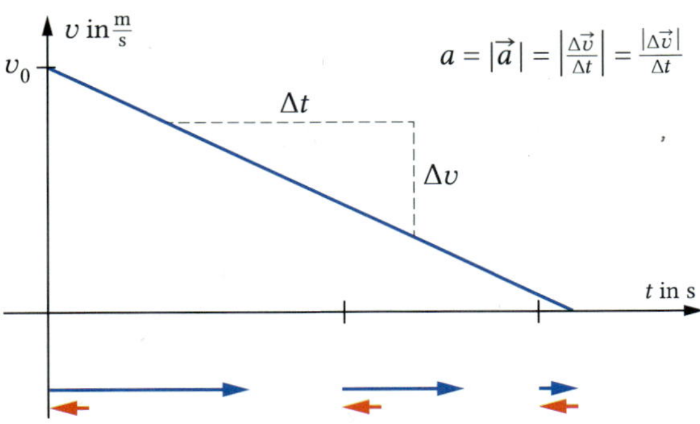

B2 *Zeit-Geschwindigkeits-Diagramm einer Bremsbewegung, darunter Geschwindigkeits- (blau) und Beschleunigungspfeile (rot) für drei Zeitpunkte der Bewegung*

■ **Löse selbst**

1 Ein Rennfahrertrainer hat auf einer Karte der Rennstrecke Geschwindigkeiten seines Fahrers eingezeichnet. Übertragen Sie die Skizze in Ihr Heft. Bestimme Sie an den Stelle A, B, C die Geschwindigkeitsänderung. Die Messungen der Geschwindigkeiten in A, B, C liegen jeweils 0,5 s auseinander. 1 cm Länge des Geschwindigkeitspfeils entspricht 40 $\frac{\text{km}}{\text{h}}$.

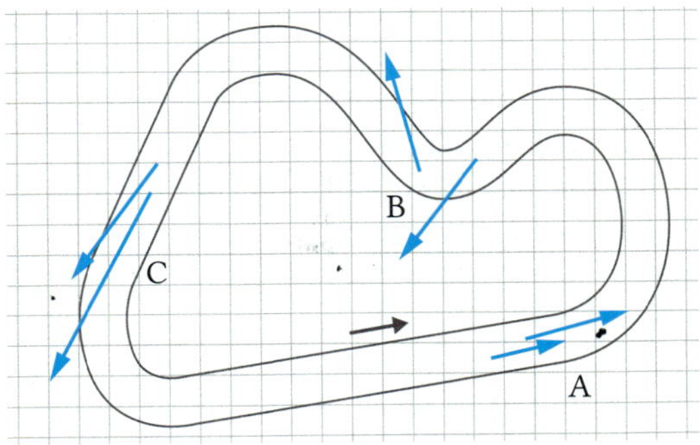

2 Ein Zug erreicht aus der Ruhe nach 10 s die Geschwindigkeit 5 $\frac{\text{m}}{\text{s}}$. Berechnen Sie seine Beschleunigung und den in dieser Zeit zurückgelegten Weg.

3 Ein Körper befindet sich zum Zeitpunkt $t = 0$ s im Ursprung eines x-y-Koordinatensystems und bewegt sich in positive x-Richtung
a) gleichförmig geradlinig mit Geschwindigkeit v und
b) gleichmäßig beschleunigt geradlinig mit Beschleunigung a.
Zeigen Sie, dass sich der zurückgelegte Weg s des Körpers für $t > 0$ s im Zeit-Geschwindigkeits-Diagramm als Fläche zwischen t-v-Graph und Zeitachse ergibt.

1.3 Freier Fall

B1 *Papierblatt und Kugel: Wer erreicht den Boden zuerst?*

Fallende Körper. Alles fällt auf der Erde nach unten. Lassen wir eine Stahlkugel und ein Blatt Papier los (Bild **B1**), fallen beide Gegenstände zu Boden. Das Papier taumelt allerdings und benötigt viel mehr Zeit als die Stahlkugel.

Man kann daraus einen Wettbewerb machen: Wie sorgt man dafür, dass ein Blatt Papier nach dem Loslassen „von alleine" am schnellsten den Boden erreicht? Und: Schafft man es, dass das Papier den Boden genauso schnell erreicht wie die Stahlkugel?

Unsere Alltagserfahrung hilft nur teilweise:

- Das Blatt Papier ist dem Luftwiderstand viel mehr ausgesetzt als die Stahlkugel. Das kann man ändern, indem man das Blatt Papier zu einer kleinen kompakten Kugel zerknüllt.
- Das Papierblatt wiegt weniger als die Stahlkugel. Müsste es nicht daher auch dann noch langsamer als die Stahlkugel sein, wenn der Luftwiderstand keine Rolle mehr spielt?

Der Versuch **V1** weist darauf hin, dass es anders ist. In der luftgefüllten Fallröhre (Versuch **V1a**) landen Metallstück und Flaumfeder zu unterschiedlichen Zeitpunkten auf dem Boden. In der luftleeren Röhre, im Vakuum, fallen hingegen Feder und Metallstück gleich schnell nach unten (Versuch **V1b**). Unsere Alltagserfahrung führt uns in die Irre: Ohne Luftwiderstand fallen Körper unterschiedlicher Masse und Form beschleunigt nach unten und immer gleich schnell. Diese spezielle beschleunigte Bewegung heißt **freier Fall**.

❗ Merksatz

Die Fallbewegung eines Körpers im Vakuum heißt freier Fall. Alle Körper fallen unabhängig vom Masse und Form im Vakuum gleich schnell.

V1 Fallröhre – Feder und Kugel im Vakuum

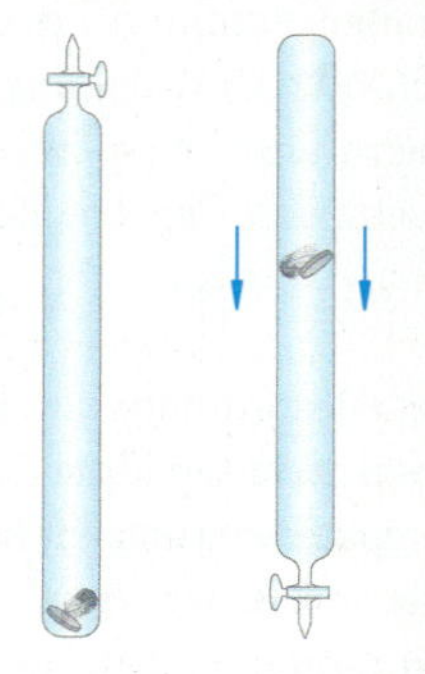

In einer Fallröhre kann man Fallbewegungen unter verschiedenen Bedingungen beobachten. Zunächst befinden sich zwei Körper, Flaumfeder und Metallstück, auf dem Boden der vertikal aufgestellten Röhre. Dreht man die Röhre schnell um, fallen beide Körper nach unten.

a) Zunächst ist die Fallröhre mit Luft gefüllt.
b) Dann pumpen wir die Fallröhre luftleer.

V2 Bestimmung der Fallbeschleunigung

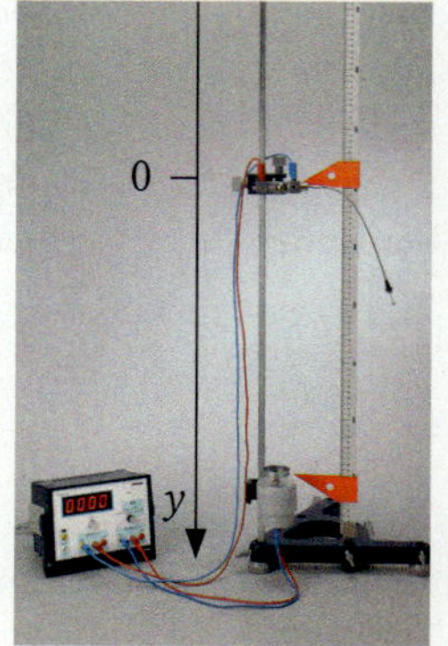

Die bei $y(t=0\,\text{s})=0\,\text{m}$ eingeklemmte Stahlkugel schließt einen elektrischen Kontakt. Beim Freigeben der Kugel wird er unterbrochen und damit die Uhr gestartet. Die fallende Kugel trifft unten auf einen Teller; die Uhr stoppt. Für unterschiedliche Positionen $y(t)$ des Tellers wird die Fallzeit t gemessen.

y in m	Fallzeit t in s	Fallbeschleunigung in m/s²
0,20	0,201	9,90
0,40	0,286	9,78
0,80	0,404	9,80

Das t-y-Diagramm zeigt einen quadratischen Zusammenhang zwischen y und t; es gilt $y(t)=\frac{1}{2}a\cdot t^2$. Die Bewegung ist gleichmäßig beschleunigt. Die Beschleunigung berechnet sich daraus zu $a=\frac{2\,y(t)}{t^2}$. Für jedes Wertepaar (t, y) wird damit a berechnet. Der Mittelwert dieser Messungen ist $a=9{,}83\,\frac{\text{m}}{\text{s}^2}$.

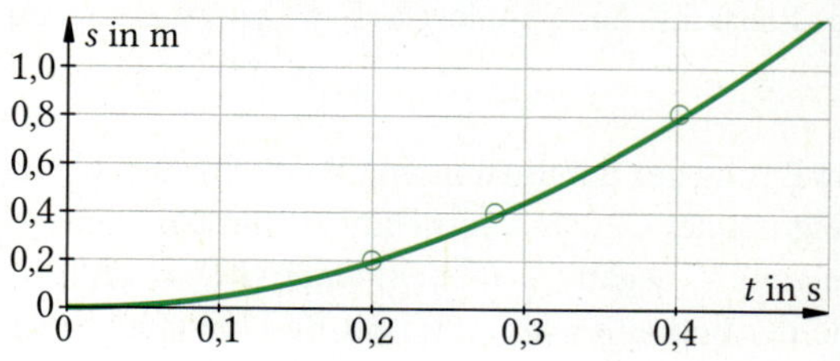

Fallgesetze. Der freie Fall ist eine spezielle Fallbewegung, geradlinig und offenbar beschleunigt. Im Versuch **V2** wird die Fallbewegung genauer untersucht. Näherungsweise kann ein freier Fall angenommen werden, da die Experimente mit Stahlkugeln im Vakuum zu ähnlichen Messdaten führen würden.

Die Messungen in Versuch **V2** zeigen, dass der freie Fall eine gleichmäßig beschleunigte Bewegung ist. Der Wert der Beschleunigung ist $9{,}81\ \frac{\mathrm{m}}{\mathrm{s}^2}$. Die Beschleunigung nennt man **Fallbeschleunigung** oder Ortsfaktor. Sie wird mit dem Symbol g benannt. Die Bewegungsgesetze für diesen Bewegungstyp kennen wir bereits:

Zeit-Orts-Gesetz: $\qquad\qquad y(t) = \tfrac{1}{2}\,g \cdot t^2,$

Zeit-Geschwindigkeits-Gesetz: $\qquad v(t) = g \cdot t.$

Die positive Richtung zeigt nach unten in Richtung der Fallrichtung.

❗ Merksatz

Für den freien Fall aus der Ruhe mit konstantem Beschleunigungsbetrag $a = g = 9{,}81\ \frac{\mathrm{m}}{\mathrm{s}^2}$ gelten die Fallgesetze:

Zeit-Orts-Gesetz: $\qquad\qquad y(t) = \tfrac{1}{2}\,g \cdot t^2,$

Zeit-Geschwindigkeits-Gesetz: $\qquad v(t) = g \cdot t.$

g heißt Fallbeschleunigung und ist für alle Körper am gleichen Ort gleich groß.

In den folgenden Aufgaben kann näherungsweise ein freier Fall angenommen werden.

1 Berechnen Sie den Fallweg eines Steins für die Fallzeiten 0,1 s; 0,2 s; 0,3 s sowie die Geschwindigkeit nach 0,75 m Fallweg.

2 Schätzen und berechnen Sie, aus welcher Höhe ein Auto frei fallen müsste, damit es die Geschwindigkeit 50 km/h erreicht.

3 Ein Bergführer lässt an einer angeblich 150 m tiefen Steilwand Steinchen fallen. Ein Tourist misst die Zeit, bis er den Aufschlag sieht: 4,5 s. Überprüfen Sie die Angaben des Bergführers.

4 Mit welcher Geschwindigkeit trifft ein Turmspringer auf die Wasseroberfläche auf? Berechnen Sie die Auftreffgeschwindigkeit für die Bretter der Höhe 3 m, 5 m, 7,5 m und 10 m.

5 Recherchieren Sie den Begriff „Schwerelosigkeit" im Zusammenhang mit der untenstehenden Beispielaufgabe.

✳ Beispielaufgabe

Höhe des Fallturms

Im Fallturm des Bremer Zentrums für Angewandte Raumfahrt und Mikrogravitation (ZARM) fallen in Kapseln verpackte Experimente 4,7 s lang näherungsweise frei, um Vorgänge in der „Schwerelosigkeit" zu studieren. Berechnen Sie die Mindesthöhe des Turms.

Lösung:

Wir nehmen einen freien Fall aus der Ruhe von der Turmspitze zum Zeitpunkt $t = 0\,\mathrm{s}$ an. Die y-Achse zeigt nach unten, der Nullpunkt liegt in der Spitze des Turms.

Die Kapsel fällt gleichmäßig beschleunigt mit der konstanten Beschleunigung $g = 9{,}81\ \frac{\mathrm{m}}{\mathrm{s}^2}$. Die Kapsel legt in einer Zeit t also eine Fallstrecke

$$y(t) = \tfrac{1}{2}\,g \cdot t^2$$

zurück. In 4,7 s fällt die Kapsel daher

$$y(4{,}7\ \mathrm{s}) = \tfrac{1}{2} \cdot 9{,}81\ \tfrac{\mathrm{m}}{\mathrm{s}^2} \cdot (4{,}7\ \mathrm{s})^2$$

$$= 108{,}4\ \mathrm{m}.$$

Der Fallturm muss daher mindestens eine Höhe von $h = 108{,}4\ \mathrm{m}$ haben.

1.4 Fall mit Luftwiderstand

B1 *Links: Der Fallschirm ist noch nicht geöffnet und der Springer genießt die „Freifallphase"; rechts: kurz nach dem Öffnen des Fallschirms sinkt der Springer mit konstanter Geschwindigkeit. Später landet er ohne gefährlichen Aufprall.*

Vom freien Fall zum Fall. Reibungseffekte sind nicht immer vernachlässigbar. Aus dem Alltag wissen wir, dass Körper, die sich durch Luft bewegen, abgebremst werden. Sie erfahren einen **Luftwiderstand**. Der Fallschirmsprung ist ein Beispiel für einen **Fall mit Reibung**. Fallschirmsportler unterscheiden dabei zwei Phasen: die Freifallphase mit ungeöffnetem und die Gleitphase mit geöffnetem Schirm. In *beiden* Phasen handelt es sich um einen Fall mit Reibung, nicht nur in Phase zwei. Fallschirmspringer machen die Erfahrung, dass sie in beiden Phasen nach kurzer Zeit mit konstantem Tempo nach unten fallen.

In Versuch **V1** wird der Fallschirmsprung mit Papiertrichtern nachgestellt. Eine zeitgleich fallende Stahlkugel, die in guter Näherung frei fällt, dient als Vergleichsobjekt. Man erkennt, dass der Trichter in der Fallbewegung hinter der Kugel zurückbleibt. Das Tempo des Trichters nimmt nicht proportional zur Fallzeit zu, sondern nähert sich einem konstanten Wert an, sofern der Trichter lange genug fallen kann. Der Luftwiderstand bewirkt eine der Bewegung entgegengerichtete Zusatzgeschwindigkeit, die dazu führt, dass die Geschwindigkeit im Vergleich zum freien Fall niedriger ist und sich einer konstanten **Endgeschwindigkeit** annähert. Die Zusatzgeschwindigkeit hängt von der Fallgeschwindigkeit ab.

❗ Merksatz

Sind Reibungseffekte nicht zu vernachlässigen, spricht man vom Fall mit Reibung oder kurz vom Fall.
Das Tempo nimmt beim Fall mit Reibung anfänglich zu und erreicht nach hinreichend langer Fallzeit einen konstanten Wert, die Endgeschwindigkeit.

V1 Fallende Papiertrichter und Stahlkugel

Ein Kugel und ein Papiertrichter fallen zeitgleich entlang dem nach unten gerichteten Maßstab. Von dem Vorgang wird eine Stroboskopaufnahme gemacht, d. h. die Beleuchtung wird in regelmäßigen Zeitabständen kurz an- und danach wieder ausgeschaltet. Auf dem Bild sieht man mehrere Momentaufnahmen der Objekte.

Das Stroboskopbild liefert Wertepaare für Zeit und Ort. Aus diesen lässt sich die Geschwindigkeit bestimmen. Das t-v-Diagramm zeigt, dass die Stahlkugel gleichmäßig beschleunigt fällt. Der Papiertrichter hingegen fällt bereits nach wenigen Zehntelsekunden gleichförmig mit konstanter Endgeschwindigkeit.

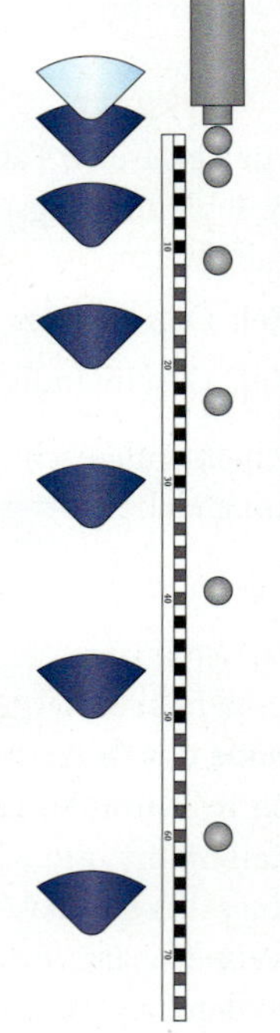

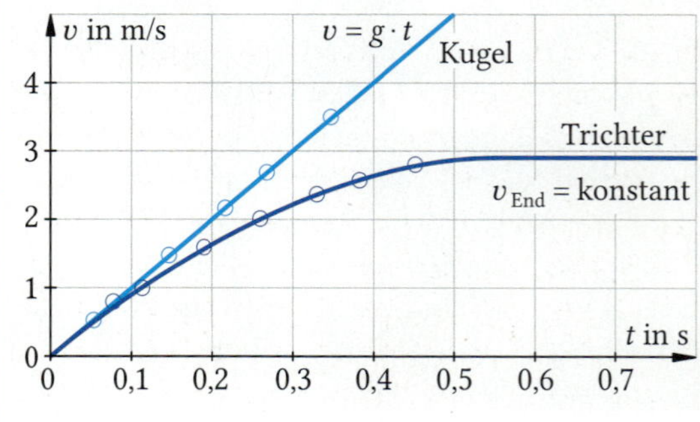

Fallschirmsprung

Ein typischer Fallschirmsprung umfasst eine Freifallphase von 40 s und einen anschließenden 5-minütigen Gleitflug. Der Springer ist vor dem Öffnen des Schirms fast durchgehend 200 $\frac{km}{h}$ schnell, unmittelbar nach dem Öffnen aber nur noch 20 $\frac{km}{h}$. Schätzen Sie die Sprunghöhe grob ab.

Lösung:

Wir rechnen um in Meter und Sekunde und skizzieren ein t-v-Diagramm. Die reale Bewegung (blaue Kurve) wird durch zwei gleichförmige Bewegungen genähert (rote Kurve). Die Abweichungen sind gering, da in der Aufgabe die Geschwindigkeit als fast durchgehend konstant angegeben wird.

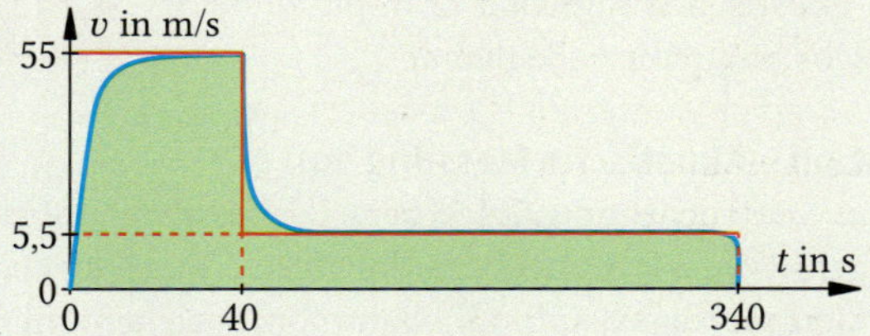

Idealisiert handelt es sich also um zwei gleichförmige Bewegungen. In der Freifallphase beginne die Bewegung bei $t = 0$ s im Nullpunkt der nach unten zeigenden y-Achse. Die Bewegungsgleichung lautet:

$$y_F(t) = 55\ \tfrac{m}{s} \cdot t.$$

Zu Beginn der Gleitphase befindet sich der Springer an der Position $y_F(40\ \mathrm{s}) = 55\ \frac{m}{s} \cdot 40\ \mathrm{s} = 2200$ m und bewegt sich danach gleichförmig mit 5,5 $\frac{m}{s}$. Die Bewegungsgleichung in dieser Phase ist daher:

$$y_G(t) = 2200\ \mathrm{m} + 5{,}5\ \tfrac{m}{s} \cdot t.$$

Nach 300 s landet der Springer und befindet sich an der Position $y_G(200\ \mathrm{s}) = 2200\ \mathrm{m} + 5{,}5\ \frac{m}{s} \cdot 300\ \mathrm{s}$ = 3850 m. Die Sprunghöhe ist also $h = 3850$ m.

Ist die Schätzung zu hoch oder zu niedrig? In der Freifallphase wird zu Beginn eine zu hohe Geschwindigkeit angenommen. In der Realität wird der Springer aus der Ruhe beschleunigt und erreicht erst nach kurzer Zeit die Geschwindigkeit 200 $\frac{km}{h}$. Daher wird in der Freifallphase die Fallstrecke zu hoch abgeschätzt. In der Gleitphase hingegen wird die Geschwindigkeit zu Beginn als zu niedrig angenommen und die Fallstrecke als zu kurz abgeschätzt.

1 Unterschiedliche Kugeln fallen in der zähflüssigen (viskosen) Flüssigkeit Vaseline in einem hohen Standzylinder.
Die Tabelle zeigt Orts- und Zeitkoordinaten für zwei Kugeln. Der Nullpunkt der vertikal in Richtung Boden zeigenden

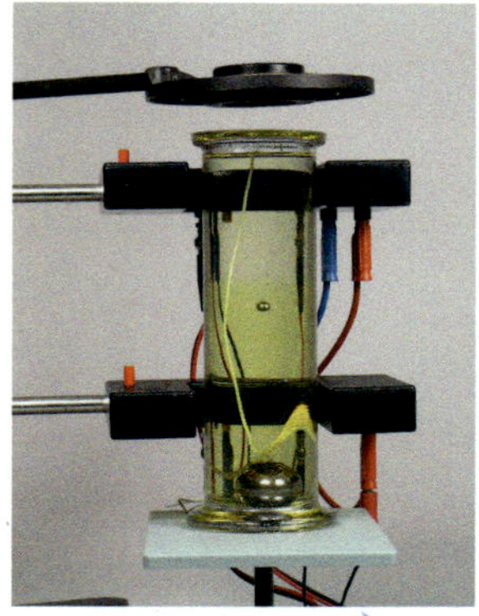

y-Achse befindet sich auf der Oberfläche der Flüssigkeit. Die Kugeln starten von dort aus der Ruhe.

Fallweg s in cm	Fallzeit t in s Kugel 1	Fallzeit t in s Kugel 2
5	0,1797	0,116
10	0,2511	0,194
15	0,3634	0,256
20	0,4635	0,3198
25	0,574	0,406
30	0,6807	0,4661
35	0,798	0,5478
40	0,9107	0,617

a) Fertigen Sie ein t-y-Diagramm an.
b) Bestimmen Sie die konstante Endgeschwindigkeit für beide Kugeln.
c) Schätzen Sie ab, in welchem Bereich sich die Kugeln gleichförmig bewegen.

2 Zeigen Sie, dass die Beispielaufgabe „Fallschirmsprung" sich auch über eine Flächenberechnung im t-v-Diagramm lösen lässt. Begründen Sie dazu, dass die Fläche unter der Kurve im t-v-Diagramm in der Freifall- und in der Gleitphase jeweils der in dieser Phase zurückgelegten Fallstrecke entspricht.

3 Luzy und Nele testen unterschiedliche Fallschirme. Luzy hat eine Freifallphase von 75 s mit einer Geschwindigkeit von 160 $\frac{km}{h}$, Nele eine von 30 s mit 240 $\frac{km}{h}$. Die Gleitphase ist bei beiden vier Minuten lang. Lucy gleitet mit 10 $\frac{km}{h}$ und Nele mit 18 $\frac{km}{h}$. Bestimmen Sie die Absprunghöhen der beiden Fallschirmspringerinnen. Wer ist die Mutigere?

Sechs Stationen zum Thema Fallbewegung mit und ohne Reibung. Zu jeder Station sollte ein Versuchsprotokoll mit Versuchsbeschreibung, Messergebnissen, Auswertung und Deutung angefertigt werden.

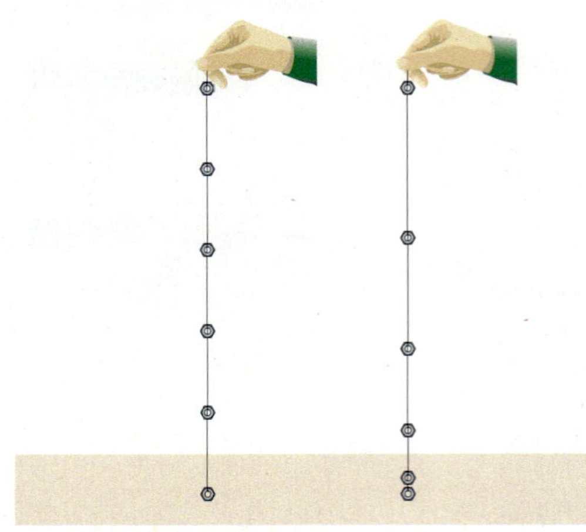

1. Station – Fallschnüre

Material: 10 Schraubenmuttern (mindestens M10), Wollfaden, Maßstab

Auftrag: Von Galileo GALILEI stammt die Idee, Bleikugeln in einer Schnur so anzuordnen, dass sie in festem Rhythmus auf den Boden klopfen (tak – tak – tak – ...). Planen und fertigen Sie zwei solcher Fallschnüre mit Schraubenmuttern zum Gebrauch in einem Treppenhaus. In welchen Abständen müssen die Muttern geknotet werden, damit der zeitliche Abstand des Klopfgeräusches immer gleich ist?

Variante: Benutzen Sie statt Ihres Gehörs eine Handy-App zur Bestimmung des zeitlichen Abstands von vielen akustischen Signalen (z. B. phyphox → akustische Stoppuhr → Sequenz).

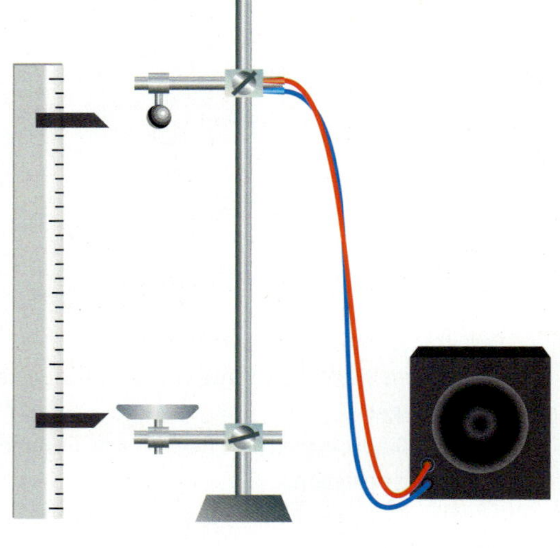

2. Station – Akustische Messung von g

Material: Startvorrichtung (Kugel beim Loslassen unterbricht Dauergeräusch, z. B. Klingel), Auffangblech (Kugel erzeugt lautes Geräusch beim Aufprall), Mikrofon, Speicheroszilloskop zur Anzeige des zeitlich variierenden Mikrofonsignals

Auftrag: Bestimmen Sie die Fallzeit aus dem zeitlichen Abstand der akustischen Signale beim Loslassen und Aufprallen der Kugel. Messen Sie die Fallzeiten für unterschiedlich lange Fallstrecken. Wiederholen Sie jede Messung 10-mal und bilden Sie für jede Fallstrecke den Mittelwert der Fallzeiten. Fertigen Sie ein Zeit-Orts-Diagramm an. Berechnen Sie aus den Messdaten jeweils den Betrag g der Fallbeschleunigung.

Variante: Bestimmen Sie den zeitlichen Abstand von zwei akustischen Signalen mit einer Handy-App (z. B. phyphox → akustische Stoppuhr). Ändern Sie dazu die Startvorrichtung so ab, dass beim Loslassen der Kugel ein Signal ertönt. 

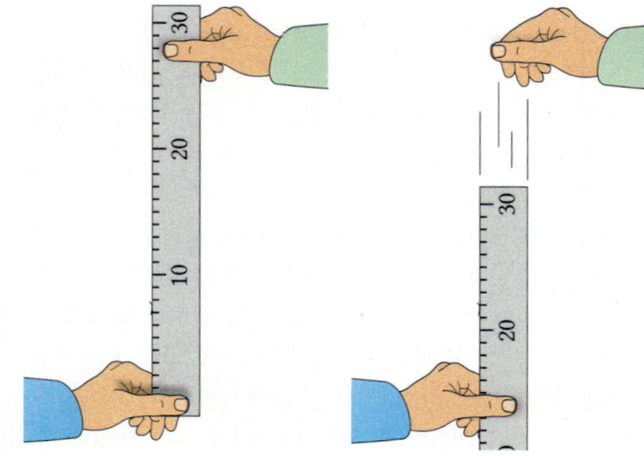

3. Station – Reaktionszeit

Material: Lineal (Längenmaßstab genügender Länge)

Auftrag: a) Ein Partner hält das Lineal am oberen Ende fest, ein zweiter umfasst mit Mittelfinger und Daumen das untere Ende, ohne es zu berühren. Die erste Person lässt das Lineal ohne Vorwarnung fallen. Die zweite Person greift sofort zu. Bestimmen Sie die Fallstrecken für verschiedene Personen. b) Stellen Sie eine Formel für den Zusammenhang zwischen Fallstrecke und Reaktionszeit auf. Bestimmen Sie mit ihrer Hilfe die Reaktionszeit der Gruppenmitglieder. Bauen Sie mit diesen Kenntnissen ein Zeitlineal.

4. Station – *g*-Messung mit Computer

Material: Computer mit Interface, Lichtschranke, Schlitzplatte, sogenannte *g*-Leiter; Stegabstand 1 cm
Auftrag: Die Lichtschranke wird mit einem Computerinterface verbunden. In der Software wird Wegmessung eingestellt, mit Wegintervall $\Delta s = 1$ cm. Der Computer protokolliert den Zeitpunkt bei jeder Unterbrechung der Lichtschranke. So gewinnen Sie ein Zeit-Orts-Diagramm der fallenden *g*-Leiter. Starten Sie die Auswertesoftware und lassen Sie die *g*-Leiter durch die Lichtschranke fallen. Erzeugen Sie nach dem Versuch mit Hilfe der Software auch ein *t-v*- und ein *t-a*-Diagramm. Bilden Sie den Mittelwert der *a*-Werte und erhalten Sie so den Wert für *g*.
Variante: Werten Sie das Messdiagramm aus und bestimmen Sie aus der Kenntnis von *g* aus der Literatur den unbekannten Stegabstand der in dieser Messung verwendeten *g*-Leiter.

5. Station – Besonderer Fall mit Filmauswertung

Material: Wurfgerät (z.B. Spielzeugkanone), Kugel (möglichst farbig), Videokamera oder digitale Fotokamera, Computer mit Programm zur Videoanalyse (siehe Seite 26)
Auftrag: Filmen Sie aus einiger Entfernung einen senkrechten Wurf nach oben. Übertragen Sie die Videodatei auf den Computer und ermitteln Sie mit Hilfe der Analysesoftware eine *t-v*-Wertetabelle und ein *t-v*-Diagramm. Interpretieren Sie das Diagramm und ermitteln Sie den konstanten Wert der Beschleunigung.

6. Station – Fallende Hütchen mit Videoanalyse

Material: Kreisscheiben aus Papier, Schere, Klebstoff, Maßstab, Videokamera oder Handy mit Videofunktion, Programm zur Videoanalyse (siehe Seite 26)
Auftrag: Stellen Sie aus den Kreisscheiben Papierhütchen her, die geradlinig, aber möglichst langsam, nach unten fallen. Fertigen Sie einen Videofilm eines fallenden Hütchens an. Übertragen Sie die Videodatei auf den Computer und ermitteln Sie mit Hilfe einer Videoanalysesoftware das *t-v*-Diagramm der Fallbewegung.
Untersuchen Sie die Behauptung: Nach einer kurzen „Anlaufstrecke" bewegt sich das Hütchen mit konstanter Geschwindigkeit. Deuten Sie das Ergebnis. Stecken Sie zwei, drei oder vier Hütchen ineinander und vergleichen Sie mit Hilfe der Videoanalyse die Fallbewegung eines solchen Päckchens mit der Fallbewegung eines einzelnen Hütchens.

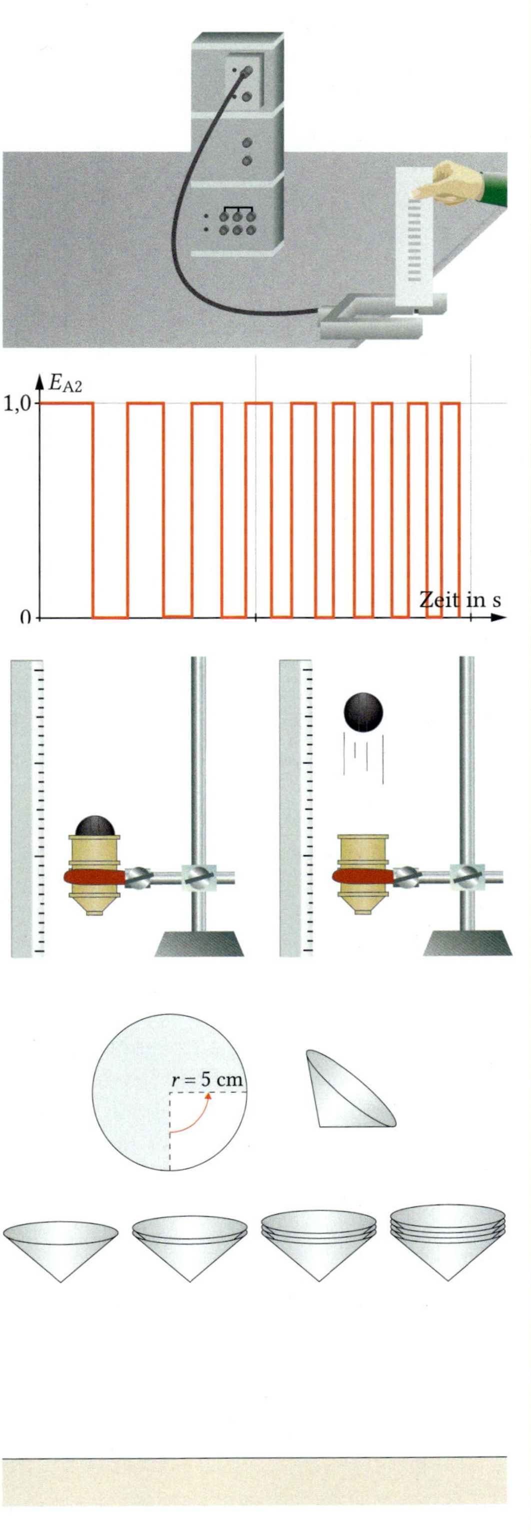

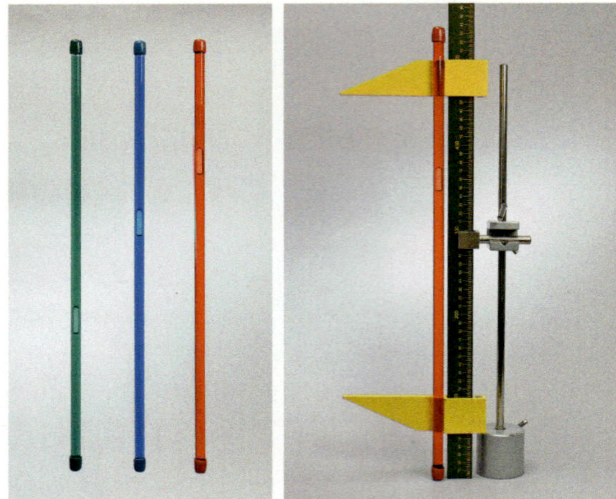

B1 *Aufsteigende Bläschen in Flüssigkeit*

Gasbläschen steigen in Flüssigkeiten aufgrund des Auftriebs auf. In diesem Experiment soll die Geschwindigkeit bestimmt werden, mit der sich Blasen in Rohren, die mit verschieden Flüssigkeiten gefüllt sind (rot, grün, blau), vertikal nach oben bewegen.

Versuchsaufbau, Material: drei mit unterschiedlichen Flüssigkeiten und Gasblase gefüllte Rohre, Stoppuhr, Stativmaterial

Durchführung: Das Rohr wird schnell umgedreht, sodass die Blase sich am unteren Ende befindet. Mit den gelben Markierungen wird die Steighöhe eingestellt. Die obere Markierung wird dafür bewegt, die untere bleibt fest. Die Zeitmessung beginnt, sobald die Blase die untere Markierung vollständig passiert hat. Sie endet, sobald die obere Markierung vom unteren Ende der Blase erreicht wurde.

Experimentelle Daten: Für mehrere Steighöhen h und jedes Rohr werden jeweils vier Steigzeiten gemessen und daraus der Mittelwert gebildet, um Messfehler zu verkleinern. Tabelle **T1** zeigt exemplarisch die Messdaten für das grüne Rohr.

Steighöhe h in cm	10	15	20	25	30	40
Messwerte t in s	4,66	5,66	7,87	8,68	11,56	16,78
	4,47	6,25	7,22	9,19	10,60	16,38
	4,59	5,69	7,87	8,47	11,56	16,28
	4,34	5,78	7,19	8,22	10,78	15,81
Mittelwert t in s	4,52	5,85	7,54	8,64	11,13	16,31

T1 *Messwerte für die Blase im grünen Rohr*

Auswertung und Interpretation: Die Messwerte liegen für alle Rohre in guter Näherung auf Geraden durch den Ursprung (Bild **B2**). Dies deutet auf Bewegungen mit konstanter Geschwindigkeit hin. Die Geschwindigkeit v ergibt sich als Steigung der Regressionsgeraden durch die Daten („Fitkurve") oder aus dem Steigungsdreieck an einer Geraden, die möglichst dicht an die Messdaten via Augenmaß gelegt wurde:

$$v_{\text{grün}} \approx \frac{\Delta h}{\Delta t} = 2{,}74\ \frac{\text{cm}}{\text{s}} \qquad v_{\text{blau}} \approx 4{,}78\ \frac{\text{cm}}{\text{s}} \qquad v_{\text{rot}} \approx 7{,}56\ \frac{\text{cm}}{\text{s}}$$

Die gemessenen Geschwindigkeiten stimmen mit der Beobachtung $v_{\text{grün}} < v_{\text{blau}} < v_{\text{rot}}$ überein.

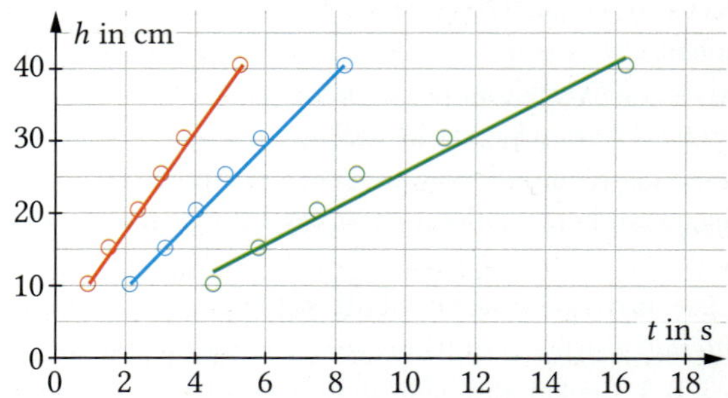

B2 *Grafische Darstellung der Daten aller Rohre*

Arbeitsaufträge:

☐ Die Luftblasen befinden sich zunächst in Ruhe. Erklären Sie, warum die Luftblasen anschließend „plötzlich" eine konstante Geschwindigkeit besitzen.

☐ Interpolation und Extrapolation von Daten: Schätzen Sie aus den vorhandenen Daten ab, wie lange die Bläschen in den drei Rohren für Steighöhen 5 cm, 50 cm, 27,5 cm und 35 cm benötigen.

☐ Untersuchen Sie die Bewegung der Bläschen in den Rohren unter der Versuchsbedingung, dass die Bläschen in dem zur Horizontalen unter einem Winkel α geneigten Rohr aufsteigen. Unter welchem Winkel ist die Geschwindigkeit der Bläschen maximal?

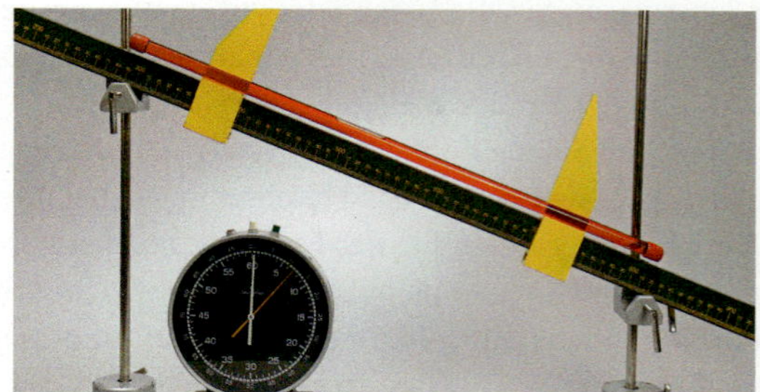

B1 GALILEIS Labor (Nachbildung)

Versuche von GALILEI

Galileo GALILEI hatte theoretisch begründet, dass sich die Wege beim freien Fall wie die Quadrate der Zeiten verhalten sollten, und suchte die experimentelle Bestätigung. Er umging die Schwierigkeiten der Messung kurzer Fallzeiten, indem er die Bewegung auf einer schiefen Ebene, also langsamer, ablaufen ließ. Zugleich floss Wasser durch eine dünne Röhre aus einem Eimer. Die Wassermenge konnte er wiegen; sie war sein Maß für die Zeit.

In der Nachbildung von GALILEIS Laboratorium im Deutschen Museum (Bild **B1**) sehen wir die Versuchsanordnung. So beginnt seine Versuchsbeschreibung: *„Auf einem Holzbrette von 12 Ellen Länge, bei einer halben Elle Breite und drei Zoll Dicke, war auf dieser letzten schmalen Seite eine Rinne von etwas mehr als einem Zoll Breite eingegraben. Dieselbe war sehr gerade gezogen, und, um die Fläche recht glatt zu haben, war inwendig ein sehr glattes und reines Pergament aufgeklebt. In dieser Rinne ließ man eine sehr harte, völlig runde und glattpolierte Messingkugel laufen ...“*

Der Text stammt aus GALILEIS Hauptwerk *Discorsi*. Zum ersten Mal in der Geschichte der Naturwissenschaften begegnet uns eine wissenschaftliche Veröffentlichung mit detaillierter Versuchsbeschreibung unter bewusst gewählten, idealisierenden Bedingungen.

GALILEI wählt eine einfache Bewegung aus (Kugel auf schiefer Ebene), schafft einfache Versuchsbedingungen (glatte Ebene, glatte Kugel), führt genaue Messungen durch, bestätigt ein vermutetes mathematisches Gesetz ($s \sim t^2$) und überträgt die gewonnenen Ergebnisse auf den freien Fall.

Bewegungslehre von ARISTOTELES bis NEWTON

ARISTOTELES hatte Bewegungen in verschiedene Klassen eingeteilt; in natürliche Bewegungen, die ihren Bewegungsantrieb in sich selbst haben, und in künstliche Bewegungen, die zu ihrer Aufrechterhaltung ständiger Anstrengungen von außen bedürfen. Die künstliche Bewegung des Ochsenkarrens hört auf, wenn die Verbindung von Ochsenkraft und Karren gelöst wird. Der fallende Stein strebt von alleine seinem natürlichen Ziel, der Erde, zu. ARISTOTELES vermittelt unmittelbar einleuchtende, ganzheitliche Einsichten: Bewegung bedarf der Begründung, Ruhe nicht.

Galileo GALILEI hatte schon in seinen experimentellen Untersuchungen der Bewegung auf der schiefen Ebene das Warum von Bewegung zurückgestellt und sich auf das Wie der Bewegungsabläufe konzentriert. GALILEI misstraute der Frage nach den Ursachen, weil er wusste, dass die Unterscheidung von natürlicher und künstlicher Bewegung zu Fehlern führt.

ARISTOTELES' Bewegungslehre hatte bis dahin als Teil der von ihm überlieferten Philosophie Bestand gehabt. Auch GALILEI hat zunächst die geltende Auffassung gelernt und gelehrt, nach der Erscheinungen am Himmel und auf der Erde verschiedenen Gesetzen gehorchen.

Als GALILEI davon hörte, dass in den Niederlanden ein Fernrohr konstruiert worden war, hat er seine Untersuchungen von Bewegungsvorgängen unterbrochen, sich selber ein Fernrohr gebaut und viele Beobachtungen – z.B. über die Oberflächengestalt des Mondes – gemacht, die zu Zweifeln am Weltbild des ARISTOTELES führen mussten. Für himmlische und irdische Erscheinungen gibt es nur eine Physik. Für die Wissenschaft stellte sich die Frage nach einer neuen Theorie für die Planetenbahnen.

NEWTON sah sich herausgefordert, das Problem zu lösen, und hat in seinem Hauptwerk *Philosophiae Naturalis Principia Mathematica* die Geschichte der Bewegungslehre als geschlossene Theorie eines neuen Weltsystems zum Abschluss gebracht. Er hat die Bewegungslehre so formuliert, dass sie sowohl auf der Erde als auch im Universum gilt.

1.5 Waagerechter Wurf

B1 *Eine fahrende Skaterin lässt einen Tennisball fallen. Was sieht sie und was sieht ein ruhender Beobachter?*

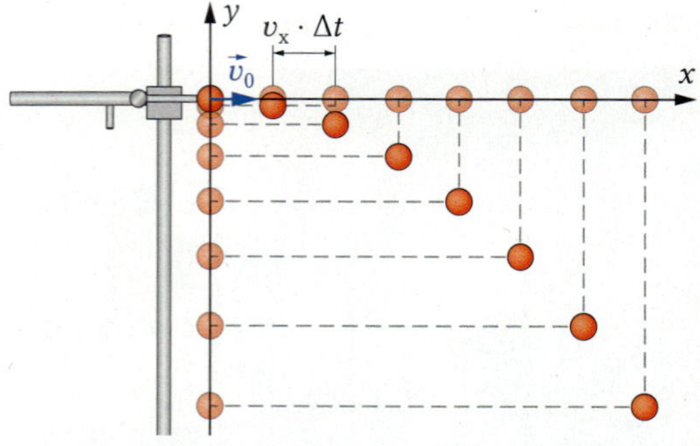

B2 *Waagerechter Wurf (ohne Reibung): gleichförmige Bewegung in x-Richtung, freier Fall in y-Richtung*

Was ist ein waagerechter Wurf? Fährt eine Skaterin mit der Geschwindigkeit v_0 an uns vorbei und lässt einen Tennisball fallen (siehe Abbildung **B1**), so können wir mehrere Beobachtungen machen:

- Der Kopf der Skaterin befindet sich annähernd immer direkt über dem Ball. Sie sieht ihn vertikal fallen.
- Ein ruhender Beobachter sieht, dass sich Skaterin und Ball mit annähernd derselben Geschwindigkeit in der Horizontalen bewegen.
- Zudem sieht der ruhende Beobachter auch, dass sich der Ball *zusätzlich* vertikal nach unten bewegt, also insgesamt auf einer krummlinigen Bahn.

In Versuch **V1** wird in einer ähnlichen Situation die Bewegung des Balls genauer untersucht. Eine mitbewegte Beobachterin (Skaterin) gibt es diesmal nicht. Durch eine Abschussvorrichtung wird eine Kugel beschleunigt und ausgelöst. Sie hat dann eine Geschwindigkeit in der Horizontalen (man sagt auch „in der Waagerechten"). Diese Bewegung nennt man **waagerechten Wurf**.

Versuch **V1** zeigt, dass sich der waagerechte Wurf der Kugel (Reibungseffekte werden vernachlässigt) aus zwei voneinander unabhängigen Bewegungen zusammensetzt (siehe Bild **B2**):

- Die Bewegung lässt sich in y-Richtung als freier Fall beschreiben; ein seitlicher stehender Beobachter würde die rote Kugel nur in der Vertikalen sehen.
- Ein von oben schauender Beobachter sieht die rote Kugel hingegen nur in der Horizontalen. Die Bewegung erschiene ihm gleichförmig mit der anfänglichen Geschwindigkeit v_0.

> **! Merksatz**
>
> Beim waagerechten Wurf wird ein Körper horizontal (waagerecht) mit der Anfangsgeschwindigkeit v_0 abgeworfen. Werden Reibungseffekte vernachlässigt, so setzt sich die Bewegung aus einer gleichförmigen Bewegung in x-Richtung mit Geschwindigkeit v_0 und einem freien Fall in y-Richtung zusammen.

V1 Waagerechter Wurf und freier Fall im Vergleich

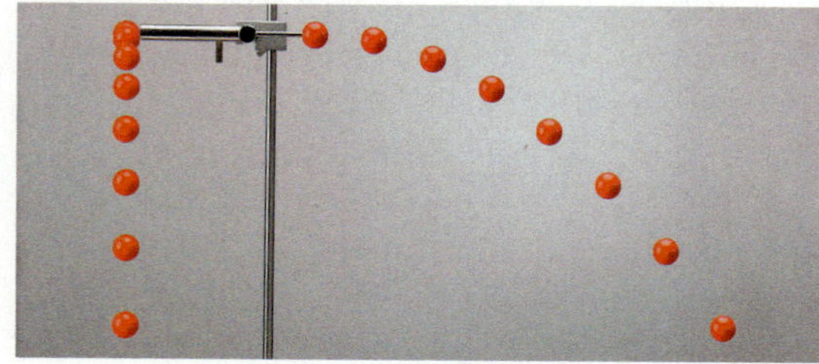

Ein mit einer Feder gespannter Bolzen (Abschussvorrichtung) stößt die rechte Stahlkugel waagerecht nach rechts. Gleichzeitig wird die linke Stahlkugel freigelassen, sie fällt vertikal aus der Ruhe nach unten.

Das Bild zeigt mehrere Momentaufnahmen von beiden Kugeln. Folgenden Beobachtungen, die sich mit einer Videoanalyse (S. 26) bestätigen lassen, werden gemacht:

- Beide Kugeln prallen zur gleichen Zeit auf den Boden auf.
- Zu jedem Zeitpunkt befinden sich die beiden Kugeln auf der gleichen Höhe. Das bedeutet: Sie sind in der Vertikalen die gleiche Strecke gefallen
- In horizontaler Richtung legt die horizontal abgeschossene Kugel in gleichen Zeitabschnitten gleichlange Strecken zurück.

Bewegungsgesetze beim waagerechten Wurf. Die Bewegungsgesetze des waagerechten Wurfs kennen wir bereits. Sie lassen sich besonders einfach formulieren, wenn der Wurf zum Zeitpunkt $t = 0$ s und im Koordinatenursprung beginnt. Die positive y-Achse zeigt nach oben, die positive x-Achse in Richtung der horizontalen Anfangsgeschwindigkeit (siehe Bild **B2**).

Für die gleichförmige Bewegung in x-Richtung gilt dann:

$$x(t) = v_x \cdot t, \quad v_x(t) = v_0.$$

Die Bewegung in y-Richtung ist ein freier Fall. Es gilt in dem festgelegten Koordinatensystem:

$$y(t) = -\tfrac{1}{2}\, g \cdot t^2, \quad v_y(t) = -g \cdot t.$$

Bahngeschwindigkeit beim waagerechten Wurf. Wir können jetzt die Ortskoordinaten der Bahnkurve eines waagerechten Wurfs punktweise berechnen und danach zeichnen. Der geworfene Körper bewegt sich längs dieser Bahnkurve. Seine Geschwindigkeit, die auch **Bahngeschwindigkeit** genannt wird, zeigt in Richtung der Bewegung.

Wir kennen zu jedem Zeitpunkt die Geschwindigkeiten in x-Richtung und in y-Richtung. Die Bahngeschwindigkeit des Körpers setzt sich nach der Konstruktionsvorschrift (S. 12) aus diesen beiden Geschwindigkeiten „additiv" zusammen. Die Länge des resultierenden Pfeils (Vektors) berechnen wir mit Hilfe des Satzes von Pythagoras aus $v_x(t) = v_0$ und $v_y(t) = -g \cdot t$:

$$v(t) = \sqrt{v_x^2(t) + v_y^2(t)} = \sqrt{v_0^2 + (-g \cdot t)^2} = \sqrt{v_0^2 + (g \cdot t)^2}.$$

Bild **B3** zeigt die Bahngeschwindigkeit für verschiedene Zeitpunkte des Wurfs, die jeweils um eine Zeitspanne Δt auseinanderliegen. Man sieht auch dort, wie die Zunahme der Geschwindigkeit in y-Richtung für die Zunahme des Betrags der Geschwindigkeit sorgt.

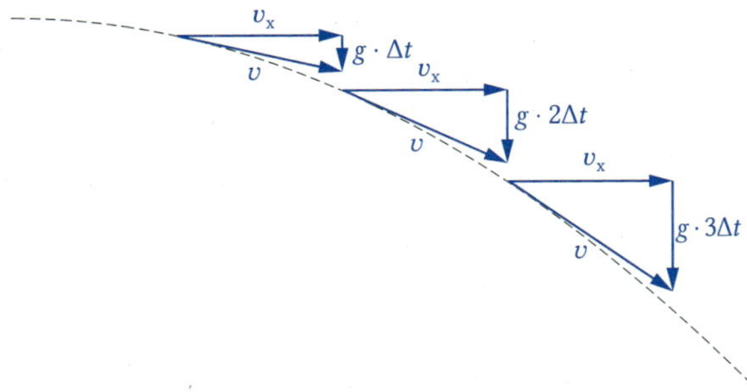

B3 *Geschwindigkeiten beim waagerechten Wurf zu drei Zeitpunkten $t_1 = \Delta t$, $t_2 = 2\Delta t$ und $t_3 = 3\Delta t$*

Beispielaufgabe

Zielabwurf

Ein Versorgungsflugzeug soll in 500 m Höhe mit einer Horizontalgeschwindigkeit von 360 m/s ein Paket abwerfen. Bestimmen Sie den Ort, über dem der Pilot den Abwurf auslösen soll, damit das Paket im vereinbarten Zielbereich auftrifft.

Lösung:

Wir vernachlässigen Reibungseffekte und betrachten die Bewegung des Pakets als waagerechten Wurf. Das Koordinatensystem wählen wir so wie in der Grafik. Zum Auslösezeitpunkt $t = 0$ s befinde sich das Paket im Nullpunkt des Koordinatensystems. Es hat eine Geschwindigkeit in x-Richtung von $v_x = 360\ \tfrac{\text{m}}{\text{s}}$.

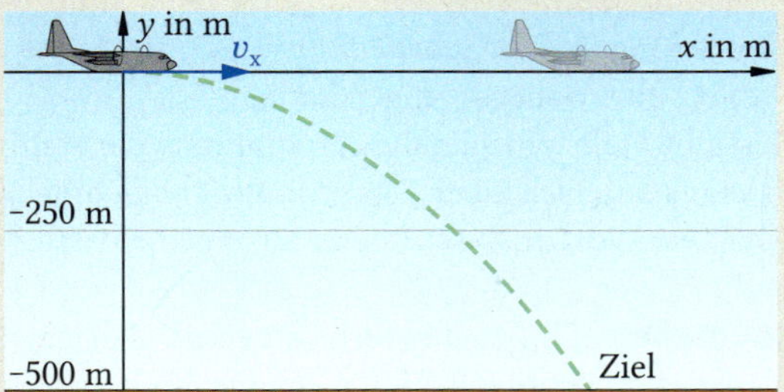

In der Vertikalen bewegt sich das Paket wie beim freien Fall nach

$$y(t) = -\tfrac{1}{2}g \cdot t^2.$$

Prallt das Paket nach einer Zeit t_{Aufprall} auf den Erdboden, hat es die y-Koordinate $y(t_{\text{Aufprall}}) = -500$ m. Es gilt also

$$-500\ \text{m} = -\tfrac{1}{2}g \cdot t_{\text{Aufprall}}^2.$$

Auflösen der Gleichung nach t_{Aufprall}^2 und Ziehen der Wurzel auf beiden Seiten führt mit $g = 9{,}81\ \tfrac{\text{m}}{\text{s}^2}$ zur einzig physikalisch sinnvollen Lösung:

$$t_{\text{Aufprall}} = \sqrt{\frac{2 \cdot 500\,\text{m}}{9{,}81\ \tfrac{\text{m}}{\text{s}^2}}} \approx 10{,}1\ \text{s}.$$

Die horizontale Bewegung wird beschrieben durch

$$x(t) = v_x \cdot t = 360\ \tfrac{\text{m}}{\text{s}} \cdot t.$$

Nach der Zeit t_{Aufprall} befindet sich das Paket bei

$$x(t_{\text{Aufprall}}) = v_x \cdot t_{\text{Aufprall}} = 360\ \tfrac{\text{m}}{\text{s}} \cdot 10{,}1\ \text{s} \approx 3600\ \text{m}.$$

Der Pilot muss das Paket also in einem Abstand von etwa 3,6 km vor dem Zielort auslösen.

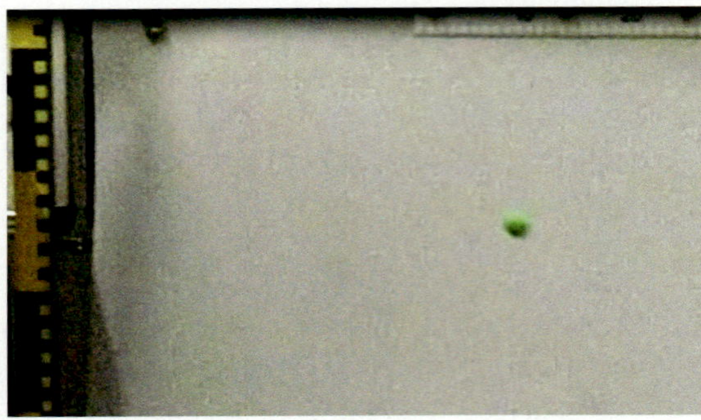 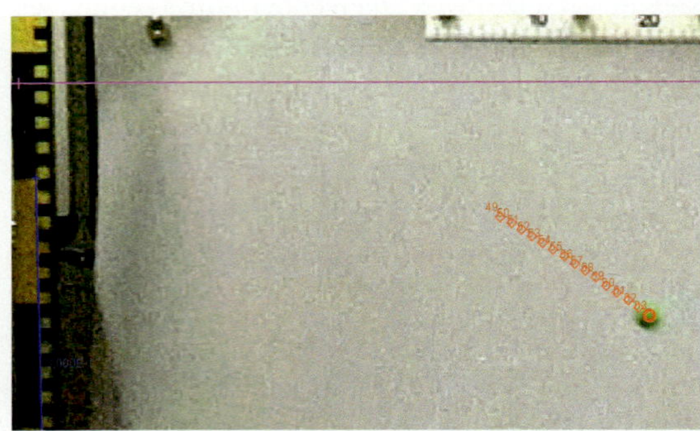

B1 *Auswertung eines Videos zum waagerechten Wurf – Momentaufnahmen mit Auswertung*

Die Videoanalyse ist ein Verfahren zur Auswertung von Bewegungen wie dem freien Fall, dem Fall mit Reibung oder dem Wurf. Mit ihrer Hilfe kann z. B. ein Trainer einem Sportler Hinweise geben, wie er weiter oder höher springen kann.

Es gibt viele Videoanalyseprogramme, die sich in Details unterscheiden. Das grundlegende Vorgehen für eine Videoanalyse ist aber allen gemeinsam.

Aufnahme. Geeignete Videos für eine Videoanalyse lassen sich heute mit Videokameras, Kleinbildfotokameras oder Smartphones leicht aufnehmen. Zu beachten ist vor allem,

- dass die Bewegung von der Seite aufgenommen wird, um Verzerrungseffekte zu minimieren,
- dass während der Aufnahme die Kamera nicht bewegt und der Zoom nicht verwendet wird und
- dass die Aufnahme einen Maßstab oder charakteristische Markierungen mit bekanntem Abstand (z. B. zwei Pfosten) enthält, um in der Bewegungsanalyse zurückgelegte Strecken bestimmen zu können.

Das Video muss zudem in einem Format (z. B. avi) vorliegen, das vom Analyseprogramm unterstützt wird, oder es muss in ein solches Format umgewandelt (konvertiert) werden.

Auswertung. In der Analysesoftware müssen nach Öffnung des Videos ein Koordinatensystem, ein Längen- und ein Zeitmaßstab festgelegt werden:

- **Koordinatensystem**: Ursprung und Orientierung von x- und y-Achse eines Koordinatensystems werden passend zur Situation festgelegt. Die x- und y-Koordinaten beziehen sich auf dieses System.

- **Längenmaßstab**: Ein mitgefilmter Maßstab (oder eine bekannte Strecke im Video) dient der Umrechnung der im Video messbaren Abstände in Pixel in eine Länge in m.

- **Zeitmaßstab**: Zudem ist die Bildrate (Bilder pro Sekunde, frames per second, fps) anzugeben, mit der das Video aufgenommen wurde. Ein typischer Wert sind 29 fps. Die Bilder haben dann einen zeitlichen Abstand von $\Delta t = \frac{1\,\text{s}}{29} \approx 0{,}03\ \text{s}$.

Das Untersuchungsobjekt wird im ersten Bild markiert („angeklickt") und die Ortkoordinaten in eine Tabelle zusammen mit der Zeit $t = 0\,\text{s}$ eingetragen. Sodann lässt man das Video um ein Bild (oder n Bilder) weiterlaufen und markiert erneut das Untersuchungsobjekt. Die Koordinaten und die Zeit $t + \Delta t$ (oder $t + n \cdot \Delta t$) werden automatisch in die Tabelle eingetragen. Dieser Schritt wird solange wiederholt, bis man die gesamte Bewegung auf diese Weise ausgewertet hat (Bild **B1**).

Zeit in s	x-Position in cm	y-Position in cm
⋮	⋮	⋮
0,0833	19,5	−0,022
0,0867	20,3	−0,025
0,0900	21,2	−0,027
⋮	⋮	⋮

Die tabellarischen Zeit-Orts-Koordinaten sind der Ausgangspunkt für alle weiteren Auswertungen. Beispielsweise lassen sich Zeit-Orts-Diagramme anfertigen. Hier erkennt man, wie sich das Objekt in x-Richtung gleichförmig und in y-Richtung gleichmäßig beschleunigt bewegt (Bild **B2**).

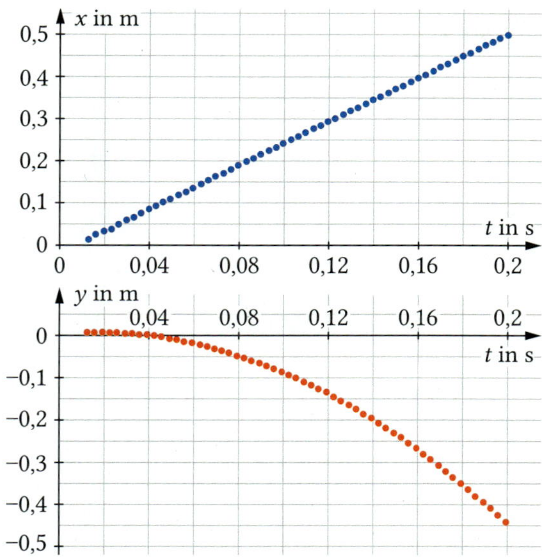

B2 *t-x-Diagramm (oben) und t-y-Diagramm (unten)*

Die Geschwindigkeit, die Beschleunigung und viele weitere physikalische Größen werden entweder ebenfalls mit dem Videoanalyseprogramm oder mit einem Tabellenkalkulationsprogramm, in das man die Zeit-Orts-Koordinaten überführt, berechnet.

Besonderheiten.

- **Hochgeschwindigkeitsaufnahmen** (high speed videos) sind nötig, um besonders schnelle Bewegungen aufnehmen zu können, da der zeitliche Abstand der Bilder bei gewöhnlichen Videos zu groß für eine präzise Auswertung ist. Etwa 200 Bilder pro Sekunde (200 fps) sind heute schon mit Smartphones möglich, der zeitliche Abstand der Bilder beträgt dann nur noch 0,005 Sekunden.
- **Automatische Auswertung**: Viele Videoanalyseprogramme haben eine **Autotracking-Funktion**, mit der das Untersuchungsobjekt in jedem Bild automatisch erkannt und die Zeit-Orts-Koordinaten aufgenommen werden. Das Anklicken des Objekts in jedem Bild mit der Hand entfällt, was bei langen Videos oder Hochgeschwindigkeitsvideos sonst sehr mühsam ist. Voraussetzung ist, dass das Objekt in den Bildern gut erkannt werden kann. Den Kontrast zur Umgebung im Video erhöht man beispielsweise durch farbige Markierungen oder Leuchtpunkte und entsprechende Beleuchtung.

1 Die Feuerwehr löscht von einer Leiter in 12 m Höhe mit waagerechtem Strahl ein Feuer. Der Strahl trifft ein Fenster in 7 m horizontaler Entfernung und 9 m Höhe. Berechnen Sie die Wassergeschwindigkeit an der Düse.

2 Ein Tennisball soll von der Grundlinie aus in 2 m Höhe waagerecht so „abgeschossen" werden, dass er maximal 50 cm vor dem Ende des gegnerischen Aufschlagfeldes auftrifft. Die Grundlinien sind etwa 23,8 m voneinander entfernt.
a) Berechnen Sie den „erlaubten" Bereich für die Abschussgeschwindigkeit.
b) Bestimmen Sie die Koordinaten des optimalen Aufschlags, zeichnen Sie maßstäblich die Wurfbahn und berechnen Sie die Auftreffgeschwindigkeit.

3 Ein Sportschütze schießt eine Kugel mit 100 m/s waagerecht auf das Zentrum einer 50 m entfernten Zielscheibe. Bestimmen Sie den Auftreffort.

4 Ein Holzklotz rutscht mit einer Geschwindigkeit v über die Kante eines waagerechten Tisches der Höhe h. Ein anderer Holzklotz fällt im Abstand von 1 m von der Tischkante und aus der Tischhöhe zeitgleich frei nach unten.

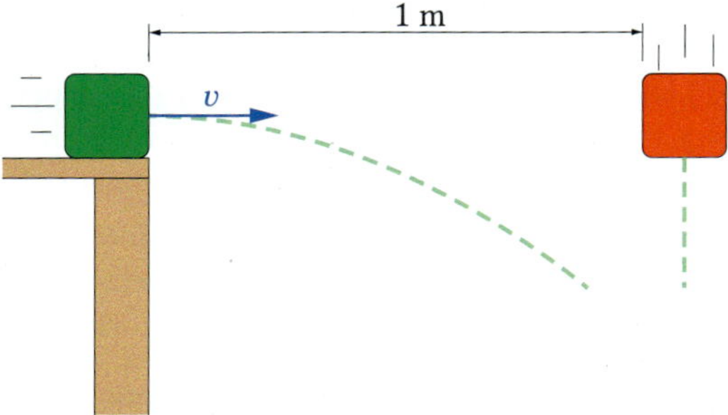

Überlegen Sie sich Bedingungen, unter denen sich die beiden Holzklötze „im Flug" treffen.

5 Ein 150 $\frac{km}{h}$ schnelles Rettungsflugzeug versucht aus 1 km Höhe eine Medikamentenbox auf ein Schiff zu werfen. Das Schiff bewegt sich mit 20 $\frac{km}{h}$ in die gleiche horizontale Richtung wie das Flugzeug. Berechnen Sie den Abstand zwischen Flugzeug und Schiff, bei dem die Medikamentenbox ausgelöst werden muss.

1.6 Schiefer Wurf

B1 *Wasserfontänen sind näherungsweise schiefe Würfe.*

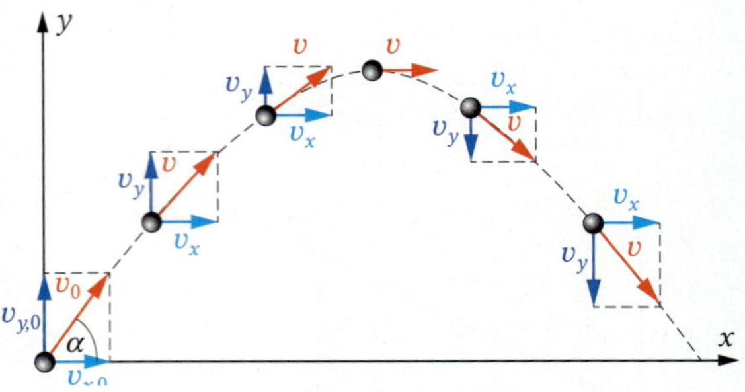

B2 *Geschwindigkeiten beim schiefen Wurf*

Der allgemeine Fall. Der waagerechte Wurf ist ein Spezialfall des **schiefen Wurfs**. Hier wird ein „Wurfobjekt", beispielsweise ein Ball oder ein Wasserteilchen wie in Bild **B1**, unter einem Abwurfwinkel α zur Horizontalen geworfen.

Beim waagerechten Wurf haben wir gedanklich die Wurfbewegung aus zwei unabhängigen Teilbewegungen zusammengesetzt: einer Bewegung mit konstanter Geschwindigkeit in Wurfrichtung und einem freien Fall in vertikaler Richtung. Versuch **V1** zeigt, dass dies auch beim schiefen Wurf möglich ist: Der Wasserstrahl folgt dem Weg, der sich bei einer zusammengesetzten Bewegung ergeben sollte. Die beim waagerechten Wurf erfolgreiche Strategie kann also erweitert werden.

Beschreibung des schiefen Wurfs. Wir verwenden ein x-y-Koordinatensystem wie in Abbildung **B2**. Der Wurf beginnt zum Zeitpunkt $t = 0$ s. Das Wurfobjekt wird im Ursprung unter dem Winkel α mit der Geschwindigkeit v_0 geworfen. Die Anfangsgeschwindig-

keit in vertikaler y-Richtung ist $v_{y,0} = v_0 \cdot \sin\alpha$ und in horizontaler x-Richtung $v_{x,0} = v_0 \cdot \cos\alpha$. Die Bewegung in horizontaler Richtung ist dann wieder eine gleichförmige Bewegung mit $v_{x,0}$ und der Bewegungsgleichung:

$$x(t) = v_{x,0} \cdot t = v_0 \cdot \cos(\alpha) \cdot t. \tag{1}$$

In vertikaler Richtung haben wir es mit dem bekannten Fall eines Körpers mit Anfangsgeschwindigkeit $v_{y,0}$ und entgegengerichteter Beschleunigung vom Betrag g zu tun. Die Bewegungsgleichung ist daher gegeben durch:

$$y(t) = v_0 \cdot t - \tfrac{1}{2} g \cdot t^2 = v_{y,0} \cdot t \cdot \sin(\alpha) - \tfrac{1}{2} g \cdot t^2. \tag{2}$$

Bild **B2** zeigt, wie sich die Geschwindigkeiten entlang der Bahn des schiefen Wurfs ändern.

Die Bahnkurven des schiefen Wurfes (ohne Reibung) sind symmetrisch zum Maximum des Wurfs. Formt man Gleichung (1) nach t um und setzt $t = \frac{x}{v_0 \cos(\alpha)}$ in Gleichung (2) ein, erhält man die Bahnkurve:

$$y = \frac{v_0 \sin(\alpha) \cdot x}{v_0 \cos(\alpha)} - \tfrac{1}{2} g \cdot \left(\frac{x}{v_0 \cdot \cos(\alpha)}\right)^2 = \frac{\sin(\alpha)}{\cos(\alpha)} x - \frac{g}{2\,(v_0 \cos(\alpha))^2} x^2.$$

V1 Wassermodell für Wurfbewegungen

Ein Wasserstrahl strömt mit bekannter Geschwindigkeit v_0 unter einem einstellbarem „Abwurfwinkel" α aus. Die Abweichung von der Anfangsrichtung wird mit Maßstäben gemessen, die senkrecht nach unten in gleichen Abständen hängen.

Wir wollen überprüfen, ob man wie beim waagerechten Wurf die Wurfbahn gedanklich aus gleichförmiger Bewegung in Wurfrichtung und beschleunigter Bewegung senkrecht nach unten zusammensetzen kann. Stimmt diese Hypothese, wird der vertikale Abstand von der

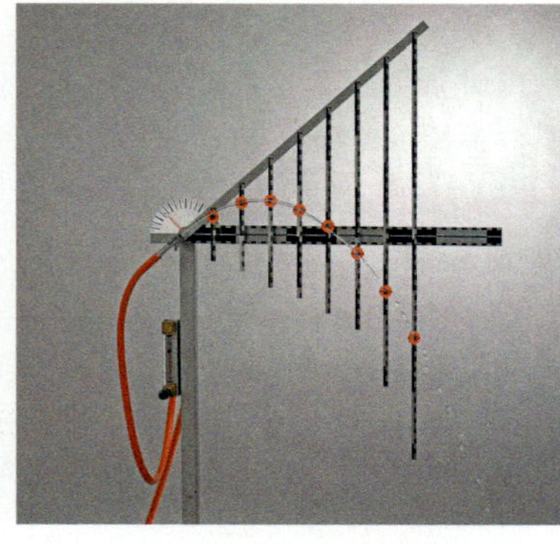

ursprünglichen Wurfrichtung alleine durch den vertikalen Fall beschrieben. Aus den Abständen der Maßstäbe und der Ausströmgeschwindigkeit v_0 lassen sich die Zeitpunkte $t_1, t_2, \ldots$ berechnen, an denen der Wasserstrahl die Maßstäbe erreicht, wenn er nicht zeitgleich vertikal fallen würde. Die Wasserteilchen würden sich – von der schiefen Ebene aus gesehen – nach unten um einen Weg der Länge $\tfrac{1}{2} g \cdot t^2$ bewegen. Wir stellen die roten Markierungen auf den Maßstäben deshalb im Abstand dieser Längen ($\tfrac{1}{2} g \cdot t_1^2$, $\tfrac{1}{2} g \cdot t_2^2$, …) ein. Der Wasserstrahl folgt für alle Winkel α diesen berechneten Bahnpunkten.

Ein Vergleich mit der allgemeinen Form einer Parabel $y = a x + b x^2$ zeigt, dass Bahnkurven von schiefen Würfen nach unten geöffnete (Wurf-)Parabeln sind.

❗ Merksatz

Die Bewegungsgleichungen für den schiefen Wurf ohne Reibung mit Abwurfwinkel α und Abwurfgeschwindigkeit v_0 sind in Koordinatenschreibweise:

$$x(t) = v_0 \cdot \cos(\alpha) \cdot t, \quad y(t) = v_0 \cdot \sin(\alpha) \cdot t - \tfrac{1}{2}\, g \cdot t^2.$$

Die Bahnkurve eines schiefen Wurfes ohne Reibung ist eine (Wurf-)Parabel.

Wurfweite und maximale Wurfhöhe. Der schiefe Wurf endet nach einer Wurfdauer t_d, wenn das Objekt landet: $y(t_\mathrm{d}) = 0$, also

$$y(t_\mathrm{d}) = v_0 \cdot \sin(\alpha) \cdot t_\mathrm{d} - \tfrac{1}{2}\, g \cdot t_d^2 = 0.$$

Die einzige Lösung dieser Gleichung mit $t_\mathrm{d} > 0$ ist

$$t_\mathrm{d} = 2 v_0 \frac{\sin(\alpha)}{g}.$$

Die Wurfweite w entspricht der x-Koordinate zur Zeit t_d:

$$w = x(t_\mathrm{d}) = v_0 \cdot \cos(\alpha)\, 2 v_0 \frac{\sin(\alpha)}{g} = 2 v_0^2 \cdot \cos(\alpha)\, \frac{\sin(\alpha)}{g}.$$

Die Symmetrie der Wurfparabel bedeutet, dass die maximale Höhe zur Zeit $t = \tfrac{1}{2} t_\mathrm{d}$ erreicht ist. Einsetzen in die Koordinatengleichung für $y(t)$ führt auf die maximale Wurfhöhe h:

$$h = y\!\left(\frac{t_\mathrm{d}}{2}\right) = \frac{(v_0 \sin(\alpha))^2}{g} - \frac{1}{2}\frac{(v_0 \sin(\alpha))^2}{g} = \frac{1}{2}\frac{(v_0 \sin(\alpha))^2}{g}.$$

Schiefer Wurf mit Reibung. Die Vernachlässigung von Reibungseffekten ist eine häufige, aber nicht immer zulässige Idealisierung. Reale Bahnkurven weichen teilweise deutlich von der Bahnkurve des idealisierten schiefen Wurfs ab. Bild **B3** zeigt Bahnkurven des schiefen Wurfs mit und ohne Reibung. Letztere nennt man **ballistische Kurven**.

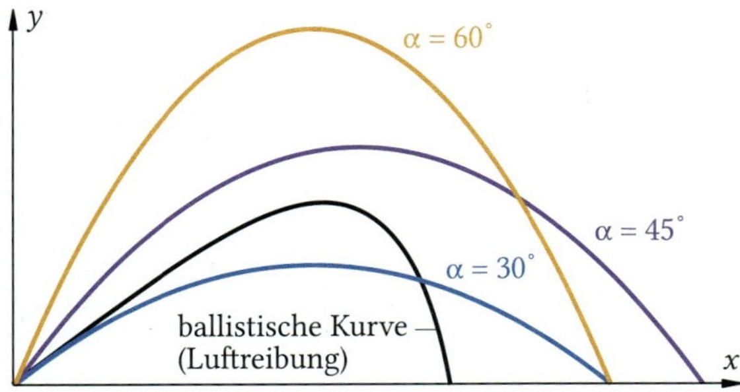

B3 *Schiefer Wurf mit Reibung: die ballistische Kurve*

▤ Aus der Geschichte der Würfe

Wie sehr Erfahrungswissen von falschen Vorstellungen überlagert werden kann, zeigt dieser Holzschnitt aus dem Jahr 1561. Streng nach der Lehre des ARISTOTELES folgt die abgeschossene Kanonenkugel in gerader Linie der ihr aufgezwungenen Bewegung, bis ihre Bewegung auf null abgenommen hat. Dann erst wirkt ihr Bestreben, wie jeder schwere Körper zum Weltzentrum zu gelangen. Dass die gezeichnete Bahnkurve sich so gar nicht beobachten ließ, war in jener Zeit unwichtig.

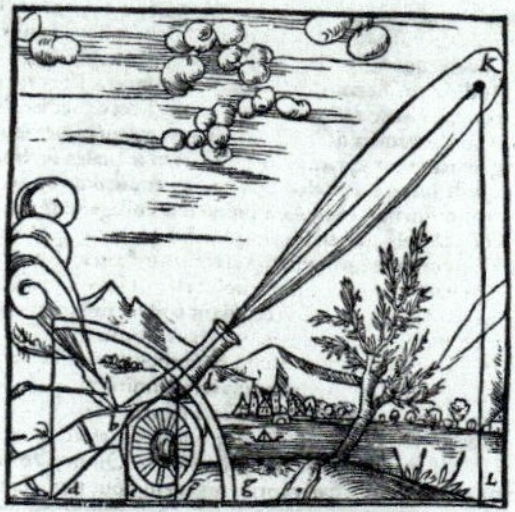

Auch heute begegnen uns Darstellungen, die physikalisch falsch sind. Beispielsweise wird der Lauf über eine Klippe hinaus in Zeichentrickfilmen häufig so beschrieben: erst geradlinig und horizontal, dann abrupter Stopp mit nachfolgendem vertikalen Fall. Das wirkt lustig und betont die Gedankenlosigkeit des Läufers. Wir wissen jedoch bereits, dass hier eigentlich ein waagerechter Wurf vorliegt, also eine krummlinige Bewegung.

GALILEI hat bei der Erforschung der Wurfbewegung eine neue Methode angewendet und den künftigen Physikerinnen und Physikern den Weg zu einer guten Theorie gezeigt: Er stellte sich vor, dass bei einem geworfenen Körper zwei Bewegungen unabhängig voneinander stattfinden. Das ermöglicht eine mathematische Beschreibung. NEWTON entwickelte mit der gleichen Methode und zusätzlichem Wissen die Theorie weiter und fand 100 Jahre später seine Bewegungsgleichungen.

Lösen Sie selbst

1 Zeigen Sie, dass auch die Bahnkurve eines waagerechten Wurfs eine Wurfparabel ist.

2 Nehmen Sie einen schiefen Wurf ohne Reibung mit Start- und Landepunkt auf gleicher Höhe an.
a) Zeigen Sie mit konkreten Beispielen, dass es jeweils zwei Abwurfwinkel mit gleicher Wurfweite gibt.
b) Zeigen Sie, dass die maximale Weite bei einem Winkel von $\alpha = 45°$ erreicht wird und die Wurfweite auch als $w = v_0^2 \sin(2\alpha)/g$ angegeben werden kann.

B1 *Weitsprung – ein schiefer Wurf im Sport*

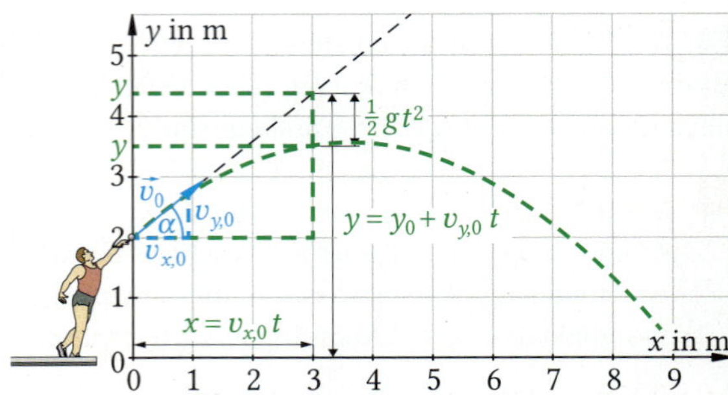

B2 *Analyse des Kugelstoßes*

Der schiefe Wurf im Sport. Viele Bewegungen im Sport lassen sich als schiefe Würfe beschreiben. Schiefe Würfe im Sport haben aber selten die gleiche Höhe für Start- und Landeort und müssen zunächst einmal erkannt werden. Beim Weitsprung (Bild **B1**) folgt der Schwerpunkt des Körpers, der etwas oberhalb der Hüfte liegt, der Bahnkurve eines schiefen Wurfs. Die Wurfparabel des Schwerpunkts beginnt in einer Höhe von knapp einem Meter, wenn sich der hintere Fuß vom Erdboden löst. Ein Weitsprung endet, wenn die Füße den Boden berühren. Die Hüfte befindet sich dann etwa noch einen halben Meter über dem Erdboden.

Bewegungsgleichungen anpassen. Die bekannten Bewegungsgleichungen für den schiefen Wurf können wir anwenden, wenn die Randbedingungen der sportlichen Bewegung berücksichtigt werden. Wir betrachten dazu den Kugelstoß. Hier sind „Wurfobjekt" und schiefer Wurf einfacher zu erkennen als beim Weitsprung. Wir wählen ein Koordinatensystem, in dem der Abwurfort die Koordinaten (0 m; 2 m) hat und die Achsen wie in Bild **B2** orientiert sind.

Zum Zeitpunkt $t = 0$ s wird die Kugel unter dem Winkel α zur Horizontalen mit der Geschwindigkeit v_0 gestoßen. Die Geschwindigkeit können wir wieder in eine horizontale und eine vertikale Komponente zerlegen. Mit den Koordinaten des Abwurfsortes und den Startwerten $v_{x,0} = v_0 \cdot \cos(\alpha)$ und $v_{y,0} = v_0 \cdot \sin(\alpha)$ für die Geschwindigkeitskomponenten sind die Startwerte der Bewegung bekannt. Mit Hilfe der angepassten Bewegungsgleichungen für die x- und y-Richtung lässt sich die Bahnkurve nun punktweise berechnen:

$$x(t) = v_{x,0} \cdot t = v_0 \cos(\alpha) \cdot t,$$

$$y(t) = y_0 + v_{y,0} \cdot t - \tfrac{1}{2} g \cdot t^2 = y_0 + v_0 \cdot \sin(\alpha) \cdot t - \tfrac{1}{2} g \cdot t^2.$$

Mit $y_0 = 2$ m wird berücksichtigt, dass der schiefe Wurf auf einer Höhe von 2 m über dem Erdboden beginnt.

Gewinnen beim Kugelstoßen. Beim Kugelstoßen kommt es auf große Stoßweiten an. Wir nehmen an, dass es sich um einen schiefen Wurf handelt, bei dem Reibungseffekte vernachlässigt werden können. Sportlerinnen und Sportler wissen, dass neben der Abstoßgeschwindigkeit die Stoßrichtung eine wichtige Rolle spielt. Wir wollen mit dem bereits entwickelten Handwerkszeug nun prüfen, unter welchem Abwurfwinkel der Sportler abwerfen sollte, um eine maximale Stoßweite zu erzielen.

Für den Betrag der Abstoßgeschwindigkeit nehmen wir zunächst einen typischen Wert von $v_0 = 8{,}5\ \frac{\text{m}}{\text{s}}$ an und lassen den Computer für verschiedene Abstoßwinkel die Wurfbahnen darstellen (Bild **B3**).

Bei den ausgewählten Winkeln liefert $\alpha = 40°$ die größte Wurfweite. Um den Zusammenhang zwischen Stoßwinkel und Stoßweite bei fester Abstoßgeschwindigkeit genauer zu betrachten, erzeugen wir das Diagramm in Bild **B4** mit verschiedenen Winkeln. Im Bereich von $\alpha = 40°$ hat die Kurve ein Maximum, dort ändert sich die Stoßweite nur wenig.

Daraus folgt ein erster Rat fürs richtige Training: Man muss mit etwa 40° abstoßen, kleine Abweichungen vom optimalen Winkel ändern die Stoßweite kaum.

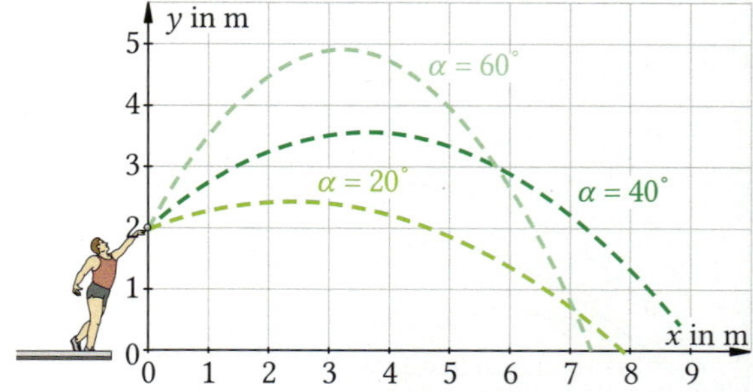

B3 *Wurfbahnen bei gleichem Betrag der Abstoßgeschwindigkeit von 8,5 m/s für verschiedene Stoßwinkel*

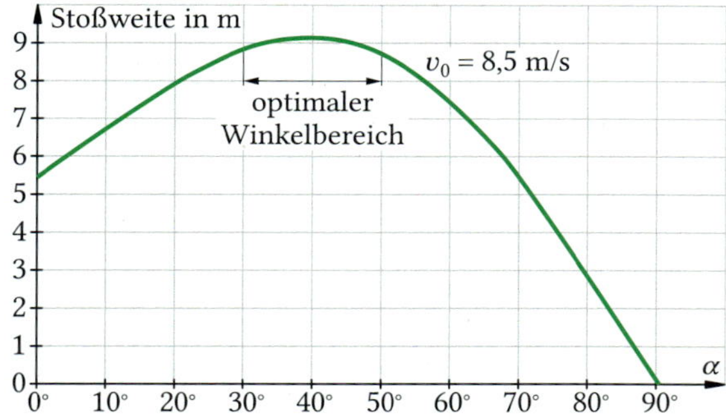

B4 *Stoßweite in Abhängigkeit vom Stoßwinkel*

Der Computer berechnet auch den Zusammenhang zwischen Stoßgeschwindigkeit und Stoßweite bei festem Stoßwinkel (Bild **B5**). Wenig überraschend nimmt die Stoßweite mit der Stoßgeschwindigkeit zu. Allerdings ist der Zusammenhang nicht proportional; der Anstieg der Kurve ist steiler! Das liefert einen zweiten Rat für das richtige Kugelstoßtraining: Anfangsgeschwindigkeit ist fast alles. Es lohnt, die Stoßtechnik so zu verbessern, dass die Kugel die Hand mit möglichst großer Geschwindigkeit verlässt.

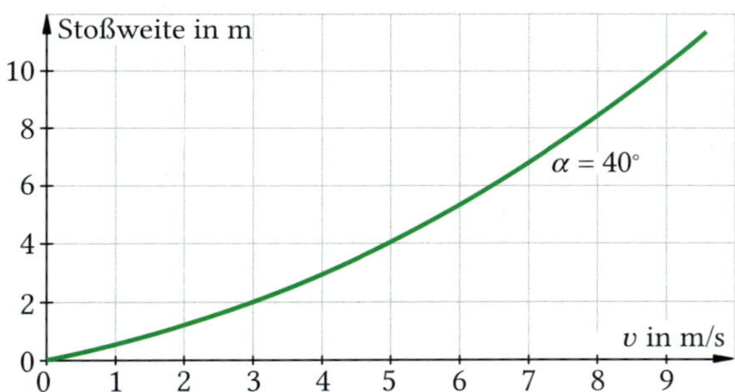

B5 *Stoßweite in Abhängigkeit von der Stoßgeschwindigkeit*

▤ Ein Trick physikalisch erklärt

Jeder Schuss mit dem Blasrohr ist ein Treffer – wenn die Dose im richtigen Augenblick losgelassen wird.

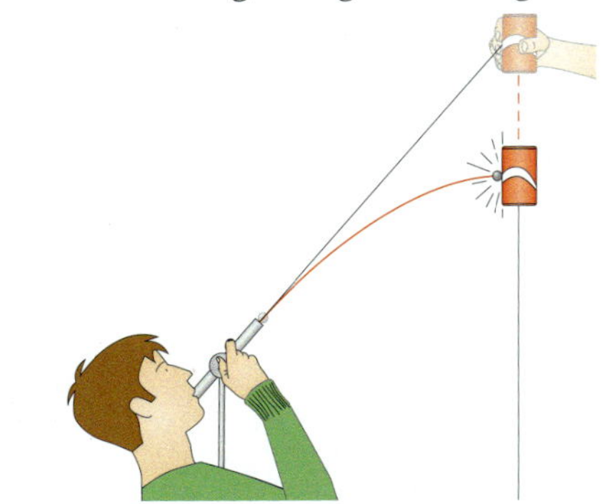

1 Schätzen Sie die Sprungweite beim Weitsprung grob ab. Nehmen Sie dazu an, dass der Springer wie Hochleistungssportler unter einem Winkel von etwa 25° und mit einem Tempo von etwa 10 m/s abspringt. Die Abstände d_1 und d_2 vor und nach dem schiefen Wurf betragen etwa 0,6 und 0,75 m.

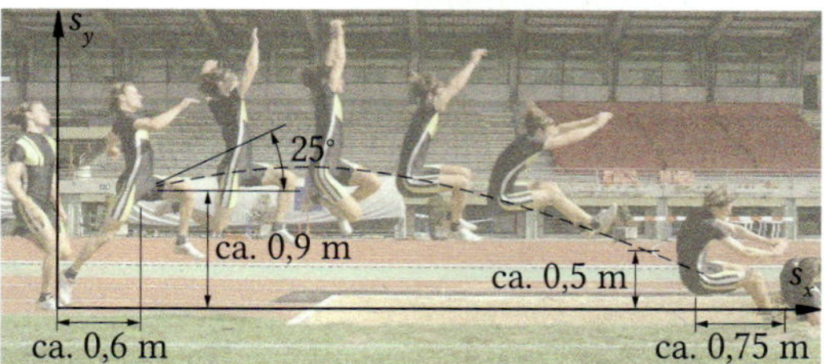

Vergleichen Sie ihr Ergebnis mit aktuellen Ergebnissen aus den Leichtathletikweltmeisterschaften.

2 Die Stroboskopaufnahme zeigt die Bahn eines Basketballs. Prüfen Sie anhand der tabellierten Messdaten für die x- und y-Koordinaten, ob es sich hier um einen schiefen Wurf (ohne Reibung) handeln könnte.

x in Metern	y in Metern
0,00	2,02
0,30	2,53
0,71	2,92
1,18	3,26
1,72	3,48
2,28	3,50
2,88	3,34

Arbeitsaufträge:

☐ Beschreiben Sie die Bewegungen des mit dem Blasrohr abgeschossenen Kügelchens und der Dose. Sie können die Luftreibung vernachlässigen. Berücksichtigen Sie, dass die Abschussgeschwindigkeit bei jedem Schuss eine andere sein kann.

☐ Formulieren und begründen Sie eine Regel für den „richtigen Augenblick" beim Loslassen der Dose.

☐ Führen Sie das Experiment in einer Kleingruppe so lange durch, bis (fast) jeder Schuss ein Treffer ist.

☐ Bereiten Sie sich so vor, dass Sie den Trick vorführen und auch Laien beispielsweise auf einem öffentlichen Schulfest erklären können.

Zusammenfassung

1. Geschwindigkeit

Die physikalische (vektorielle) Größe **Geschwindigkeit** $\vec{v}$ gibt an, in welche Richtung sich ein Körper bewegt und mit welchem Betrag (oft **Tempo** genannt).
Der Geschwindigkeitsbetrag v eines Körpers ist definiert durch den Quotienten aus zurückgelegtem Weg Δs und der dafür benötigten Zeit Δt:

$$v = \frac{\Delta s}{\Delta t}.$$

Grafisch wird sie mit einem **Pfeil** dargestellt. Die Pfeilrichtung gibt die Bewegungsrichtung und die Länge des Pfeils den Betrag der Geschwindigkeit an.

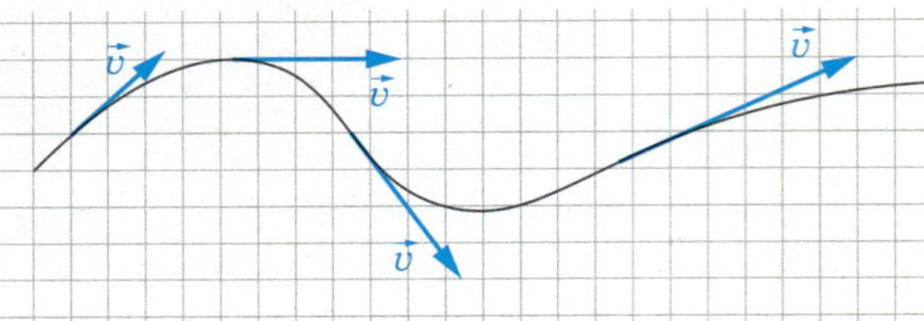

2. Beschleunigung

Die **Beschleunigung** $\vec{a}$ beschreibt den Quotienten aus der Änderung des Geschwindigkeit $\Delta \vec{v}$ und der dafür benötigten Zeit. Sie ist wie die Geschwindigkeit eine vektorielle Größe mit Richtung und Betrag. Eine Beschleunigung ändert die Richtung oder den Betrag der Geschwindigkeit oder beides.

3. Geradlinige Bewegungen

Gleichförmig geradlinige Bewegung: $\vec{v}$ in Betrag und Richtung konstant. Bewegungsgleichungen:

$$x(t) = v \cdot t, \quad v = \text{konstant}, \quad a = 0 \, \tfrac{\text{m}}{\text{s}^2}.$$

Gleichmäßig beschleunigte geradlinige Bewegung: $\vec{a}$ in Betrag und Richtung konstant. Bewegungsgleichungen für $v(t = 0 \, \text{s}) = 0 \, \tfrac{\text{m}}{\text{s}}$:

$$x(t) = \tfrac{1}{2} a \cdot t^2, \quad v(t) = a \cdot t, \quad a = \text{konstant}.$$

Die Graphen für die Ortskoordinate und die Geschwindigkeit in x-Richtung sind:

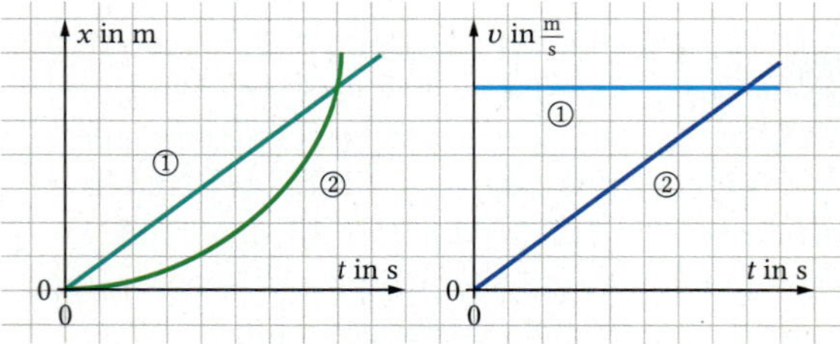

①: gleichförmig, ② gleichmäßig beschleunigt

4. Fallbewegungen

Fallbewegungen sind spezielle geradlinige Bewegungen. Hier fällt ein Körper aus der Ruhe und einer Höhe h in Richtung (Erd-)Oberfläche. Die Fallbewegung eines Körpers im Vakuum heißt **freier Fall**. Die Beschleunigung ist für alle Körper an einem Ort gleich. Sie heißt **Fallbeschleunigung** g und beträgt auf der Erde ungefähr $9{,}81 \, \tfrac{\text{m}}{\text{s}^2}$.
Bewegungsgleichungen (Start bei $t = 0$ s, Bewegung in negative y-Richtung):

$$y(t) = -\tfrac{1}{2} \, g \cdot t^2, \quad v_y(t) = -g \cdot t.$$

Können Reibungseffekte nicht vernachlässigt werden, so spricht man von einem **Fall (mit Reibung)**.

5. Wurfbewegungen

Beim **waagerechten Wurf** wird ein Körper horizontal (waagerecht) mit der Anfangsgeschwindigkeit v_0 abgeworfen. Der waagerechte Wurf (ohne Reibungseffekte) lässt sich als Kombination von zwei voneinander unabhängigen Bewegungen beschreiben: Einem freien Fall in vertikaler Richtung und einer Bewegung mit konstanter Geschwindigkeit in horizontaler Richtung.
Bewegungsgleichungen (Start für $t = 0$ s im Koordinatenursprung):

$$x(t) = v_x \cdot t, \quad v_x(t) = v_0 = \text{konstant},$$
$$y(t) = -\tfrac{1}{2} g \cdot t^2, \quad v_y(t) = -g \cdot t.$$

Beim **schiefen Wurf** wird ein Körper unter einem Abwurfwinkel α zur Horizontalen abgeworfen.
Anfangsgeschwindigkeit:
in horizontaler Richtung: $v_0 \cdot \cos(\alpha)$;
in vertikaler Richtung: $v_0 \cdot \sin(\alpha)$.
Der schiefe Wurf (ohne Reibungseffekte) setzt sich aus zwei voneinander unabhängigen Bewegungen zusammen: Einem vertikalen Wurf nach oben und einer Bewegung mit konstanter Geschwindigkeit in horizontaler Richtung.

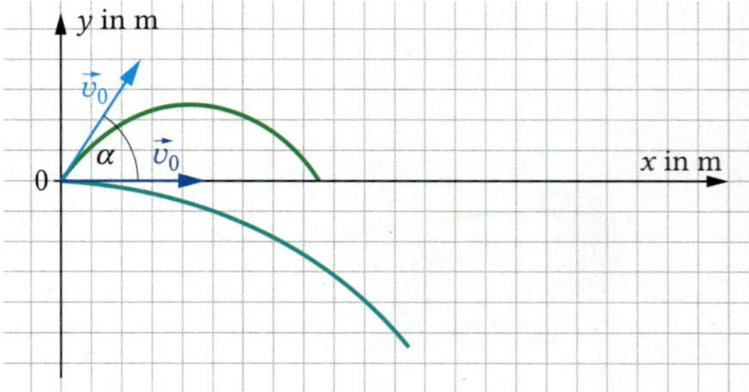

1 Die Skizzen zeigen die Geschwindigkeiten eines Fisches zu einem Zeitpunkt t_1 (dunkelblauer Pfeil) und einem etwas späteren Zeitpunkt t_2 (hellblau). Übertragen Sie die Skizze maßstabsgerecht in Ihr Heft.
a) Zeichnen Sie die Änderung der Geschwindigkeit (Zusatzgeschwindigkeit) ein.
b) Ein Zentimeter Pfeillänge entspricht $18\,\frac{km}{h}$. Bestimmen Sie die Beiträge aller Geschwindigkeiten in der Einheit $\frac{m}{s}$.

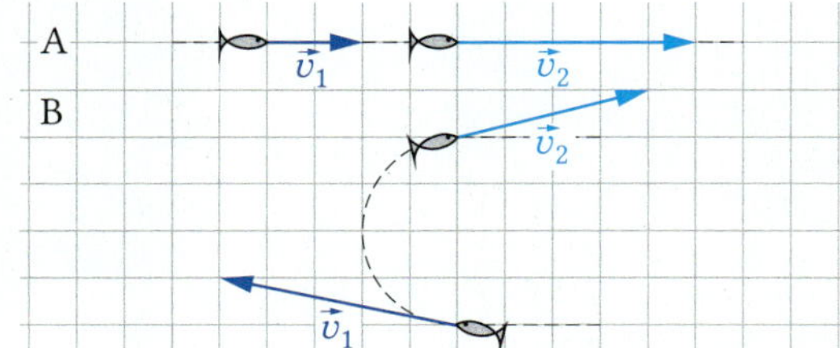

2 Ein Auto fährt mit $150\,\frac{km}{h}$ an einem stehenden Polizeiauto vorbei. Dieses fährt mit konstanter Beschleunigung vom Betrag $a = 9\,\frac{m}{s^2}$ sofort los. Der Fahrer des Autos bemerkt dies nicht und fährt unverändert weiter. Fertigen Sie ein t-s-Diagramm, ein t-v-Diagramm und ein t-a-Diagramm an. Bestimmen Sie den Zeitpunkt, zu dem sich das Polizeiauto neben dem Auto befindet.

3 Auf dem Mond fällt aus Versehen ein Werkzeug in 10 m Höhe aus der Raumkapsel.
a) Mit welcher Geschwindigkeit trifft das Werkzeug auf der Mondoberfläche auf? Nach welcher Zeit? (Fallbeschleunigung $g_M = 1{,}62\,\frac{m}{s^2}$)
b) Ein Astronaut wirft das Werkzeug vertikal nach oben in Richtung Raumkapsel. Bestimmen Sie die Geschwindigkeit, mit der das Werkzeug die Hand in 2 m Höhe über dem Erdboden mindestens verlassen müsste, um die Kapsel zu erreichen.

4 GALILEI experimentierte mit rollenden Kugeln in „Fallrinnen": gerade Rinnen, die er unter einem kleinen Winkel zur Horizontalen aufstellte. Er fand heraus, dass sich die im Takt seines Pulsschlages zurückgelegten Teilstrecken wie die ungeraden Zahlen 1, 3, 5, 7 usw. verhalten. Zeigen Sie, dass daraus für den Weg s, der in einer Zeit t zurückgelegt wird, folgt: $s \sim t^2$.

5 Ein Skater springt vor dem Hindernis von dem rollenden Board nach oben ab. Hinter dem Hindernis landet er wieder auf dem Board.

„Ist doch ganz einfach", sagt er dem staunenden Reporter, „das Board ist doch ständig unter mir". Nehmen Sie zu dieser Aussage aus physikalischer Sicht Stellung.

6 Ein ruhender Beobachter auf einer Brücke lässt eine Kugel fallen. Eine im ICE mit $v = 216\,\frac{km}{h}$ über die Brücke fahrende Person lässt ebenfalls eine Kugel fallen. Das Bild zeigt fünf Momentaufnahmen der beiden Kugeln. Bestimmen Sie auf zwei unterschiedlichen Wegen den zeitlichen Abstand der Momentaufnahmen.

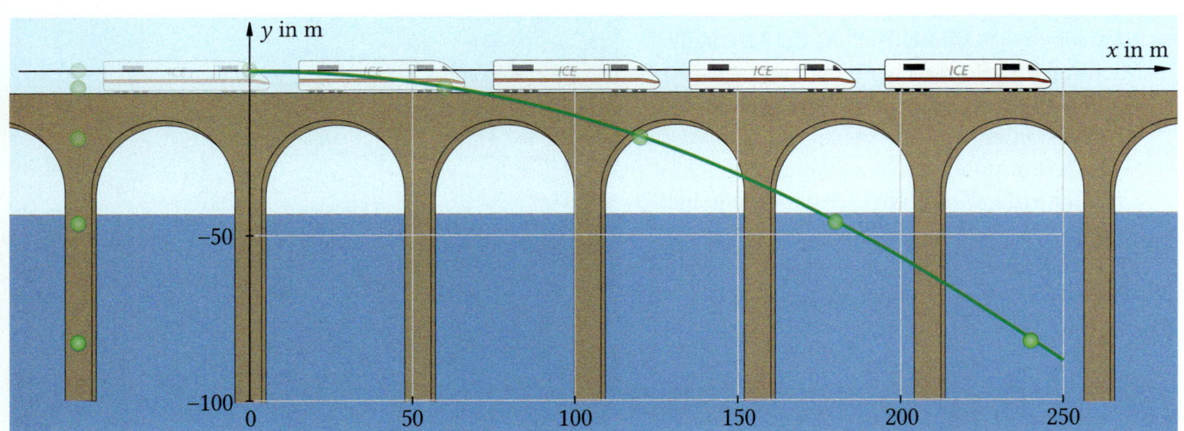

Newtonsche Gesetze

Wirkt eine Kraft auf einen Körper, kann sie seine Geschwindigkeit verändern: Kräfte beschleunigen Körper. Diese Erkenntnis formulierte Isaac Newton in der Grundgleichung der Mechanik. Mit ihrer Hilfe können wir nicht nur vorhersagen, ob ein Torschütze beim Elfmeter ein Tor schießt, sondern auch beurteilen, wie groß der Sicherheitsabstand beim Autofahren sein sollte oder ob Anschnallgurte wirklich notwendig sind. Auch zur Trägheit und zur Wechselwirkung von Kräften formulierte Newton zentrale Einsichten. Sie gehören zum Fundament der Physik.

2

Das können Sie in diesem Kapitel erreichen:

- Sie können mit Hilfe einfacher Konstruktionen Kräfte darstellen und vorhersagen.
- Sie gehen sicher mit dem Kraftbegriff um und berechnen Kräfte.
- Sie lösen mit der Grundgleichung der Mechanik einfache und schwierigere Aufgaben und Probleme.
- Sie erkennen das Trägheitsprinzip und das Wechselwirkungsprinzip auch in komplexen Situationen.
- Sie können Risiken und Sicherheitsmaßnahmen im Straßenverkehr erkennen und bewerten.

2.1 Die Grundgleichung der Mechanik

B1 CL-Finale 2017: Ronaldo trifft zum 3 : 1.

Die Zusatzgeschwindigkeit. Champions-League-Finale 2017, Real Madrid gegen Juventus Turin, 64. Minute: Christiano Ronaldo verwandelt eine flache Hereingabe von Modrić direkt am kurzen Pfosten zum 3:1 (Bild **B1**), das Spiel ist entschieden. Ronaldos Treffer sieht einfach aus, aber Stürmer schießen Bälle, die von der Seite hereingepasst werden, auch gerne mal neben das Tor. Anders beim Elfmeter: Hier treffen die allermeisten Schützen zumindest das Tor.

Mit Versuch **V1** werden die beiden Situationen „Elfmeter" und „Hereingabe" in einem Experiment simuliert. Bei beiden Versuchsdurchgängen wird die Kugel mit der gleichen Kraft in Richtung Tor geschossen. Die Beobachtungen des Experiments sind in den Bildern **B2a** und **B2b** dargestellt: Beim Elfmeter rollt die Kugel ins Tor, bei der Direktannahme nach Hereingabe rollt die Kugel schräg am Tor vorbei. Die Ursache dafür ist, dass sich die Bewegung der Kugel in der zweiten Situation nach dem Stoß aus zwei verschiedenen Bewegungen zusammensetzt:

□ aus der Bewegung in die Anfangsrichtung und
□ aus der Bewegung in Stoßrichtung.

Die Geschwindigkeit vor dem Stoß bezeichnen wir als **Anfangsgeschwindigkeit** $\vec{v}_A$. Die Geschwindigkeit, die die Kugel durch den Stoß erhält, nennen wir **Zusatz-**

V1 Elfmeter und Direktannahme

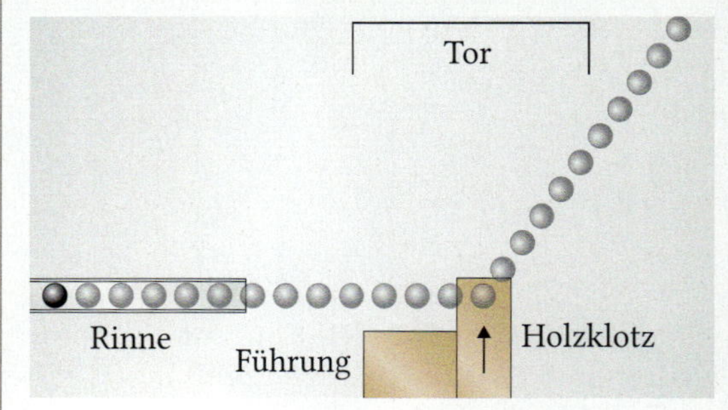

Zur Simulation der beiden im Text beschriebenen Fußballsituationen wird der Versuch nach dem Bild oben aufgebaut. Ein eingespannter Holzblock dient als Führung, mit einem zweiten Holzblock wird auf die Stahlkugel eine Kraft in Richtung Tor ausgeübt. Im ersten Versuchsteil ruht die Stahlkugel zu Beginn („Elfmeter"), im zweiten erhält sie durch eine schräge Rinne eine Anfangsgeschwindigkeit parallel zum Tor („Hereingabe").

geschwindigkeit $\Delta\vec{v}$, und die Geschwindigkeit nach dem Stoß **Endgeschwindigkeit** $\vec{v}_E$. Damit können wir die Endgeschwindigkeit der Kugel wie in Bild **B3** aus Geschwindigkeitspfeilen zusammensetzen:

Die Kugel rollt nach dem Stoß mit der Anfangsgeschwindigkeit $\vec{v}_A$ weiter nach rechts und gleichzeitig mit der Zusatzgeschwindigkeit $\Delta\vec{v}$ in Richtung Tor. Die Endgeschwindigkeit $\vec{v}_E$ ergibt sich aus der Anfangsgeschwindigkeit $\vec{v}_A$ und der Zusatzgeschwindigkeit $\Delta\vec{v}$. Sie zeigt schräg am Tor vorbei. Im Fußball: Der Spieler zielt zwar aufs Tor, doch der Ball geht leider vorbei.

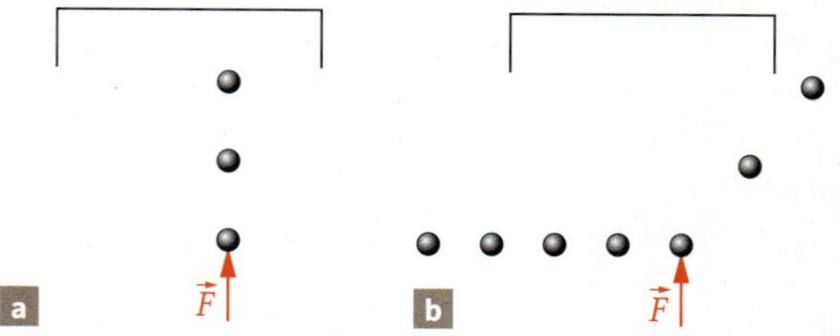

B2 Beobachtung a) beim Elfmeter, b) beim Torschuss per Direktannahme nach Pass

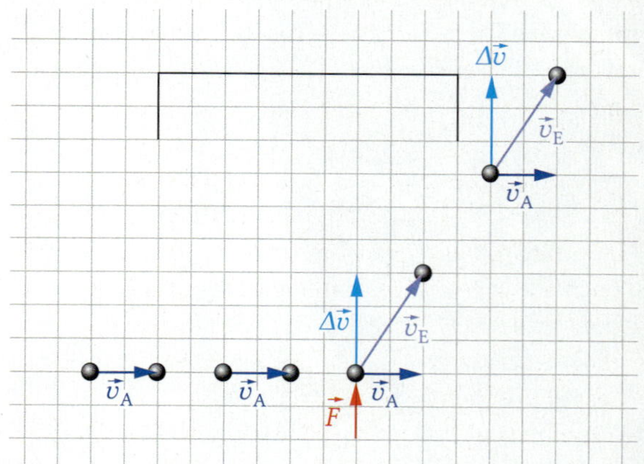

B3 Die Zusammensetzung der Endgeschwindigkeit bei der Direktannahme

Konstruktion der Endgeschwindigkeit. Um vorherzusagen, ob eine Kugel das Tor trifft oder nicht, können wir die Endgeschwindigkeit mithilfe von Geschwindigkeitspfeilen konstruieren (siehe Bild **B4**).

a. Ausgehend von der Kugel zeichnen wir die Anfangsgeschwindigkeit $\vec{v}_A$ der Kugel als Pfeil ein. Die Länge des Pfeils entspricht dem Betrag der Geschwindigkeit.

b. Durch den Stoß erhält die Kugel zusätzlich zur Anfangsgeschwindigkeit die Zusatzgeschwindigkeit $\Delta\vec{v}$ in Richtung des Stoßes. Auch diese Geschwindigkeit zeichnen wir als Pfeil ausgehend von der Kugel ein.

c. Wir erhalten die Endgeschwindigkeit $\vec{v}_E$, indem wir die beiden Geschwindigkeitspfeile zu einem Parallelogramm ergänzen. Anschließend zeichnen wir ausgehend von der Kugel einen Pfeil entlang der Diagonalen des Parallelogramms.

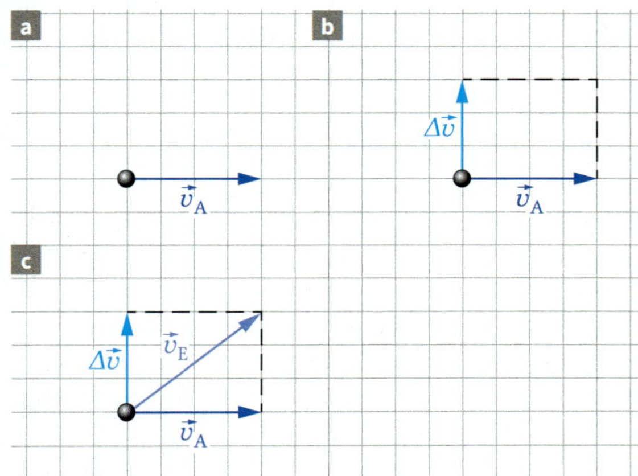

B4 *Konstruktion der Endgeschwindigkeit*

Konstruktion der Zusatzgeschwindigkeit. Sind die Anfangsgeschwindigkeit und die Endgeschwindigkeit bekannt, können wir auch die Zusatzgeschwindigkeit konstruieren (siehe Bild **B5**):

a. Ausgehend von der Kugel zeichnen wir die Anfangsgeschwindigkeit $\vec{v}_A$ der Kugel als Pfeil ein.

b. Nach dem Stoß soll der Geschwindigkeitspfeil $\vec{v}_E$ zum Beispiel direkt in Torrichtung zeigen. Diesen zeichnen wir ebenfalls ausgehend von der Kugel ein.

c. Um die Zusatzgeschwindigkeit $\Delta\vec{v}$ zu erhalten, wird ein Pfeil $\Delta\vec{v}$ so an die Pfeilspitze von $\vec{v}_A$ angesetzt, dass er zur Pfeilspitze von $\vec{v}_E$ zeigt.

d. Anschließend muss dieser Pfeil so parallel verschoben werden, dass der Fußpunkt von $\Delta\vec{v}$ in der Mitte der Kugel liegt.

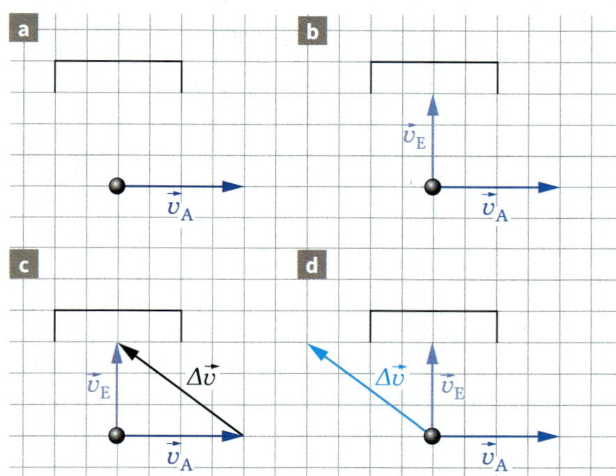

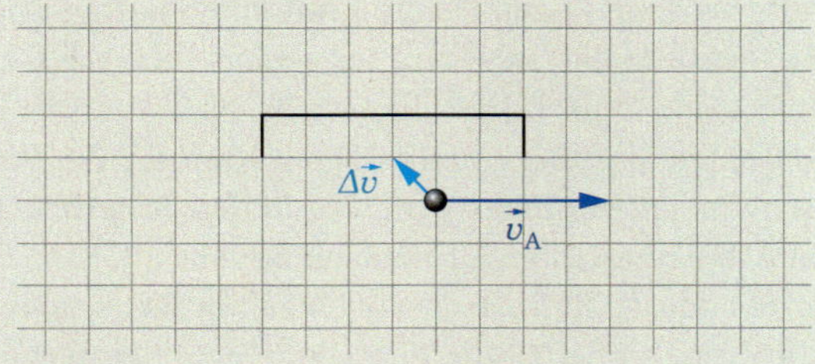

B5 *Konstruktion der Zusatzgeschwindigkeit*

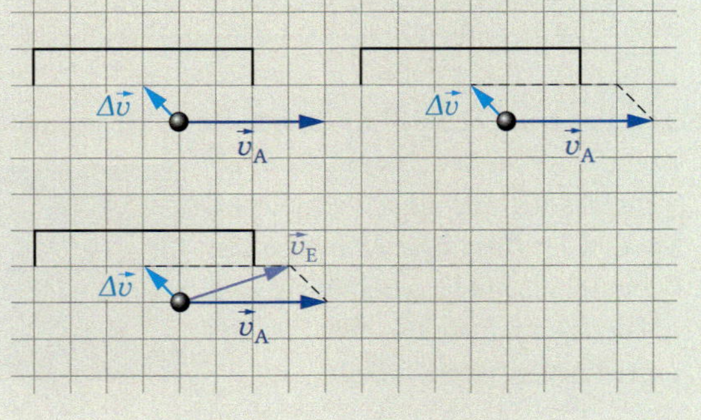

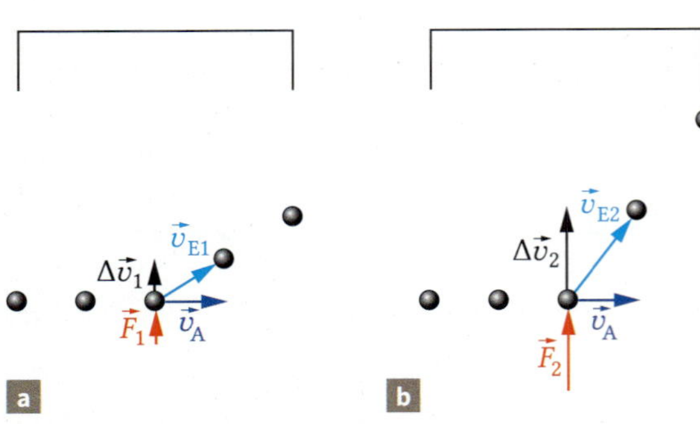

B1 *Unterschiedlich große Kräfte bewirken unterschiedliche Zusatzgeschwindigkeiten.*

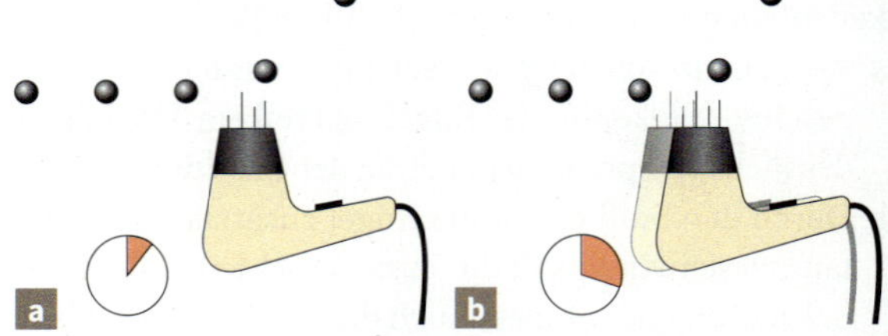

B2 *Unterschiedliche Einwirkzeiten bewirken unterschiedliche Zusatzgeschwindigkeiten.*

Eine Kraft bewirkt eine Zusatzgeschwindigkeit.

Wenn man einen Fußball ankickt, übt der Fuß eine **Kraft** auf den Ball aus. Dadurch ändert sich die Bewegung des Balls. Die neue Geschwindigkeit des Balls setzt sich aus der Anfangs- und der Zusatzgeschwindigkeit zusammen. Wird die Kraft auf den Fußball größer, wird auch die Zusatzgeschwindigkeit größer.

In Bild **B1a** und Bild **B1b** wirken unterschiedlich große Kräfte auf eine Kugel. Da die Kraft einen Betrag und eine Richtung hat, wird sie hier genauso wie die Geschwindigkeit als Vektor dargestellt. Hier kann man beobachten, dass bei einer größeren Kraft die Zusatzgeschwindigkeit größer wird. Die in den Bildern **B1a** und **B1b** dargestellten Situationen zeigen:

Je größer die Kraft $\vec{F}$ ist, die auf einen Körper ausgeübt wird, desto größer ist die Zusatzgeschwindigkeit $\Delta\vec{v}$, die der Körper erhält.

Neben der Kraft gibt es aber noch weitere Faktoren, die die Zusatzgeschwindigkeit beeinflussen. So spielt es auch eine Rolle, wie lange die Kraft auf einen Körper einwirkt.

Einwirkungsdauer und Zusatzgeschwindigkeit.

Wenn eine Kraft lange auf einen Ball ausgeübt wird, ändert sich die Bewegung des Balls stärker, als wenn die gleiche Kraft nur kurz auf den Ball einwirkt. Dazu werden wieder zwei Versuche mit Kugeln durchgeführt. Jetzt wird die Kugel aber nicht angestoßen, sondern wie in Bild **B2a** und **B2b** mit einem Gebläse abgelenkt. In Bild **B2a** wird das Gebläse nur für einen ganz kurzen Moment angeschaltet. In Bild **B2b** bleibt das Gebläse länger angeschaltet, sodass die Dauer der Krafteinwirkung auf die Kugel erhöht wird. Man beobachtet, dass die Zusatzgeschwindigkeit umso größer wird, je länger der Luftstrom des Gebläses auf die Kugel einwirkt. Das Ergebnis aus Bild **B2a** und **B2b** zeigt: Je länger eine Kraft auf einen Körper einwirkt, desto größer ist die Zusatzgeschwindigkeit, die der Körper erhält.

> **! Merksatz**
>
> Die Zusatzgeschwindigkeit ist umso größer,
> - je größer die Kraft $\vec{F}$ ist, die auf einen Körper ausgeübt wird,
> - je länger die Kraft auf den Körper einwirkt.

* Beispielaufgabe

Zusatzgeschwindigkeit im Sport

a) Torschuss: Beschreiben Sie, wie die Endgeschwindigkeit eines Fußballs beim Torschuss erhöht werden kann.

b) Seitenwind beim Skispringen: Beim Skispringen beeinflusst der Seitenwind die Flugrichtung des Springers. Vergleichen Sie den Einfluss eines dauerhaften Seitenwinds mit gleicher Stärke und auf den Skispringer mit dem Einfluss eines kurzen Windstoßes.

Lösung:

a) Je größer die Kraft ist, die der Torschütze beim Schuss auf den Ball ausübt, desto größer ist auch die Zusatzgeschwindigkeit, die der Ball erhält. Dadurch wird die Endgeschwindigkeit des Fußballs größer.

b) Bei einem kurzen Windstoß wirkt die Kraft nur für einen kurzen Zeitraum auf den Skispringer. Er erhält dadurch nur eine kleine Zusatzgeschwindigkeit in Windrichtung. Bei dauerhaftem Seitenwind mit gleicher Stärke wirkt die Kraft länger auf den Skispringer: Die Zusatzgeschwindigkeit ist größer.

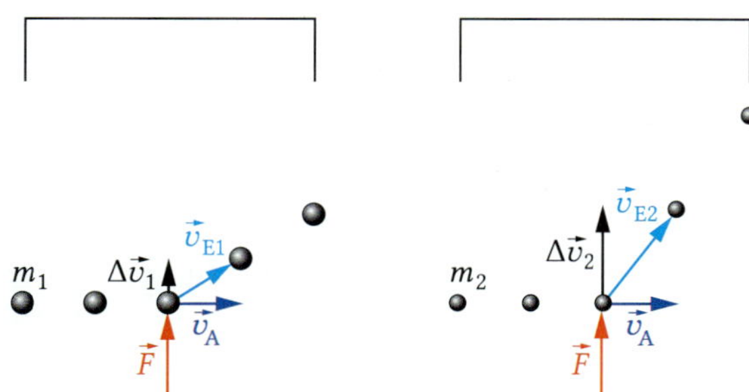

B3 *Bei kleinerer Kugelmasse bewirkt eine Kraft eine größere Zusatzgeschwindigkeit.*

Masse und Zusatzgeschwindigkeit.

Es werden nun zwei Versuche mit Kugeln unterschiedlicher Masse durchgeführt (siehe Bild **B3**). Es zeigt sich, dass die Zusatzgeschwindigkeit umso größer ist, je weniger Masse die Kugel besitzt. Bei einer Kugel mit großer Masse ist die Zusatzgeschwindigkeit bei der gleichen Kraft kleiner.

> **! Merksatz**
>
> Je kleiner die Masse m eines Köpers ist, auf den eine Kraft $\vec{F}$ ausgeübt wird, desto größer ist die Zusatzgeschwindigkeit $\Delta\vec{v}$, die er erhält.

> *** Beispielaufgabe**
>
> **Wurfball und Kugelstoßen**
>
> Begründen Sie, warum beim Wurfball viel größere Weiten erzielt werden können als beim Kugelstoßen.
>
> **Lösung:**
>
> Da die Masse des Wurfballs viel kleiner ist als die Masse der Kugel beim Kugelstoßen, ist bei gleicher Kraft die Zusatzgeschwindigkeit beim Wurfball viel größer als beim Kugelstoßen.

Berechnung der Zusatzgeschwindigkeit.

Die bisherigen Ergebnisse, die noch sorgfältig experimentell geprüft werden müssen, lassen sich vorläufig in der folgenden Gleichung zusammenfassen:

$$\vec{F}\cdot\Delta t = m\cdot\Delta\vec{v}.$$

Diese Gleichung sagt Folgendes aus:
1. Wenn eine Kraft $\vec{F}$ auf einen Körper einwirkt, erhält dieser die Zusatzgeschwindigkeit $\Delta\vec{v}$.
2. Die Richtung der Kraft entspricht der Richtung der Zusatzgeschwindigkeit.

3. Je größer die Kraft $\vec{F}$ ist, desto größer ist die Zusatzgeschwindigkeit $\Delta\vec{v}$ (bei gleicher Einwirkungsdauer und Masse).
4. Je länger die Einwirkungsdauer Δt ist, desto größer ist die Zusatzschwindigkeit $\Delta\vec{v}$ (bei gleicher Kraft und Masse).
5. Je kleiner die Masse m des Körpers ist, desto größer ist die Zusatzgeschwindigkeit $\Delta\vec{v}$ (bei gleicher Kraft und Einwirkungsdauer).

Grundgleichung der Mechanik.

Stellt man die Formel zur Berechnung der Zusatzgeschwindigkeit nach der Kraft um, so erhält man die Gleichung:

$$\vec{F} = \frac{m\cdot\Delta\vec{v}}{\Delta t}.$$

Der Quotient $\Delta\vec{v}/\Delta t$ gibt die Änderung der Zusatzgeschwindigkeit pro Zeitintervall an, also die **Beschleunigung** (siehe Seite 14). Die Beschleunigung hat genauso wie die Geschwindigkeit eine Richtung und einen Betrag. Ersetzt man in der obigen Gleichung den Quotienten $\frac{\Delta\vec{v}}{\Delta t}$ durch $\vec{a}$, so nimmt die Gleichung folgende Form an:

$$\vec{F} = m\cdot\vec{a}.$$

Diese Gleichung wird als **Grundgleichung der Mechanik** bezeichnet. Sie sagt Folgendes aus:
1. Wenn auf einen Körper eine Kraft $\vec{F}$ ausgeübt wird, wird dieser beschleunigt.
2. Je größer die Kraft $\vec{F}$ ist, desto größer ist die Beschleunigung (bei konstanter Masse).
3. Je größer die Masse m des Körpers ist, desto kleiner ist die Beschleunigung (bei konstanter Kraft).

Die Gleichung wurde von Isaac NEWTON formuliert und wird deshalb auch als **newtonsche Bewegungsgleichung** oder **zweites newtonsches Gesetz** bezeichnet. Die Maßeinheit für die Kraft heißt **Newton (N)**. Diese Einheit kann mit Hilfe der Einheiten der Einwirkungsdauer Δt (Sekunde s), der Masse m (Kilogramm kg) und der Zusatzgeschwindigkeit $\Delta\vec{v}$ (Meter pro Sekunde m/s) ausgedrückt werden:

$$1\,\text{N}\cdot 1\,\text{s} = 1\,\text{kg}\cdot 1\,\frac{\text{m}}{\text{s}}, \text{ also } 1\,\text{N} = \frac{1\,\text{kg}\cdot\text{m}}{\text{s}^2}.$$

> **! Merksatz**
>
> Die Grundgleichung der Mechanik lautet:
>
> $$\vec{F} = m\cdot\vec{a}.$$
>
> Für die Einheit der Kraft gilt: $1\,\text{N} = \frac{1\,\text{kg}\cdot\text{m}}{\text{s}^2}$.

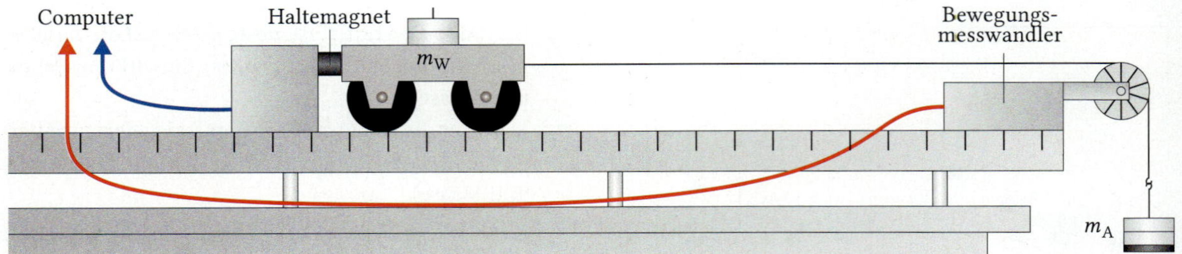

B1 *Versuchsaufbau*

Experimentelle Überprüfung der Grundgleichung.

Mit einem Fahrbahnversuch (Bild **B1**) wird die Grundgleichung der Mechanik,

$$F = m \cdot a,$$

experimentell überprüft. Ein Wagen mit geringem Rollwiderstand wird auf eine Fahrbahn gestellt. Ein am Wagen befestigter Faden wird über eine Umlenkrolle gelegt, an dessen anderem Ende ein kleiner Körper mit der Masse m_A als Antrieb befestigt ist. Wird der Wagen vom Haltemagneten losgelassen, sinkt die Antriebsmasse m_A aufgrund ihrer Gewichtskraft nach unten und beschleunigt den Wagen. Die Kraft F_A, die den Wagen beschleunigt, ist die Gewichtskraft $F_G = m_A \cdot g$ des kleinen Gewichtsstücks ($g = 9{,}81\ \frac{m}{s^2}$). Die Beschleunigung a des Wagens wird aus den Daten eines Bewegungssensors in der Umlenkrolle berechnet und am angeschlossenen Computer als $a(t)$-Diagramm dargestellt (Bild **B2**).

Das Experiment wird in zwei verschiedenen Varianten durchgeführt:

- Zunächst wird die zu beschleunigende Masse m konstant gehalten, F_A variiert und die Beschleunigung a gemessen.
- Dann wird F_A konstant gehalten, m_W variiert und a gemessen.

Konstante Masse.

Der Versuch wird mit unterschiedlichen Gewichtsstücken als Antrieb mehrfach wiederholt. Die zu beschleunigende Masse m setzt sich aus der Masse m_W des Wagens und der Antriebsmasse m_A zusammen: $m = m_W + m_A$. Damit m konstant bleibt, legen wir einige Antriebskörper als Vorrat auf den Wagen und verwenden bei jedem Durchgang einen Antriebskörper aus diesem Vorrat als zusätzliche Antriebsmasse. Die dritte Zeile in Tabelle **T1** zeigt die ermittelten Beschleunigungen (Bild **B2**) für verschiedene Antriebsmassen bzw. -kräfte.

m_A in g	10	20	30	40	50
F_A in mN	98,1	196,2	294,3	392,4	490,5
a in $\frac{m}{s^2}$	0,27	0,54	0,79	1,06	1,33
$\frac{F_A}{m \cdot a}$	1,02	1,02	1,05	1,05	1,04

T1 *Auswertung für unterschiedliche Antriebsmasse m_A bzw. Antriebskraft F_A bei konstanter Gesamtmasse $m = 355\,g$*

Die vierte Zeile zeigt die Quotienten $\frac{F_A}{m \cdot a}$, also z.B.

$$\frac{98{,}1\ \text{mN}}{0{,}27\frac{m}{s^2} \cdot 355\ \text{g}} = 1{,}02$$

für Spalte 1. Sie liegen recht nahe beim vermuteten Wert 1, bestätigen also die newtonsche Gleichung. Trägt man F gegen $m \cdot a$ auf, ergibt sich eine Ursprungsgerade mit der Steigung 1.

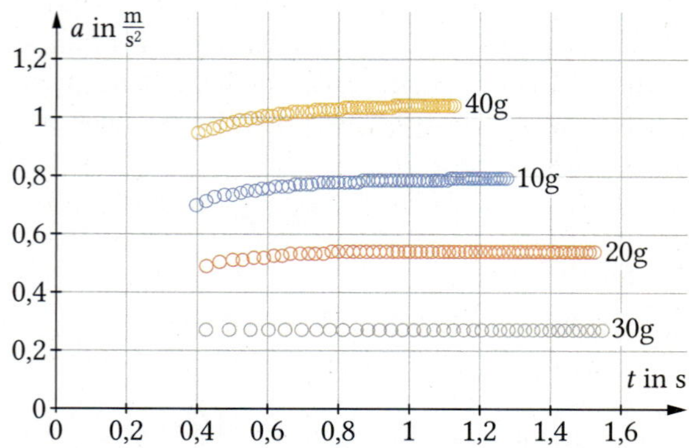

B2 *Beschleunigungen für unterschiedliche Antriebsmassen*

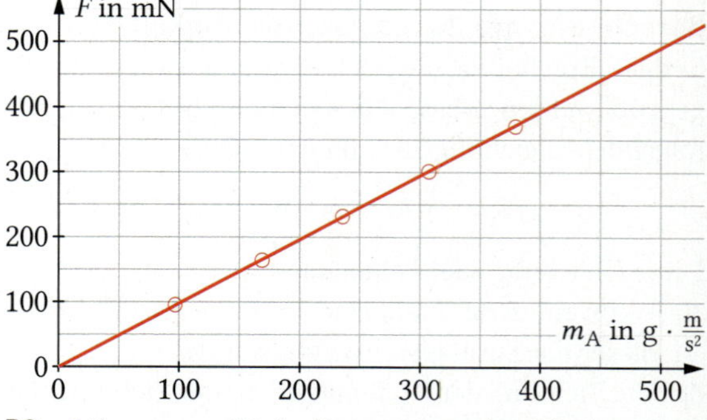

B3 *F über $m \cdot a$ ergibt eine Ursprungsgerade mit Steigung 1.*

Konstante Antriebskraft. Nun werden alle Versuchsdurchführungen mit einem Gewichtsstück der Masse $m_A = 20$ g durchgeführt, d. h. mit konstanter Antriebskraft $F_A = 20$ g $\cdot\, 9{,}81\,\frac{m}{s^2} = 196{,}2$ mN. Die zu beschleunigende Masse m setzt sich aus der Masse des Wagens, der Antriebsmasse und der Masse der zusätzlichen 10-g-Gewichtsstücke, die nach und nach auf den Wagen gelegt werden, zusammen. Tabelle **T2** zeigt die bei diesem Versuch gemessenen Beschleunigungen a für verschiedene Massen m.

m in g	325	335	345	355	365
a in $\frac{m}{s^2}$	0,59	0,56	0,55	0,54	0,53
$\frac{F_A}{m \cdot a}$	1,02	1,05	1,03	1,02	1,01

T2 *Auswertung für verschiedene Gesamtmassen m bei gleicher Antriebskraft $F_A = 196{,}2$ mN*

Die Quotienten $\frac{F_A}{m \cdot a}$ (dritte Zeile in Tabelle **T2**) liegen wieder nahe beim Wert 1 und bestätigen damit erneut die Richtigkeit der newtonschen Gleichung.

Die Abweichung vom Wert 1 lässt sich in beiden Versuchsreihen mit der Reibung zwischen Wagen und Fahrbahn sowie der Tatsache erklären, dass auch die Umlenkrolle beschleunigt werden muss.

Die Hypothese, dass der Zusammenhang zwischen Kraft, Masse und Beschleunigung durch die Gleichung $F = m \cdot a$ beschrieben wird, hat sich im Experiment somit bestätigt. Bis heute ist die Grundgleichung durch immer genauere Experimente immer wieder bestätigt worden. Man hat allerdings auch Grenzen ihrer Gültigkeit gefunden: In der Relativitätstheorie und der Quantenmechanik kommen neue Gesetzmäßigkeiten ins Spiel.

Der Ortsfaktor als Fallbeschleunigung

Der griechische Philosoph ARISTOTELES war der Meinung, dass schwere Körper schneller fallen als leichte. In Kapitel 1 wurde der freie Fall bereits untersucht und festgestellt, dass eine frei fallende Stahlkugel mit $g = 9{,}81\,\frac{m}{s^2}$ (dem Ortsfaktor der Erde) beschleunigt wird. Führen wir den Fallversuch mit Stahlkugeln unterschiedlicher Masse durch, zeigen die Stroboskopaufnahmen, dass die Beschleunigung unabhängig von der Masse der Stahlkugel ist. Offenbar wird ein frei fallender Körper auf der Erde immer mit dem Ortsfaktor g beschleunigt. Die newtonsche Grundgleichung liefert dafür die Erklärung: Ein Körper mit der doppelten Masse erfährt auch die doppelte Gewichtskraft, damit muss jedoch die Beschleunigung konstant bleiben. ARISTOTELES hatte also unrecht.

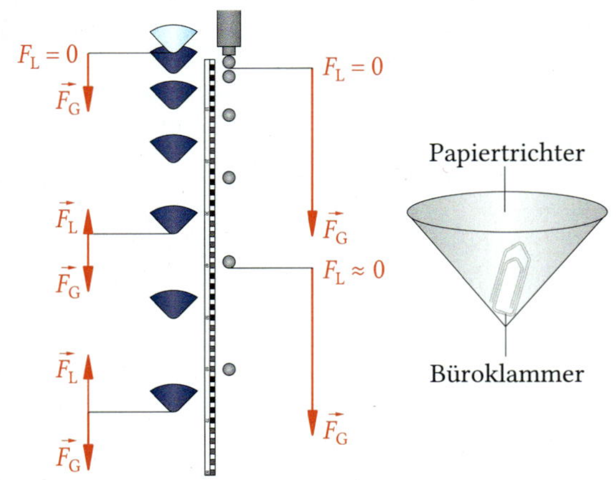

Ein kleiner Papiertrichter hingegen fällt schon nach kurzer Zeit mit konstanter Geschwindigkeit, wird also nicht weiter beschleunigt. Erhöht man die Masse des Trichters, indem man eine Büroklammer in den Trichter legt, erreicht der Trichter nach kurzer Zeit erneut eine konstante Geschwindigkeit, diesmal jedoch eine höhere. Widerspricht dieses Versuchsergebnis der newtonschen Grundgleichung?

In Kapitel 1 wurde bereits gezeigt, dass bei Papiertrichtern der Luftwiderstand nicht vernachlässigt werden kann. In der newtonschen Grundgleichung muss deshalb die Luftwiderstandskraft F_L berücksichtigt werden. Sie ist der Gewichtskraft F_G entgegengerichtet und wächst mit dem Quadrat der Geschwindigkeit. Zu einem bestimmten Zeitpunkt ist die Gesamtkraft F auf den Trichter null: $F = F_G - F_L = 0$. Ab diesem Zeitpunkt bewegt sich der Trichter im Kräftegleichgewicht mit konstanter Geschwindigkeit. Auf den Trichter mit Büroklammer wirkt eine größere Gewichtskraft, deshalb ist die Luftwiderstandskraft erst bei einer größeren Fallgeschwindigkeit so groß wie die Gewichtskraft. Schwerere Körper erreichen demnach eine höhere Endgeschwindigkeit als leichtere mit der gleichen Form.

Die newtonsche Gleichung stimmt also auch für Papiertrichter – wenn die Luftwiderstandskraft berücksichtigt wird.

B1 *Crashtest*

B2 *Abfolge beim Auslösen eines Airbags*

Sicherheit im Straßenverkehr. Um das Verletzungsrisiko bei Unfällen für die Insassen zu minimieren, wird eine sogenannte **Knautschzone** eingebaut, die sich während des Unfalls verformt (zum Beispiel bei einem Crashtest, siehe Bild **B1**). Durch die Verformung verlängert sich die Einwirkungsdauer. Dadurch verringert sich die Kraft. Die Fahrgastzelle selbst ist sehr stabil, damit sie sich beim Unfall möglichst wenig verformt und niemanden einklemmt.

Genau die gleiche Funktion haben auch **Airbags** (siehe Bild **B2**). Sie werden im Kollisionsfall schlagartig mit Gas gefüllt und sorgen dafür, dass die Einwirkungsdauer beim Bremsen verlängert wird. Dann wirkt eine kleinere Kraft. Gleichzeitig sorgt der Airbag dafür, dass die Kraft nicht punktuell auf den Kopf wirkt, sondern sich auf eine größere Fläche verteilt.

Auch der **Anschnallgurt** ist ein wichtiges Element, um das Verletzungsrisiko bei Unfällen zu verringern. Ist der Insasse nicht angeschnallt, setzt sich ein Unfall aus dem Aufprall des Fahrzeugs auf das Hindernis und dem Aufprall des Insassen auf die Innenteile des Fahrzeugs wie Lenkrad oder Windschutzscheibe zusammen. Den zeitlichen Verlauf der Verzögerungen für die Fahrgastzelle eines Autos und für den Kopf einer Puppe zeigen die Diagramme **B3** bei einem Frontalstoß auf eine Mauer mit 50 $\frac{km}{h}$. Diagramm **B3a** zeigt, dass das Fahrzeug verzögert wird, während der Kopf fast ungehindert weiterfliegt. Er wird erst dann durch die Innenteile des Fahrzeugs abgebremst, wenn das Fahrzeug bereits steht. Die Kräfte, die auf den Insassen wirken, sind daher wesentlich höher, als die Kräfte, die auf das Fahrzeug wirken. Mit Gurt verringert sich die Kopfverzögerung auf einen zulässigen Wert (Bild **B3b**).

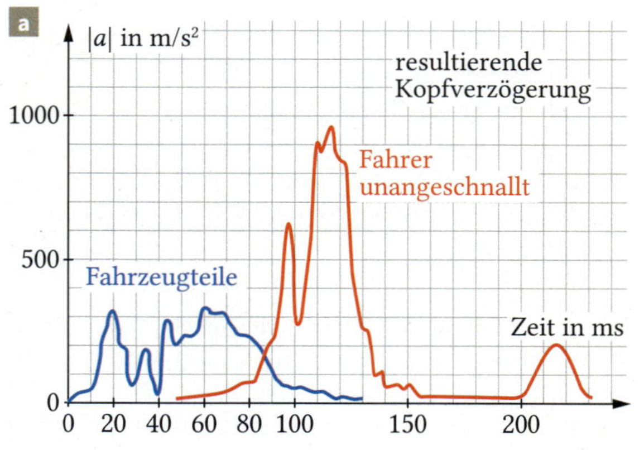

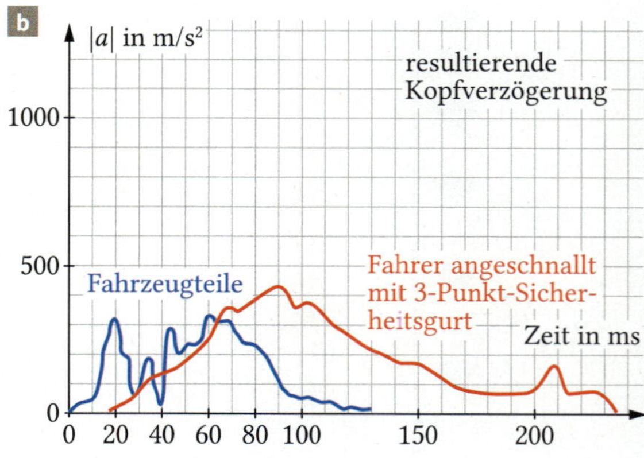

B3 *Verzögerungsverlauf bei einem Maueraufprall mit 50 $\frac{km}{h}$: a) ohne Sicherheitsgurt, b) mit Sicherheitsgurt*

Anschnallen

Viele Autofahrer glauben, dass sie sich bei geringen Geschwindigkeiten nicht anschnallen müssen, weil sie sich bei einem Unfall am Lenkrad festhalten können. Beurteilen Sie anhand der folgenden Beispielsituation diese Meinung vieler Gurtmuffel. Ein Pkw fährt mit 50 km/h gegen eine Mauer. Der Pkw kommt nach 0,15 s zum Stehen. Der Fahrer hat eine Masse von 90 kg.

Lösung:

Um zu beurteilen, ob der Fahrer auch ohne Sicherheitsgurt auskommt, muss die Kraft bestimmt werden, die auf den Fahrer im Inneren des Autos wirkt. Die Zusatzgeschwindigkeit beträgt $50\,\frac{km}{h}$, das sind ungefähr $14\,\frac{m}{s}$. Die Zeit beträgt 0,15 s. Um die Kraft zu berechnen, setzen wir die gegebenen Größen in die Grundgleichung ein:

$$F = \frac{90\ \text{kg} \cdot 14\,\frac{m}{s}}{0,15\ \text{s}} \approx 8400\ \text{N}.$$

Die Kraft, die auf den Insassen wirkt, entspricht in etwa dem 10-Fachen seiner Gewichtskraft von $90\ \text{kg} \cdot 9,81\,\frac{m}{s^2} \approx 883\ \text{N}$. Mit dieser Kraft kann sich kein Fahrer gegen das Lenkrad stemmen. Ist der Fahrer aber angeschnallt und hat somit eine Verbindung zum Auto, wird er beim Bremsen mit abgebremst.

Lösen Sie selbst

1 Überprüfen Sie mit einer Konstruktion, ob der Ball in folgendem Fall das Tor trifft.

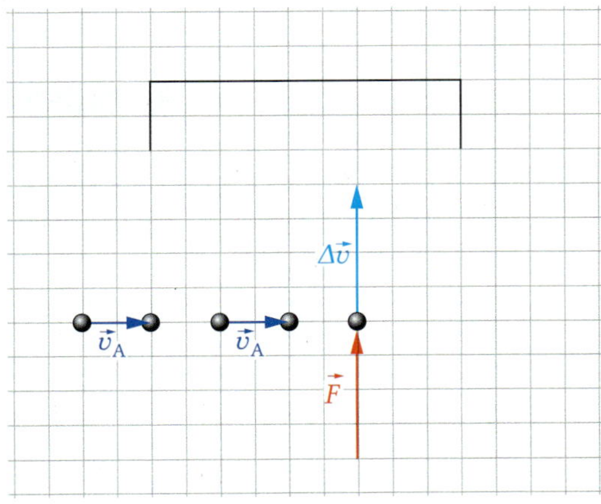

2 Die Auswirkungen von zwei verschiedenen Unfällen werden verglichen. Beim ersten Unfall fährt ein Auto mit $50\,\frac{km}{h}$ gegen eine Betonwand, beim zweiten Unfall fährt ein baugleiches Auto gegen einen Zaun aus Draht. Beide Autos kommen nach dem Aufprall zum Stillstand. Intuitiv erwartet man, dass die Kräfte auf das Auto und den Fahrer beim zweiten Unfall kleiner sind. Bestätigen Sie diese intuitive Erwartung mit der Grundgleichung der Mechanik.

3 Ein Kleinwagen mit einer Masse von 750 kg beschleunigt aus dem Stand auf 100 km/h. Der Fahrer hat eine Masse von 70 kg.
a) Berechnen Sie die Beschleunigung des Pkw mit Fahrer.
b) Nun wird der Pkw mit 100 kg zusätzlich beladen. Berechnen Sie, wie lange es dauert, bis der beladene Pkw eine Geschwindigkeit von 100 km/h erreicht.

4 Beim Elfmeter erreicht der Ball ($m = 430$ g) das Tor mit einer Geschwindigkeit von $120\,\frac{km}{h}$. Berechnen Sie die Kraft, die der Torschütze auf den Fußball ausgeübt haben muss, wenn die Einwirkzeit 1 s betragen hat.

5 Nehmen Sie mit Hilfe Ihres Smartphones und der App phyphox die Beschleunigung bei verschiedenen Bewegungen (z. B. beim Radfahren) auf. Befestigen Sie dazu Ihr Smartphone sicher an Ihrem Körper. Berechnen Sie anhand der Beschleunigungsdaten die maximalen Kräfte, die während der Bewegungen auf Ihren Körper eingewirkt haben.

6 Ein Pkw-Fahrer mit einer Masse von $m = 80$ kg behauptet, er benötigt bei einer Geschwindigkeit von nur $30\,\frac{km}{h}$ keinen Sicherheitsgurt. Beurteilen Sie anhand der folgenden Situation diese Meinung: Der Pkw fährt frontal gegen eine Mauer und kommt nach 0,2 s zum Stehen.

7 Erläutern Sie, warum man beim Autofahren nicht nur Sicherheitsgurte, sondern auch Kopfstützen benötigt.

2.2 Trägheitsprinzip

B1 *a) Der Bus fährt schnell an. b) Der Autotransporter bremste.*

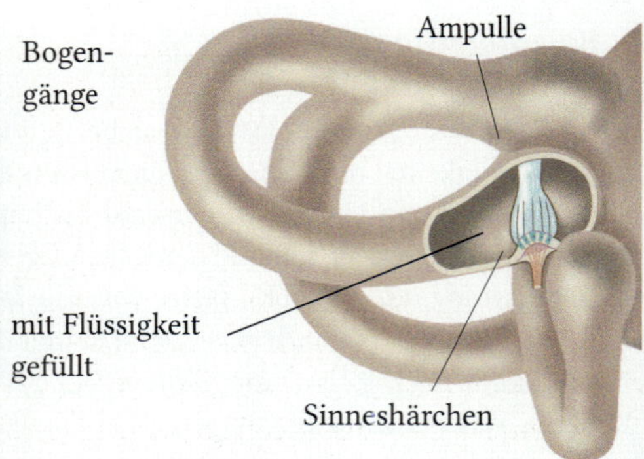

B2 *Das Gleichgewichtsorgan befindet sich im Innenohr.*

Die Trägheit. Fährt ein Bus wie in Bild **B1a** sehr schnell an, fallen stehende Insassen nach hinten um. Auch Gegenstände wie ein Rucksack, der lose im Gang des Busses liegt, rutschen nach hinten. Ein fest eingebauter Sitz hingegen bewegt sich mit dem Bus weiter. Diese Beobachtung kann mit der Grundgleichung der Mechanik erklärt werden:

$$\vec{F} = m \cdot \vec{a}.$$

Solange der Bus steht, ist die Kraft auf den Rucksack und den Sitz null und damit ist die linke Seite der Grundgleichung der Mechanik sowohl für den Rucksack als auch für den Stuhl null. Also muss jeweils auch die rechte Seite der Gleichung null sein: Weder Stuhl noch Rucksack werden beschleunigt, ohne Kraft keine Beschleunigung. Fährt der Bus sehr schnell an, wirkt auf den Sitz durch die Verbindung zum Bus eine Kraft. Nach der Grundgleichung der Mechanik wird er dadurch beschleunigt. Der Rucksack liegt lose auf dem Gang. Auf ihn wirkt keine Kraft, während der Bus anfährt. Er wird deshalb auch nicht mitbeschleunigt. Der Rucksack bleibt in Ruhe. Die Folge: Gegenüber dem anfahrenden Bus rutscht er nach hinten.

Beim Bremsen passiert das Umgekehrte: Das Auto in Bild **B1b** behielt seine Geschwindigkeit bei, als der Autotransporter abrupt bremste. Da das Auto nicht ordentlich gesichert war, rutschte es herunter.

Das diesen Beobachtungen zugrunde liegende Prinzip wird **Trägheitsprinzip** oder auch **erstes newtonsches Gesetz** genannt.

Die Trägheit von Körpern wurde in der Geschichte der Physik erst verhältnismäßig spät entdeckt. ARISTOTELES glaubte, dass ein Körper sich nur bewegt, solange er von einer Art „Motor" angetrieben wird. Da alle Bewegungen auf der Erde irgendwann zur Ruhe kommen, lag diese Vorstellung nahe. Sie wurde erst durch GALILEI und NEWTON widerlegt. GALILEI stellte sich vor, wie sich eine Kugel auf einer sehr glatten Oberfläche ohne jede Reibung immer mit der gleichen Geschwindigkeit bewegt, und NEWTON erkannte, dass Kugeln in der Realität nur irgendwann zur Ruhe kommen, weil sie durch Reibung gebremst werden.

Trägheit im Ohr. Das **Gleichgewichtsorgan** im Innenohr besteht aus drei mit Flüssigkeit gefüllten Bogengängen (Bild **B2**). Sie sind rechtwinklig zueinander angeordnet und münden jeweils in eine Ausbuchtung (Ampulle), in der sich kleine Sinneshärchen befinden. Dreht sich der Kopf, dreht sich auch das Innenohr mit. Es dauert allerdings immer einen kurzen Moment, bis auch die Flüssigkeit in den Bogengängen diese Drehbewegung mitmacht. Die Folge: Die Härchen werden von der „trägen" Flüssigkeit umgebogen. Diesen Reiz geben die Härchen als Nervensignal ans Gehirn weiter.

! Merksatz

Trägheitsprinzip: Jeder Körper behält Betrag und Richtung seiner Geschwindigkeit bei, solange auf ihn keine Kräfte ausgeübt werden.

Lösen Sie selbst

1 Ein Kleinwagen der Masse 890 kg muss abgeschleppt werden. Das Abschleppseil verträgt eine maximale Belastung von 10^4 N. Erklären Sie, warum das Seil beim ruckartigen Anfahren trotzdem reißt.

2 Ein Lastwagen hat auf einer ebenen glatten Ladefläche ein ungesichertes Paket liegen. Erläutern Sie anhand einer Skizze, wie sich das Paket weiter bewegt, wenn der Lastwagen eine Linkskurve fährt.

Die newtonschen Gesetze bringen zum Ausdruck, dass auf einen Körper mit Masse m eine Kraft einwirken muss, wenn er beschleunigt werden soll. Kräftefreie Körper hingegen ändern weder Betrag noch Richtung ihrer Geschwindigkeit – das besagt das Trägheitsprinzip. Kräftefreie Körper sind träge. Die Masse m, die in den newtonschen Gesetzen auftaucht, wird deshalb auch **träge Masse** genannt. Anschaulich gesprochen setzt die träge Masse jeder Bewegungsänderung einen „Widerstand" entgegen. Die Masse eines Körpers spielt aber auch bei der Gravitation eine Rolle. Die Schwerkraft auf einen Körper der Masse m ist gleich dem Produkt aus m und dem Ortsfaktor g. Diese Eigenschaft einer Masse, von einem anderen Körper aufgrund der Schwerkraft angezogen zu werden, wird auch **schwere Masse** genannt. Die Grundgleichung der Mechanik hat z. B. für den freien Fall mit $F_\mathrm{G} = m \cdot g$ deshalb die Form

$$m \cdot g = m \cdot a.$$

Die Masse m lässt sich kürzen, die Beschleunigung des Körpers durch die Schwerkraft entspricht gerade dem Ortsfaktor, und zwar unabhängig von der Masse. Alle Körper fallen (zumindest im Vakuum) gleich schnell nach unten.

Müsste man hier aber nicht sauber unterscheiden zwischen träger Masse und schwerer Masse und

$$m_\mathrm{schwer} \cdot g = m_\mathrm{träge} \cdot a$$

schreiben? Die newtonschen Gesetze können nicht begründen, warum Trägheit und Schwerkraft die gleiche Quelle haben, warum m_schwer und $m_\mathrm{träge}$ also gleich sind. Deshalb ist es nicht ausgeschlossen, dass man in Experimenten einen Unterschied zwischen träger und schwerer Masse finden könnte. Etwa an Bord des MICROSCOPE-Satelliten, der im April 2016 gestartet wurde. Bei diesem bewegen sich zwei ineinandergesteckte Hohlzylinder aus verschiedenen Materialien auf einer Erdumlaufbahn. Diese Testmassen bewegen sich auf einer Kreisbahn und sind daher beschleunigt (träge Masse!). Andererseits wird die Zentripetalkraft gerade durch die Schwerkraft der Erde aufgebracht, die auf die schwere Masse wirkt. Würden sich träge und schwere Masse unterscheiden, müsste man winzige Verschiebungen der Hohlzylinder zueinander beobachten können (Bild **B3**). Bisher ist das nicht der Fall: Beide Massen sind äquivalent.

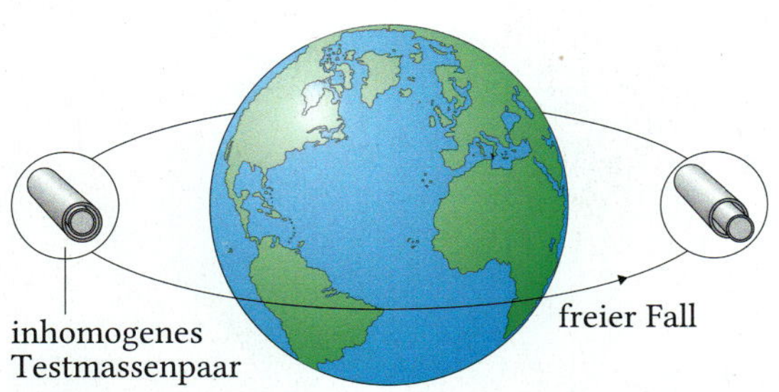

B3 *Das inhomogene Testmassenpaar von MICROSCOPE fällt frei um die Erde. Wären träge und schwere Masse verschieden, müsste sich das bemerkbar machen.*

Während die newtonsche Physik die Äquivalenz von träger und schwerer Masse nicht erklären kann, machte Albert EINSTEIN sie zum Ausgangspunkt seiner **Allgemeinen Relativitätstheorie**. Unter anderem mit folgendem Gedankenexperiment: Die Bewohner eines im Weltall gleichmäßig beschleunigten Hauses würden weiterhin vermuten, dass sie sich im Gravitationsfeld der Erde befinden. Sie werden ja immer noch gegen den Boden gedrückt und spüren die vermeintliche Schwerkraft. Ein äußerer Beobachter hingegen sieht weit und breit keinen Planeten mit Schwerkraft, sondern nur ein beschleunigtes Haus. Gravitation und beschleunigte Bewegung sind also nicht unterscheidbar, Schwerkraft und Trägheit sind ein und dasselbe (Bild **B4**). Ausgehend von dieser Überlegung schafft EINSTEIN die Gravitation als „Kraft" ab und macht sie zu einer geometrischen Eigenschaft der Raumzeit. Massen verzerren die Geometrie von Raum und Zeit *und* bewegen sich in dieser verzerrten Raumzeit. Die klassische Zweiteilung – die von der schweren Masse abhängende Kraft einerseits, die Reaktion darauf durch die träge Masse andererseits – wird durch eine geometrische und mathematisch komplizierte Theorie ersetzt, die jedoch durch viele Präzisionsexperimente bestätigt wurde.

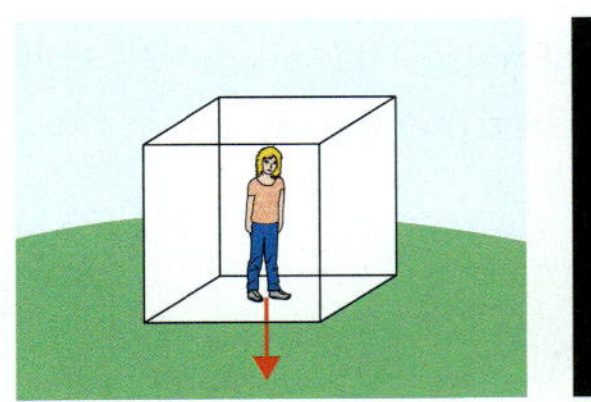
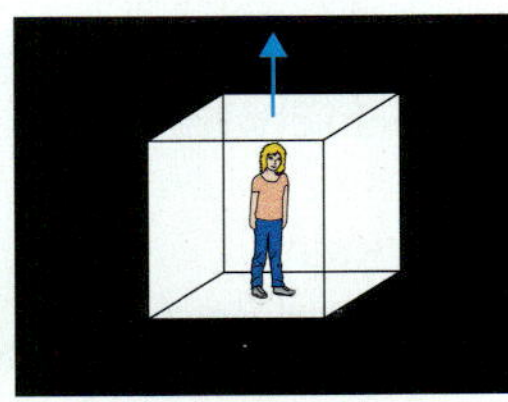

B4 *Gravitation und beschleunigte Bewegung sind nicht unterscheidbar.*

2.3 Wechselwirkungsprinzip

B1 *Beide ziehen am Seil.*

B2 *Nur eine Person zieht am Seil.*

Wechselwirkungsprinzip. Zwei Personen mit etwa gleich großer Masse stehen sich auf zwei Skateboards gegenüber und ziehen gleich stark an einem Seil (Bild **B1**). Sie treffen sich in der Mitte. Zieht wie in Bild **B2** nur eine Person am Seil, während sich die andere das Seil um den Körper bindet, treffen sich ebenfalls beide in der Mitte. Dieses überraschende Versuchsergebnis kann mit der Grundgleichung der Mechanik erklärt werden. Zieht Person 1 am Seil, übt sie eine Kraft $\vec{F}_{12}$ auf Person 2 aus. Dadurch erhält die Person 2 eine Zusatzgeschwindigkeit. Aber auch Person 1 erhält eine Zusatzgeschwindigkeit. Also muss auch auf sie eine Kraft ausgeübt worden sein. Diese Kraft $\vec{F}_{21}$ kann aber nur von der zweiten Person auf die erste ausgeübt worden sein.

Allgemein gilt: Erhält ein Körper 2 eine Zusatzgeschwindigkeit, dann muss ein Körper 1 eine Kraft $\vec{F}_{12}$ auf ihn ausgeübt haben. Da gleichzeitig auch der Körper 1 eine Zusatzgeschwindigkeit erhält, muss auch der Körper 2 auf den Körper 1 eine Kraft $\vec{F}_{21}$ ausgeübt haben. Beide Kräfte sind vom Betrag gleich groß, aber entgegengesetzt gerichtet:

$$\vec{F}_{21} = -\vec{F}_{12}, \qquad \left|\vec{F}_{21}\right| = \left|\vec{F}_{12}\right|.$$

Das dieser Beobachtung zugrunde liegende Prinzip wird **Wechselwirkungsprinzip** genannt.

> **❗ Merksatz**
>
> Wechselwirkungsprinzip: Übt ein Körper 1 auf einen Körper 2 eine Kraft $\vec{F}_{12}$ aus, so übt auch Körper 2 auf Körper 1 eine gleich große, aber entgegengesetzt gerichtete Kraft $\vec{F}_{21} = -\vec{F}_{12}$ aus.

Haben die Personen in Abbildung **B1** nicht die gleiche Masse, dann treffen sie sich nicht in der Mitte. Auch hier ist die Kraft auf die zweite Person genauso groß wie die Kraft, die auf die erste Person einwirkt. Allerdings erhält die Person mit der größeren Masse nach $F = m \cdot a$ eine geringere Zusatzgeschwindigkeit als die Person mit der kleineren Masse. Dadurch treffen sich die beiden Personen nicht mehr in der Mitte.

Das Wechselwirkungsprinzip wird auch als **drittes newtonsches Gesetz** bezeichnet. Da die Kraft, die der Körper 1 auf den Körper 2 ausübt (*actio*), immer genauso groß ist wie die Kraft, die der Körper 2 auf den Körper 1 ausübt (*reactio*), lautet die Kurzform des Wechselwirkungsprinzips: *actio = reactio*. Dabei wirkt das Kräftepaar immer auf zwei *unterschiedliche* Körper.

Kräftegleichgewicht. Nach dem Wechselwirkungsprinzip ist die Summe aus Kraft und Gegenkraft immer null. Das bedeutet aber nicht, dass die beiden Kräfte im Gleichgewicht sind. Die beiden Personen in Bild **B1** bewegen sich ja, Kraft und Gegenkraft greifen an zwei verschiedenen Körpern an. Ein Kräftegleichgewicht kann hingegen nur dann herrschen, wenn die Kräfte am selben Körper angreifen und gleich groß sind. Dann heben sie sich gegenseitig auf, der Körper bleibt in Ruhe (Bild **B3**).

B3 *Kräfte im Gleichgewicht: Der Wagen bewegt sich nicht.*

Wechselwirkungsprinzip beim Verkehrsunfall

Erklären Sie, warum sich die Geschwindigkeiten bei einem Frontalzusammenstoß zwischen einem Lastwagen und einem Kleinwagen nach dem Zusammenstoß unterschiedlich stark ändern.

Lösung:

Der Lastwagen übt eine Kraft auf den Kleinwagen aus, gleichzeitig übt der Kleinwagen eine Kraft auf den Lastwagen aus. Diese beiden Kräfte sind gleich groß, aber entgegengesetzt gerichtet. Obwohl die Kräfte gleich groß sind, ändern sich die Geschwindigkeiten der beiden Fahrzeuge nach dem Zusammenstoß unterschiedlich stark, da ihre Massen unterschiedlich groß sind. Nach der Grundgleichung der Mechanik ist die Zusatzgeschwindigkeit, die ein Körper durch eine Kraft erhält, umso kleiner, je größer seine Masse ist. Deshalb ist die Zusatzgeschwindigkeit des Lastwagens kleiner als die Zusatzgeschwindigkeit des Kleinwagens.

Rückstoßprinzip. Auch das **Rückstoßprinzip**, das z. B. beim Raketenantrieb zu finden ist (Bild **B4**), beruht auf dem Wechselwirkungsprinzip. Im Triebwerk einer Rakete werden Treibgase verbrannt. Diese dehnen sich beim Verbrennen aus und erhalten dadurch eine Zusatzgeschwindigkeit, mit der sie aus der Rakete ausströmen. Auf diese Weise übt die Rakete eine Kraft auf die Treibgase aus. Nach dem Wechselwirkungsprinzip üben die Treibgase eine gleich große, aber entgegengesetzt gerichtete Kraft auf die Rakete aus. Dadurch erhält auch die Rakete eine Zusatzgeschwindigkeit.

Das Rückstoßprinzip lässt sich auch beim Skateboardfahrer beobachten, der einen Ball wirft. Der Skateboardfahrer übt eine Kraft auf den Ball aus, gleichzeitig aber auch der Ball eine Kraft auf den Skateboardfahrer.

B4 *Rückstoß*

1 Erläutern Sie, was man unter dem Wechselwirkungsprinzip versteht.

2 Erklären Sie mit Hilfe des Wechselwirkungsprinzips, warum sich eine auf dem Kopf liegende Reißzwecke in den Finger bohrt, wenn man mit dem Daumen von oben eine Kraft auf sie ausübt.

3 Stellen Sie sich vor, Sie befänden sich im Inneren eines geschlossenen Wagens, der sehr leicht ist und gut geölt auf einer ebenen und glatten Fläche steht. Wie können Sie den Wagen in Bewegung setzen, ohne ihn zu verlassen und ohne den Motor anzuschalten?

4 Erläutern Sie, warum sich die Geschwindigkeit des Autos nach dem Zusammenstoß mit einem Radfahrer viel weniger ändert als die Geschwindigkeit des Radfahrers, obwohl die Kräfte nach dem Wechselwirkungsprinzip auf Auto und Radfahrer gleich groß sind.

5 Erläutern Sie die Beispiele für das Wechselwirkungsprinzip in der Abbildung. Zeichnen Sie Kraftpfeile ein. Achten Sie darauf, wo die Kräfte angreifen.

6 Beim Seilziehen stehen sich zwei gleich starke Mannschaften gegenüber. Es bewegt sich nichts mehr. Erklären Sie diese Situation physikalisch.

Zusammenfassung

1. Kräfte und ihre Wirkung

Wenn sich die Geschwindigkeit eines Körpers ändert (Betrag oder Richtung), muss eine **Kraft** auf ihn wirken. Die durch eine Kraft bewirkte **Zusatzgeschwindigkeit** $\Delta\vec{v}$ wird vektoriell zur **Anfangsgeschwindigkeit** $\vec{v}_A$ addiert. Das Resultat ist die **Endgeschwindigkeit** $\vec{v}_E$.

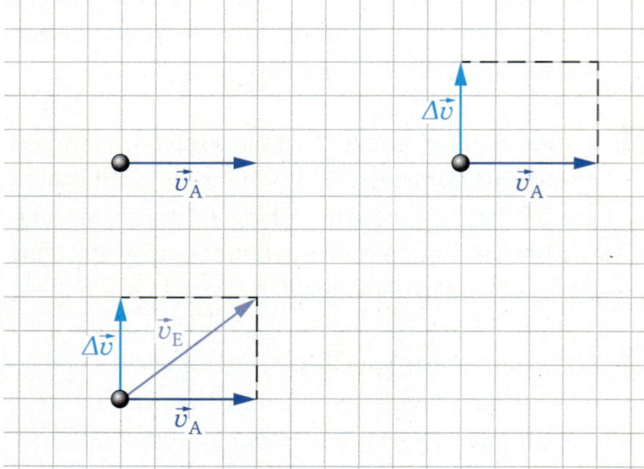

2. Grundgleichung der Mechanik

Die **Grundgleichung der Mechanik** lautet:

$$\vec{F} = m \cdot \vec{a}.$$

Dabei ist $\vec{a} = \dfrac{\Delta\vec{v}}{\Delta t}$ die Beschleunigung, die ein Körper der Masse m durch die Wirkung der Kraft $\vec{F}$ erfährt. Die **Beschleunigung** gibt die Änderung der Geschwindigkeit pro Zeitintervall an.

3. Einheit der Kraft

Die Maßeinheit für die Kraft heißt **Newton (N)**. Es gilt:

$$1\,\text{N} = 1\,\frac{\text{kg} \cdot \text{m}}{\text{s}^2}.$$

4. Trägheitsprinzip

Jeder Körper ist **träge**. Das bedeutet: Jeder Körper behält Betrag und Richtung seiner Geschwindigkeit bei, solange keine Kraft auf ihn ausgeübt wird.

5. Fallbeschleunigung

Ein auf der Erde frei fallender Körper wird aufgrund seiner Gewichtskraft F_G gleichmäßig mit der **Fallbeschleunigung** g beschleunigt. Die Fallbeschleunigung ist unabhängig von der Masse des Körpers und beträgt für alle Körper $g = 9{,}81\,\frac{\text{m}}{\text{s}^2}$. Greifen **Luftwiderstandskräfte** F_L an der Oberfläche eines Körpers an, sind sie der Gewichtskraft entgegengerichtet und führen dazu, dass der Körper mit einer konstanten Geschwindigkeit fällt, wenn

$$F_L = F_G.$$

6. Wechselwirkungsprinzip

Übt ein Körper 1 auf einen Körper 2 eine Kraft $\vec{F}_{12}$ aus, so übt auch Körper 2 auf Körper 1 eine gleich große, aber entgegengesetzt gerichtete Kraft $\vec{F}_{21}$ aus:

$$\vec{F}_{21} = -\vec{F}_{12}, \qquad \left|\vec{F}_{21}\right| = \left|\vec{F}_{12}\right|.$$

Dabei greifen die Kräfte $\vec{F}_{12}$ und $\vec{F}_{21}$ immer an zwei unterschiedlichen Körpern an.

Beispiel: anziehende Kraft zwischen Körper 1 und Körper 2

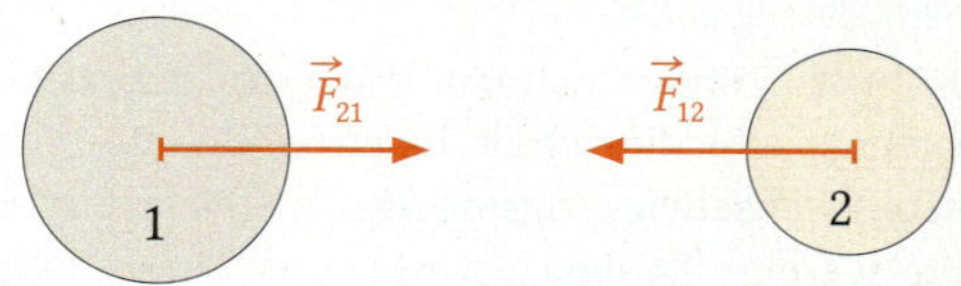

Beispiel: abstoßende Kraft zwischen Körper 1 und Körper 2

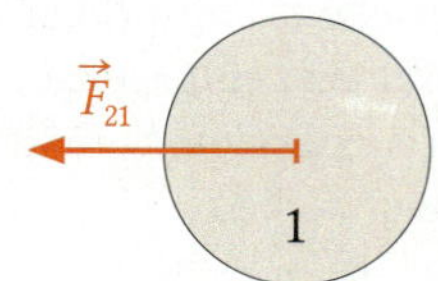

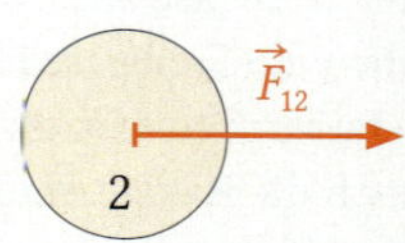

7. Kräftegleichgewicht

Greifen zwei gleich große, aber entgegengesetzte Kräfte $\vec{F}_1$ und $\vec{F}_2$ am gleichen Körper an, heben sich die Wirkungen dieser Kräfte gegenseitig auf. Man spricht von einem **Kräftegleichgewicht**.

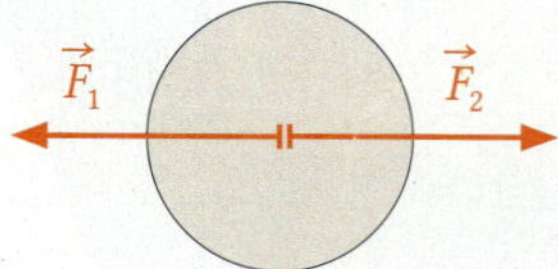

1 Ein batteriebetriebenes Spielzeugauto erhält durch den Luftstrom eines Haartrockners eine Zusatzgeschwindigkeit. Beschreiben Sie die Bewegung des Autos, wenn der Luftstrom
a) in Fahrtrichtung des Autos gerichtet ist.
b) entgegengesetzt zur Fahrtrichtung gerichtet ist.

2 Überprüfen Sie mit einer Konstruktion, ob die Zusatzgeschwindigkeit im folgenden Fall ausreicht, damit der Ball das Tor trifft.

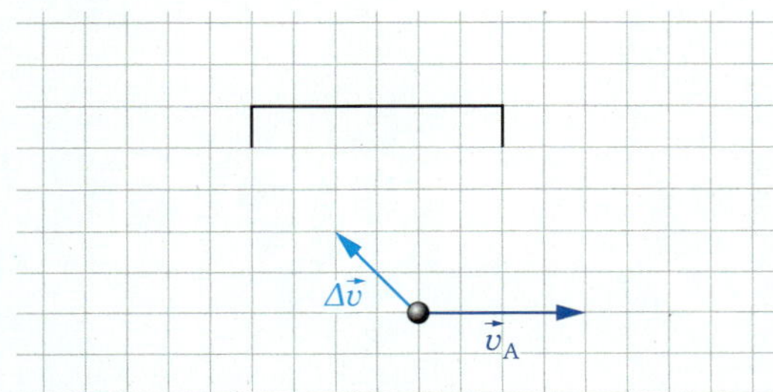

3 Ein Lastwagen mit einem Leergewicht von 7 t beschleunigt bei maximaler Antriebskraft in 30 s aus dem Stand auf 80 km/h.
a) Berechnen Sie die Beschleunigung des leeren Lastwagens.
b) Berechnen Sie, wie lange es dauert, bis der vollbeladene Lastwagen ($m = 40$ t) eine Geschwindigkeit von 80 km/h erreicht.

4 Die Grundgleichung der Mechanik enthält keine Aussagen über die Art der Kraft.
Beschreiben Sie, welche verschiedenen Kraftarten auftreten können. Gehen Sie dazu auch auf die Reibungskraft ein.

5 Ein Pkw beschleunigt aus dem Stand auf 100 km/h in 7 s. Berechnen Sie die Kraft, die mindestens nötig ist, wenn die Masse des Fahrzeugs 1 t beträgt.

6 Bestimmen Sie die Bremskraft, welche die Bremsen eines Pkw (800 kg) erreichen müssen, um den gesetzlich geforderten Mindestwert von $a = 2,5\,\frac{m}{s^2}$ zu erfüllen.

7 Ein Pkw fährt mit 30 km/h gegen eine Mauer. Der Pkw kommt nach 0,7 s zum Stehen. Berechnen Sie die Kraft, die auf einen Fahrer mit der Masse 70 kg wirkt, und beurteilen sie, ob der Fahrer bei dieser Geschwindigkeit auf das Anlegen des Sicherheitsgurtes verzichten kann.

8 Ein Pkw ($m = 950$ kg) fährt bei einem Unfall mit 50 km/h frontal gegen eine Wand. Seine Frontpartie wird um 60 cm verkürzt. Berechnen Sie die Beschleunigung und die Kraft auf den Pkw.

9 Ein Zug mit einer Masse von 700 t fährt mit einer Beschleunigung von 0,15 m/s² an. Bestimmen Sie die Kraft, die alleine zum Beschleunigen des Zuges notwendig ist.

10 Erläutern Sie mit Hilfe der Grundgleichung der Mechanik, warum ein Radfahrer langsamer wird, wenn er nicht mehr in die Pedale tritt.

11 Erklären Sie, warum bei einem Unfall nicht nur Sicherheitsgurte, sondern auch Airbags überlebenswichtig sein können.

12 Beschreiben Sie, was mit dem Insassen eines Busses passiert, der anfährt bzw. abbremst. Erklären Sie mit Hilfe des Trägheitsprinzips, warum es auch in Bussen sinnvoll wäre, sich anzuschnallen.

13 Überträgt man das Wechselwirkungsprinzip auf einen Fußball, müsste dieser nach einem Einwurf vom Spielfeldrand oder einem hohen Schuss des Spielers nicht nur auf die Erde zufallen, sondern die Erde müsste auch auf den Ball zufallen. Erklären Sie, warum diese Vorstellung, die zunächst der Alltagserfahrung zu widersprechen scheint, richtig ist.

14 Beim Tauziehen stehen sich zwei Mannschaften gegenüber.
Erläutern Sie, woran man ein Kräftegleichgewicht beim Tauziehen erkennt.

Kreisbewegungen

Bewegung im Kreis: Kreisbahnen finden wir oft im Alltag. Viele technische Geräte wie Waschmaschinen oder Motoren vollführen Drehbewegungen. Auch wir selbst bewegen uns bei der Kurvenfahrt im Auto oder im Kettenkarussell auf Kreisbahnen. Zusammen mit der Erde fliegen wir auf einer angenäherten Kreisbahn um die Sonne.

Physikalische Größen wie die Bahngeschwindigkeit und die Umlaufdauer sind wichtig für die genaue Beschreibung von Kreisbewegungen. Ebenso, welche Kräfte für die Entstehung einer Kreisbahn verantwortlich sind.

3

Das können Sie in diesem Kapitel erreichen:

- Sie lernen die wesentlichen Größen für die Beschreibung von Kreisbewegungen kennen.
- Sie erfahren, welche Kraft für die Entstehung von Kreisbewegungen verantwortlich ist.
- Sie führen Messreihen durch, um zu untersuchen, von welchen Größen diese Kraft abhängig ist.
- Sie führen Berechnungen zur Bestimmung dieser Größen durch.
- Sie bestimmen den Betrag der Bahngeschwindigkeit, der für das sichere Durchfahren einer Kurve nicht überschritten werden darf.

3.1 Beschreibung von Kreisbewegungen

B1 *Führen eines Pferdes an der Longe*

B2 *Ritt auf einem Pferdekarussell*

Beschreibung von Kreisbewegungen. In Bild **B1** wird ein Pferd von einer Person an einer Longe geführt. Die Longe ist ein langes Seil, das am Halfter des Pferdes befestigt ist. Sie zwingt das Pferd auf eine Kreisbahn, deren Radius der Länge der Longe entspricht.

Das Pferd trabt mit einem konstanten Geschwindigkeitsbetrag längs dieser erzwungenen Bahn. Den Betrag dieser Geschwindigkeit nennt man die **Bahngeschwindigkeit** v_B. Bewegt sich ein Körper, wie in diesem Fall das Pferd, mit einem konstanten Geschwindigkeitsbetrag längs einer Kreisbahn, spricht man von einer **gleichförmigen Kreisbewegung**.

Da das Pferd bei jedem Umlauf mit der konstanten Bahngeschwindigkeit den Kreisumfang als Weg zurücklegt, benötigt es dafür jeweils dieselbe Zeitspanne. Diese Zeitspanne wird als **Umlaufdauer** T bezeichnet. Der Kehrwert der Umlaufdauer $1/T$ heißt **Drehfrequenz** f. Geschwindigkeiten mit konstantem Betrag kann man allgemein bestimmen, indem man den zurückgelegten Weg durch die dafür benötigte Zeit dividiert. Entsprechend kann die Bahngeschwindigkeit ermittelt werden, indem man den Kreisumfang durch die Umlaufdauer teilt:

$$v_B = \frac{\Delta s}{\Delta t} = \frac{2\pi \cdot r}{T}.$$

! Merksatz

Bei einer gleichförmigen Kreisbewegung bewegt sich ein Körper mit der konstanten Bahngeschwindigkeit v_B auf einem Kreis mit Radius r.
Die Umlaufdauer T bzw. die Drehfrequenz $f = 1/T$ sind für diese Bewegung ebenfalls konstant.

Für die Bahngeschwindigkeit gilt: $v_B = \frac{\Delta s}{\Delta t} = \frac{2\pi \cdot r}{T}$.

☀ Beispielaufgabe

Pferd im Kreis

Ein Pferd wird an einer 4,3 m langen Longe geführt. Für zehn Umläufe benötigt es im leichten Trab 1 Minute und 24 Sekunden.
Bestimmen Sie die Bahngeschwindigkeit des Pferdes sowie die Drehfrequenz dieser Kreisbewegung.

Lösung:

Für einen Umlauf benötigt das Pferd:

$$\Delta t = T = \frac{(60\,\text{s} + 24\,\text{s})}{10} = 8{,}4\ \text{s}.$$

Dabei legt es den Kreisumfang als Weg zurück:

$$\Delta s = U = 2\pi \cdot r \approx 27{,}0\ \text{m}.$$

Daher folgt für die Bahngeschwindigkeit:

$$v_B = \frac{\Delta s}{\Delta t} \approx \frac{27\,\text{m}}{8{,}4\,\text{s}} \approx 3{,}2\ \frac{\text{m}}{\text{s}}.$$

Die Drehfrequenz ergibt sich zu:

$$f = \frac{1}{T} = \frac{1}{8{,}4\,\text{s}} \approx 0{,}1\ \frac{1}{\text{s}}.$$

Pferde im Karussell. Auf Pferdekarussellen werden die Pferde nicht durch eine Longe auf eine Kreisbahn gezwungen, sondern durch eine Drehscheibe, auf der sie fest montiert sind.

Wenn auf einem Pferdekarussell zwei Pferde nebeneinander platziert sind (siehe Bild **B2**), muss sich das weiter außen „laufende" Pferd mit einer größeren Bahngeschwindigkeit bewegen als das innere, da sein Bahnkreis einen größeren Umfang besitzt. Beide Pferde haben aber natürlich dieselbe Umlaufdauer – nach einer kompletten Umdrehung des Karussells sind sie wieder am Ausgangspunkt.

Wünschenswert ist es, für alle Körper, die an einer gemeinsamen Kreisbewegung teilnehmen, ein einheitliches Bewegungsmaß zu definieren.

Bild **B3** verdeutlicht die Situation noch einmal genauer: Es wird ersichtlich, dass die nach einer Zeitspanne Δt zurückgelegten Strecken Δs_1 bzw. Δs_2 für zwei Körper mit unterschiedlichen Radien r_1 bzw. r_2 unterschiedlich groß sind, der überstrichene Mittelpunktswinkel $\Delta \varphi$ dagegen aber gleich groß ist.

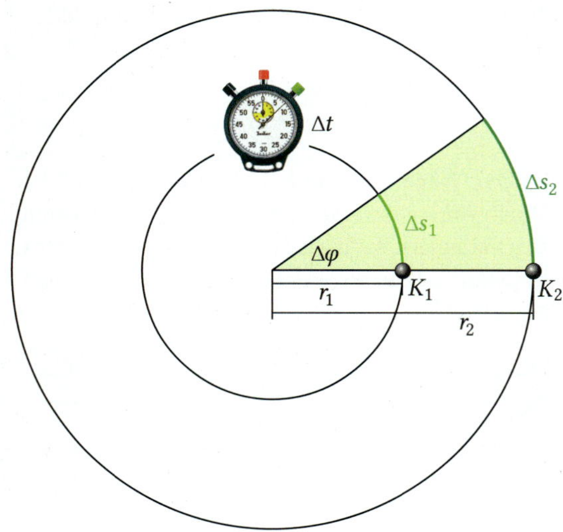

B3   *Gemeinsame Kreisbewegung zweier Körper*

Dies legt die Definition einer **Winkelgeschwindigkeit** ω nahe, die den in der Zeitspanne Δt vom Radius des Körpers überstrichenen Mittelpunktswinkel angibt:

$$\omega = \frac{\Delta \varphi}{\Delta t}.$$

Das Ihnen vertraute Winkelmaß beschreibt einen Vollwinkel mit 360°. Ein anderes Winkelmaß ist das Bogenmaß. Hier entspricht der Vollwinkel der Maßzahl 2π. Der Vollwinkel wird nach der Umlaufdauer T überstrichen. Daher gilt für die Winkelgeschwindigkeit auch:

$$\omega = \frac{2\pi}{T} = 2\pi \cdot f.$$

Da für die Bahngeschwindigkeit $v_B = \frac{2\pi \cdot r}{T}$ gilt, ergibt sich folgender Zusammenhang zur Winkelgeschwindigkeit:

$$\omega = \frac{v_B}{r}.$$

✳ Beispielaufgabe

Die beiden Pferde in Bild **B2** benötigen für einen Umlauf 7,3 s. Das innere Pferd befindet sich 3,2 m von der Drehachse entfernt, das äußere 4,1 m. Bestimmen Sie die Bahngeschwindigkeiten der Pferde sowie Drehfrequenz und Winkelgeschwindigkeit.

Lösung:

Für die Bahngeschwindigkeiten der Pferde gilt:

$$v_{B,i} = \frac{U_i}{T} \approx \frac{2\pi \cdot 3{,}2\ \text{m}}{7{,}3\ \text{s}} \approx 2{,}8\ \frac{\text{m}}{\text{s}},$$

$$v_{B,a} = \frac{U_a}{T} \approx \frac{2\pi \cdot 4{,}1\ \text{m}}{7{,}3\ \text{s}} \approx 3{,}5\ \frac{\text{m}}{\text{s}}.$$

Die Drehfrequenz ergibt sich zu:

$$f = \frac{1}{T} = \frac{1}{7{,}3\ \text{s}} \approx 0{,}1\ \frac{1}{\text{s}}.$$

Für die Winkelgeschwindigkeit ergibt sich:

$$\omega = \frac{2\pi}{T} \approx 0{,}9\ \frac{1}{\text{s}}.$$

▍Lösen Sie selbst

1 Ein Körper bewegt sich auf einer Kreisbahn mit dem Radius 0,8 m mit einer Bahngeschwindigkeit von 11,5 m/s. Bestimmen Sie die Winkelgeschwindigkeit, Umlaufdauer und Drehfrequenz des Körpers.

2 Eine Laborzentrifuge mit einem Radius von 7 cm erreicht eine Drehfrequenz von $f = 230\ \text{s}^{-1}$. Bestimmen Sie Umlaufdauer, Winkel- und Bahngeschwindigkeit einer Probe in dieser Zentrifuge.

3 Bestimmen Sie die Bahn- und Winkelgeschwindigkeit der Erde bei ihrer Bewegung um die Sonne. Die Erdbahn wird dabei als Kreis mit dem Radius $149{,}6 \cdot 10^9$ m angenommen, die Umlaufzeit beträgt 365,25 Tage.

4 Die Erde dreht sich in 24 Stunden um die eigene Achse. Bestimmen Sie die Bahn- und Winkelgeschwindigkeit, mit der sich ein Mensch (a) am Äquator und (b) bei 52° nördlicher Breite um die Erdachse bewegt. Der Erdradius beträgt 6370 km.

5 Ein Elektron wird in einem Zyklotron längs einer Kreisbahn ($r = 20$ m) beschleunigt. Wenn die Bahngeschwindigkeit des Elektrons die Hälfte der Lichtgeschwindigkeit erreicht, müssen die Berechnungen gemäß den Gesetzen der Relativitätstheorie durchgeführt werden. Bestimmen Sie, ab welcher Drehfrequenz dies der Fall ist.

3.2 Die Zentripetalkraft

Kreisbewegungen erfordern eine Kraft. Das erste newtonsche Gesetz besagt, dass sich Körper, auf die keine Kräfte wirken, mit konstantem Geschwindigkeitsbetrag geradlinig fortbewegen. Wirkt auf einen Körper hingegen eine Kraft, so besteht eine mögliche Wirkung dieser Kraft in einer Änderung des Bewegungszustandes des Körpers. Damit beschäftigt sich in diesem Buch das Kapitel „Newtonsche Gesetze".

Da sich bei einem Körper auf einer Kreisbahn ständig die Geschwindigkeitsrichtung ändert, folgt daraus, dass ständig eine Kraft auf ihn wirken muss. Man nennt diese Kraft **Zentripetalkraft**. Da die Richtungsänderung des Geschwindigkeitsvektors stets im selben Maße und immer in Richtung des Kreismittelpunktes erfolgt, muss diese Kraft entsprechend stets von gleichem Betrag sein und in Richtung des Kreismittelpunktes zeigen.

! Merksatz

Auf einen Körper, der sich gleichförmig auf einer Kreisbahn bewegt, wirkt eine Kraft von konstantem Betrag, die immer zum Mittelpunkt des Kreises hin gerichtet ist. Sie wird Zentripetalkraft genannt.

V1 Zentripetalkraft

In diesem Versuch soll untersucht werden, von welchen Größen die Zentripetalkraft abhängt. Dazu wird der in der folgenden Abbildung dargestellte Versuchsaufbau verwendet:

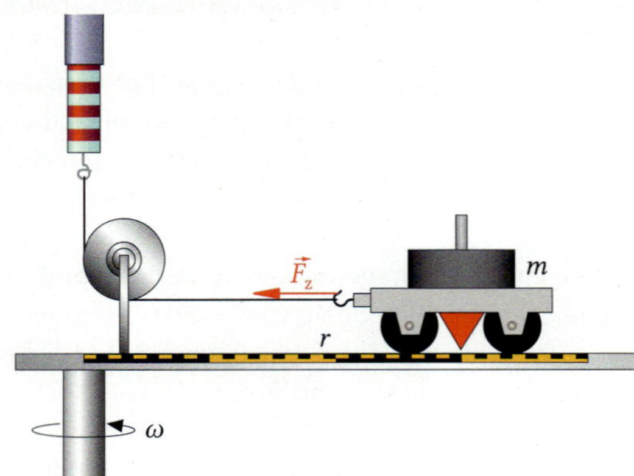

Durchführung:
Ein Wagen befindet sich freibeweglich auf einer Schiene, die horizontal um eine Drehachse rotieren kann. Die Drehzahl der Schiene kann am Motor eingestellt werden. Der Wagen ist durch ein Seil über eine Umlenkrolle mit einem Federkraftmesser verbunden. Durch Ziehen an dem Federkraftmesser kann die Kraft, die auf den Wagen wirkt, verändert werden. Mit Hilfe dieses Versuchsaufbaus können einzelne Größen gezielt variiert und die anderen konstant gehalten werden.

Beobachtung:
Um den Einfluss der einzelnen Größen nacheinander untersuchen zu können, führen wir drei Messreihen durch:

(1) Der Wagen alleine hat eine Masse von 70 g. Durch Auflegen verschiedener Massestücke von je 40 g verändern wir die Gesamtmasse m des Wagens. Konstant gehalten werden: $r = 30$ cm und $\omega = 3$ s^{-1}. Messergebnisse:

m/kg	0,07	0,11	0,15	0,19	0,23
F/N	0,18	0,29	0,43	0,49	0,62
F/m in N/kg	2,57	2,64	2,87	2,58	2,70

T1 *Variation der Masse*

(2) Im zweiten Versuchsteil verändern wir den Bahnradius durch Ziehen am Kraftmesser. Konstant gehalten werden: $m = 0,15$ kg und $\omega = 3$ s^{-1}. Messergebnisse:

r/m	0,20	0,25	0,30	0,35	0,40
F/N	0,25	0,35	0,39	0,47	0,56
F/r in N/m	1,25	1,40	1,30	1,34	1,40

T2 *Variation der Radius*

(3) Im dritten Versuchsteil verändern wir durch Regelung des Motors die Winkelgeschwindigkeit ω. Konstant gehalten werden: $r = 0,3$ m und $m = 0,15$ kg. Messergebnisse:

ω/s^{-1}	1,5	2,0	2,5	3,0	3,5
F/N	0,11	0,17	0,27	0,39	0,57
F/ω^2 in N/s^{-2}	0,05	0,04	0,04	0,04	0,05

T3 *Variation der Winkelgeschwindigkeit*

Die Auswertung des Versuches **V1** ergibt Folgendes:
(1) Die Messwerte aus Tabelle **T1** ergeben die grafische Darstellung in Bild **B1**.

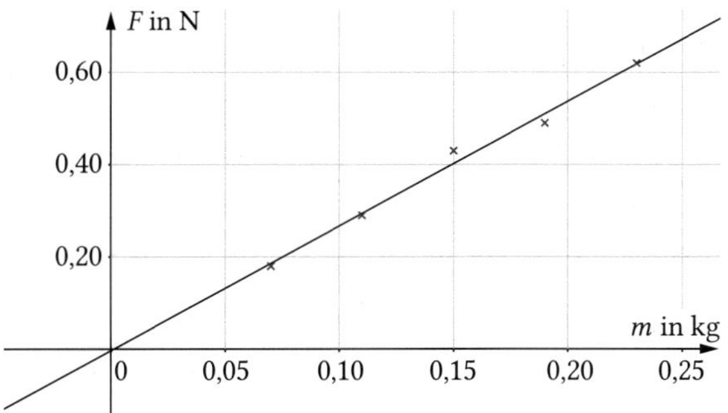

B1 *Grafische Darstellung des Zusammenhanges von F und m*

Die grafische Darstellung legt einen linearen Zusammenhang nahe. Zur Überprüfung bilden wir die einzelnen Quotienten aus Kraft und Masse (siehe Tabelle **T1**, dritte Zeile). Die Quotienten streuen alle leicht um den Wert 2,67 N/kg. Diese Tatsache stützt die Vermutung von einem linearen Zusammenhang zwischen der Masse des rotierenden Körpers und der erforderlichen Zentripetalkraft.
Wir führen nun eine lineare Regression zwischen diesen beiden Größen durch. Es ergibt sich die folgende Regressionsgleichung:

$$y = 2{,}70 \cdot x - 0{,}003.$$

Geht die Masse des Körpers gegen null, wird dies auch für die erforderliche Kraft gelten. Daher können wir davon ausgehen, dass es sich um einen proportionalen Zusammenhang handelt und schreiben als physikalische Größengleichung:

$$F(m) = 2{,}70 \; \frac{\mathrm{N}}{\mathrm{kg}} \cdot m \,.$$

(2) Im zweiten Versuchsteil wurde der Bahnradius verändert. Die grafische Darstellung in Bild **B2** legt erneut einen linearen Zusammenhang nahe. Zur Überprüfung bilden wir die einzelnen Quotienten aus Kraft und Masse (siehe Tabelle **T2**, dritte Zeile). Die Quotienten streuen alle leicht um den Wert 1,34 N/m. Diese Tatsache stützt auch hier die Vermutung von einem linearen Zusammenhang zwischen dem Bahnradius des rotierenden Körpers und der erforderlichen Zentripetalkraft. Wir führen daher auch hier eine lineare Regression zwischen diesen beiden Größen durch.

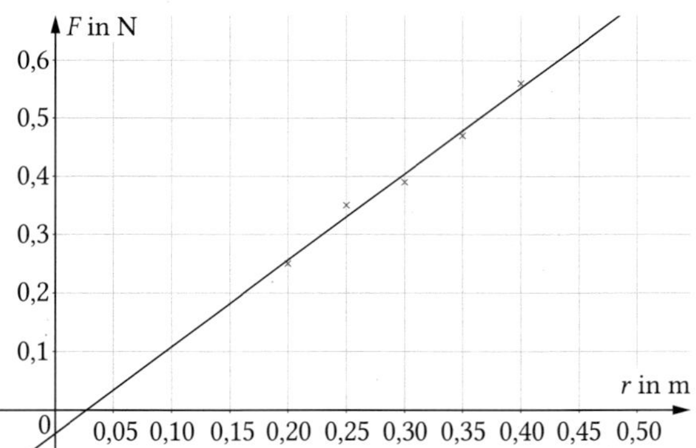

B2 *Grafische Darstellung des Zusammenhanges von F und r*

Es ergibt sich die folgende Regressionsgleichung:

$$y = 1{,}48 \cdot x - 0{,}04.$$

Auch hier können wir davon ausgehen, dass es sich um eine Ursprungsgerade handelt, und erhalten folgende physikalische Größengleichung:

$$F(r) = 1{,}48 \; \frac{\mathrm{N}}{\mathrm{m}} \cdot r \,.$$

(3) Im dritten Versuchsteil wurde die Winkelgeschwindigkeit verändert.

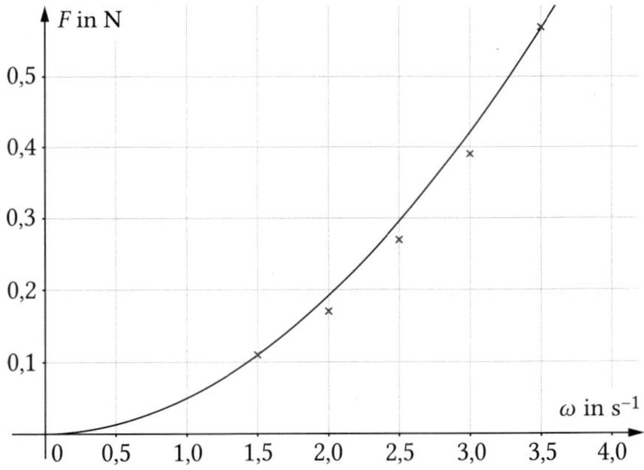

B3 *Grafische Darstellung des Zusammenhanges von F und ω*

Die grafische Darstellung (Bild **B3**) legt einen überproportionalen Zusammenhang nahe. Wenn die Winkelgeschwindigkeit gegen Null geht, wird dies auch für die Zentripetalkraft gelten. Daher muss die Ausgleichskurve durch den Ursprung verlaufen.
Wir verwerfen daher einen exponentiellen Zusammenhang und führen die Regression mit dem Modell einer Potenzfunktion durch. Es ergibt sich die folgende Regressionsgleichung:

$$y = 0{,}05 \cdot x^{1{,}94}.$$

Der Exponent 1,94 legt einen quadratischen Zusammenhang nahe. Zur Überprüfung bilden wir die einzelnen Quotienten aus der Kraft und dem Quadrat der Winkelgeschwindigkeit (siehe Tabelle **T3** in Versuch **V1**). Die Quotienten streuen alle leicht um den Wert 0,045 N/s². Daher erhalten wir als physikalische Größengleichung:

$$F(\omega) = 0,05\,\frac{\text{N}}{\text{s}^2}\cdot\omega^2.$$

Die Messtabellen zeigen, dass der Betrag der Zentripetalkraft linear von der Masse des rotierenden Körpers und dem Radius der Kreisbahn abhängt sowie quadratisch von der Winkelgeschwindigkeit, mit der der Körper den Kreis umläuft.

Betrachten wir darüber hinaus die Proportionalitätskonstanten in den drei physikalischen Größengleichungen, so stellen wir fest, dass sie jeweils recht genau den Produkten der konstant gehaltenen Größen entsprechen. Daher nehmen wir für die Zentripetalkraft insgesamt folgenden Zusammenhang an:

$$F_\text{Z} = m\cdot r\cdot\omega^2 = m\cdot\frac{v_\text{B}^2}{r}.$$

> **! Merksatz**
>
> Der Betrag der Zentripetalkraft ist proportional (a) zur Masse des rotierenden Körpers, (b) zum Radius der Kreisbahn und (c) zum Quadrat der Winkelgeschwindigkeit, mit der sich der Körper längs des Kreises bewegt:
>
> $$\text{(a) } F_\text{Z} \sim m, \quad \text{(b) } F_\text{Z} \sim r, \quad \text{(c) } F_\text{Z} \sim \omega^2.$$
>
> Es gilt folgende Formel:
>
> $$F_\text{Z} = m\cdot r\cdot\omega^2 = m\cdot\frac{v_\text{B}^2}{r}.$$

Längsbewegung		$\vec{F} \parallel \vec{v}$	**Betrag** von $\vec{v}$ ändert sich
Kreisbewegung		$\vec{F} \perp \vec{v}$	**Richtung** von $\vec{v}$ ändert sich

T1 Vergleich von Längsbewegung und Kreisbewegung

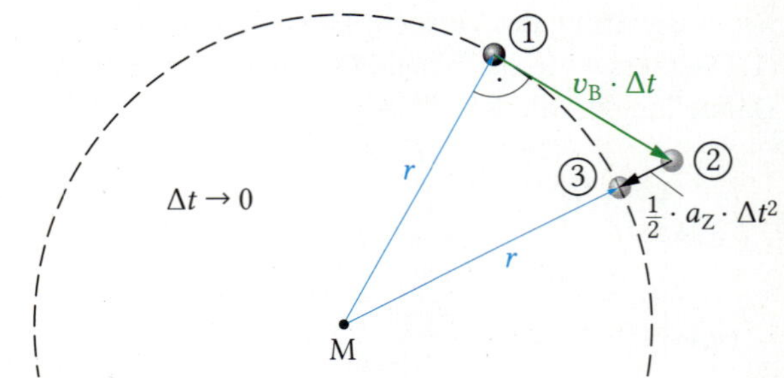

B1 Beschleunigung bei der Kreisbewegung

Zentripetalbeschleunigung. Das zweite newtonsche Gesetz besagt: Ein Körper, auf den eine Kraft wirkt, wird beschleunigt. Im Falle der Kreisbewegung eines Körpers scheint sich aber ein Widerspruch zu ergeben, weil auf den Körper zwar eine Kraft wirkt, sich der Betrag seiner Bahngeschwindigkeit aber nicht ändert. Verdeutlichen wir uns die Situation anhand von Bild **B1**: Ein Körper bewegt sich mit der Bahngeschwindigkeit v_B auf einer Kreisbahn mit Radius r. Würde auf ihn keine Kraft wirken, so würde er sich in der Zeitspanne Δt nach dem ersten newtonschen Gesetz geradlinig gleichförmig um den Weg $\Delta s = v_\text{B}\cdot\Delta t$ von Position ① zu Position ② bewegen. Tatsächlich bewegt er sich aber längs des Kreises zu Position ③. Bei Betrachtung einer kurzen Zeitspanne Δt erkennt man: Die **Zentripetalbeschleunigung** a_Z erfolgt nicht längs der momentanen Bewegungsrichtung, sondern senkrecht dazu in Richtung des Kreismittelpunktes.

Dies steht in Übereinstimmung mit dem zweiten newtonschen Gesetz, da die Beschleunigung in Richtung der wirkenden Kraft erfolgt. Bei einer Kreisbewegung ändert sich also nicht (wie bei einer Längsbewegung) der *Betrag* der Bahngeschwindigkeit, sondern deren *Richtung* (Tabelle **T1**).

Mit Hilfe des Satzes von Pythagoras können wir Bild **B1** folgende Gleichung entnehmen:

$$r^2 + v_\text{B}^2\cdot\Delta t^2 = \left(r + \tfrac{1}{2}a_\text{Z}\cdot\Delta t^2\right)^2$$

$$= r^2 + r\cdot a_\text{Z}\cdot\Delta t^2 + \tfrac{1}{4}a_\text{Z}^2\cdot\Delta t^4$$

oder

$$v_\text{B}^2 = r\cdot a_\text{Z} + \tfrac{1}{4}a_\text{Z}^2\cdot\Delta t^2.$$

Für sehr kleine Δt können wir den Term Δt^2 vernachlässigen. Für die Zentripetalbeschleunigung ergibt sich in Übereinstimmung mit dem zweiten newtonschen Gesetz:

$$a_\text{Z} = \frac{v_\text{B}^2}{r} = \frac{F_\text{Z}}{m}.$$

Bei einer gleichförmigen Kreisbewegung wird der Körper ständig zum Kreismittelpunkt hin beschleunigt. Diese Beschleunigung wird Zentripetalbeschleunigung genannt. Es gilt in Übereinstimmung mit dem zweiten newtonschen Gesetz:

$$a_Z = \frac{v_B^2}{r} = \frac{F_Z}{m}.$$

✻ Beispielaufgabe

Ein Körper von 0,3 kg Masse bewegt sich gleichförmig auf einer Kreisbahn mit Radius 1,7 m. Für 10 Umläufe benötigt er 6 s.
Bestimmen Sie die Beträge der erforderlichen Zentripetalkraft und Zentripetalbeschleunigung.

Lösung:

Für die Umlaufdauer ergibt sich:

$$T = \frac{6}{10}\ \text{s}.$$

Damit folgt für die Winkelgeschwindigkeit:

$$\omega = \frac{2\pi}{T} = 10{,}47\ \tfrac{1}{\text{s}}.$$

Damit erhält man:

$$F_Z = m \cdot r \cdot \omega^2 \approx 56\ \text{N sowie } a_Z = \frac{F_Z}{m} \approx 187\ \tfrac{\text{m}}{\text{s}^2}.$$

Lösen Sie selbst

1 Eine Wäscheschleuder von 56 cm Durchmesser dreht sich dreißigmal pro Sekunde. Bestimmen Sie den Betrag der Zentripetalbeschleunigung an der Trommelwand sowie den Betrag der Kraft, mit der dort ein Wasserteilchen ($m = 1$ g) vom Stoffgewebe festgehalten werden müsste, um nicht fortzufliegen.

2 Formulieren Sie die Wirkung einer Zentripetalkraft mit dem Begriff der Zusatzgeschwindigkeit aus Kapitel 2.

3 Die Sonne rotiert in einer Entfernung von etwa 26 000 Lichtjahren (siehe Formelsammlung) mit einer Bahngeschwindigkeit von etwa 217,7 km pro Sekunde um das Zentrum unserer Galaxie. Bestimmen Sie den Betrag der dafür erforderlichen Zentripetalkraft sowie die Umlaufdauer der Sonne.

4 Begründen Sie, ob die gleichförmige Kreisbewegung eine Bewegung mit konstanter Geschwindigkeit oder eine mit konstanter Beschleunigung ist.

☰ Exkurs

Die Zentripetalkraft in unterschiedlichem Gewand

Die im letzten Abschnitt entwickelte Formel für die Zentripetalkraft ist *eine allgemeine Darstellung für Kreisbewegungen*. Die Natur der Kraft, die für die Kreisbewegung verantwortlich ist, kann dabei völlig unterschiedlich sein, wie die nachfolgenden Beispiele zeigen.

Erdumlauf

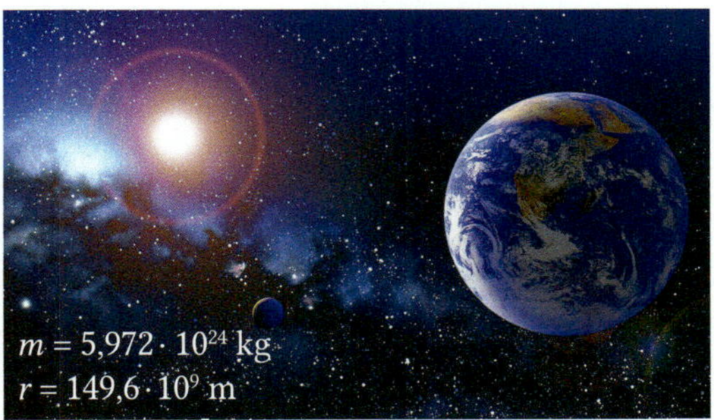

Gravitationskraft als Zentripetalkraft, $F_Z \approx 4 \cdot 10^{22}$ N

Kreisverkehr

Haftreibungskraft als Zentripetalkraft, $F_Z \approx 4 \cdot 10^{3}$ N

Ringbeschleuniger

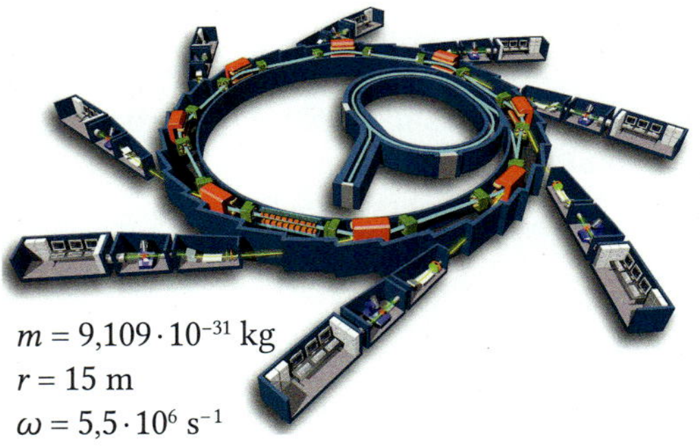

$m = 9{,}109 \cdot 10^{-31}$ kg
$r = 15$ m
$\omega = 5{,}5 \cdot 10^{6}$ s^{-1}

Lorentzkraft als Zentripetalkraft, $F_Z \approx 4 \cdot 10^{-15}$ N

3.3 Kreisbewegung und Straßenverkehr

Kreisbewegung und Straßenverkehr. Weil Kurvenfahrten im Straßenverkehr zum Alltag gehören, spielt die Physik der Kreisbewegung hier eine besonders wichtige Rolle. Immer wieder kommt es gerade in Kurven zu besonders schwerwiegenden Unfällen, weil Straßenverkehrsteilnehmer die Geschwindigkeit ihrer Fahrzeuge falsch bemessen. Daher soll im Folgenden erläutert werden, worauf es bei einer sicheren Fahrt durch eine Kurve ankommt.

Viele Autofahrer glauben, dass sie den gewünschten Kurvenradius beliebig durch einen entsprechenden Einschlag am Lenkrad herbeiführen können. Richtig ist, dass die durch den Einschlag am Lenkrad schräg gestellten Räder das Fahrzeug auf eine Kreisbahn zwingen. Die für die Kreisbewegung erforderliche Zentripetalkraft F_Z wird in diesem Fall durch die **Haftreibungskraft** F_h zwischen den Reifen auf dem Straßenbelag gewährleistet. Sie wirkt als Zentripetalkraft für den gewünschten Radius und die gefahrene Geschwindigkeit. Dies funktioniert jedoch nur bis zu einer gewissen Grenze, bevor das Auto ins Rutschen gerät.

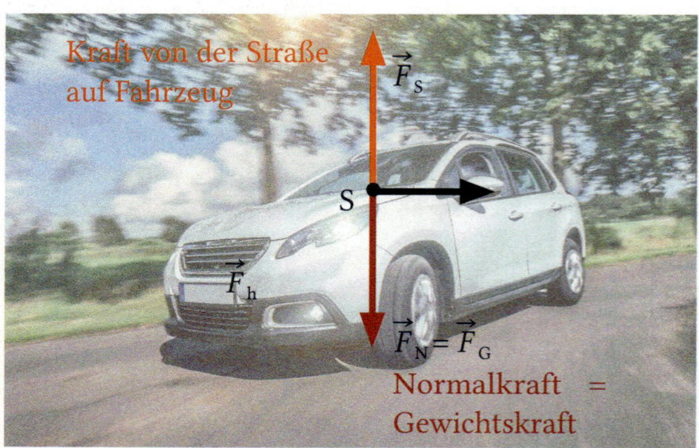

B1 *Kräfte bei der Kurvenfahrt eines Autos*

Die maximale Haftreibungskraft $F_{h,max}$ ist proportional zur Normalkraft F_N:

$$F_{h,max} = \mu \cdot F_N.$$

Die Proportionalitätskonstante μ wird **Haftreibungskoeffizient** genannt. μ ist eine dimensionslose Größe. Tabelle **T1** stellt typische Werte für μ dar.

Materialien	μ
Stein auf Holz	0,9
Reifen auf Asphalt (nach Bedingung)	0,3 – 0,7
Reifen auf Eis	0,05

T1 *Typische Haftreibungskoeffizienten*

Die Normalkraft entspricht hier der Gewichtskraft $F_G = m \cdot g$. Daher folgt als Bedingung für eine sichere Kurvenfahrt, bei der die erforderliche Zentripetalkraft nicht größer ist als die maximale Haftreibungskraft:

$$m \cdot \frac{v_B^2}{r} \leq \mu \cdot m \cdot g \ \text{ oder } \ v_B \leq \sqrt{\mu \cdot g \cdot r}.$$

> **! Merksatz**
>
> Beim Durchfahren einer Kurve mit einem Auto muss die erforderliche Zentripetalkraft durch die Haftreibungskraft zwischen Reifen und Straßenbelag aufgebracht werden. Für ein sicheres Durchfahren der Kurve muss die Bahngeschwindigkeit deshalb folgende Gleichung erfüllen:
>
> $$v_B \leq \sqrt{\mu \cdot g \cdot r}.$$
>
> μ nennt man den Haftreibungskoeffizienten.

Beim Motorradfahren ist die Sache etwas komplizierter: Das Auto besitzt ein inneres und ein äußeres Reifenpaar und kann den Druck während der Kurvenfahrt auf das äußere Paar verlagern. Dies geht beim Motorrad nicht. Damit das Motorrad nicht umfällt, muss die Kraft $\vec{F}_S$, die von der Straße auf das Motorrad ausgeübt wird, durch dessen Schwerpunkt S (Bild **B2**) verlaufen. Neigt sich der Motorradfahrer mit seinem Fahrzeug zur Innenseite der Kurve hin, ist diese Voraussetzung erfüllt. Durch die Neigung lässt sich die Kraft $\vec{F}_S$ aber vektoriell in eine zur Straße vertikale Komponente $\vec{F}_\perp$ und eine horizontale Komponente $\vec{F}_\parallel$ aufteilen. Die horizontale Komponente entspricht der Haftreibungskraft zwischen den Motorradreifen und dem Straßenbelag, sie liefert die erforderliche Zentripetalkraft für die Kurvenfahrt.

B2 *Kräfte bei der Kurvenfahrt eines Motorrads*

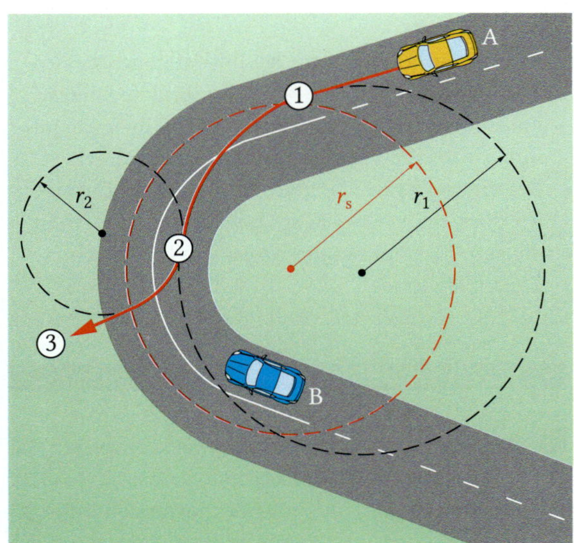

B3 *Unfallhergang*

Leichtsinnige Autofahrer versuchen gelegentlich, die Bahngeschwindigkeit beim Durchfahren einer Kurve durch „Schneiden" der Gegenspur zu erhöhen. Dies funktioniert im physikalischem Sinne zwar, ist aber gemäß der Straßenverkehrsordnung aus gutem Grund streng verboten.

Der folgende Unfallhergang verdeutlicht, warum diese Praxis lebensgefährlich ist: Autofahrer A (Bild **B3**) möchte eine Kurve mit Radius r_S durchfahren. Die höchstmögliche Bahngeschwindigkeit beträgt dabei:

$$v_\mathrm{B,S} \approx \sqrt{\mu \cdot g \cdot r_\mathrm{S}}\,.$$

Durch „Schneiden" der Gegenspur kann der Autofahrer den Bahnradius auf r_1 erhöhen (von Bahnpunkt ① bis ②). Dadurch kann er die höchstmögliche Geschwindigkeit zwar auf

$$v_\mathrm{B,1} \approx \sqrt{\mu \cdot g \cdot r_1}$$

erhöhen, muss aber verbotenerweise die durchgezogene Mittelspur überqueren. Bei ② bemerkt er das entgegenkommende Fahrzeug B. Reaktionsartig reißt er das Steuerrad in die entgegengesetzte Richtung. Dabei bringt er sein Auto aber unbewusst auf eine Kreisbahn mit dem sehr viel kleineren Radius r_2. Diese Kreisbahn ist aber höchstens mit der kleinen Geschwindigkeit

$$v_\mathrm{B,2} \approx \sqrt{\mu \cdot g \cdot r_2}$$

sicher zu befahren. Da seine Geschwindigkeit diese Grenzgeschwindigkeit aber deutlich überschreitet, schleudert das Auto bei ② von der Fahrbahn.

Rätselhafte „Zentrifugalkräfte". Die vorangegangenen Ausführungen haben gezeigt, dass auf einen Körper, der eine gleichmäßige Kreisbewegung vollführt, nur eine einzige Kraft wirkt, die auf das *Zentrum* des Kreises hin gerichtet ist. Dies mag im Widerspruch zu der Erfahrung stehen, die Sie etwa beim Durchfahren einer engen Kurve im Auto oder in einem Karussell gemacht haben: Sie wurden doch deutlich spürbar gegen die äußere Wand des Fahrzeugs gedrückt (Bild **B4**). Diese gefühlte Kraft nennt man umgangssprachlich „Fliehkraft" oder **„Zentrifugalkraft"**.

Im fahrenden Auto oder im Karussell sind Sie aber **Beobachter** innerhalb eines *beschleunigten* Systems. Die physikalischen Gesetze sind jedoch nur für Beobachter in *unbeschleunigten* Systemen formuliert. Ein unbeschleunigter Betrachter, der Ihre Kurvenfahrt von außen verfolgt, beobachtet, dass das Auto Sie zwingt, von Ihrer eigentlichen geradlinigen Bewegung abzuweichen. Aus diesem **Bezugssystem** betrachtet wirkt das Auto also mit einer Kraft zur Kurvenkreismitte auf Sie ein und beschleunigt Sie im Sinne des zweiten newtonschen Gesetzes in diese Richtung.

B4 „Zentrifugalkraft" in einem Karussell

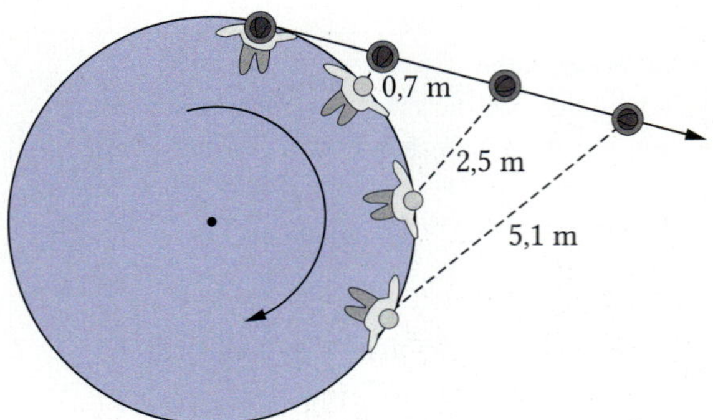

B1 *Der fliegende Hut aus verschiedenen Perspektiven*

Ein anderes Beispiel zeigt die unterschiedlichen Sichtweisen von Beobachtern in beschleunigten und unbeschleunigten Systemen deutlicher:

Einem Fahrgast in einem rotierenden Karussell fliegt der Hut vom Kopf (Bild **B1**). Für den Fahrgast, der sich in dem kreisförmig beschleunigten System des Karussells befindet, erscheint die Bewegung seines Hutes beschleunigt, legt dieser doch in der ersten Zeiteinheit 0,7 m zurück, in der zweiten (2,5 − 0,7) m = 1,8 m und in der dritten (5,1 − 2,5) m = 2,6 m. Da der Hut in horizontaler Richtung keiner Kraftwirkung unterliegt, stünde diese Bewegung in Widerspruch zum ersten newtonschen Gesetz. Für einen außen stehenden, unbeschleunigten Beobachter dagegen ist alles stimmig: Zunächst beobachtet er, wie der Hut, der noch fest mit dem Kopf des Fahrgastes und dem Karussell verbunden ist, ständig in Richtung der Karussellachse beschleunigt wird. In dem Moment aber, in dem er sich von dieser Kraftwirkung befreien kann, bewegt sich der Hut in Übereinstimmung mit dem ersten newtonschen Gesetz geradlinig und gleichförmig vom Karussell fort.

Das subjektive Gefühl, bei einer Kurvenfahrt nach außen gedrückt zu werden, kann auch mit dem dritten newtonschen Gesetz gut erklärt werden: Es ist das Auto, das mit seiner Außenwand eine Kraft auf Sie in Richtung des Fahrkreismittelpunktes ausübt und Sie so auf die Kreisbahn zwingt. Gemäß dem ersten newtonschen Gesetz würde Ihr Körper ohne diese Kraft einer geradlinigen Bewegungsrichtung folgen. Nach dem dritten newtonschen Gesetz wirkt Ihr Körper in gleicher, aber entgegengerichteter Weise mit einer Kraft auf die Außenwand des Autos. Das Wechselspiel dieser Kräfte spüren Sie. Für die Kreisbewegung Ihres Körpers ist aber nur die Kraft verantwortlich, die auf Ihren Körper einwirkt.

Lösen Sie selbst

1 Regnet es nach längerer Trockenheit zum ersten Mal wieder, sind die Straßen besonders rutschig ($\mu \approx 0{,}3$). Bestimmen Sie, mit welcher maximalen Bahngeschwindigkeit unter diesen Bedingungen eine Kurve von 15 m Radius durchfahren werden kann.

2 Ein Autofahrer fährt mit einer Geschwindigkeit von $6{,}5\ \frac{m}{s}$ in eine Kurve mit 17 m Durchmesser ($\mu = 0{,}56$). Begründen Sie, ob dies eine angemessene Geschwindigkeit ist. Bestimmen Sie den minimalen Radius einer Kreisbahn, die mit dieser Geschwindigkeit unter den gegebenen Bedingungen noch sicher durchfahren werden kann.

3 Auf einer asphaltierten Serpentinenstraße folgt auf eine Rechtskurve von 12,5 m Durchmesser eine Linkskurve von 7 m Durchmesser. Bestimmen Sie mit Hilfe von Tabelle **T1**, mit welcher Geschwindigkeit die beiden Kurven unter besten Bedingungen (nicht vereiste oder verschmierte, trockene Fahrbahn) noch sicher zu durchfahren sind.

4 Eine lang gestreckte Kurve von 142 m Radius verläuft im ersten Teil noch innerhalb eines Tunnels. Bei Regenwetter ändern sich also bei der Ausfahrt aus dem Tunnel schlagartig die Fahrbahnbedingungen. Begründen Sie mit Hilfe von Tabelle **T1**, welche Höchstgeschwindigkeiten hier gelten sollte!

B3 *Sir Isaac NEWTON (1643–1727)*

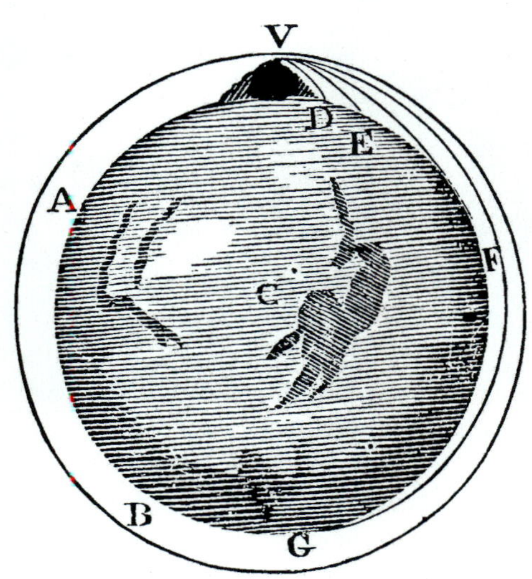

B4 *Darstellung von Würfen in Newtons „Principia"*

Der berühmte Physiker Sir Isaac NEWTON (Bild **B3**) stellt in seinem Buch *Philosophiae Naturalis Principia Mathematica* (kurz: *Principia*) einen Zusammenhang zwischen dem waagerechten Wurf und der Kreisbewegung eines Körpers her.

Wir haben bereits erkannt (Kapitel 1), dass es sich beim waagerechten Wurf um die Überlagerung zweier Bewegungen handelt. In horizontaler Richtung bewegt sich der geworfene Körper geradlinig gleichförmig weiter, während er in vertikaler Richtung durch die wirkende Schwerkraft gleichmäßig beschleunigt wird. Die Krümmung der Erde haben wir dabei vernachlässigt. Dieser Fall entspricht etwa der Flugbahn VD in Bild **B4**, die den *Principia* entstammt.
Wirft man den Körper mit immer größerer horizontaler Geschwindigkeit ab, so wird er immer weiter fortfliegen. Dabei würden sich die Flugbahnen VE bis VG ergeben.
Steigert man die Abwurfgeschwindigkeit noch weiter, wird er bei Vernachlässigung der Luftreibung schließlich den gesamten Umfang der Erde umfliegen und wieder zur Abwurfstelle zurückkehren. Dies entspricht einer gleichmäßigen Kreisbewegung um die Erde.

Wirft man den Körper mit noch größerer Geschwindigkeit horizontal ab, kommt es zu einer elliptischen Bahn um die Erde. Elliptische Bahnen besitzen statt eines Mittelpunktes die beiden Brennpunkte F_1 und F_2. In einem dieser Brennpunkte befindet sich dabei das Zentrum der Erde.

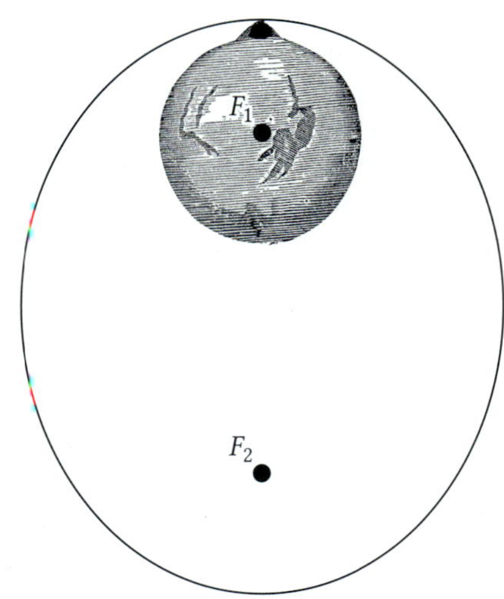

B5 *Wurfellipse bei hoher Abwurfgeschwindigkeit*

NEWTONs großartige Erkenntnis war, dass die Bewegung des Mondes um die Erde und der waagerechte Wurf eines Körpers im Prinzip denselben Gesetzen unterliegen.

3.4 Mehrere Kräfte

B1 *Kräftevielfalt im Kettenkarussell*

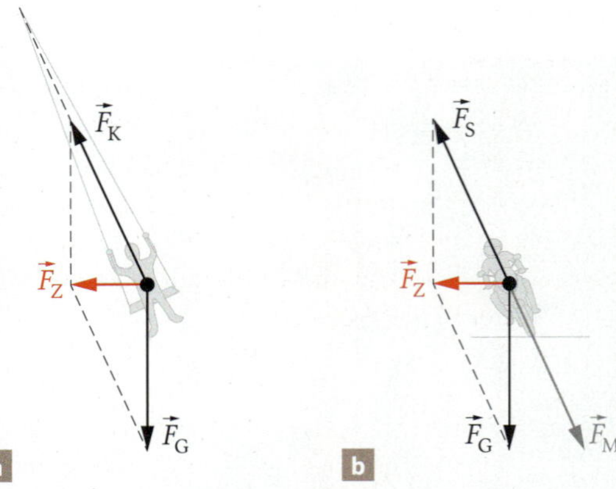

B2 *Kräftezerlegung a) im Kettenkarussell, b) beim Motorrad*

Zusammenspiel der Kräfte. In vielen Fällen wirken auf einen kreisförmig bewegten Körper mehrere Kräfte. Eine gute Strategie besteht in diesen Fällen darin, sich zunächst im Rahmen einer grafischen Darstellung einen Überblick über diese Kräfte zu verschaffen und dann zu analysieren, auf welche Weise sich in deren Zusammenspiel die Zentripetalkraft ergibt. Sie ist ja die einzige Kraft, die für die Kreisbewegung verantwortlich ist. Die einzelnen Kräfte müssen hier natürlich als Vektoren verstanden werden.

Kettenkarussell. Anhand der Kreisbewegung in einem Kettenkarussell (Bild **B1**) soll diese Strategie verdeutlicht werden.
Zunächst wirkt auf den Karussellfahrer natürlich die Schwerkraft $\vec{F}_G$. Wäre sie aber die einzige wirkende Kraft, würde der Karussellfahrer gemäß dem zweiten newtonschen Gesetz in Richtung Erde beschleunigt werden, also nach „unten" fallen. Aufgrund seiner Schwerkraft übt er aber über seinen Sitz eine Kraft auf die Halteketten aus. Als Reaktion ergibt sich durch die Ketten gemäß dem dritten newtonschen Gesetz eine entgegengesetzte Kraftwirkung auf den Karussellfahrer in Richtung der Kettenaufhängung (Kettenkraft $\vec{F}_K$).

Im laufenden Karussellbetrieb sind Gravitationskraft und Kettenkraft aber nicht entgegengesetzt zueinander, sondern bilden einen von der Winkelgeschwindigkeit des Karussells abhängigen Winkel (Bild **B2a**). Trägt man Gravitationskraft und Kettenkraft grafisch im Rahmen eines **Kräfteparallelogramms** auf, ergibt sich als resultierende Kraft die Zentripetalkraft $\vec{F}_Z$. Sie zeigt stets zum Mittelpunkt des Bahnkreises, auf dem sich der Karussellfahrer bewegt.

Motorrad in der Kurve. Als weiteres Beispiel für eine solche Kraftzerlegung haben wir an früherer Stelle in diesem Kapitel bereits die Kurvenfahrt eines Motorrades kennengelernt (Bild **B2b**).

Auch auf den Motorradfahrer wirkt natürlich zunächst einmal die Schwerkraft $\vec{F}_G$. Da der Motorradfahrer aber insgesamt mit der Kraft $\vec{F}_M$ auf die Straße einwirkt, reagiert die Straße, dem dritten newtonschen Gesetz folgend, mit einer betragsmäßig gleichen, jedoch entgegengesetzten Kraft $\vec{F}_S$ auf den Motorradfahrer.

Diese beiden Kräfte werden nun im Rahmen eines Kräfteparallelogramms aufgetragen. Wie schon im vorherigen Beispiel des Kettenkarussells bilden die beiden Kraftvektoren $\vec{F}_G$ und $\vec{F}_S$ auch hier einen Winkel und spannen auf diese Weise das Parallelogramm auf. Die resultierende Kraft entspricht der Zentripetalkraft $\vec{F}_Z$. Sie ist horizontal zum Mittelpunkt des Kreises hin gerichtet, auf der der Motorradfahrer gerade fährt

! Merksatz

In vielen Beispielen kreisförmiger Bewegungen wirken auf den bewegten Körper mehrere Kräfte. Für die gleichmäßige Kreisbewegung verantwortlich ist aber nur die Zentripetalkraft. Manchmal ist es schwierig, sie im Zusammenhang mit den anderen Kräften zu identifizieren.
Folgende Strategie ist hier hilfreich:
1. Tragen Sie alle auf den Körper wirkenden Kräfte im Rahmen eines Kräfteparallelogramms auf.
2. Identifizieren Sie die Zentripetalkraft als resultierende Kraft im Kräfteparallelogramm.

Kettenkarussell

Ein Kettenkarussell dreht sich mit einer Winkelgeschwindigkeit von 1,4 s⁻¹. Die Kettenlänge beträgt $l = 6$ m. Bestimmen Sie den Winkel, um den ein Fahrgast aus der Senkrechten ausgelenkt wird. Begründen Sie, warum dieser Wert unabhängig von der Masse des Fahrgastes ist.

Lösung:

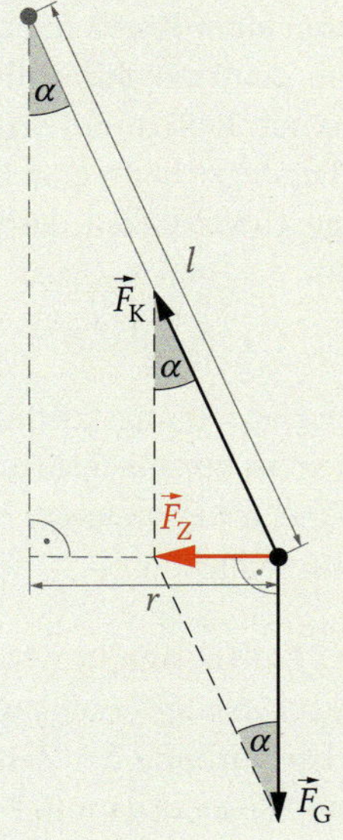

Zunächst wird ein Parallelogramm der wirkenden Kräfte erstellt. Dieses Parallelogramm wird eingebettet in eine Skizze des Kettenkarussells.

Auf den Fahrgast wirkt neben der Schwerkraft $\vec{F}_\text{G}$ noch die Kettenkraft $\vec{F}_\text{K}$. Die Zentripetalkraft $\vec{F}_\text{Z}$ ergibt sich als Resultierende in diesem Kräfteparallelogramm. Für den Auslenkwinkel gilt:

$$\tan(\alpha) = \frac{|\vec{F}_\text{Z}|}{|\vec{F}_\text{G}|} = \frac{m \cdot r \cdot \omega^2}{m \cdot g} = \frac{r \cdot \omega^2}{g}.$$

Hier ist leider noch der Bahnradius unbekannt. Die Unabhängigkeit des Winkels von der Masse des Fahrgastes ist dagegen bereits ersichtlich. Zwischen dem Bahnradius r und der Kettenlänge l besteht folgender Zusammenhang:

$$\sin(\alpha) = \frac{r}{l}.$$

Eingesetzt in die obige Gleichung ergibt sich:

$$\tan(\alpha) = \frac{\sin(\alpha) \cdot l \cdot \omega^2}{g}$$

Dividiert durch $\sin(\alpha)$ ergibt sich mit $\tan(\alpha) = \frac{\sin(\alpha)}{\cos(\alpha)}$:

$$\cos(\alpha) = \frac{g}{l \cdot \omega^2} = \frac{9{,}81 \text{ m s}^{-2}}{6 \text{ m} \cdot (1{,}4 \text{ s}^{-1})^2} \approx 0{,}83.$$

Und damit ergibt sich für den Auslenkwinkel: $\alpha \approx 34°$.

Lösen Sie selbst

1 Ein Fadenpendel der Länge 70 cm wird so angestoßen, dass sich der Pendelkörper auf einer Kreisbahn bewegt. Für zehn Umläufe benötigt er 16 s. Bestimmen Sie den Winkel, um den der Pendelkörper aus der Senkrechten ausgelenkt wird.

2 Mit Hilfe eines Fliehkraftreglers kann man die Drehzahl von Maschinen kontrollieren. Mit zunehmender Drehzahl, vergrößert sich der Winkel φ. Erklären Sie diesen Sachverhalt.
Die beiden Kugelstangen sind mit einer Schiebemanschette verbunden, die bei steigendem Winkel ein Dampfventil schließt, sodass die Drehzahl der Maschine gedrosselt wird. Berechnen Sie für eine Stangenlänge von $l = 23$ cm und einen Winkel von $\varphi = 25°$ die Drehzahl des Reglers und die Bahngeschwindigkeit der Kugeln.

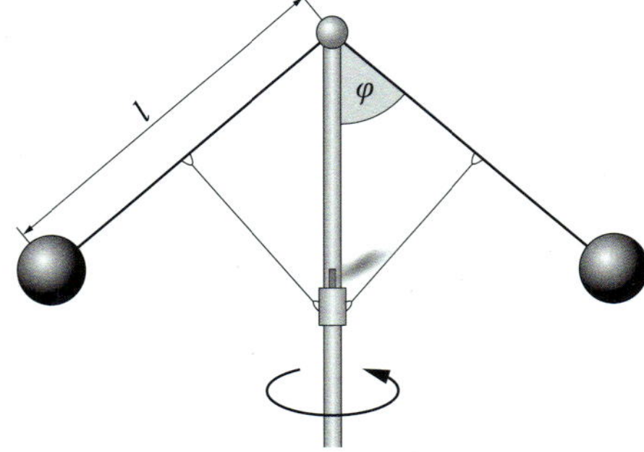

3 Ein Motorradfahrer möchte eine Kurve von 16 m Radius mit einer Geschwindigkeit von 10 $\frac{\text{m}}{\text{s}}$ durchfahren. Bestimmen Sie den Betrag des Winkels, um den sich der Motorradfahrer dabei zum Zentrum der Kurve hin neigen muss.

Zusammenfassung

1. Beschreibung von Kreisbewegungen

Bei einer gleichförmigen Kreisbewegung bewegt sich ein Körper mit der konstanten **Bahngeschwindigkeit** v_B auf einem Kreis mit Radius r.

Die **Umlaufdauer** T bzw. **Drehfrequenz** $f = 1/T$ sind für diese Bewegung ebenfalls konstant. Für die Bahngeschwindigkeit gilt:

$$v_B = \frac{\Delta s}{\Delta t} = \frac{2 \cdot \pi \cdot r}{T}.$$

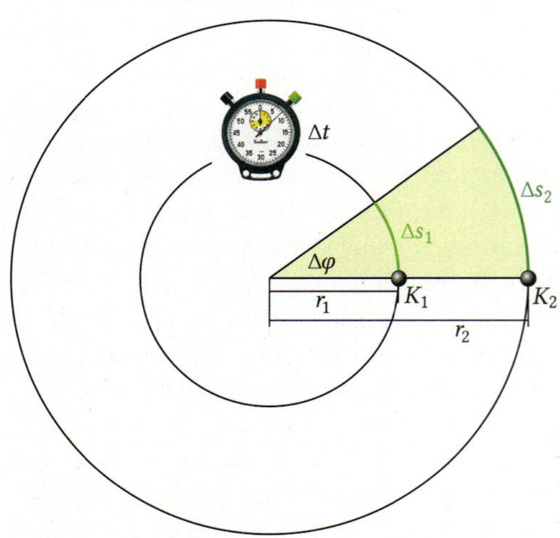

Zwei Körper, die an einer gemeinsamen Kreisbewegung teilnehmen (T konstant), sich aber unterschiedlich weit vom Mittelpunkt befinden, bewegen sich mit unterschiedlich großen Bahngeschwindigkeiten. Ihre **Winkelgeschwindigkeit** ω ist aber gleich groß:

$$\omega = \frac{2 \cdot \pi}{T} = 2 \cdot \pi \cdot f \quad \text{bzw.} \quad \omega = \frac{v_B}{r}.$$

2. Kreisbewegungen erfordern eine Kraft

Bei der gleichförmigen Kreisbewegung eines Körpers wirkt eine Kraft von konstantem Betrag, die immer zum Mittelpunkt des Kreises hin gerichtet ist. Sie wird **Zentripetalkraft** genannt.

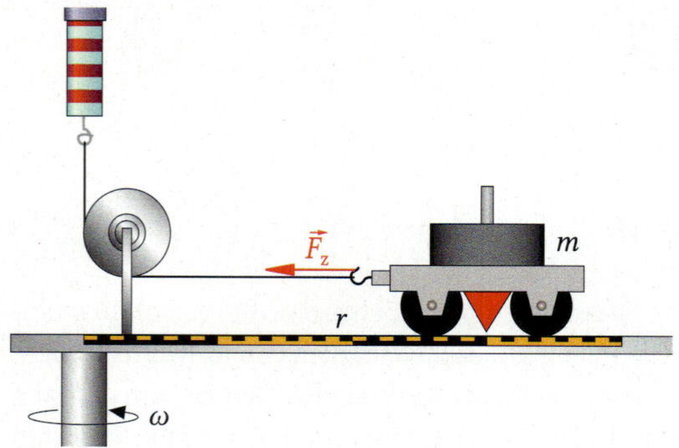

Der Betrag der Zentripetalkraft ist proportional zur Masse des rotierenden Körpers, zum Radius der Kreisbahn und zum Quadrat der Winkelgeschwindigkeit, mit der sich der Körper längs des Kreises bewegt. Es gilt:

$$F_Z = m \cdot r \cdot \omega^2 = m \cdot \frac{v_B^2}{r}.$$

Nach dem zweiten newtonschen Gesetz erzeugt die Zentripetalkraft eine ebenfalls zum Kreismittelpunkt gerichtete **Zentripetalbeschleunigung** a_Z.

3. Kreisbewegung und Straßenverkehr

Beim Durchfahren einer Kurve mit einem Auto muss die erforderliche Zentripetalkraft durch die Haftreibungskraft zwischen Reifen und Straßenbelag aufgebracht werden. Für ein sicheres Durchfahren der Kurve muss die Bahngeschwindigkeit deshalb folgende Bedingung erfüllen:

$$v_B \leq \sqrt{\mu \cdot g \cdot r}.$$

μ nennt man den Haftreibungskoeffizienten. Der Haftreibungskoeffizient ist ein dimensionsloser Zahlenwert. Seine Größe hängt unter anderem davon ab, welche Stoffe aufeinander reiben.

4. Rätselhafte „Zentrifugalkräfte"

Beobachter in kreisförmig beschleunigten Systemen spüren die Wechselwirkung der Zentripetalkraft und der Reaktion ihres Körpers darauf. Es erscheint ihnen wie eine **„Zentrifugalkraft"** nach außen.

Die einzige Kraft, die aber für eine gleichförmige Kreisbewegung eines Körpers verantwortlich ist, ist die zum Mittelpunkt der Kreisbahn hin gerichtete Zentripetalkraft.

5. Kräfteparallelogramme

In vielen Beispielen kreisförmiger Bewegungen wirken auf den bewegten Körper mehrere Kräfte. Um die Zentripetalkraft im Zusammenspiel dieser Kräfte identifizieren zu können, ist folgende Strategie hilfreich:

1. Tragen Sie alle auf den Körper wirkenden Kräfte im Rahmen eines **Kräfteparallelogramms** auf.

2. Identifizieren Sie die Zentripetalkraft als resultierende Kraft im Kräfteparallelogramm.

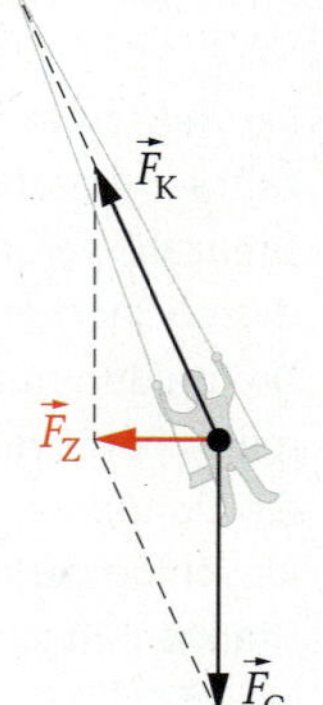

1 Ein Kind sitzt auf einem Spielplatz in einem kleinen Drehkarussell von 1,74 m Durchmesser. Für 10 Umläufe benötigt es 18,6 s. Bestimmen Sie die Frequenz des Karussells sowie die Bahn- und Winkelgeschwindigkeit, mit der sich das Kind bewegt.

2 Die große Astronautenzentrifuge des Ames Research Centre der NASA besitzt einen Radius von 8,84 m. Sie kann mit einer Frequenz von maximal 50 min^{-1} betrieben werden. Bestimmen Sie die Bahn- und Winkelgeschwindigkeit sowie die Umlaufdauer, mit der sich die Astronauten bei diesen Bedingungen bewegen.

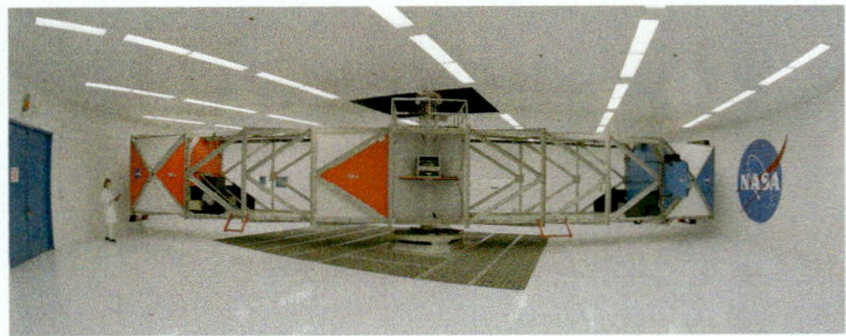

3 Bestimmen Sie zu Aufgabe 2 die auf einen Astronauten ($m = 85$ kg) wirkende Kraft und Beschleunigung. Vergleichen Sie die Beschleunigung mit der natürlichen Schwerebeschleunigung an der Erdoberfläche ($g = 9{,}81 \frac{m}{s^2}$).

4 Ein Körper der Masse 0,16 kg wird mit einem Stahlseil (Länge: 47 cm) immer schneller in einem horizontalen Kreis herumgeschleudert. Bestimmen Sie, bei welcher Drehfrequenz f das Seil reißt, wenn es eine Belastung bis 700 N aushält.

5 Ein Mensch steht genau am Äquator der Erde.
a) Bestimmen Sie, mit welcher Frequenz sich die Erde drehen müsste, damit die auf den Menschen wirkende Gewichtskraft genau der für diese Bewegung erforderlichen Zentripetalkraft entspräche.
b) Bestimmen Sie für diese Frequenz die sich daraus ergebende Tageslänge.
c) Beschreiben Sie, welche Auswirkungen diese Frequenz für den Menschen hätte.

6 Ein Stuntman ($m = 80$ kg) liegt auf der Motorhaube eines fahrenden Autos. Bestimmen Sie, mit welcher Kraft er sich dort festhalten muss, um bei einer Geschwindigkeit von 30 km/h in einer Kurve von 12 m Radius nicht tangential davonzufliegen.

7 Ein Auto fährt auf der äußeren Spur eines Kreisverkehrs ($r = 12$ m) mit einer Geschwindigkeit von 30 km/h.
a) Bestimmen Sie den Betrag der Kraft, die erforderlich ist, um das Auto ($m = 1{,}2$ t) auf diese Bahn zu bringen.
b) Begründen Sie, dass es sich bei trockener Fahrbahn ($\mu = 0{,}7$) um eine angemessene Geschwindigkeit handelt.
c) Begründen Sie, ob der Fahrer seine Geschwindigkeit anpassen muss, wenn er auf die innere Bahn des Kreisverkehrs ($r = 9$ m) wechselt.

8 Bestimmen Sie, welchen Haftreibungskoeffizienten eine Schotterstraße mindestens haben sollte, damit ein Rallyefahrer eine Kurve mit 16 m Radius mit einer Geschwindigkeit von 35 km/h sicher durchfahren kann.

9 Begründen Sie, warum die Masse eines Fahrzeugs bei der Berechnung der maximalen Geschwindigkeit für das sichere Durchfahren einer Kurve keine Rolle spielt.

10 Beschreiben Sie den Unterschied zwischen dem physikalischen Begriff der Zentripetalkraft und der im Volksmund verbreiteten Vorstellung von „Zentrifugalkräften".

11 Sie möchten eine gleichförmige Kreisbewegung vollführen. Beschreiben Sie, wie Sie sich aber tatsächlich bewegen würden, falls neben der Zentripetalkraft auch noch eine betragsgleiche, aber der Zentripetalkraft entgegengesetzte „Zentrifugalkraft" auf Sie wirken würde.

12 Bestimmen Sie, wie hoch eine kleine Kugel ($m = 30$ g) in einer vertikal rotierenden, halbkugelförmigen Schale ($r = 15$ cm) bei einer Frequenz von $f = 150$ min^{-1} steigt. Bestimmen Sie, mit welchem Kraftbetrag die Kugel gegen die Schalenwand einwirkt.

Energie

Ein Bungeesprung erfordert Mut und Überwindung, verschafft aber denen, die sich trauen, ein ganz besonderes Erlebnis. Zunächst ein langer freier Fall, dann bremst das Seil den Sprung ab. Der anfängliche Schrei geht in erleichterten Jubel über.

Der Bungeesprung ist auch ein „Energie-Erlebnis", denn er vereint verschiedene Energieformen, die sich ineinander umwandeln. Dabei bleibt die Gesamtenergie erhalten. Deshalb können wir den Bungeesprung mit Hilfe der Energie physikalisch sehr genau beschreiben und viele interessante Fragen dazu beantworten.

4

Das können Sie in diesem Kapitel erreichen:

- Sie aktivieren Ihr Wissen über Energieformen.
- Sie können potenzielle, kinetische und Spannenergie in verschiedenen Situationen identifizieren und berechnen.
- Sie führen Experimente zum Energieerhaltungssatz durch und werten sie aus.
- Sie lösen effizient komplexe Probleme mit Hilfe des Energieerhaltungssatzes.
- Sie können Risiken und Sicherheitsmaßnahmen im Straßenverkehr analysieren und beurteilen.

4.1 Energieformen und Energieerhaltung

B1 *Bungeesprung von einer Brücke*

B2 *Aufbau eines Bungeeseils*

Der Bungeesprung. Der Bungeesprung in Bild **B1** beginnt auf einer Brücke. An den Füßen des Springers ist ein elastisches Seil befestigt. Es besteht aus vielen einzelnen Latexfäden, die von einer Umhüllung zusammengehalten werden (siehe Bild **B2**). In hochwertige Bungeeseile ist zusätzlich ein Dehnungsbegrenzer eingearbeitet. Er besteht aus einem elastischen Gewebeband, das die normale Dehnung des Seils nicht behindert, aber eine übermäßige Dehnung oder das Abreißen des Seils verhindert. In guter Näherung genügt das Bungeeseil dem **hookeschen Gesetz**. Das bedeutet, dass die Längenänderung proportional zur einwirkenden Kraft ist. Damit können wir uns das Seil als Feder mit einer Federkonstante D vorstellen.

Energieformen beim Bungeesprung. Die Energieformen beim Bungeesprung sind in Bild **B3** für verschiedene Falltiefen dargestellt.

- Vor dem Absprung (Bild **B3a**) hat der Bungeespringer ausschließlich **potenzielle Energie** (Lageenergie).
- Springt der Bungeespringer in die Tiefe (Bild **B3b**), wandelt sich seine potenzielle Energie in **kinetische Energie** (Bewegungsenergie) um.
- Ist das Seil vollständig entfaltet und beginnt sich zu dehnen (Bild **B3c**), wird seine potenzielle Energie nicht mehr nur in kinetische, sondern auch in **Spannenergie** umgewandelt.
- Ist das Seil maximal gedehnt, ist der Bungeespringer im tiefsten Punkt angekommen (Bild **B3d**). Hier ist seine kinetische Energie null, seine potenzielle Energie minimal und die Spannenergie maximal.
- Anschließend schnellt der Springer wieder nach oben und wandelt Spannenergie in kinetische und potenzielle Energie um.

Sehr übersichtlich können die einzelnen Energieformen, die beim Bungeesprung auftreten, als **Energiekonten** dargestellt werden (Bild **B3**).

Terme zur Berechnung der Energie. Die beim Bungeesprung auftretenden mechanischen Energieformen potenzielle, kinetische und Spannenergie kann man für jeden beliebigen Punkt vom Absprung bis zum Erreichen des tiefsten Punktes berechnen.

Die potenzielle Energie E_{pot} eines Körpers lässt sich allgemein mit der Gleichung

$$E_{pot} = m \cdot g \cdot h$$

berechnen, wobei g die Fallbeschleunigung, m die Masse des Körpers und h die Höhe gegenüber einem vorher festgelegten Niveau ist.
Hat ein Körper die Geschwindigkeit v und die Masse m, beträgt seine kinetische Energie

$$E_{kin} = \frac{1}{2} m \cdot v^2.$$

Eine Feder mit Federkonstante D hat die Spannenergie

$$E_{Spann} = \frac{1}{2} D \cdot s^2.$$

s ist die Strecke, um die sich die Feder bei Dehnung verlängert.

> **! Merksatz**
>
> Berechnung der mechanischen Energie:
> potenzielle Energie: $\quad E_{pot} = m \cdot g \cdot h$
> kinetische Energie: $\quad E_{kin} = \frac{1}{2} m \cdot v^2$
> Spannenergie: $\quad E_{Spann} = \frac{1}{2} D \cdot s^2$

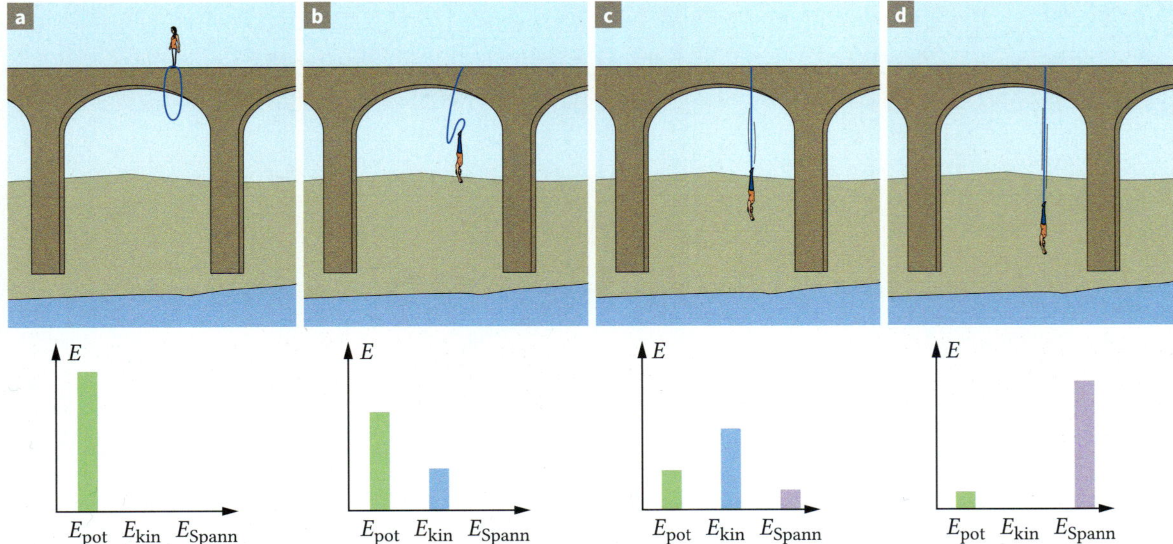

B3 *Bungeesprung im Energiekontenmodell: a) Vor dem Absprung hat der Springer ausschließlich potenzielle Energie. b) Im freien Fall nimmt die kinetische Energie zu und die potenzielle Energie ab. c) Hat sich das Seil voll entfaltet, spannt es sich im weiteren Verlauf des Sprungs. Seine Spannenergie nimmt zu. d) Im tiefsten Punkt des Sprungs ist die Spannenergie des Seils maximal und die potenzielle Energie minimal.*

Energieerhaltung beim Bungeesprung. Im Folgenden werden Bungeespringer und Bungeeseil zusammen als **abgeschlossenes System** betrachtet. Ein System ist abgeschlossen, wenn keine Energie das System verlassen oder von außen in das System hineinkommen kann. Für ein abgeschlossenes System gilt der **Energieerhaltungssatz**. Er besagt: Die Gesamtenergie in einem abgeschlossenen System ist immer konstant.

Fasst man den Bungeespringer und das Bungeeseil idealisiert zu einem abgeschlossenen System zusammen, muss die Gesamtenergie nach dem Energieerhaltungssatz immer konstant und gleich der Summe aus potenzieller Energie, kinetischer Energie und Spannenergie sein. Die einzelnen Anteile dieser Energieformen an der Gesamtenergie ändern sich dabei aber ständig (Bild **B3**).

> ! **Merksatz**
>
> Energieerhaltungssatz: In einem abgeschlossenen System ist die Gesamtenergie immer konstant. In einem abgeschlossenen mechanischen System gilt:
>
> $$E_{\text{gesamt}} = E_{\text{pot}} + E_{\text{kin}} + E_{\text{Spann}}\,.$$

Die Einheit für die Energie ist **1 Joule (1 J)**.

Es gilt: $1\,\text{J} = 1\,\text{N\,m} = 1\,\text{kg}\,\frac{\text{m}}{\text{s}^2}$.

In einem idealen abgeschlossenen System wird beim Bungeesprung nach dem Erreichen des tiefsten Punkts die gesamte Spannenergie wieder in kinetische Energie und potenzielle Energie umgewandelt, bis der Springer wieder seine Ausgangshöhe erreicht. In der Realität läuft jedoch kein Vorgang ohne **Reibung** ab. Durch Reibung wird ein Teil der Energie des Systems in **innere Energie** umgewandelt, die anschließend nicht mehr vollständig in mechanische Energieformen umgewandelt werden kann und in die Umgebung abgegeben wird (Bild **B4**). Man spricht von **Energieentwertung**.

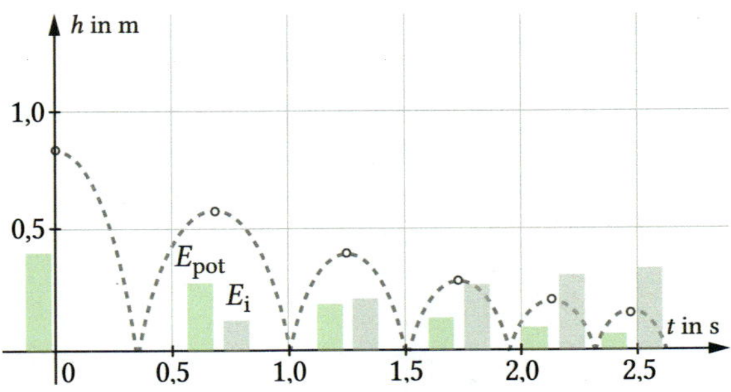

B4 *Mit dem phyphox-Versuch „Inelastischer Stoß" kann man die Energieentwertung bei einem springenden Ball ermitteln. Aus den Zeitintervallen zwischen zwei Aufprallgeräuschen berechnet die App, wie hoch der Ball springt. Weil innere Energie E_i an die Umgebung abgegeben wird, wird das Konto von E_{pot} kleiner, während das E_i-Konto anwächst.*

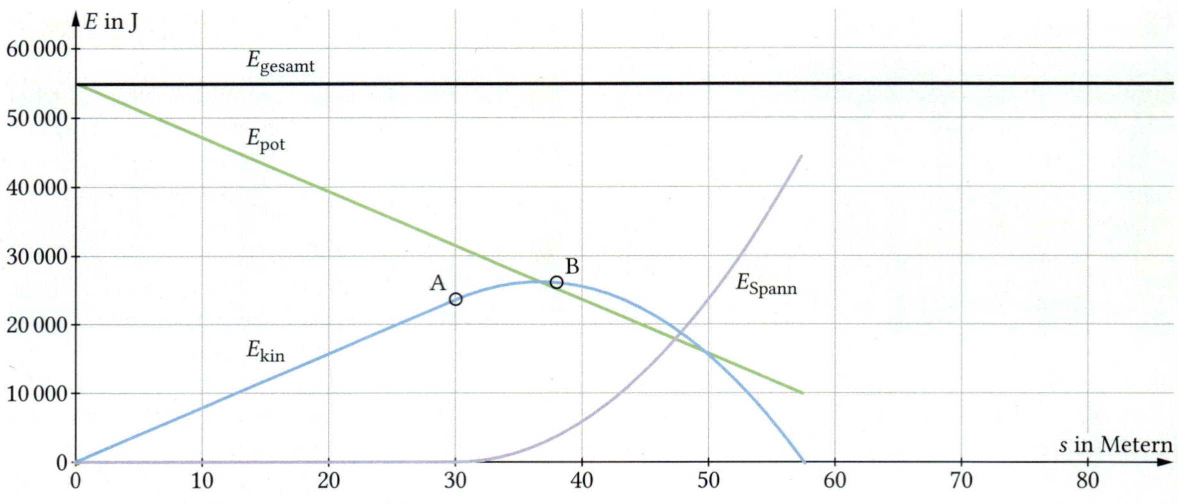

B1 *Orts-Energie-Diagramm (s-E-Diagramm) für den Bungeesprung*

Problemlösen mit dem Energieerhaltungssatz.

Betrachtet man den Bungeespringer und das Seil idealisiert als abgeschlossenes System, kann man mit dem Energieerhaltungssatz relativ einfach verschiedene physikalische Fragen beantworten. Dazu muss man jedoch zunächst die einzelnen Energieformen während des Sprungs in Abhängigkeit von der Fallstrecke s des Springers genauer beschreiben. Im folgenden Beispiel hat der Springer inklusive Ausrüstung eine Masse von $m = 80$ kg und springt aus $h = 70$ m Höhe ab. Die Federkonstante des Bungeeseils mit der Länge $l = 30$ m beträgt $D = 120 \frac{\text{N}}{\text{m}}$.

Bevor der Springer aus $h = 70$ m abspringt, hat er nur potenzielle Energie. Damit entspricht die Gesamtenergie der potenziellen Energie am Absprungsort:

$$E_{\text{gesamt}} = E_{\text{pot}}(h)$$
$$= m \cdot g \cdot h$$
$$= 80 \text{ kg} \cdot 9{,}81 \frac{\text{m}}{\text{s}^2} \cdot 70 \text{ m}$$
$$= 54\,936 \text{ J}.$$

Die potenzielle Energie nimmt vom Absprung bis zum tiefsten Punkt linear ab. Für sie gilt in Abhängigkeit von der Fallstrecke s die Gleichung:

$$E_{\text{pot}}(s) = m \cdot g \cdot (h - s)$$
$$= 80 \text{ kg} \cdot 9{,}81 \frac{\text{m}}{\text{s}^2} \cdot (70 \text{ m} - s). \qquad (1)$$

Die Spannenergie kommt erst dann ins Spiel, wenn das Seil vollständig entfaltet ist und sich zu dehnen beginnt. Da das Seil vollständig entfaltet $l = 30$ m lang ist, ist dies also ab einer Fallstrecke von $s = 30$ m der Fall. Die Spannenergie ist ab dieser Fallstrecke proportional zum

Quadrat der Dehnung des Seil. Mit $D = 120 \frac{\text{N}}{\text{m}}$ können wir die Spannenergie in Abhängigkeit von der Fallstrecke des Springers also mit folgender Gleichung beschreiben:

$$E_{\text{spann}}(s) = \tfrac{1}{2} D \cdot (s - l)^2$$
$$= \tfrac{1}{2} \cdot 120 \frac{\text{N}}{\text{m}} \cdot (s - 30 \text{ m})^2 \text{ für } s > l. \qquad (2)$$

Die kinetische Energie kann man nun mit Hilfe des Energieerhaltungssatzes

$$E_{\text{gesamt}} = E_{\text{kin}} + E_{\text{pot}} + E_{\text{spann}}$$

ermitteln, indem man diese Gleichung nach E_{kin} umstellt:

$$E_{\text{kin}} = E_{\text{gesamt}} - E_{\text{pot}} - E_{\text{spann}}.$$

Dabei ist zu unterscheiden:

- Solange das Seil noch nicht gespannt ist, ist die Spannenergie null. Damit gilt

$$E_{\text{kin}}(s) = E_{\text{gesamt}} - m \cdot g \cdot (h - s)$$
$$= 54\,936 \text{ J} - 80 \text{ kg} \cdot 9{,}81 \frac{\text{m}}{\text{s}^2} \cdot (70 \text{ m} - s). \qquad (3a)$$

- Bei gespanntem Seil gilt:

$$E_{\text{kin}}(s) = E_{\text{gesamt}} - m \cdot g \cdot (h - s) - \tfrac{1}{2} D \cdot (s - l)^2$$
$$= 54\,936 \text{ J} - 80 \text{ kg} \cdot 9{,}81 \frac{\text{N}}{\text{m}} \cdot (70 \text{ m} - s)$$
$$- \tfrac{1}{2} \cdot 120 \frac{\text{N}}{\text{m}} \cdot (s - 30 \text{ m})^2. \qquad (3b)$$

Trägt man die Gleichungen (1), (2) und (3a) bzw. (3b) für die drei Energieformen in Abhängigkeit von der Fallstrecke s des Springers in ein Orts-Energie-Diagramm (s-E-Diagramm) ein (Bild **B1**), kann man nun recht einfach verschiedene physikalische Fragen zum Bungeesprung beantworten.

Geschwindigkeit nach freiem Fall. Welche Geschwindigkeit hat der Springer, wenn das Seil vollständig entfaltet, aber noch nicht gedehnt ist? Um diese Frage zu beantworten, muss man die kinetische Energie im Punkt A (Bild **B1**) kennen. Das Seil ist dort gerade noch nicht gedehnt und der Springer ist 30 m frei gefallen. Die kinetische Energie im Punkt A können wir in Bild **B1** ablesen oder mit der Gleichung (3a) berechnen:

$$E_{\text{kin}}\,(30\ \text{m}) = 54\,936\ \text{J} - 80\ \text{kg} \cdot 9{,}81\ \tfrac{\text{m}}{\text{s}^2} \cdot (70\ \text{m} - 30\ \text{m})$$
$$= 23\,544\ \text{J}.$$

Aus der kinetischen Energie im Punkt A berechnet sich die Geschwindigkeit aus der Gleichung für die kinetische Energie, aufgelöst nach v:

$$v = \sqrt{\frac{2\,E_{\text{kin}}}{m}}$$
$$= \sqrt{\frac{2 \cdot 23\,544\ \text{J}}{80\ \text{kg}}}$$
$$\approx 24{,}3\ \tfrac{\text{m}}{\text{s}} = 87{,}3\ \tfrac{\text{km}}{\text{h}}.$$

Bevor das Seil gespannt wird, erreicht der Springer eine Geschwindigkeit von ca. 87,3 $\tfrac{\text{km}}{\text{h}}$.

Maximalgeschwindigkeit des Springers. Wo erreicht der Springer seine Maximalgeschwindigkeit und wie groß ist diese? Der Springer erreicht seine maximale Geschwindigkeit an dem Punkt, an dem seine kinetische Energie maximal ist. Das s-E-Diagramm in Bild **B1** zeigt, dass der Springer seine maximale kinetische Energie im Punkt B erreicht. Nach dieser Fallstrecke besitzt das System aus Bungeespringer und -seil neben kinetischer auch Spann- und potenzielle Energie. Aus dem Diagramm liest man ab, dass die maximale kinetische Energie des Springers ungefähr 26 000 J beträgt. Er erreicht diese Energie, nachdem er ungefähr 37 m gefallen ist. Aus der maximalen kinetischen Energie kann man wiederum die zugehörige maximale Geschwindigkeit des Springers berechnen:

$$v = \sqrt{\frac{2\,E_{\text{kin}}}{m}}$$
$$= \sqrt{\frac{2 \cdot 26\,000\ \text{J}}{80\ \text{kg}}}$$
$$\approx 25{,}5\ \tfrac{\text{m}}{\text{s}} = 91{,}8\ \tfrac{\text{km}}{\text{h}}.$$

Mit einer Geomtriesoftware kann man das s-E-Diagramm zum Bungeesprung selbst anfertigen und dann auch die Zahlenwerte für m, h, D und l verändern.

1 Berechnen Sie die potenzielle Energie, die ein Bungeespringer in einer Höhe von 100 m über dem Erdboden besitzt. Der Bungeespringer hat mit seiner Sicherheitsausrüstung eine Masse von 80 kg.

2 Vergleichen Sie die potenzielle Energie, die ein 5 kg schwerer Körper in 10 m Höhe hat, mit seiner kinetischen Energie, die er besitzt, wenn er mit einer Geschwindigkeit von 10 $\tfrac{\text{m}}{\text{s}}$ fliegt.

3 Beschreiben Sie mit Hilfe des Orts-Energie-Diagramms in Bild **B1** die Änderung der kinetischen Energie in Abhängigkeit von der Falltiefe des Bungeespringers.

4 Bestimmen Sie die Geschwindigkeit des Bungeespringers nach 15 m Fallstrecke mit Hilfe des Orts-Energie-Diagramms in Bild **B1**.

5 Erklären Sie, was man in der Physik unter einem abgeschlossenen System versteht, und geben Sie den Energieerhaltungssatz für ein abgeschlossenes System an.

6 Beschreiben Sie, wie sich das Orts-Energie-Diagramm **B1** verändert, wenn unter sonst gleichen Bedingungen
a) ein kürzeres Bungeeseil eingesetzt oder
b) ein Bungeeseil mit einer größeren Federkonstanten eingesetzt wird.

7 Ein Stein mit der Masse $m = 250$ g fällt von einer 100 m hohen Brücke.
a) Nennen Sie alle Energieformen, die während des Falls auftreten.
b) Skizzieren Sie drei aussagekräftige Energiekonten für diesen Vorgang.
c) Zeichnen Sie für diesen Vorgang das Orts-Energie-Diagramm.
d) Bestimmen Sie die Fallhöhe, in der die potenzielle Energie gleich der kinetischen Energie ist.
e) Berechnen Sie die maximale Geschwindigkeit, die der Stein erreicht.
f) Erläutern Sie mit Hilfe der Energiegleichungen, dass die maximale Geschwindigkeit unabhängig von der Masse des Steins ist.

4.2 Energie im Experiment

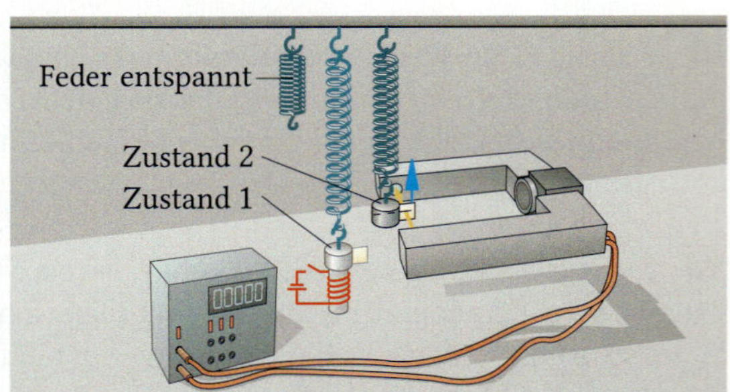

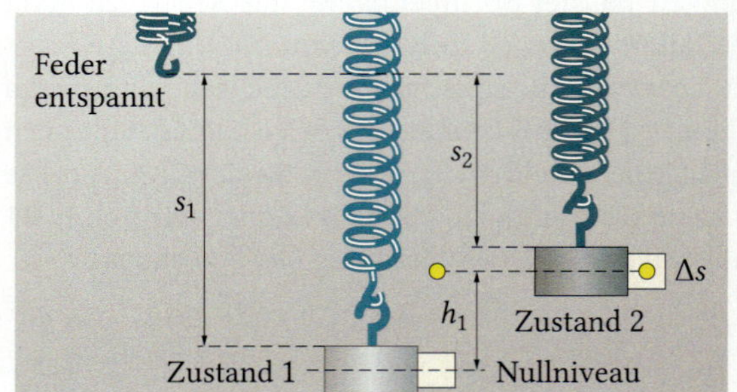

Aufbau: An eine aufgehängte Feder mit einer Federkonstante D wird ein Massestück aus Eisen mit Masse m angehängt. Dann wird das Massestück nach unten gezogen, sodass sich die Feder um den Weg s_1 verlängert (Zustand 1). Das Massestück wird in dieser Position mit einem Elektromagneten fixiert. Diese Position wird als Nulllage der potenziellen Energie definiert. In einer bestimmten Höhe h_1 über dieser Nulllage ist eine Lichtschranke angebracht, die mit einem Zeitmessgerät verbunden ist

Durchführung: Wird der Magnet abgeschaltet, bewegt sich das Massestück nach oben. Dabei passiert der seitlich am Massestück befestigte Flügel mit Höhe Δs die Lichtschranke und unterbricht den Lichtstrahl für einen gewissen Zeitraum Δt (Zustand 2), der gemessen wird.

Parameter und Messung:

D	m	s_1	Δs	h_1	Δt
$5\,\frac{\text{N}}{\text{m}}$	0,2 kg	0,5 m	0,02 m	0,15 m	0,041 s

Drei Energieformen in einem System. Der Energieerhaltungssatz fordert, dass die Gesamtenergie in abgeschlossenen Systemen erhalten bleibt. Mit Hilfe des Federpendels (Versuch **V1**) lässt sich die Energieerhaltung für drei Energieformen experimentell überprüfen. In Zustand 1, der als Nulllage definiert wird, hat das System Feder-Massestück nur Spannenergie aufgrund der Dehnung der Feder um die Strecke $s_1 = 0,5$ m. Nachdem das Massestück freigegeben wurde, beschleunigt die Feder das Massestück nach oben. Dabei unterbricht der angebrachte Flügel der Höhe $\Delta s = 0,02$ m die Lichtschranke für $\Delta t = 0,041$ s. Die Durchschnittsgeschwindigkeit des Massestücks in diesem Zustand 2 beträgt:

$$v = \frac{\Delta s}{\Delta t} = 0,488\,\frac{\text{m}}{\text{s}}.$$

Die Feder ist in Zustand 2 um $s_2 = s_1 - h_1 = 0,35$ m gespannt.

Energieform	Zustand 1	Zustand 2
$E_{\text{pot}} = m \cdot g \cdot h$	0 J	0,294 J
$E_{\text{kin}} = \frac{1}{2} m \cdot v^2$	0 J	0,024 J
$E_{\text{Spann}} = \frac{1}{2} D \cdot s^2$	0,625 J	0,306 J
$E_{\text{pot}} + E_{\text{kin}} + E_{\text{Spann}}$	0,625 J	0,624 J

T1 *Energiebilanz für Versuch* **V1**

Mit diesen Werten und den Daten für m, D und s_1 lassen sich die einzelnen Energiebeiträge für Zustand 1 und Zustand 2 berechnen (siehe Tabelle **T1**). In der letzten Zeile sind die beitragenden Energieformen jeweils zur Gesamtenergie addiert. Die Abweichung der Gesamtenergie vom zweiten zum ersten Zustand beträgt

$$\frac{0,625\,\text{J} - 0,624\,\text{J}}{0,625\,\text{J}} \approx 0,2\,\%.$$

Da diese Abweichung im Rahmen der Messgenauigkeit liegt, können wir davon ausgehen, dass die Gesamtenergie in den Zuständen 1 und 2 unseres Versuchs erhalten bleibt und somit der Energieerhaltungssatz mit diesem Versuch bestätigt werden kann.

Posterrolle. Auch das Smartphone eignet sich als Messgerät. In Versuch **V2** zeichnet es mit Hilfe der App phyphox die Geschwindigkeit einer Posterrolle auf, die eine schiefe Ebene hinabrollt. Zu Beginn des Versuchs (Zustand 1) hat die ruhenden Rolle gegenüber dem Boden die Höhe h und damit die potenzielle Energie

$$E_{\text{pot}} = m \cdot g \cdot h.$$

Am unteren Ende der schiefen Ebene ist die Geschwindigkeit der Posterrolle maximal. Diese Maximalgeschwindigkeit v_{max} kann am t-v-Diagramm, das die App aufzeichnet, abgelesen werden.

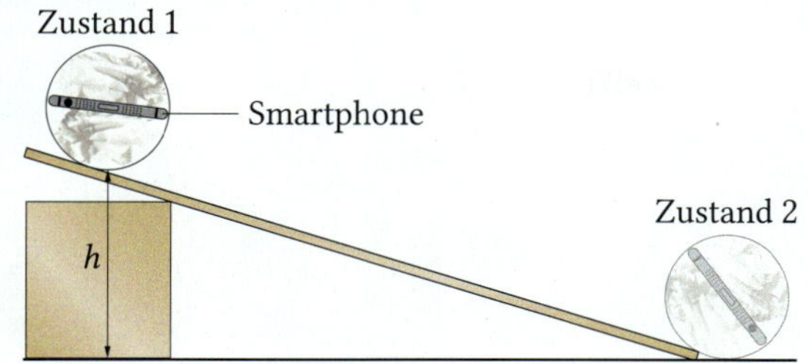

 Posterrolle

In einer zylinderförmigen Posterrolle (oder einer anderen Papprolle) mit Radius r wird ein Smartphone platziert. Taschentücher dienen als Füllmaterial, damit das Smartphone nicht verrutscht. Das Smartphone wird so in der Rolle justiert, dass das Display etwas hervorschaut.

Zu Beginn des Versuchs (Zustand 1) liegt die Posterrolle mit integriertem Smartphone am oberen Ende einer schiefen Ebene (Brett etc.). Die Rolle hat gegenüber dem Boden die Höhe h. Der Zustand 2 wird erreicht, wenn die Rolle das Ende der schiefen Ebene erreicht hat.

Vor dem Versuch wird die Rolle inklusvie Smartphone gewogen. Zur Aufzeichnung des Versuchs wird das Experiment *Rolle* der App phyphox gestartet. Nach Eingabe des Rollenradius und Anklicken von ▸ zeichnet die App ein t-v-Diagramm auf.

Die Abbildung zeigt das aufgezeichnete t-v-Diagramm für eine Rolle mit $m = 0{,}219$ kg und $r = 3{,}7$ cm auf einer schiefen Ebene mit $h = 13$ cm.

Die maximale Geschwindigkeit beträgt $v_{\mathrm{max}} \approx 1{,}1\ \frac{\mathrm{m}}{\mathrm{s}}$.

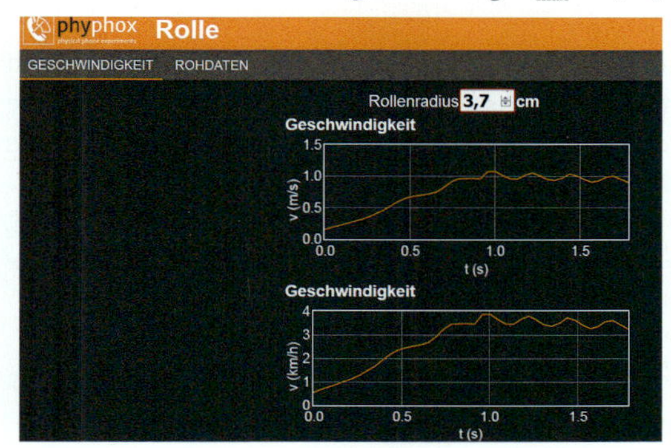

Die kinetische Energie am Ende der schiefen Rolle beträgt

$$E_{\mathrm{kin}} = \tfrac{1}{2}\, m \cdot v_{\mathrm{max}}^2.$$

Die potenzielle Energie ist hingegen auf null zurückgegangen.

Mit den Daten aus Versuch **V2** lässt sich die Energiebilanz in Tabelle **T2** aufstellen. Man erkennt deutlich, dass die Summe $E_{\mathrm{pot}} + E_{\mathrm{kin}}$ für Zustand 1 und 2 verschieden ist. Die kinetische Energie in Zustand 2 beträgt weniger als die Hälfte der potenziellen Energie zu Beginn des Versuchs. Ist der Energieerhaltungssatz verletzt?

Eine weitere Energieform. Bei der bisherigen Auswertung von Versuch **V2** wurde nicht berücksichtigt, dass die Posterrolle *rollt*. Das bedeutet: Die Papprolle führt außer einer linearen Bewegung (*Translation*) auch eine Drehbewegung (*Rotation*) aus.

Die App in Versuch **V2** zeichnet aber nur die kinetische Energie der Translationsbewegung auf. Doch auch die Rotationsbewegung liefert einen Beitrag zur Gesamtenergie der Rolle. Diese Energieform bezeichnet man als **Rotationsenergie**. Sie hängt zum einen von der Rotationsgeschwindigkeit der Rolle ab, die wir im Kapitel über Kreisbewegungen als Winkelgeschwindigkeit ω kennengelernt haben. Zum anderen hängt die Rotationsenergie eines Körpers von dessen Trägheitsmoment ab. Das Trägheitsmoment eines Körpers beschreibt, wie seine Masse verteilt ist. Ein Hohlkugel und eine Vollkugel mit gleicher Masse und gleichem Radius haben verschiedene Trägheitsmomente, weil ihre Massenverteilung unterschiedlich ist.

Die Energiedifferenz zwischen Zustand 1 und Zustand 2 in der letzten Zeile von Tabelle **T2** entpricht also der Rotationsenergie der Papprolle:

$$E_{\mathrm{rot}} = 0{,}279\ \mathrm{J} - 0{,}133\ \mathrm{J} = 0{,}146\ \mathrm{J}.$$

Energieform	Zustand 1	Zustand 2
$E_{\mathrm{pot}} = m \cdot g \cdot h$	0,279J	0
$E_{\mathrm{kin}} = \frac{1}{2} m \cdot v^2$	0 J	0,133 J
$E_{\mathrm{pot}} + E_{\mathrm{kin}}$	0,279 J	0,133 J

T2 *Energiebilanz für Versuch* **V2**

█ Lösen Sie selbst

1 Laden Sie sich die App phyphox auf Ihr Smartphone und führen Sie den Versuch **V2** für verschiedene Höhen durch.

4.3 Energie- und Kraftansatz

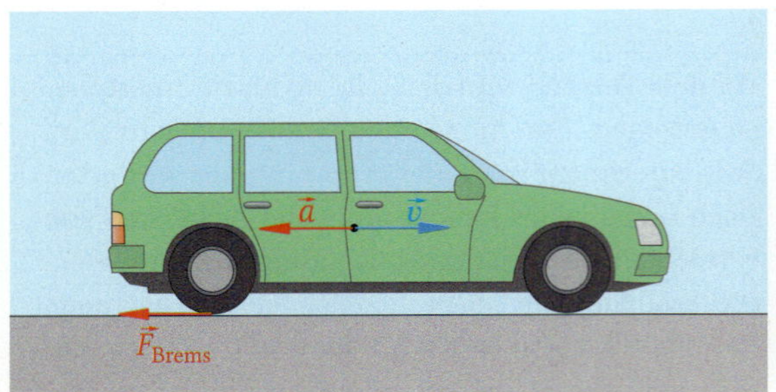

B1 *Kräfte beim Bremsen*

B2 *Beim Bremsen wird kinetische in innere Energie umgewandelt.*

Energieumwandlung beim Bremsen. Bei Unfällen mit Zusammenstößen werden in kurzer Zeit große Energiemengen umgewandelt. Die kinetische Energie wird während des Bremsvorgangs durch die Kraft F_s, die entlang des Bremswegs s wirkt, in innere Energie E_i der Bremsen umgewandelt. Die umgewandelte Energie lässt sich mit der Gleichung

$$E_i = F_s \cdot s$$

berechnen.

> **❗ Merksatz**
>
> Wirkt eine Kraft F_s entlang eines Weg s, dann wird dabei die Energie
>
> $$E = F_s \cdot s$$
>
> übertragen.

Daher spielt bei Auffahrunfällen der **Bremsweg** s eine entscheidende Rolle für den Ausgang des Unfalls. Der Bremsweg lässt sich mit zweierlei Ansätzen ermitteln:
- mit dem Energieansatz,
- mit dem Kraftansatz.

Bremsweg mit Energieansatz. Solange das Auto mit der Geschwindigkeit v fährt, hat es die kinetische Energie

$$E_{kin} = \tfrac{1}{2}\, m \cdot v^2.$$

Während des Bremsvorgangs wird die kinetische Energie nach und nach in innere Energie der Bremsscheiben und der Umgebung umgewandelt (Bild **B2**). Wenn das Auto schließlich steht, muss nach dem Energieerhaltungssatz die gesamte kinetische Energie in innere Energie umgewandelt worden sein:

$$E_i = F_{Brems} \cdot s = \tfrac{1}{2}\, m \cdot v^2.$$

Die maximale Bremskraft entspricht der Haftreibungskraft zwischen Straße und Reifen. Experimentell kann nachgewiesen werden, dass der Betrag F_h der Haftreibungskraft proportional zur Gewichtskraft eines Körpers ist und mit der Gleichung

$$F_h = \mu \cdot m \cdot g$$

berechnet wird (siehe auch Kapitel „Kreisbewegungen"), wobei μ der Haftreibungskoeffizient ist. Er hängt von den Materialien ab, die aneinanderreiben. Damit lautet der Energieansatz:

$$\mu \cdot m \cdot g \cdot s = \tfrac{1}{2}\, m \cdot v^2,$$

der sich nach dem Bremsweg s auflösen lässt:

$$s = \frac{v^2}{2\mu \cdot g}.$$

Für ein Auto mit Gummireifen und einer Geschwindigkeit von $72\ \tfrac{\text{km}}{\text{h}}$ bzw. $20\ \tfrac{\text{m}}{\text{s}}$ auf Asphalt ergibt sich damit ein Bremsweg von

$$s = \frac{v^2}{2\mu \cdot g} = \frac{\left(20\ \tfrac{\text{m}}{\text{s}^2}\right)^2}{2 \cdot 0{,}9 \cdot 9{,}81\ \tfrac{\text{m}}{\text{s}^2}} \approx 22{,}65\ \text{m}.$$

Da die Energie und damit der Bremsweg mit dem Quadrat der Geschwindigkeit wachsen, ist der Bremsweg für die doppelte Geschwindigkeit von $144\ \tfrac{\text{km}}{\text{h}}$ schon viermal so lang ist, also etwa $90{,}6$ m.

Bremsweg mit Kraftansatz. Kommt die Betrachtung der Kräfte beim Bremsen zum gleichen Ergebnis? Die **Bremskraft** F_{Brems} beschleunigt das Auto entgegengesetzt zur Fahrtrichtung (Bild **B1**):

$$F_{Brems} = -\mu \cdot m \cdot g = m \cdot a$$

$$\Leftrightarrow -\mu \cdot g = a. \qquad (1)$$

Für eine gleichmäßig beschleunigte Bewegung gilt

$$a = \frac{\Delta v}{\Delta t}.$$

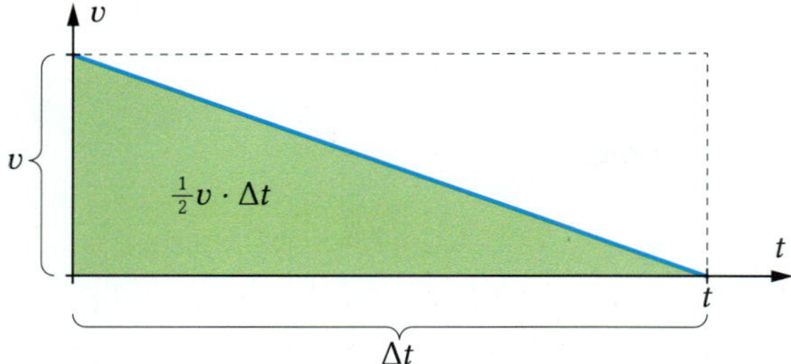

B3 *Der Bremsweg entspricht bei einer gleichmäßig verzöger-
ten Bewegung der Dreiecksfläche unter dem t-v-Diagramm.t*

Da das Auto von der Geschwindigkeit v auf die Geschwindigkeit null abgebremst wird, ist $\Delta v = 0 - v$
negativ und damit auch die Beschleunigung a:

$$a = \frac{\Delta v}{\Delta t} = \frac{0 - v}{\Delta t} = -\frac{v}{\Delta t}. \qquad (2)$$

Gleichung (2) stellt einen Zusammenhang zwischen der
Beschleunigung a und der Anfangsgeschwindigkeit v
her. Den Zusammenhang zwischen der Geschwindigkeit und dem Bremsweg s liefert das t-v-Diagramm in
Bild **B3**: Der Bremsweg entspricht der Fläche unter
dem Graphen:

$$s = \frac{1}{2} v \cdot \Delta t. \qquad (3)$$

Löst man Gleichung (2) nach Δt auf, setzt Δt in Gleichung (3) ein und drückt a durch Gleichung (1) aus,
erhält man schließlich

$$s = \frac{1}{2} v \cdot \left(-\frac{v}{a}\right) = -\frac{v^2}{2a} = \frac{v^2}{2\mu \cdot g}. \qquad (4)$$

Diese Gleichung folgte auch aus dem Energieansatz.

Energie- und Kraftansatz liefern immer dieselben Ergebnisse, allerdings führen die Ansätze je nach physikalischer Aufgabenstellung schneller oder langsamer
zum Ziel. Für die Bremswegbestimmung stellt sich der
Energieansatz als deutlich schneller heraus.

1 Eine Trampolinspringerin mit $m = 60$ kg springt auf
einem Trampolin mit der Federkonstanten $D = 2000\ \frac{N}{m}$,
das beim Springen um die Strecke $s_1 = 0,5$ m nach
unten gedehnt wird.
a) Bestimmen Sie die Höhe h, in der die Trampolinspringerin bei der Aufwärtsbewegung ihre maximale
Geschwindigkeit erreicht.
b) Berechnen Sie die maximale Geschwindigkeit der
Trampolinspringerin.

Federpistole

Die Feder $\left(D = 100\ \frac{N}{m}\right)$ einer vertikal gehaltenen
Federpistole wird um $s_1 = 0,15$ m zusammenge-
drückt und rastet ein. Anschließend wird eine
Kugel ($m = 200$ g) auf die Feder gelegt und nach
oben geschossen.
a) Wo erreicht die Kugel bei der Aufwärtsbewegung
ihre maximale Geschwindigkeit?
b) Berechnen Sie die maximale Geschwindigkeit.

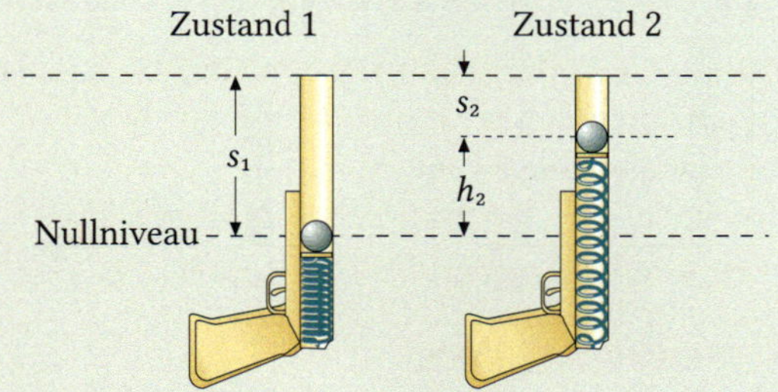

Lösung:

a) Die Höhe mit der größten Geschwindigkeit v_2
wird mit h_2 bezeichnet. Ist die Kugel auf dieser
Höhe, so ist die Feder noch um die Strecke s_2 zusam-
mengepresst. h_2 wird mit dem Kraftansatz ermittelt:
Die größte Geschwindigkeit hat die Kugel, wenn
die Kraft $D \cdot s_2$ der Feder nach oben genauso groß
wie die Gewichtskraft $m \cdot g$ ist. Dann wird die Kugel
nämlich weder beschleunigt noch verzögert:

$$D \cdot s_2 = m \cdot g \Leftrightarrow s_2 = \frac{m \cdot g}{D} \approx 0,02\ \text{m}.$$

Die gesuchte Höhe (siehe Zeichnung) ist somit

$$h_2 = s_1 - s_2 = 0,13\ \text{m}.$$

b) Die maximale Geschwindigkeit wird mit dem
Energieansatz berechnet:
Nach dem Energieerhaltungssatz gilt $E_1 = E_2$ für die
Energie in Zustand 1 bzw. Zustand 2. Daraus folgt:

$$\tfrac{1}{2} D s_1^2 = m \cdot g \cdot h_2 + \tfrac{1}{2} m \cdot v_2^2 + \tfrac{1}{2} D s_2^2.$$

Aufgelöst nach v_2:

$$v_2 = \sqrt{\frac{D}{m} \cdot (s_1^2 - s_2^2) - 2g \cdot h_2}$$

$$= \sqrt{\frac{100\ \frac{N}{m}}{0,20\ \text{kg}} \cdot \left[(0,15\,\text{m})^2 - (0,02\,\text{m})^2\right] - 2 \cdot 9,81\ \tfrac{m}{s^2} \cdot 0,13\,\text{m}}$$

$$\approx 2,92\ \tfrac{m}{s}.$$

Zusammenfassung

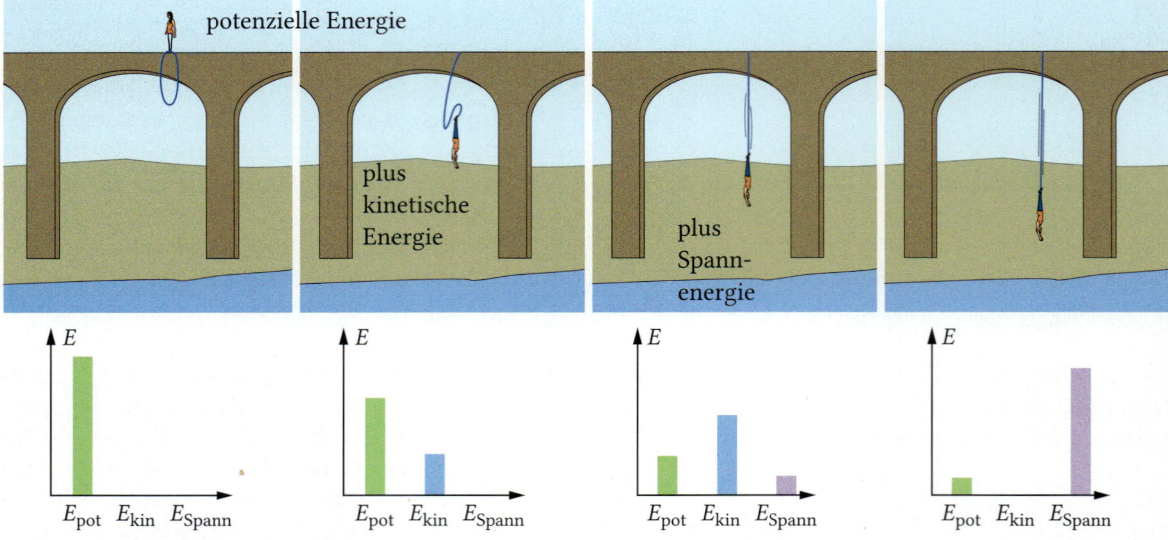

1. Energieumwandlung

Energie tritt in verschiedenen Formen auf, die sich ineinander umwandeln lassen. Bei mechanischen Energieformen unterscheidet man zwischen **potenzieller Energie** (Lageenergie), die ein Körper aufgrund seiner Lage besitzt, **kinetischer Energie** (Bewegungsenergie), die ein Körper aufgrund seiner Geschwindigkeit hat, und **Spannenergie**, die ein Körper aufgrund seiner Dehnung haben kann.

2. Berechnung der Energie

Die potenzielle Energie E_{pot} eines Körpers auf der Erde ist gegeben durch

$$E_{pot} = m \cdot g \cdot h.$$

Dabei ist m die Masse des Körpers, $g = 9{,}81 \frac{m}{s^2}$ der Ortsfaktor auf der Erde und h die Höhe des Körpers gegenüber einem festgelegten Nullniveau.

Die kinetische Energie E_{kin} eines Körpers ist

$$E_{kin} = \tfrac{1}{2} m \cdot v^2.$$

Dabei ist m die Masse des Körpers und v der Betrag seiner Geschwindigkeit.

Die Spannenergie E_{Spann} eines elastisch verformbaren Körpers (z.B. eines Seils oder einer Feder) ist

$$E_{Spann} = \tfrac{1}{2} D \cdot s^2.$$

Dabei ist D die Federkonstante des elastisch verformbaren Körpers und s der Weg, um den der Körper gedehnt wird.

3. Einheit der Energie

Die Einheit für die Energie ist

$$1 \text{ Joule } (1 \text{ J}), \; 1 \text{ J} = 1 \text{ N m} = 1 \text{ kg} \frac{m}{s^2}.$$

4. Energieerhaltungssatz

Die Gesamtenergie eines **abgeschlossenen Systems** bleibt immer erhalten. Ein System ist abgeschlossen, wenn keine Energie das System verlassen oder von außen in das System hineinkommen kann. Der **Energieerhaltungssatz** gilt auch bei der Umwandlung der verschiedenen Energieformen ineinander oder auch bei der Übertragung von Energie von einem auf einen anderen Körper. In mechanischen Systemen ohne Reibung gilt, dass die Gesamtenergie die Summe aus potenzieller, kinetischer und Spannenerige ist:

$$E_{gesamt} = E_{pot} + E_{kin} + E_{Spann}.$$

5. Kontomodell

Die Anteile der einzelnen Energieformen an der Gesamtenergie können übersichtlich mit Hilfe von **Energiekonten** dargestellt werden.

6. Energieentwertung

Im Idealfall des abgeschlossenen Systems ohne **Reibung** bleibt die Energie immer erhalten. In der Realität läuft jedoch kein Vorgang ohne Reibung ab. Durch Reibung wird ein Teil der Energie des Systems in innere Energie umgewandelt, die anschließend nicht mehr vollständig in mechanische Energieformen umgewandelt werden kann und in die Umgebung abgegeben wird. Man spricht von **Energieentwertung**.

1 Erklären Sie die Begriffe potenzielle Energie und kinetische Energie. Beurteilen Sie die Aussage: „Ein Körper hat eine potenzielle Energie von 50 J."

2 Eine an einem Faden aufgehängte Kugel wird bis zur Höhe h ausgelenkt. Anschließend wird sie losgelassen. Beschreiben Sie die Energieumwandlungen, die dabei auftreten. Gehen Sie dabei auch auf das Thema Energieentwertung ein.

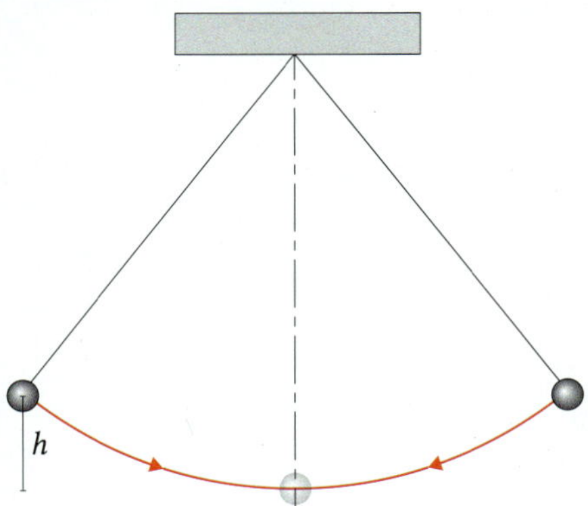

3 Berechnen Sie die kinetische Energie, die ein Pkw ($m = 1000$ kg) mit einer Geschwindigkeit von $v = 72\ \frac{\text{km}}{\text{h}}$ hat. Bestimmen Sie die Energie, die mindestens benötigt wird, um die Geschwindigkeit des Pkw von $72\ \frac{\text{km}}{\text{h}}$ auf $144\ \frac{\text{km}}{\text{h}}$ zu verdoppeln.

4 Eine Armbrust schießt einen Pfeil (Masse $m = 100$ g) 100 m in die Höhe. Berechnen Sie die potenzielle Energie des Pfeils in dieser Höhe.

5 Berechnen Sie die Geschwindigkeit, die eine aus 30 m Höhe fallende Kugel am Boden erreicht.
Beurteilen Sie, ob es für die Geschwindigkeit einen Unterschied macht, ob die Kugel aus 30 m frei fällt oder einen Abhang hinunterrollt.

6 Berechnen Sie die Energie einer Feder mit der Federkonstanten $D = 10\ \frac{\text{N}}{\text{cm}}$, die mit 250 N gedehnt wird.

7 Ein Pkw ($m = 1000$ kg) und ein Lkw ($m = 20$ t) rollen in den Alpen ohne Antrieb einen Berg hinunter. Erläutern Sie, warum beide mit der gleichen Geschwindigkeit am Fuß des Berges ankommen. Gehen Sie davon aus, dass keine Reibung auftritt.

8 Die Feder einer Federpistole mit der Federkonstanten $D = 500\ \frac{\text{N}}{\text{m}}$ wird um 5 cm eingedrückt. Berechnen Sie die Abschussgeschwindigkeit einer Kugel mit der Masse $m = 25$ g.

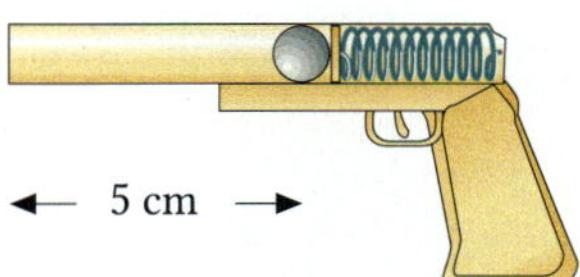

9 Bei einem Crashtest soll die zerstörerische Energie eines Autos analysiert werden, das mit $36\ \frac{\text{km}}{\text{h}}$ gegen eine feste Mauer fährt. Da die Teststrecke zu kurz ist, soll das Auto beim Test nicht gegen die Mauer fahren, sondern statt dessen frei von der Decke der Versuchshalle herabfallen. Berechnen Sie, aus welcher Höhe das Auto frei herabfallen müsste, um die gleiche Energie zu bekommen.

10 Ein Fahrradfahrer kommt mit $15\frac{\text{m}}{\text{s}}$ an einen Abhang und rollt diesen 10 m hinab. Berechnen Sie die Geschwindigkeit, die der Fahrradfahrer anschließend hat.

11 Ein Auto ($m = 1000$ kg) beschleunigt auf der Autobahn von null auf $72\ \frac{\text{km}}{\text{h}}$, dann von $72\ \frac{\text{km}}{\text{h}}$ auf $144\ \frac{\text{km}}{\text{h}}$. Vergleichen Sie die kinetische Energie bei beiden Beschleunigungsvorgängen. Die kinetische Energie erhält das Auto, indem Benzin vom Auto des Motors in kinetische Energie umgewandelt wird. Leiten Sie daraus einen Vorschlag ab, wie man fahren sollte, um möglichst viel Benzin einzusparen.

12 Ein Wanderer möchte die Energie einer Tafel Schokolade von 2000 kJ mit Hilfe einer Wanderung abtrainieren. Berechnen Sie die Höhe, die der Wanderer, der eine Masse von $m = 60$ kg hat, überwinden muss, um die Energie der Tafel Schokolade abzutrainieren.

13 Ein Ball mit einer Masse von $m = 1$ kg fällt aus 10 cm Höhe. Bestimmen Sie, wie weit er eingedrückt wird, wenn eine Kraft von 100 N ihn um 1 cm verkürzt.

Akustik

Alle Menschen sind von Schallereignissen umgeben. Einige Ereignisse können Menschen mit ihrem Sinnesorgan Ohr wahrnehmen – hören –, andere nicht. Schall kann die Hörfähigkeit schädigen, daher müssen sich Menschen schützen. Schall kann beim Menschen positive Gefühle erzeugen, zum Beispiel durch Musik. Damit dies passiert, muss man wissen, warum Musikinstrumente unterschiedlich klingen, obwohl dieselbe Note gespielt wird, oder wie man Umgebungslärm so unterdrückt, dass nur Musik gehört werden kann.

5

Das können Sie in diesem Kapitel erreichen:

- Sie können Schall mit den physikalischen Größen Amplitude und Frequenz beschreiben.
- Sie wissen, wie man Schalldruckpegel misst und und wie man sich vor Lärm schützt.
- Sie können Ton, Klang und Geräusch an ihren Schwingungsbildern und Frequenzspektren erkennen und voneinander abgrenzen.
- Sie können den Zusammenhang von Grundton und Obertönen benennen und Instrumente, die denselben Grundton spielen, anhand ihrer Klangfarbe unterscheiden.
- Sie lernen Anwendungen der Akustik in Alltag und Technik kennen.

5.1 Schallquellen und Schallempfänger

B1 *Im Alltag gibt es unzählige Schallquellen.*

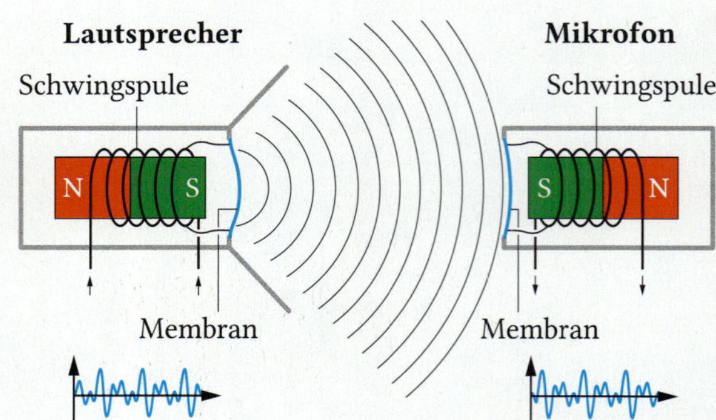

B2 *Aufbau von Lautsprecher und Mikrofon (vereinfacht)*

Schallquellen. Wir empfangen mit unseren Ohren akustische (hörbare) Signale: schöne Musik, vertraute Stimmen, schrille Pfeiftöne, störenden Lärm. All dies nennen wir in der Physik **Schall**. Schall wird von **Schallquellen** erzeugt und ausgesendet (Bild **B1**): Gitarrensaite, Lautsprecher, Stimmgabel, Presslufthammer usw. Eine Stimmgabel klingt besonders rein. Im Unterschied zum Lärm eines Presslufthammers nennen wir den von einer Stimmgabel abgegebenen Schall einen **Ton**.

Wie Schall entsteht. Wir können die Ursache der Schallentstehung leicht verstehen. Legen wir einen Finger vorsichtig an eine Lautsprechermembran, so spüren wir, wie sie vibriert. Die Membran bewegt sich. Bei einer großen, angeschlagenen Stimmgabel sieht man mit dem Auge die periodische Bewegung der Zinken. Versuch **V1** zeigt die Schallentstehung mit einem Lineal. Wir nennen solche Bewegungen **Schwingungen**. Diese einfachen Untersuchungen zeigen, dass schwingende Teile einer Schallquelle den Schall verursachen. Schlagen wir eine Stimmgabel fester an oder lenken wir das Lineal in Versuch **V1** stärker aus, so hören wir

V1 Schallentstehung am Lineal

Ein elastisches Lineal wird mit einem Ende fest an die Tischkante gedrückt und am anderen Ende ausgelenkt. Anschließend wird der schwingende Teil schrittweise verkürzt.

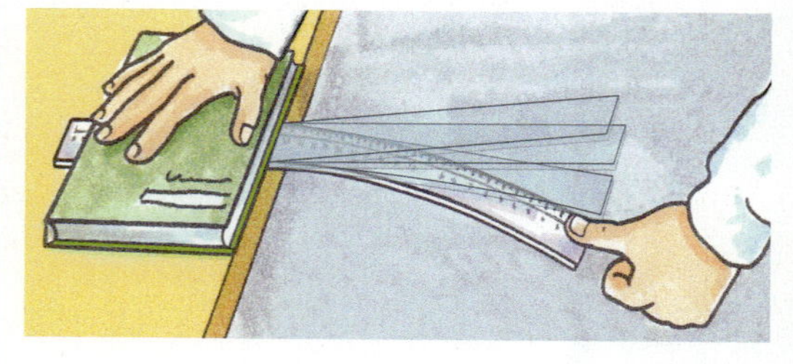

den Ton bzw. den Schall lauter. Auch eine Lautsprechermembran schwingt bei lauten Tönen weiter hin und her. Die größte Auslenkung bei einem schwingenden Gegenstand nennt man **Amplitude**. Dies ist zum Beispiel der Abstand zwischen dem tiefsten oder dem höchsten Punkt des schwingenden Lineals relativ zur Ruhelage des Lineals, also der Tischoberfläche.

! Merksatz

Schallquellen erzeugen durch schnelle Schwingungen Schall. Je weiter der schwingende Körper ausschlägt, desto lauter hören wir den Schall. Die größte Auslenkung nennt man Amplitude.

Schallempfänger. Die Ohren sind unsere angeborenen *natürlichen* **Schallempfänger**. Sobald Schall in unser Ohr trifft, meldet es die Information über Nerven an unser Gehirn weiter.

Ein *künstlicher* Schallempfänger ist das Mikrofon (Bild **B2** rechts). Schall trifft auf eine leicht bewegliche Membran, an der eine Spule befestigt ist, und lenkt diese aus. Die Spule bewegt sich dabei relativ zu einem festen Magneten, so dass zwischen den Spulenenden eine elektrische Spannung induziert wird, die meistens verstärkt wird und das elektrische Mikrofonsignal darstellt. Ein Lautsprecher (Bild **B2** links) funktioniert umgekehrt: Elektrische Signale führen zu einem elektrischen Strom in einer Spule, an der die Lautsprechermembran befestigt ist. Die Spule stellt dann einen kleinen Elektromagneten dar. Spule und Membran sind relativ zu einem Permanentmagneten frei beweglich. Je nach Richtung des elektrischen Stroms ändert sich die Polarität des Elektromagneten und die Membran bewegt sich in Richtung des Permanentmagneten oder von ihm weg. Die Membran schwingt.

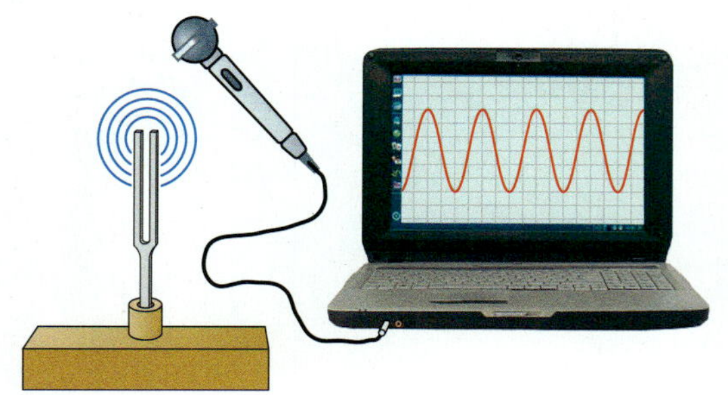

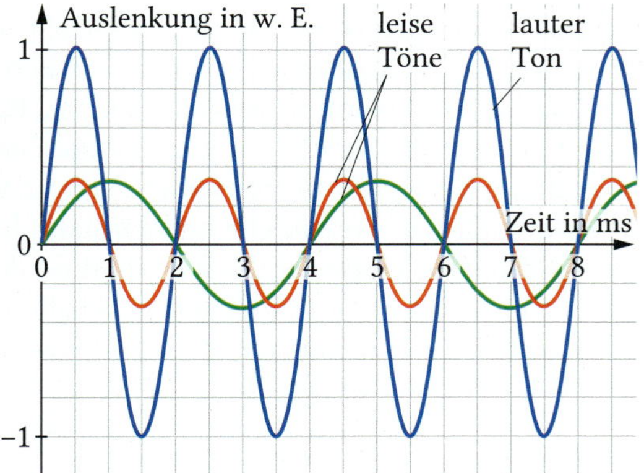

Mit dem Computer oder einer Handy-App können die physikalischen Größen von Schwingungen sichtbar gemacht werden.

Eine angeschlagene Stimmgabel erzeugt Schall, der auf die Membran eines Mikrofons trifft. Die Bewegung der Membran wird durch das Mikrofon in ein elektrisches Signal umgewandelt. Dieses Signal lässt sich am Computer darstellen: Die horizontale Achse ist die Zeitachse, die vertikale Achse gibt an, wie stark die Membran ausgelenkt ist. Die Position Null bezeichnet die ruhende Membran, positive und negative Werte bezeichnen die Auslenkung relativ zu dieser Ruhelage in entgegengesetzte Richtungen. Ein lauter Ton (blaue Kurve) hat eine größere maximale Auslenkung (Amplitude) als ein leiser Ton (rote und grüne Kurve).

Angezeigt wird in der Regel nicht die Auslenkung der Membran in einer Längeneinheit wie mm, sondern der eventuell verstärkte Spannungswert des Mikrofonsignals. Auch hier spricht man von einer Amplitude – einer Spannungsamplitude. *Wir geben die Amplitude hier und im Folgenden in **willkürlichen Einheiten** (abgekürzt **w.E.**) an.*

Frequenz: Die Tonhöhe des Schalls. Je schneller der Gegenstand schwingt, desto höher klingt der Ton. Die Schnelligkeit der Schwingung beschreibt man mit der **Frequenz**, die angibt, wie oft pro Sekunde zum Beispiel das Lineal in Versuch **V1** oder der Zinken der Stimmgabel in Versuch **V2** hin- und herschwingt.

Die Einheit der Frequenz ist das **Hertz (Hz)**, benannt nach dem Physiker Heinrich HERTZ (1857–94). Bewegt sich das Lineal 100-mal in der Sekunde hin und her, so beträgt die Frequenz 100 Hz.

An einem Schwingungsbild wie in Versuch **V2** kann man die Frequenz eines Tones ablesen: Je enger die maximalen Auslenkungen beieinanderliegen, desto häufiger bewegen sich die Zinken der Stimmgabel hin und her. Zählt man die Anzahl der Schwingungen in einer bestimmten Zeitspanne, zum Beispiel in 30 Sekunden, und teilt durch diese Zeitspanne, so erhält man die Frequenz.

> **! Merksatz**
>
> Die Frequenz des Schalls bestimmt die Tonhöhe. Hohe Töne haben große Frequenzen, tiefe Töne kleine Frequenzen.

Lösen Sie selbst

1 Beschreiben Sie, wie Schall zustande kommt.

2 Bestimmen Sie die Frequenz der in Versuch **V2** gezeigten Töne.

3 Erklären Sie mit Hilfe eines Lineals die Einheit Hertz und recherchieren Sie die höchste und niedrigste Frequenz eines Klaviers.

4 Verwenden Sie eine Handy-App, z. B. phyphox, um Töne verschiedener Lautstärke und Frequenz sichtbar zu machen. 

5 Erklären Sie die Funktionsweise einer Spieluhr.
a) Beschreiben Sie die Entstehung von Tönen unterschiedlicher Frequenz.
b) Welche Auswirkung hat eine Verdopplung der Drehgeschwindigkeit der Spieluhr? 

5.2 Schallausbreitung

B1 *Astronaut bei Reparaturarbeiten im Weltraum*

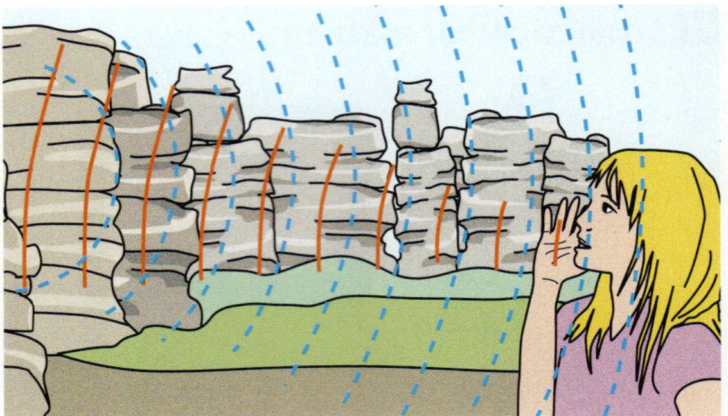

B2 *Schall wird reflektiert – Echo*

Schall braucht einen Träger. Im Weltraum ist es still. Nur im Film gehört zu Weltraumschlachten eine laute Geräuschkulisse. Ein Astronaut (Bild **B1**) erhält Reparaturtipps nicht direkt über akustische Signale, sondern über elektromagnetische Signale, die erst im Helm in akustische Signale umgewandelt werden. Auf der Erde ist dies hingegen anders. Wir hören Stimmen und andere Schallsignale ohne weitere Hilfsmittel oder Umwege.

Im Unterschied zum Astronauten im Weltall sind wir und die Schallquelle vom Gas Luft umhüllt. Versuch **V1** zeigt, dass für die Übertragung von Schall Luft nötig ist. Luft wird als Trägermedium oder **Schallträger** bezeichnet. Schall kann sich auch in anderen Gasen ausbreiten und auch Flüssigkeiten und feste Körper sind geeignete Schallträger. Im Schwimmbad hört man auch unter Wasser Geräusche. Metalle sind ebenfalls gute Schallträger. Ein Klopfen auf die Heizungsrohre im Keller wird im ganzen Haus gehört.

! Merksatz

Schall benötigt zur Ausbreitung im Raum einen Träger wie Luft, Wasser, oder Eisen. Der Träger kann gasförmig, flüssig oder fest sein.

V1 Lautloser Wecker

Legen Sie einen klingelnden Wecker unter eine Vakuumglocke auf eine Schaumstoffunterlage. Wird die Luft aus der Vakuumglocke herausgepumpt, so wird der Schall allmählich leiser.

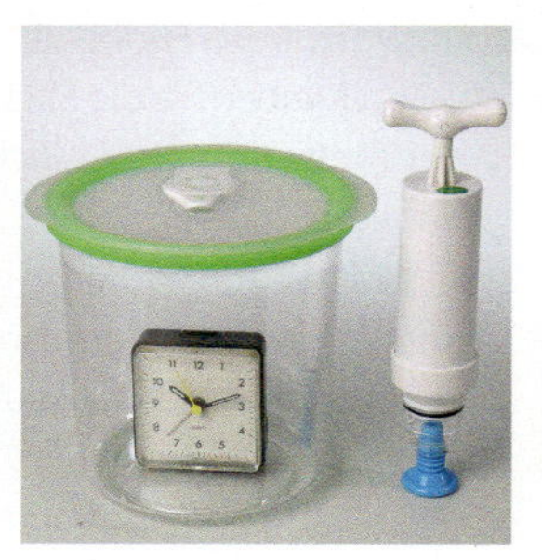

Schall wird reflektiert. Schall kann wie Licht reflektiert werden. Ein Naturphänomen ist das **Echo**: Der Schall wird zur Ruferin zurückgeworfen (Bild **B2**), Wie das Licht gehorcht der Schall bei der Reflexion einer Gesetzmäßigkeit, einem **Reflexionsgesetz**: Versuch **V2** zeigt, dass die Metallplatte eine bestimmte Neigung haben muss, damit das Ticken der Uhr gut gehört werden kann. Die Richtungen von ausgesandtem Schall und reflektiertem Schall schließen mit der reflektierenden Metallplatte den gleichen Winkel ein.

V2 Reflexion an einer Metallplatte

Eine tickende Uhr wird auf eine Watteschicht auf dem Boden eines hohen Becherglases gelegt. Eine Metallplatte wird schräg über dem Becher angebracht. Erst bei einer bestimmten Neigung der Platte hört man das Ticken der Uhr laut und deutlich.

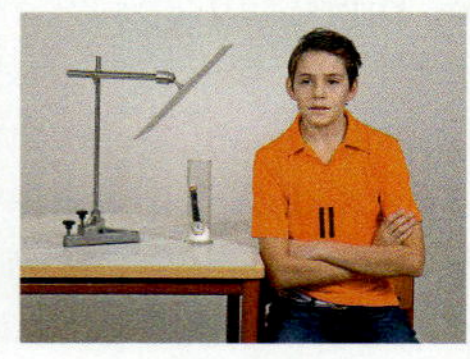

! Merksatz

Schall wird an festen Wänden reflektiert. Richtung des einfallenden Schalls und Reflexionsrichtung schließen mit der Wand den gleichen Winkel ein.

Schall wird absorbiert. Nicht alle Materialien reflektieren Schall gut. Materialien wie Schaumstoff oder Styropor bestehen aus weichen, verformbaren Fasern oder Wänden. Außerdem haben sie viele Lufteinschlüsse. Schall bringt diese Fasern und Wände zum Schwingen. Die Lufteinschlüsse leiten den Schall zu den nächsten Fasern und Wänden des Materials, die dann wieder zu schwingen beginnen. Das setzt sich immer weiter fort, der Schall selbst schwächt sich dabei immer mehr ab.

Modellexperiment mit kleinen Waggons

Eine Kette von kleinen Waggons ist durch Federn miteinander verbunden.

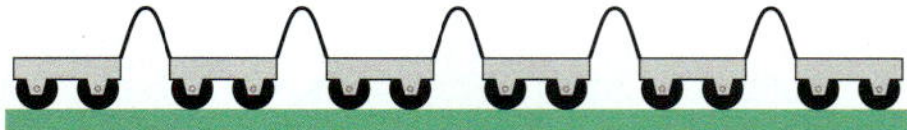

a) Wir stoßen mit einer Hand den ersten Waggon kurz nach rechts und halten ihn danach fest. Die Feder zwischen dem ersten und zweiten Waggon wird kurz zusammengedrückt. Sie entspannt sich und bewegt dadurch den zweiten Waggon nach rechts. Die nächste Feder wird zusammengedrückt und bewegt beim Entspannen den dritten Waggon. Die Bewegung des ersten Waggons pflanzt sich fort.

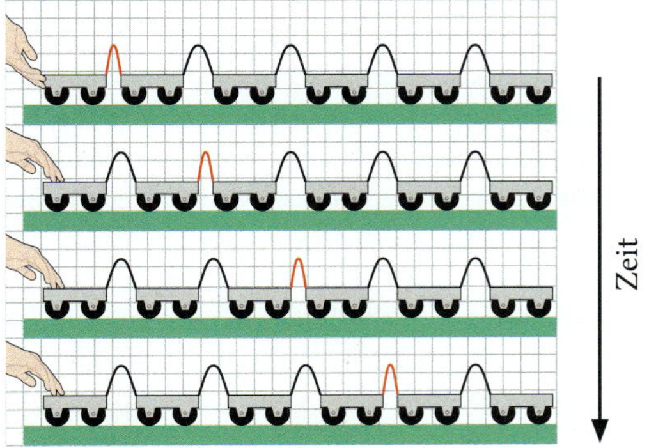

b) Nun bewegt die Hand den ersten Waggon dauernd hin und her. Er schwingt um seine Ruhelage. Ein Waggon nach dem anderen macht die Bewegung des ersten Waggons nach. Sie schwingen mit der Frequenz des ersten Waggons. Dabei bleiben die Waggons – bis auf die kleine Hin- und Herbewegung – an ihren Plätzen.

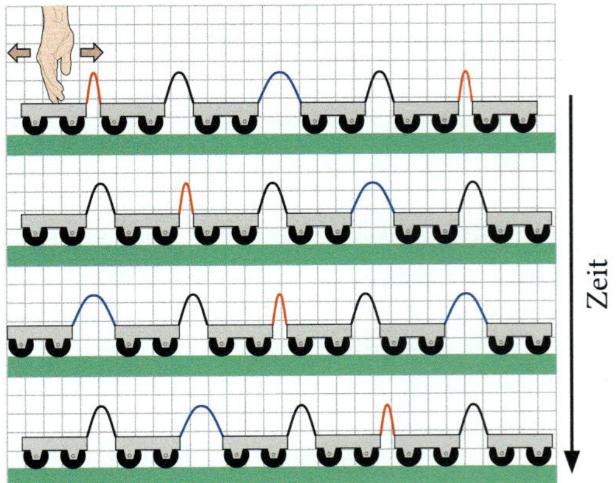

Schall ist eine Welle. Schall wird durch einen schwingenden Körper erzeugt und breitet sich in Luft oder einem anderen Schallträger aus. Der Empfänger wird ebenfalls zum Schwingen angeregt. Wie gelingt nun der Transport zwischen Quelle und Empfänger? Ein Modellexperiment zur Ausbreitung einer Schwingung ist in Versuch **V1** beschrieben: Ein schwingender Waggon, der mit anderen Waggons über Federn zu einer Kette zusammengeschlossen ist, bringt nacheinander alle Waggons zum Schwingen. Man nennt diese Art der Ausbreitung im Raum **(Schall-)Welle**. Die Schallwelle ist gekennzeichnet durch räumliche Bereiche mit abwechselnd höherem und niedrigem Druck im Vergleich zum Umgebungsdruck. Dies zeigt die Momentaufnahme einer Schallwelle im Teilchenmodell in Bild **B3**. Die Druckänderungen breiten sich von links nach rechts aus und bewirken eine Schwingung beim Schallempfänger.

> **! Merksatz**
>
> Die Ausbreitung von Druckänderungen des Schallträgers im Raum bezeichnet man als Schallwelle.

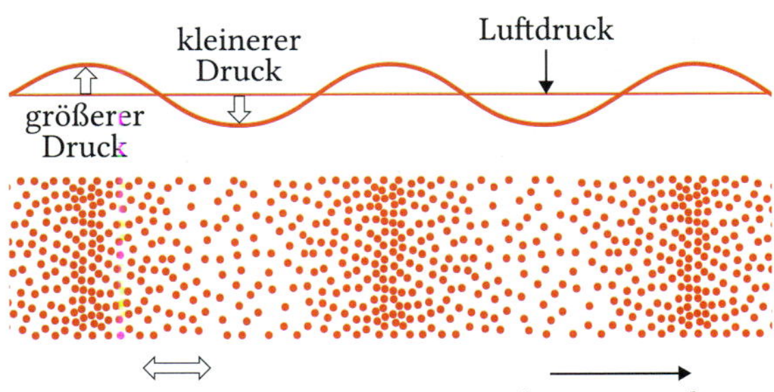

B3 *Schalldruckwelle veranschaulicht im Teilchenmodell*

Lösen Sie selbst

1 Eine Sprecherin mit einem trichterförmigen Sprachrohr (Megafon) wird von Zuhörern, die in Richtung der Trichteröffnung stehen, sehr viel lauter gehört als ohne Sprachrohr. Erklären Sie die Funktionsweise eines Sprachrohrs.

2 Recherchieren Sie, was ein Flüstergewölbe ist. Gibt es eines in Ihrer Nähe? Wie könnte man das Prinzip mit einfachen Mitteln nachbauen?

5.3 Schallschutz

B1 *Eine Schallschutzwand schützt Menschen vor Straßenlärm.*

Schall kann krank machen. Nicht immer ist Schall nützlich. Ständige Beschallung mit zu hohen Lautstärken ruft bei Menschen Stress hervor. Schall kann Erkrankungen von Kopfschmerzen bis hin zu dauerhaften Schädigungen des Gehörs verursachen. Besonders betroffen sind Menschen, die am Arbeitsplatz lautem Schall ausgesetzt sind – etwa Arbeiter in Fabrikhallen, DJs oder auch Schüler und Lehrer im Klassenzimmer. Man spricht dann auch oft von **Lärm**.

Lärmvermeidung ist im **Schallschutz** das oberste Ziel. Ist dies nicht möglich, sollte Lärm eingedämmt werden. Schallschutzwände an Autobahnen sind so konstruiert (Bild **B1**), dass sie keine glatten Oberflächen haben. Sie reflektieren den Schall nicht nur (grün dargestellt), sondern absorbieren einen Teil – ähnlich wie ein schwarzes, raues Blatt Papier Licht gut absorbiert. Ein vollständiger Schutz ist das aber nicht: Durch die Luft als Schallträger gelangt nach wie vor Lärm über die Mauer hinweg zum Haus. Zusätzlichen Schutz gegen Lärm bieten schallisolierende Fenster oder Ohrenstöpsel (Bild **B2**). Alle diese Maßnahmen dienen dazu, den Übertragungsweg von der Schallquelle zum menschlichen Ohr zu unterbrechen – genauso wie man sich vor Sonnenbrand schützt, indem man den Übertragungsweg der Sonnenstrahlung unterbricht (z. B. durch einen Sonnenschirm).

Was ist Lärm genau? Menschen beurteilen unterschiedlich, was Lärm bzw. kein Lärm ist. Beim Schall vom Presslufthammer sind sich die meisten einig, beim Auftritt einer Heavy-Metal-Band gibt es vermutlich Unterschiede zwischen Fans und Nicht-Fans. Lärm ist Schall, der stört. Oft ist Lärm sehr laut, aber nicht immer. Auch der tropfende Wasserhahn kann lärmen. Lärm ist also nicht allein durch physikalische Betrachtungen, also physikalische Größen und Grenzwerte, zu bestimmen.

> ❗ **Merksatz**
>
> Lärm ist störender Schall. Lärm kann daher nicht allein durch objektive, physikalische Betrachtungen beschrieben werden.

Obwohl Lärm von Mensch zu Mensch unterschiedlich beurteilt wird, kommen in Schulen Geräte zum Einsatz, mit denen „Lärm" objektiv bestimmt werden soll. Sie heißen „**Lärmampeln**" (Bild **B3**) und besitzen oft eine recht grobe Skala aus drei Stufen (grün, gelb, rot). Sie messen jedoch nicht Lärm, sondern eine physikalische Größe, den **Schalldruckpegel**, der mit professionellen Geräten, den **Schalldruckpegelmessern**, noch wesentlich präziser bestimmt werden kann (Bild **B3**).

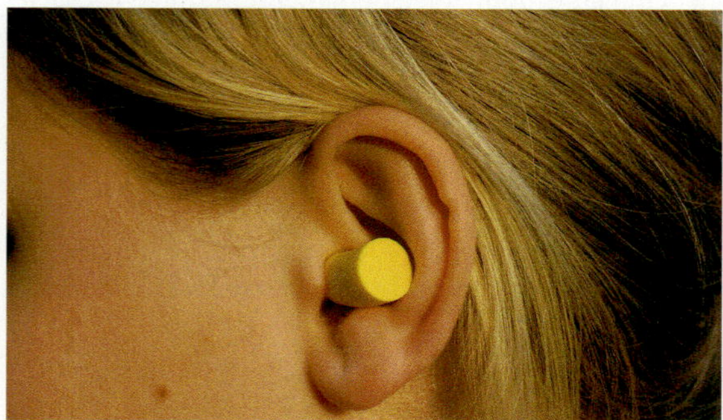

B2 *Ohrenstöpsel schützen effektiv gegen Lärm*

B3 *Lärmampel und Schalldruckpegelmesser*

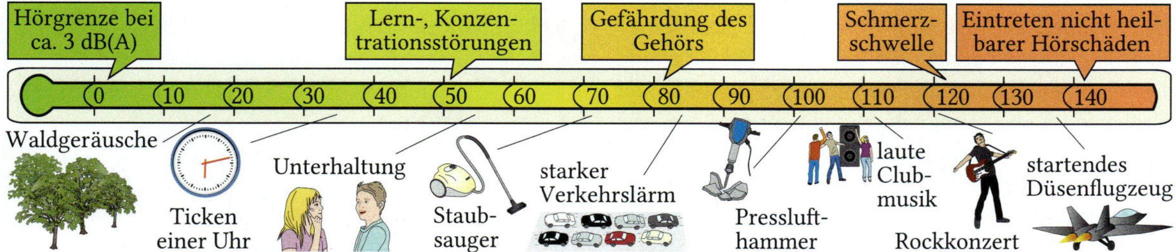

B4 *Schalldruckpegel – Dezibel-Skala*

Schalldruck. Ein objektives Maß für die Stärke von Schall ist der **Schalldruck**. Da das menschliche Gehör einen großen Empfindlichkeitsbereich besitzt, ist die Angabe des Schalldrucks unpraktisch. Man verwendet daher als objektives Maß für die Stärke von Schall eine Größe, die auf dem Logarithmus des Schalldrucks basiert: die **Dezibel-Skala (dB)**. Gerade noch hörbarer Schall besitzt einen Schalldruckpegel von etwa 0 dB. Schalldruckpegel über 120 dB verursachen bereits Schmerzen im Ohr (siehe Bild **B4**).

> **! Merksatz**
>
> Die Stärke von Schall wird in Dezibel (dB) angegeben.

Lautstärke. Der Schalldruckpegel gibt nicht die vom Menschen wahrgenommene **Lautstärke** wieder. Das Ohr ist wenig empfindlich für Schall mit tiefen und sehr hohen Frequenzen. Damit ein Ton mit 20 Hz ähnlich wahrgenommen wird wie ein Ton mit 2000 Hz, muss der Schalldruckpegel im Vergleich sehr viel größer sein. Die Lautstärke eines Tons entspricht dem Schalldruckpegel eines ebenso laut empfundenen Tons der Frequenz 1000 Hz. Sie wird in Phon gemessen. Bild **B5** zeigt Schalldruckpegelkurven gleicher Lautstärke. Das Minimum bei etwa 4000 Hz zeigt, dass in diesem Frequenzbereich das Ohr am empfindlichsten ist.

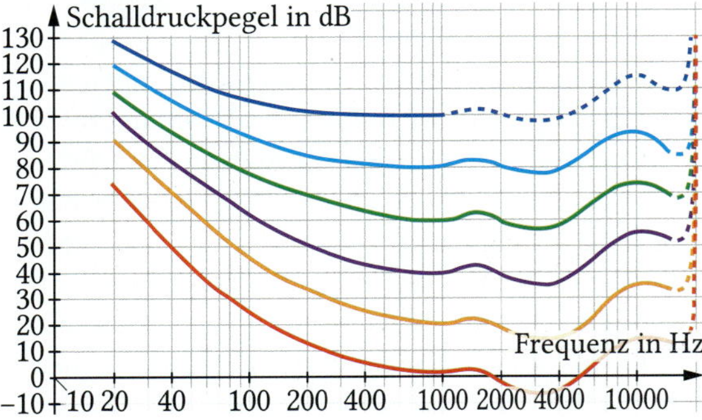

B5 *Kurven gleicher Lautstärke (- - -: geschätzt)*

1 Einem Teilnehmer im Straßenverkehr ist es grundsätzlich nicht erlaubt, die Ohren durch einen Kopfhörer oder auf andere Weise zu verschließen. Beschreiben Sie, warum dieses Verhalten für Radfahrer und Fußgänger gefährlich sein kann.

2 Recherchieren Sie die Bedeutung dieser Symbole.  

3 Besorgen Sie sich eine Handy-App, mit der Sie Schalldruckpegel messen können, oder leihen Sie sich einen Schalldruckpegelmesser aus. Vermutlich müssen Sie noch eine Kalibrierung durchführen. Untersuchen Sie in Ihrer Schule und zu Hause: Wer kann besonders laut sprechen? Wie laut sind Haushaltsgeräte im Vergleich?

4 Untersuchen Sie den Schalldruckpegel eines MP3-Players oder eines anderen Abspielgerätes für Musik im Ohr, indem Sie ein Modellohr bauen.
Es besteht aus einem Kunststoffrohr und dem Mikrofon des Schalldruckpegelmessers (oder dem Mikrofon eines Smartphones mit geeigneter App). Das Rohr (Ø etwa 1 cm) hat die Länge des Gehörgangs von der Ohrmuschel bis zum Trommelfell. Ein Mitschüler stellt seinen MP3-Player auf die Lautstärke, mit der er normalerweise Musik hört, und legt es in das Rohr. Nun messen Sie die Stärke des Schalls am „Trommelfell". Wiederholen Sie die Messung mit der Lautstärkeeinstellung verschiedener Schüler.

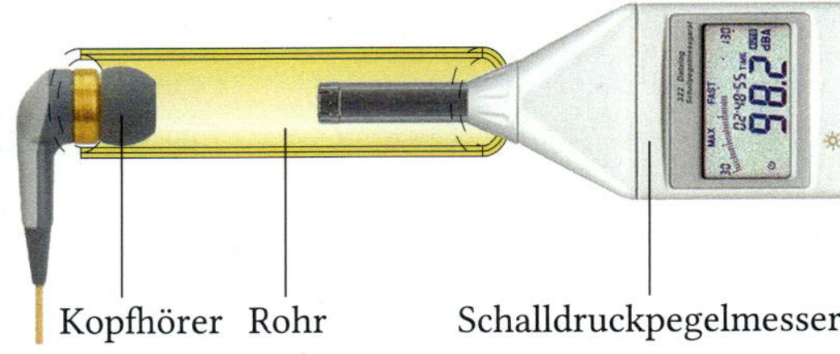

5.4 Schallgeschwindigkeit

Wie schnell breitet sich Schall aus? Nach einer alten Faustformel zählt man nach dem Gewitterblitz die Sekunden, bis das Donnern zu hören ist. Teilt man die Anzahl der Sekunden durch 3, kennt man grob die Entfernung des Gewitters in Kilometern.

Was steckt – physikalisch betrachtet – hinter dieser Formel? Man nimmt an, dass Licht sich sehr viel schneller als Schall ausbreitet und betrachtet die **Schallgeschwindigkeit** in dieser Situation als konstant. Die Entfernung s berechnet sich dann zu $s = v \cdot t$, wobei v die Geschwindigkeit des Donners ist. Das Schallereignis benötigt die Zeit t, um vom Ort des Blitzes und Donners zum Ort des Beobachters zu gelangen. Nach der Faustformel beträgt die Schallgeschwindigkeit in Luft daher ca. $\frac{1}{3}$ Kilometer in der Sekunde, also etwa $333\ \frac{m}{s}$. Licht ist sehr viel schneller als Schall (ca. $300\,000\,000\ \frac{m}{s}$), die Näherung ist also sehr gut.

Die Schallgeschwindigkeit in Luft lässt sich auch ohne Gewitter mit einfachen Methoden grob bestimmen (Versuch **V1**). Präzisere Messungen stimmen gut mit dem Wert aus der Faustformel überein. So beträgt die Schallgeschwindigkeit in Luft unter Normalbedingungen $332\ \frac{m}{s}$ (also bei Lufttemperatur 0 °C und Luftdruck 101,3 kPa).

> **! Merksatz**
>
> Die Schallgeschwindigkeit in Luft (unter Normalbedingungen) beträgt etwa 332 m/s.

Die Schallgeschwindigkeit hängt vom Trägermedium des Schalls ab (siehe Tabelle **T1**). Die Schallgeschwindigkeit ist zudem keine Konstante, sondern hängt von der Temperatur ab. Für Luft steigt sie näherungsweise um $0{,}6\ \frac{m}{s}$ je Grad Celsius an: $v_{\text{Luft}}(0\ °\text{C}) = 332\ \frac{m}{s}$, $v_{\text{Luft}}(20\ °\text{C}) = 332\ \frac{m}{s} + 20\ °\text{C} \cdot 0{,}6\ \frac{m}{s\,°\text{C}} = 344\ \frac{m}{s}$.

Gas (Temperatur, Druck)	v in m/s
Luft (20°C)	344
Luft (0°C)	332
Kohlenstoffdioxid (0°C)	258
Wasserstoff (0°C)	1286
Helium (0°C)	971
Chlor (0°C)	206
Argon (0°C)	308

T1 *Schallgeschwindigkeiten v in Gasen*

V1 Schallgeschwindigkeit in Luft

A. Messung mit Starterklappe und Stoppuhr

Mit einer Starterklappe wird gleichzeitig ein optisches und akustisches Signal gegeben. In einer Entfernung s von mindestens 100 m stehen zwei Gruppen von Schülerinnen und Schülern mit Stoppuhren. Beide starten die Uhren auf Kommando gleichzeitig. Dies hat den Vorteil, dass man sich anschließend auf nur ein Ereignis konzentrieren muss. Jetzt wird das Signal gegeben. Die erste Messgruppe stoppt beim optischen Signal (Starterklappe schließt sich). Die zweite Gruppe stoppt – mit geschlossenen Augen – beim akustischen Signal (Knall). Beide Messzeiten werden gemittelt. Die Differenz der Messzeiten Δt beider Gruppe ist die Laufzeit des Schalls. Mit der Entfernung s lässt sich nun die Schallgeschwindigkeit in Luft $v = \frac{s}{\Delta t}$ grob bestimmen.

B. Messung mit Metronom und Hammer

Zwei Schüler stehen nebeneinander und halten jeweils ein Metronom, das jede halbe Sekunde einmal schlägt. Neben jedem Metronom-Träger steht ein weiterer Schüler mit einem Hammer. Er klopft im Takt des Metronoms auf einen Klotz und verstärkt auf diese Weise das Signal. Nun  entfernen sich die beiden Schülerpaare voneinander. Sie hören ihre Metronome und Hämmer nicht mehr im Takt. Sobald sie die Metronome wieder im Takt hören, entspricht der Abstand zwischen ihnen der Zeit, die der Schall in einer halben Sekunde zurücklegt. Mit diesem Versuch lässt sich die Schallgeschwindigkeit bestimmen: Man teilt den Abstand der Schüler durch die Zeit zwischen zwei Hammerschlägen.

Schall in Flüssigkeiten und Gasen. Schall breitet sich nicht nur in Gasen aus, sondern auch in flüssigen und festen Trägermedien. Versuch **V2** handelt von einer historischen Bestimmung der Schallgeschwindigkeit in Wasser. Versuch **V3** zeigt eine Variante zur Messung der Schallgeschwindigkeit in Metallstäben. Schallgeschwindigkeiten in Flüssigkeiten und Festkörpern sind oft viel größer als in Gasen (Tabelle **T2**).

> **! Merksatz**
>
> Die Ausbreitungsgeschwindigkeit von Schall in Flüssigkeiten und in Festkörpern ist in der Regel sehr viel höher als in Luft.

V2 Schallgeschwindigkeit in Wasser

Jean-Daniel COLLADON und Charles-Francois STURM bestimmten bereits 1828 sehr präzise die Schallgeschwindigkeit in Wasser.

Sie positionierten im Abstand von ca. 14 km zwei Boote auf dem Genfer See. Ein Boot sandte zeitgleich zwei Signale aus: ein optisches („Lichtblitz") über der Seeoberfläche und ein akustisches (Glocke) unter der Seeoberfläche. Der Beobachter sah das optische Signal und hörte das akustische Signal mit einem in den See eingetauchtem Hörrohr. Die Zeit zwischen beiden Signalen wurde gemessen und daraus die Schallgeschwindigkeit bestimmt.

Flüssigkeiten und Gase	v in m/s
Wasser (4 °C)	1400
Wasser (20 °C)	1484
Beton (20 °C)	3800
Kupfer (20 °C)	3900
Stahl (20 °C)	5100

T2 *Schallgeschwindigkeiten in Flüssigkeiten und Festkörpern*

V3 Schallgeschwindigkeit in Metallen

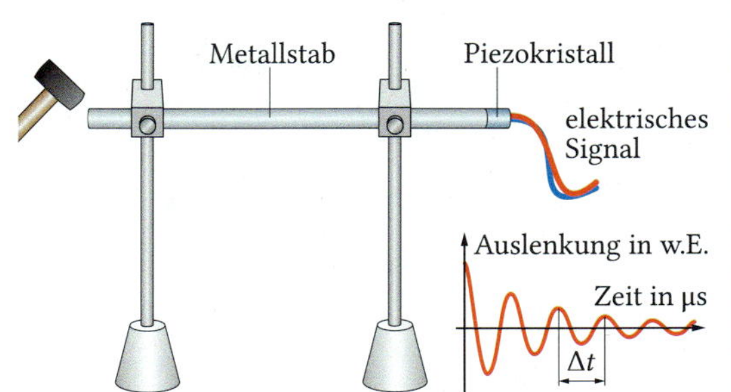

Wird ein Metallstab mit einem Hammer an einem Ende kurz angeschlagen, hört ein Beobachter den Knall als Schall über das Trägermedium Luft. Zudem entstehen ähnlich wie in der Luft im Metall Druckänderungen, also Schall, die den Stab bis zum anderen Ende durchlaufen. Dort wird der Schall zum Teil reflektiert, durchläuft den Stab erneut, wird wieder reflektiert usw.

Ein Piezokristall an einem Stabende wandelt diese Druckänderungen in elektrische Signale um. Ein großes Signal entspricht dabei einem großen Druck auf den Piezokristall. Es tritt immer dann auf, wenn das Schallsignal das Stabende erreicht. Das elektrische Signal wird zeitlich ausgewertet. Der Abstand zweier benachbarter Maxima entspricht dabei der Zeit, die der Schall für das Durchlaufen der doppelten Stablänge benötigt. Die Schallgeschwindigkeit in Metallen bestimmt sich nun aus $v = \frac{2s}{\Delta t}$.

Lösen Sie selbst

1 In einer Entfernung s vor einer gut reflektierenden Wand klatscht eine musikalische Person regelmäßig in die Hände. Das Echo hört man in den Klatschpausen. Die Frequenz des Klatschens wird nun solange erhöht, bis das direkt gehörte „Klack" und das Echo gleichzeitig zu hören sind. Die umstehenden Personen messen die Zeit für 10 „Klacks" und ermitteln daraus die Laufzeit t des Schalls für Hin- und Rückweg zur Wand und somit die Schallgeschwindigkeit: $v = \frac{2s}{\Delta t}$.

2 Bestimmen Sie in Partnerarbeit die Schallgeschwindigkeit in Luft. Sie benötigen ein Maßband (ca. 10 m) und zwei Smartphones, auf denen die App phyphox installiert ist. Unter www.phyphox.org finden Sie die Anleitung zum Experiment.

5.5 Ton, Klang, Geräusch

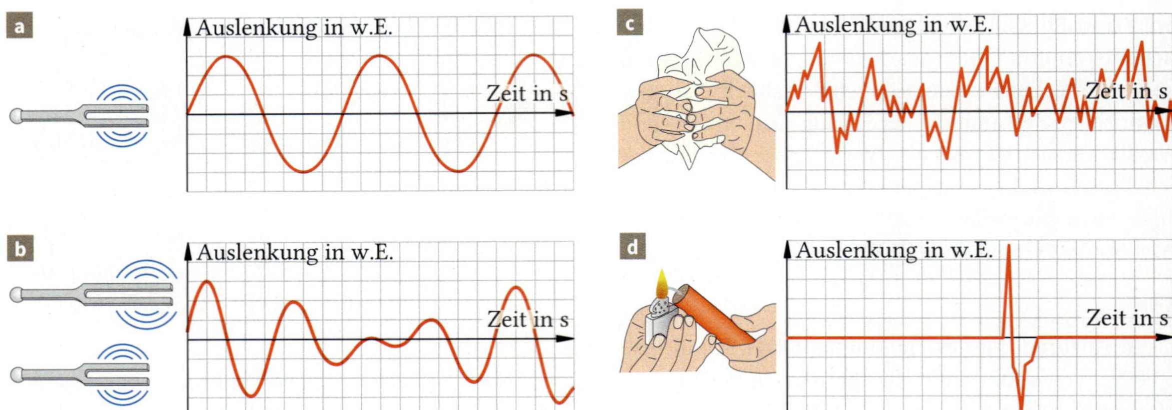

B1 *Schwingungsbilder eines a) Tons, b) Klangs, c) Geräusches und d) Knalls.*

Besondere Schallereignisse im Schwingungsbild.

Die Akustik unterscheidet Töne, Klänge und Geräusche. Im **Schwingungsbild**, der zeitlichen Darstellung von Schallereignissen, lassen sich einige besondere Merkmale erkennen (siehe Versuch **V1**).

Stimmgabeln erzeugen **Töne**. Ihr Schwingungsbild (Bild **B1a**) ist eine **harmonische Schwingung**. Sie wird beschrieben durch *eine* Frequenz, die Tonhöhe, und eine Amplitude.

Ein **Klang** ist eine Überlagerung von mehreren unterschiedlichen Tönen. Die Amplituden der einzelnen Töne eines Klanges sind in der Regel verschieden. Das Schwingungsbild eines Klanges (Bild **B1b**) zeigt keine harmonische Schwingung. Es ist jedoch ein periodisches, also regelmäßig wiederkehrendes Muster zu erkennen. Der Exkurs „Schwingungsbilder mathematisch" zeigt die Konstruktion eines Schwingungsbildes aus mehreren Tönen.

Geräusche wie das Zerknüllen von Papier zeichnen sich durch unregelmäßige Schwingungsbilder aus (Bild **B1c**). Ein **Knall**, wie bei einer Explosion, ist im Schwingungsbild (Bild **B1d**) durch wenige, relativ große Auslenkungen in einem kurzen Zeitintervall und sonst vernachlässigbar kleine Auslenkungen gekennzeichnet.

Schwingungsbilder mathematisch

Der Ton einer Stimmgabel mit Frequenz f und Amplitude A lässt sich mathematisch durch eine Sinusfunktion $y(t) = A \cdot \sin(2\pi \cdot f \cdot t)$ beschreiben. y ist die aktuelle Auslenkung der schwingenden Mikrofonmembran zur Zeit t. Wir nehmen an, dass der Ton dauerhaft ist, also weder Anfang noch Ende besitzt. Werden zeitgleich zwei Stimmgabeln unterschiedlicher Frequenz f_1 und f_2 und Amplituden A_1 und A_2 angeschlagen, so wird die Mikrofonmembran aufgrund der Schallsignale von beiden Stimmgabeln ausgelenkt. Die jeweiligen Anteile addieren sich:

$$y(t) = A_1 \cdot \sin(2\pi \cdot f_1 \cdot t) + A_2 \cdot \sin(2\pi \cdot f_2 \cdot t).$$

Zeichnerisch erhält man y durch punktweise Addition der einzelnen Schwingungsbilder.

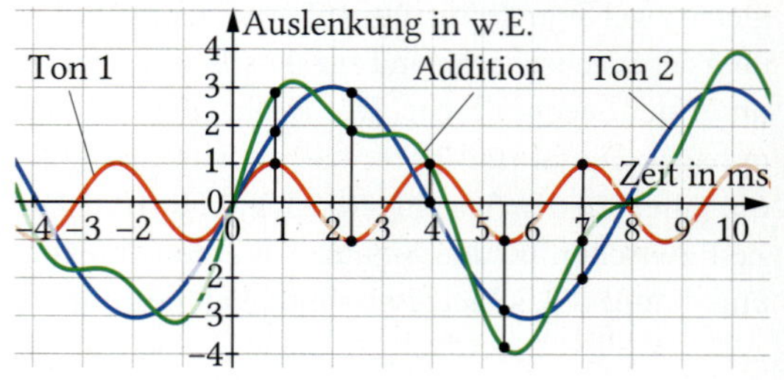

V1 Aufnahme von Schwingungsbildern

Der Grundaufbau zur Aufnahme von Schwingungsbildern besteht aus einer Schallquelle (schwingendes System, z. B. Stimmgabel), einem Mikrofon und einem Computer oder Oszilloskop zur zeitlichen Darstellung des Mikrofonsignals. Aus dem Schwingungsbild lassen sich charakteristische Größen (Frequenz usw.) ablesen.

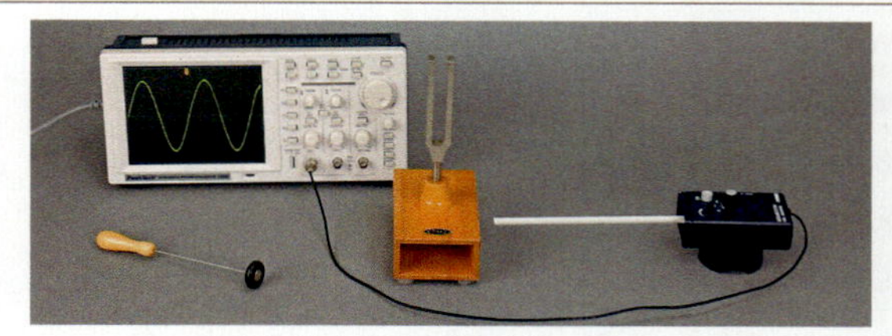

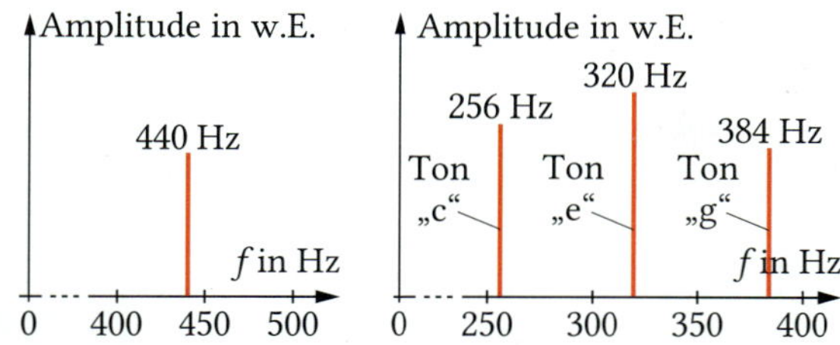

B2 *Frequenzspektrum a) des Kammertons a¹ mit der Frequenz 440 Hz, b) des Schalls dreier unterschiedlicher Stimmgabeln*

Frequenzanalyse. Komplizierte Schwingungsbilder können wir aus den einfachen Schwingungsbildern von Tönen konstruieren. Die Umkehrung, die eindeutige Zerlegung eines Schwingungsbildes in eine Vielzahl von harmonischen Schwingungen mit in der Regel unterschiedlichen Amplituden, ist ebenfalls möglich. Man nennt dies eine **Frequenz-** oder auch **Fourieranalyse.** Diese Zerlegung wird heutzutage elektronisch mit Frequenzanalysatoren erledigt. Das Ergebnis einer Zerlegung wird in Frequenzspektren dargestellt: Auf der x-Achse ist die Frequenz und auf der y-Achse sind die Amplituden der Töne aufgetragen. Wie die Auslenkungen in den Schwingungsbildern sind die Amplituden in willkürlichen Einheiten (w. E.) angegeben.

Das Frequenzspektrum eines Tons besteht nur aus einem einzelnen „Strich", da nur eine Frequenz, die Tonhöhe, auftritt (Bild **B2a**). Werden drei Stimmgabeln unterschiedlicher Frequenz angeschlagen, so erkennt man im Frequenzspektrum genau drei „Striche", die den drei Frequenzen entsprechen (Bild **B2b**).

Frequenzanalyse der Stimme

Die Frequenzanalyse der menschlichen Stimme nutzt u. a. die Polizei, um etwa anonyme Anrufer zu entlarven. Dazu wird ein Frequenzspektrum des Anrufs erstellt. Ein Verdächtiger muss den Text später nachsprechen, auch hiervon wird ein Frequenzspektrum aufgenommen. Experten vergleichen die beiden Frequenzspektren, der Anrufer kann überführt werden. Deutliche Unterschiede im Frequenzspektrum sieht man schon, wenn drei Personen „aaaaaa" in das Mikrofon sprechen.

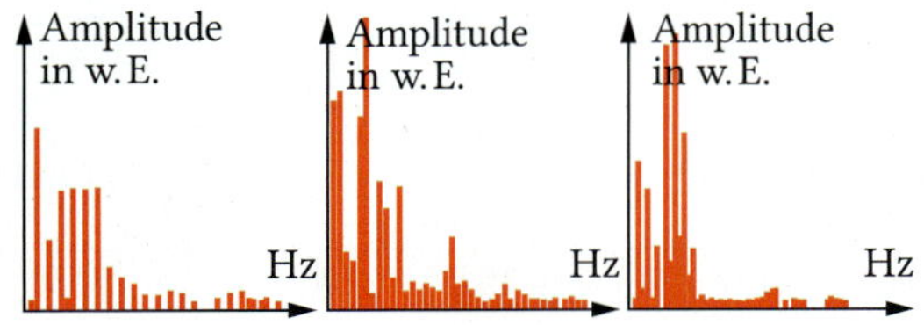

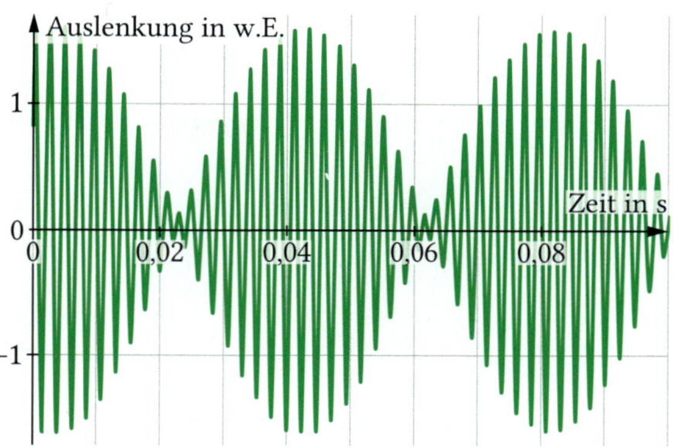

B3 *Schwingungsbild einer Schwebung*

Schwebungen. Eine besondere akustische Erscheinung tritt auf, wenn man zwei Töne mit fast gleicher Frequenz zeitgleich erzeugt. Man hört ein akustisches Signal mit etwa dieser Frequenz, aber die Lautstärke variiert regelmäßig. Sie ist moduliert mit einer anderen Frequenz, die sehr viel kleiner ist als die Frequenz der beiden Töne. Im Schwingungsbild **B3** erkennt man die Überlagerung der beiden Töne als grüne Kurve mit regelmäßig variierender Auslenkung.

Man kann dieses Phänomen **Schwebung** nutzen, um ein Musikinstrument ohne elektronisches Stimmgerät zu stimmen. Dazu wird zum Beispiel mit einer Stimmgabel der Kammerton a¹ der Frequenz 440 Hz angeschlagen und ein Ton mit einer Saite eines Zupfinstruments gespielt. Die Saitenspannung wird nun so lange erhöht oder erniedrigt, bis die Schwebung nicht mehr hörbar ist.

1 Erzeugen Sie mit einer Handy-App wie Audio-Oszilloskop von phyphox Schwingungsbilder von Tönen und Klängen. Versuchen Sie das Schwingungsbild eines Klanges aus zwei Tönen zu „konstruieren".

2 Untersuchen Sie den Zusammenhang zwischen der Frequenz maximaler Amplitude und der Länge der Metallplatten eines Glockenspiels. Nutzen Sie dazu eine Handy-App wie Audio-Spektrum von phyphox.

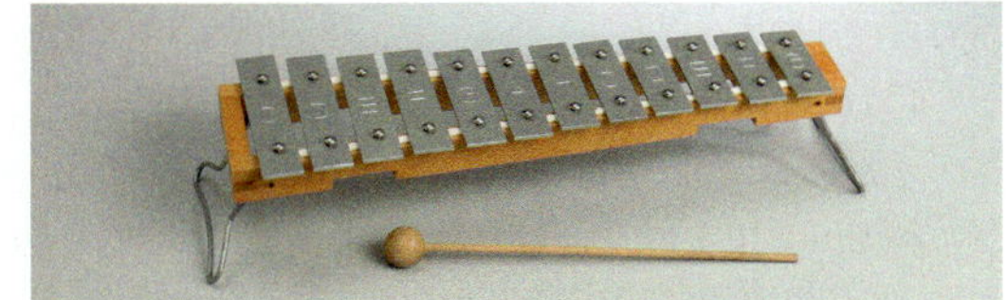

5.6 Schallfrequenzen und Klangfarbe

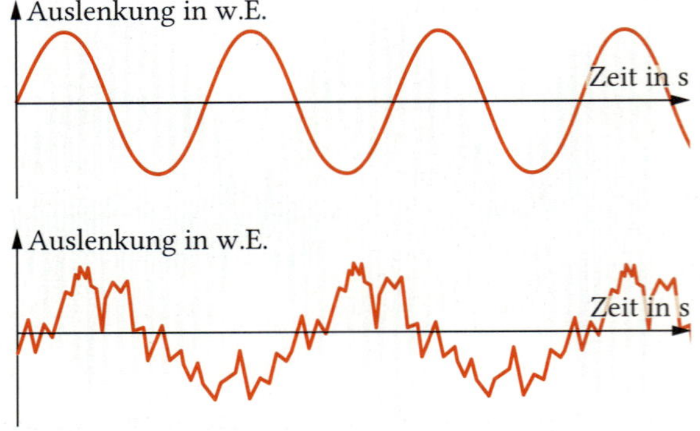

B1 *Schwingungsbild von Stimmgabel und Violine*

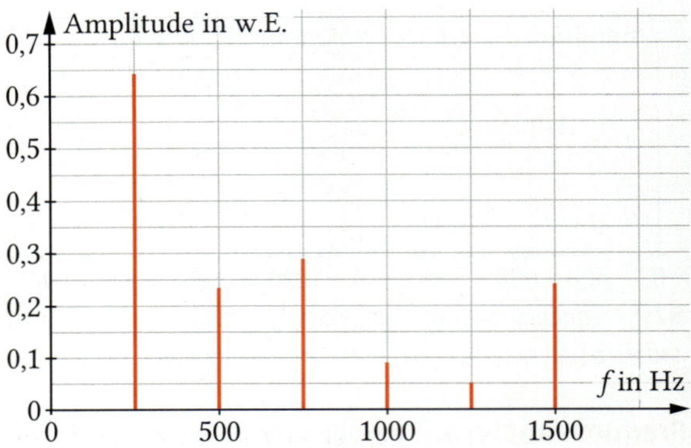

B2 *Frequenzspektrum eines Monochords*

Grund- und Obertöne. Schall ist noch keine Musik und Musikinstrumente klingen anders als eine Stimmgabel, wenn mit ihnen der gleiche „Ton" gespielt wird. Bild **B1** zeigt die Schwingungsbilder von Stimmgabel und Violine im Vergleich. Der reine Ton der Stimmgabel ist durch eine harmonische Schwingung gekennzeichnet. Bei der Violine ist die Schwingung regelmäßig, aber nicht mehr durch eine einzige oder wenige harmonische Schwingungen zu beschreiben.

Die Analyse des Frequenzspektrums liefert genauere Informationen: Wird mit dem Monochord, einem Einsaiteninstrument, ein „Ton" gespielt, so sind im Frequenzspektrum neben diesem **Grundton** der Frequenz 250 Hz noch eine Reihe weiterer Töne zu sehen (Bild **B2**). Diese Töne werden **Obertöne** genannt. Musikinstrumente wie die Geige, die offene Orgelpfeife oder das angeblasene Reagenzglas haben ebenfalls ein Frequenzspektrum aus Grundton und Obertönen (Bild **B3**, **B4**, **B5**). Die Abstände zwischen Grundton und erstem Oberton sowie benachbarten Obertönen sind annähernd gleich groß (siehe Tabelle **T1**).

Die Bauweise des Instruments (z.B. Saite, Luftsäule in einseitig oder beidseitig geschlossenem Rohr) sowie die Bedienung (z.B. Wahl der Saitenlänge) bestimmen Grundton, Obertöne.

> **! Merksatz**
>
> Der Klang eines Instrumentes entsteht durch Grundton und Obertöne. Die Frequenzen der Obertöne sind Vielfache der Frequenz des Grundtons.

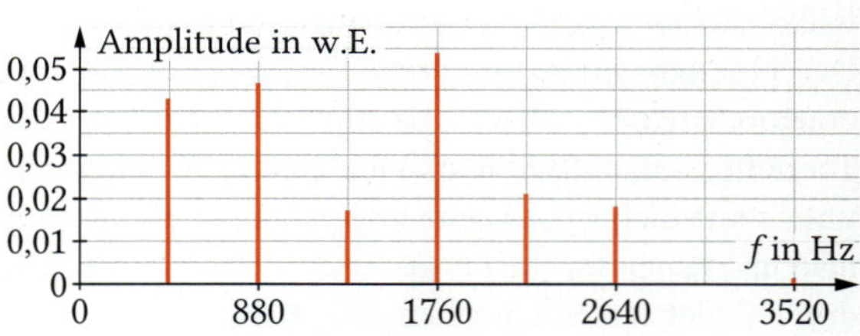

B3 *Frequenzspektrum einer Geige*

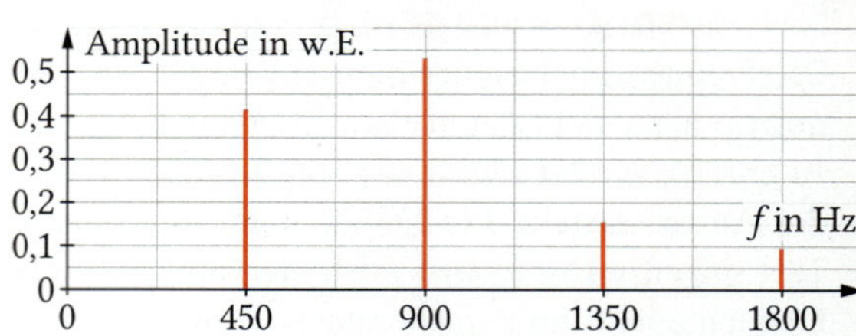

B4 *Frequenzspektrum einer beidseitig offenen Orgelpfeife*

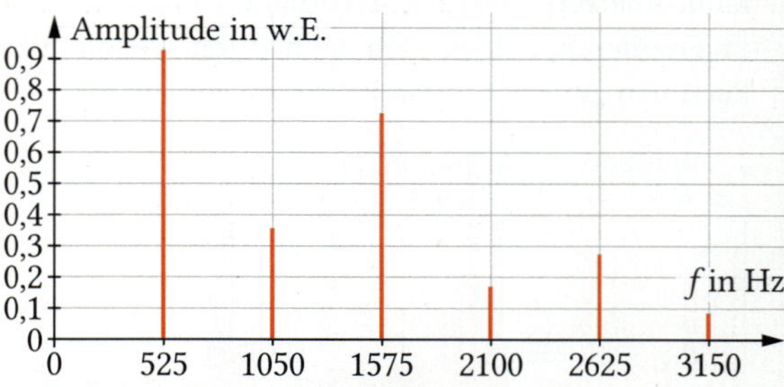

B5 *Frequenzspektrum eines Reagenzglases*

Instrument	Frequenz des Grundtons in Hz	Frequenzen der Obertöne in Hz
Monochord	250	500, 750, 1000, 1250, 1500
Geige	440	880, 1320, 1760, 2200, 2640, 3520
offene Orgelpfeife	450	900, 1350, 1800
Reagenzglas	525	(1050), 1575, (2100), 2625 (3150)

T1 *Frequenzen von Grundton und Obertönen verschiedener Musikinstrumente; die Obertöne zu den eingeklammerten Frequenzen beim Reagenzglas haben eine kleine Amplitude*

"

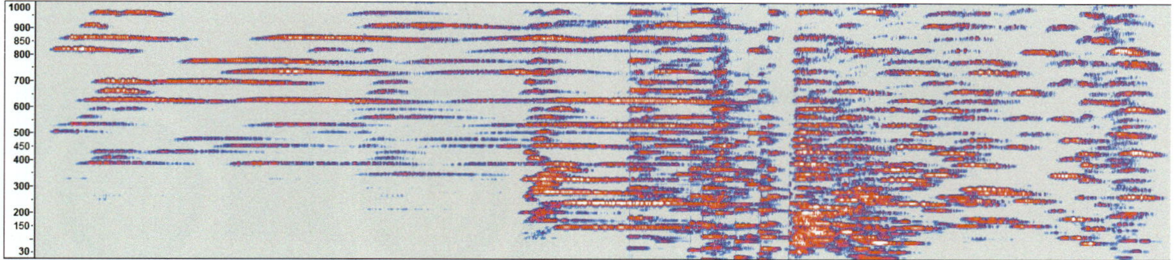

B6 *Sonagramm*

Klangfarbe. Die **Klangfarbe** eines Musikinstruments wird neben den Frequenzen von Grund- und Obertönen auch von den jeweiligen Amplituden bestimmt. Die Obertöne haben in der Regel deutlich kleinere Amplituden als der Grundton. Die Amplituden sinken allerdings nicht mit steigender Obertonfrequenz (Tabelle **T2**).
Auch der zeitliche Verlauf des Klanges beeinflusst die Klangfarbe. Das Instrument und seine Spielweise (zartes Zupfen oder starkes Reißen an einer Saite) legen fest, welche Frequenzen im Frequenzspektrum wie lange hörbar sind.
Die zeitliche Dynamik eines Schallsignals wird in einem **Sonagramm** deutlich (Bild **B6**). Es zeigt eine Aufteilung nach Frequenzen auf der *y*-Achse, die zeitliche Entwicklung auf der *x*-Achse und die Amplituden als Farbcodierung.
Auch Rauschanteile, also störende Geräusche mit kleiner Amplitude und einer hohen Frequenzbreite, bestimmen die Klangfarbe.

> **! Merksatz**
>
> Die Klangfarbe eines Hörereignisses ist von mehreren Größen bestimmt. Grundton und Obertöne, die jeweiligen Amplituden, Rauschanteile und der zeitliche Verlauf der Tonerzeugung gehören zu den physikalischen Größen, die die Klangfarbe eines Hörereignisses bestimmen.

Musik und Physik. Mehrere Töne zusammen können sehr unterschiedlich klingen. Einige Tonkombinationen klingen angenehm oder harmonisch. Sie werden als konsonant bezeichnet. Andere klingen hingegen dissonant. Physikalisch lassen sich Tonkombinationen durch Frequenzspektren und insbesondere das Frequenzverhältnis $f_1 : f_2$, das **musikalische Intervall** zwischen zwei Tönen mit den Frequenzen f_1 und f_2, beschreiben. Einige musikalische Intervalle tragen besondere Bezeichnungen. Die Oktave hat beispielsweise die doppelte Frequenz des Grundtons, der Prime. Die Sekunde hat eine um 9/8 größere Frequenz als der Grundton (Prime).
In der Musik heißen Klänge aus mehr als zwei Tönen Akkorde. Tonleitern umfassen mehrere Töne in bestimmten Frequenzverhältnissen. Die Dur-Tonleiter besteht z. B. aus acht Tönen, wobei der Grundton und die Oktave die beiden Töne mit der niedrigsten und höchsten Frequenz der Tonleiter sind (siehe Tabelle **T3**).

> **! Merksatz**
>
> Ein musikalisches Intervall ist physikalisch durch das Frequenzverhältnis von zwei Tönen gekennzeichnet. Die Oktave hat die doppelte Frequenz eines Grundtons.

Frequenz in Hz	Amplitude in w.E.	Amplitudenverhältnis
250	0,65	1
500	0,25	0,34
750	0,30	0,46
1000	0,10	0,15
1250	0,05	0,08
1500	0,28	0,43

T2 *Frequenzen, Amplituden und Amplitudenverhältnisse beim Monochord*

Intervall	Frequenz in Hz	Frequenzverhältnis
Prime	360	1
Sekunde	405	9 : 8
Terz	450	5 : 4
Quarte	480	4 : 3
Quinte	540	3 : 2
Sexte	600	5 : 3
Septime	675	15 : 8
Oktave	720	2

T3 *Musikalisches Intervall – Dur-Tonleiter mit Grundton 360 Hz*

5.7   Akustik in Technik und Alltag

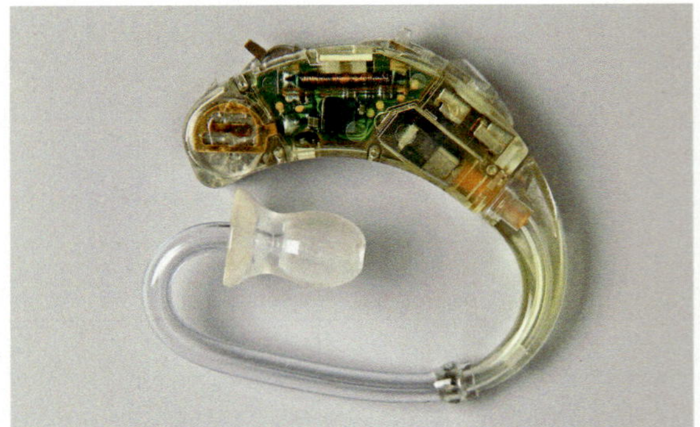

B1   *Hörgerät mit Telefonspule*

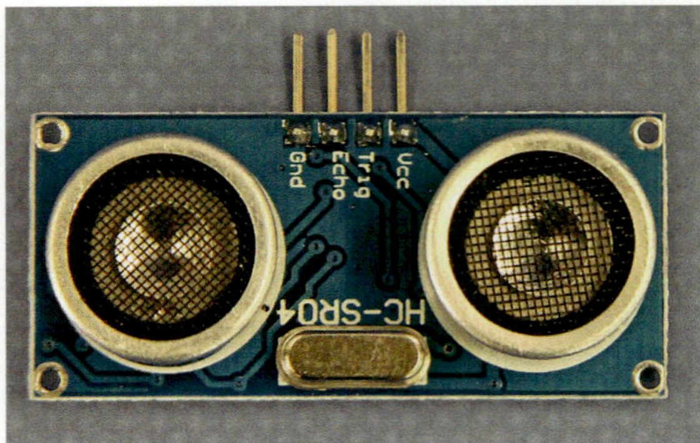

B3   *Ultraschallsensor (Sender und Empfänger)*

Hören trotz Hörbeeinträchtigung. Die Hörfähigkeit des Menschen nimmt im Alter ab. Hohe und tiefe Frequenzen sind dann nicht mehr wahrnehmbar. Im Alltag macht sich das daran bemerkbar, dass Kinder im Gegensatz zu Erwachsenen bestimmte Schallereignisse hören können. Ein Beispiel ist die Marderscheuche. In früheren Zeiten benutzte man ein Hörrohr oder Hörtrichter, um besser als mit dem Ohr Schall in Richtung des Trommelfells zu lenken. Heutzutage verwendet man **Hörgeräte** wie in Bild **B1**. Der prinzipielle Aufbau ist bei allen Hörgeräten gleich: Sie bestehen aus einem Mikrofon zur Aufnahme von Schall, einem Verstärker und einem Lautsprecher, der den verstärkten Schall in das Innenohr abstrahlt.

Bei Menschen, die von Geburt an taub sind, funktionieren in der Regel die Sinneshaarzellen in der Hörschnecke (siehe nächste Doppelseite) nicht. Im frühen Kindesalter bekommen viele daher ein **Cochlea-Implantat**: Ein Mikrofon nimmt Schall auf, ein Prozessor erzeugt daraus elektrische Signale. Über einen Signalempfänger unter der Kopfhaut (rechts in Bild **B2** zu erkennen) und ein sehr dünnes Kabel gelangen die Signale direkt zum Hörnerv in der Hörschnecke. Mit einem Cochlea-Implantat können taube Menschen normal hören und sprechen.

Ultraschall im Hobbykeller und beim Arzt. Schall mit Frequenzen oberhalb der vom Menschen hörbaren Frequenz (ca. 20 kHz) nennt man **Ultraschall**. Im Physikunterricht werden Ultraschallexperimente meistens mit Frequenzen von ca. 40 kHz durchgeführt.

Im Hobbybereich finden sich immer mehr Anwendungen von kleinen Mikroprozessorschaltungen und Sensoren. Abstände lassen sich mit einem **Ultraschallsensor** bestimmen, der im Wesentlichen aus einem Ultraschallsender, einem Ultraschallempfänger und Elektronik besteht. Das ausgesendete Signal wird an einem Objekt reflektiert und nach einer bestimmten Zeit vom Empfänger detektiert. Die Entfernung des Objekts ergibt sich aus der gemessenen Zeit und der Schallgeschwindigkeit.

Eine bekannte Anwendung im Alltag ist die **Ultraschalluntersuchung** des ungeborenen Kindes während einer Schwangerschaft. Kurze Ultraschallsignale werden ausgesendet, an den verschiedenen Gewebeschichten unterschiedlich stark reflektiert und von einem Empfänger detektiert. Aus der Zeit und der Stärke des empfangenen Signals lässt sich so ein kontrastreiches Bild, ein **Sonogramm**, in einer bestimmten Gewebetiefe erstellen.

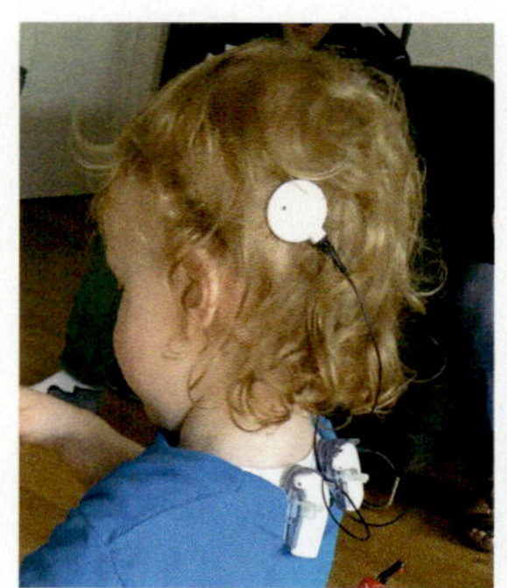

B2   *Mit einem Cochlea-Implantat hören*

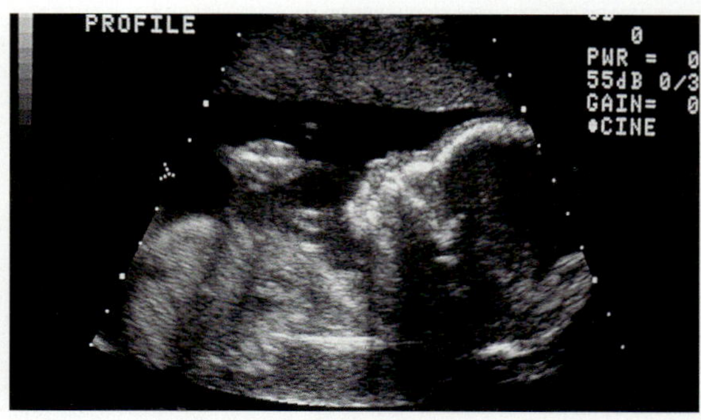

B4   *Ultraschallaufnahme eines Kindes*

B5 *Schalldämpfer (gesamt und innen)*

B7 *Hörgenuss pur mit Anti-Lärm-Kopfhörer*

Schalldämpfer. Dröhnen, quietschen, rasseln, pfeifen, wimmern oder scheppern: Das sind nur einige Alltagsbegriffe für Geräusche, die meistens störend und als Lärm empfunden werden. Oft lassen sich die Geräuschquellen selbst nicht vermeiden. Daher versucht man, die Ausbreitung des Schalls zu verhindern.

Schalldämpfer sind nicht nur bei Schusswaffen im Krimi sehr nützlich, sondern auch im Alltag. Das in Bild **B5** gezeigte Rohrelement wird in Hauslüftungsanlagen verbaut und ist ein Absorptionsschalldämpfer. Im Innern befindet sich unter einer gelochten Deckschicht Mineralwolle, die den Schall absorbiert. Gespräche in einem Zimmer werden so nicht über die Lüftungsanlage in andere Zimmer „transportiert". Dieser Schalldämpfer dämpft Schall besonders gut im Frequenzbereich der menschlichen Sprache von wenigen 1000 Hz.

Motor, Rohre und Bleche können beim Auto zu vielen unerwünschten Geräuschen führen. In der Autotechnik dämpft man sie oft durch die Verwendung von Schwerfolie, die auf die Geräuschquellen aufgeklebt wird. Bild **B6** zeigt ein Handy mit aktiviertem Vibrationsalarm auf einem Blechtisch und einem mit Schwerfolie beklebten Blechtisch. Messungen des Schallpegels führen zu einem Unterschied von einigen dB.

Anti-Lärm-Kopfhörer. Lärm durch Lärm bekämpfen – klingt paradox, aber bezeichnet eine Technik, die der Formel „Lärm + Anti-Lärm = Stille" folgt.

Im Alltag verwenden moderne Kopfhörer diese Technik und werden unter Zusatzbezeichnungen wie **„aktive Schallunterdrückung"** oder **„Noise Cancelling"** verkauft. Normale Kopfhörer verhindern nicht, dass man neben den gewünschten Schallereignissen (Musik, Hörspiel) störende Geräusche wahrnimmt. Zum Beispiel hört man im Flugzeug oft störende Triebwerksgeräusche.

Ein Anti-Lärm-Kopfhörer besteht aus einem Mikrofon zur Aufnahme des störenden Umgebungslärms, einem Lautsprecher, der Schall in Richtung Innenohr führt, und einer elektronischen Schaltung. Durch Analyse der Mikrofonaufnahme und der Dämpfung durch die Kopfhörerschale wird ein Lautsprechersignal derart berechnet und ausgegeben, dass sich der Umgebungslärm und das künstlich erzeugte Signal, der Anti-Lärm, im Innenohr gerade aufheben (Bild **B8**).

Neben diesem künstlichen Signal wird über den Lautsprecher auch der gewünschte Schall ausgegeben, sodass man zum Beispiel Musik (fast) ohne Lärm genießen kann.

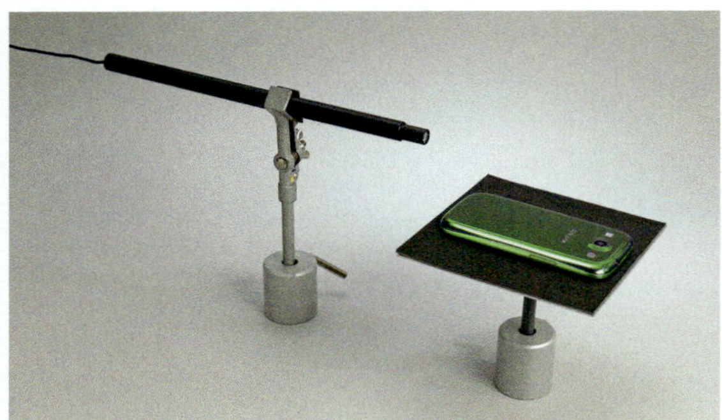

B6 *Schalldämpfung mit Schwerfolie (schwarz)*

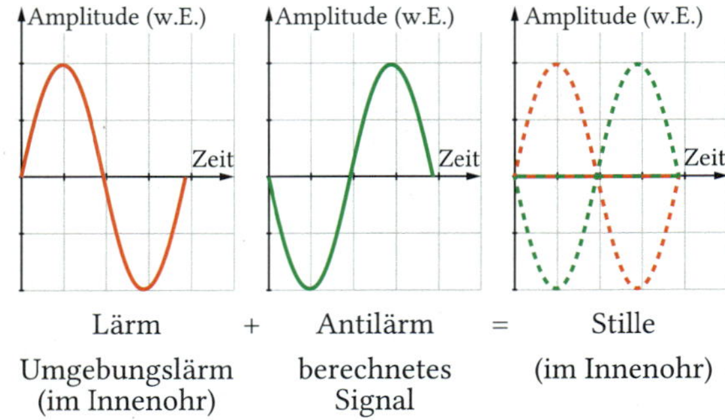

B8 *Überlagerung von Lärm und Anti-Lärm führt zur Stille.*

5.8 Hören beim Menschen

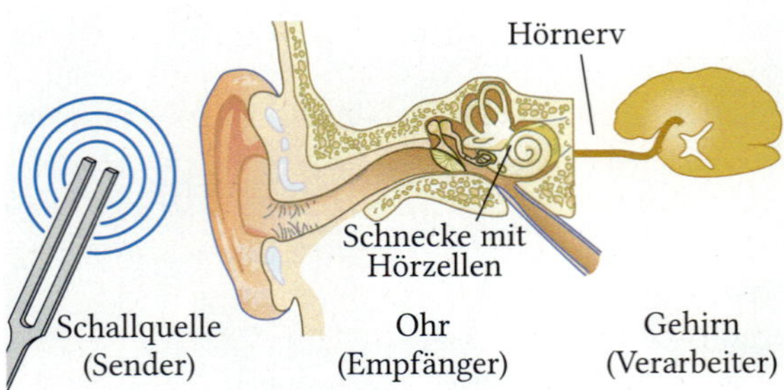

B1 *Der Hörvorgang*

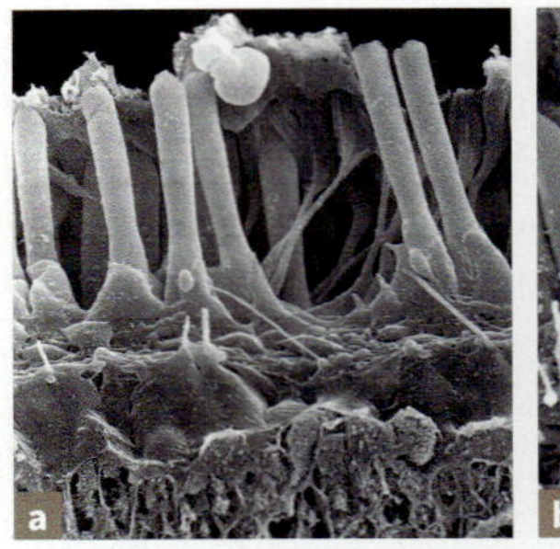

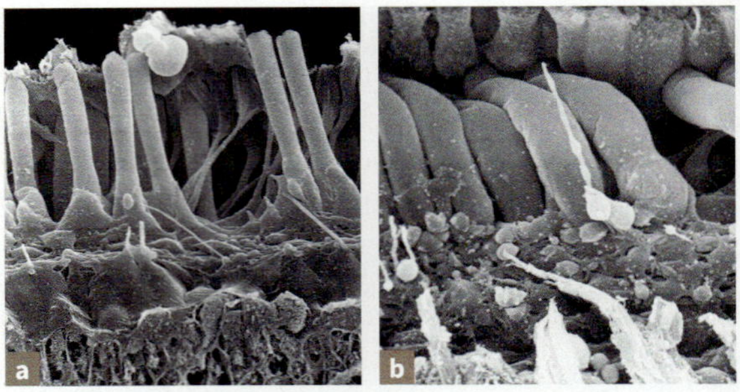

B2 *Gesunde und geschädigte Härchen im Innenohr*

Hören beim Menschen. Das **Hören** lässt sich vereinfacht in drei Bestandteile gliedern (Bild **B1**): 1. Eine Schallquelle sendet Schall in Richtung des Menschen. 2. Die Ohren empfangen den Schall und wandeln ihn um: Trifft Schall auf die Ohrmuschel, so überträgt die Luft im Gehörgang den Schall an das Trommelfell. Die Schwingungen des Trommelfells werden durch Gehörknöchelchen auf die Schnecke übertragen. Diese ist mit Flüssigkeit und Hörzellen gefüllt. Die Hörzellen besitzen kleine Härchen (Bild **B2a**) unterschiedlicher Länge und Dicke, die die Schwingungen übernehmen und an den Hörnerv weiterleiten. 3. Vom Hörnerv werden die Informationen an das Gehirn weitergeleitet. Es entscheidet, ob wir eine Stimme erkennen oder ob wir ein Geräusch als angenehm empfinden oder nicht.

Hör- und Stimmbereiche beim Menschen. Der Mensch besitzt ein außerordentlich empfindliches Gehör, was sich in dem sehr großen Schalldruckpegelbereich äußert, der wahrgenommen werden kann (Seite 85). Zudem ist das menschliche Gehör in der Lage Frequenzen zwischen 16 Hz und etwa 20 000 Hz zu hören; also sehr tiefe und sehr hohe Töne (Bild **B3**). Töne hoher Frequenz oberhalb von 20 000 Hz, die wir nicht mehr wahrnehmen können, werden als **Ultraschall** bezeichnet; solche mit sehr niedrigen nicht hörbaren Frequenzen als **Infraschall**.

Tiere hören in anderen Hörbereichen als Menschen. Hund und Katze können beispielsweise sehr viel höhere Töne als der Mensch wahrnehmen. Fledermäuse können noch Töne mit Frequenzen größer als 20 000 Hz, also im Ultraschallbereich, hören. Elefanten hingegen können sehr tiefe Töne im Infraschallbereich wahrnehmen. Menschen und Tiere erzeugen auch Schall in einem bestimmten Frequenzbereich, dem Stimmbereich. Dieser ist bei Menschen deutlich schmaler als der Hörbereich (Bild **B3**).

Hörschädigung. Im Alter nimmt die Fähigkeit des Hörens beim Menschen ab (Bild **B3**). Insbesondere Schall hoher Frequenzen wird von älteren Menschen nicht mehr wahrgenommen. Zudem können Erkrankungen oder sehr lauter Schall zu Schädigungen des Gehörs führen. Beispielsweise können die Härchen der Hörzellen bei dauerhaft lauter Musik abknicken oder versteifen (Bild **B2a**). Einen Hörschaden kann aber auch bereits ein einziger Knall eines Silvesterböllers verursachen, der nahe am Ohr explodiert. Die Luftschwingungen können so stark sein, dass sich das Trommelfell so weit dehnt, bis es zerreißt.

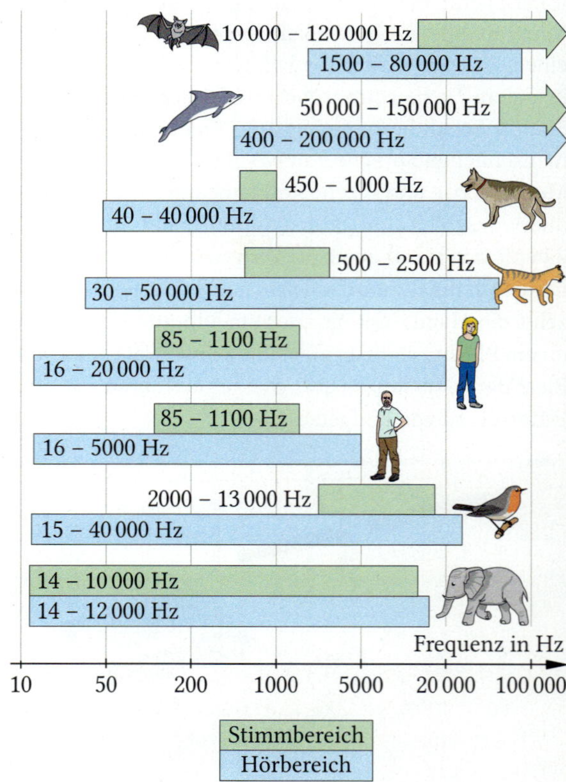

B3 *Hör- und Stimmbereiche von Menschen und Tieren*

Eine bemerkenswerte Eigenschaft des menschlichen Hörens besteht darin, die Richtung, aus der Schall kommt, sehr genau zu bestimmen – auf wenige Grad genau. Wie ist das Richtungshören möglich?

Schall breitet sich in Luft nach allen Seiten hin aus. Über die Ohrmuschel dringt er in den menschlichen Kopf ein und wird in Signale umgewandelt, die über den Hörnerv ins Gehirn gelangen. Dabei spielt die Richtung des Schalls eigentlich keine Rolle.

Bei dieser Betrachtung bleibt aber außen vor, dass Menschen zwei Ohren mit einem Abstand von mehreren Zentimetern besitzen. Wird ein Ton links von einer Person erzeugt, so gelangt Schall zuerst in das linke Ohr und etwas später in das rechte Ohr. Wird Schall rechts von der Person erzeugt, so ist es genau umgekehrt. Der Zeitunterschied ist allerdings sehr klein, weniger als eine tausendstel Sekunde.

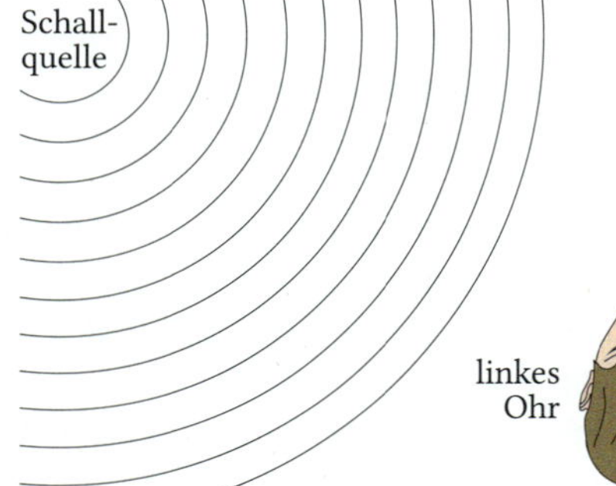

Mit einem einfachen Versuch lässt sich zeigen, dass das Gehirn diesen kleinen Zeitunterschied feststellen kann, um dann daraus die Schallrichtung zu bestimmen. Jan führt die Enden eines Schlauchs an seine Ohren, Marie klopft hinter seinem Rücken mit einem Lineal leicht auf eine beliebige Stelle am Schlauch. Jan erkennt fast immer, ob Marie links oder rechts von der Schlauchmitte geklopft hat.

Diese Erklärung nutzt zur Richtungsbestimmung also einen Zeitunterschied aus, der aufgrund unterschiedlich langer (Lauf-)Wege für den Schall zu den Ohren zustande kommt. Man spricht deshalb von Laufzeitunterschieden.

Ein weiterer Mechanismus beruht darauf, dass der Schalldruck eines Schallsignals mit der Entfernung abnimmt und das menschliche Ohr sehr empfindlich Schalldruckunterschiede wahrnehmen kann.

1 Bestimmen Sie, wie genau Menschen die Richtung angeben können: Eine Person setzt sich in die Mitte eines Kreises mit einem Radius von 2–4 m und schließt fest die Augen. Eine weitere Person stellt sich auf verschiedene Position des Kreisbogens und schlägt eine Stimmgabel an. Die Person in der Mitte zeigt mit der Hand die Richtung, aus der sie den Schall wahrnimmt.

Achten Sie darauf, dass keine Schall reflektierenden Wände oder Gegenstände in der Nähe sind.

2 Schätzen Sie aus dem Abstand der Ohren und der Schallgeschwindigkeit die Größenordnung des Laufzeitunterschiedes in Sekunden ab.

3 Vor der Erfindung des Radars (Ortung und Abstandsmessung durch Funkwellen) war es gefährlich, bei starkem Nebel ein Schiff sicher in einen Hafen einzufahren. Man nutzte auf dem Schiff ein spezielles Gerät und benötigte im Hafen einige Helfer, die rufend auf den Kaimauern standen. Das Bild zeigt einen Lotsen mit dieser Erfindung.

Beschreiben Sie das vom Lotsen benutzte Gerät und erläutern Sie seine Funktionsweise.

1. Schallquellen und Schallempfänger

Schall entsteht, weil **Schallquellen** ihre **Schwingungen** an die Luft oder ein anderes Medium übertragen. Das menschliche Ohr ist ein natürlicher, das Mikrofon ein künstlicher **Schallempfänger**. Die durch Schall ausgelöste Bewegung der Mikrofonmembran wird in ein elektrisches Signal umgewandelt.

2. Schallausbreitung

Schall benötigt ein Übertragungsmedium wie Luft, Wasser oder Metall. Im Vakuum breitet sich kein Schall aus. Die **Schallgeschwindigkeit** beträgt in Luft etwa $332\,\frac{m}{s}$, in Kupfer breitet sich Schall mit etwa $3900\,\frac{m}{s}$ aus.

3. Amplitude und Frequenz

Die **Amplitude** eines Tons ist durch die maximale Auslenkung des schwingenden, tonerzeugenden Körpers bestimmt. Die **Frequenz** bezeichnet die Anzahl der Schwingungen in einer Sekunde. Beide physikalischen Größen lassen sich im Schwingungsbild eines Tons ablesen:

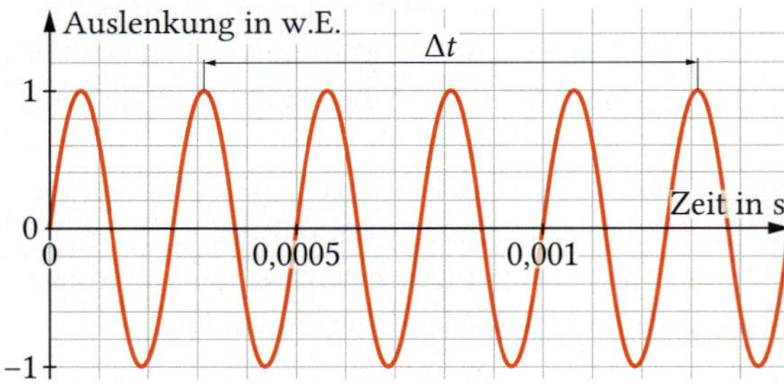

Vier vollständige Schwingungen dauern $\Delta t = 0{,}001\ \text{s}$ Daher beträgt die Frequenz $f = \frac{4}{\Delta t} = 4000\ \text{Hz}$.
Bei komplizierten Schallsignalen wie Klängen, Geräuschen oder einem Knall lassen sich die Frequenzen aus einem **Schwingungsbild** nicht so leicht entnehmen. Das **Frequenzspektrum** eines Tons (a), Klangs (b) oder Geräusches zeigt die Frequenzen und zugehörigen Amplituden des Schallsignals; die zeitliche Entwicklung lässt sich jedoch dieser Darstellung nicht direkt entnehmen.

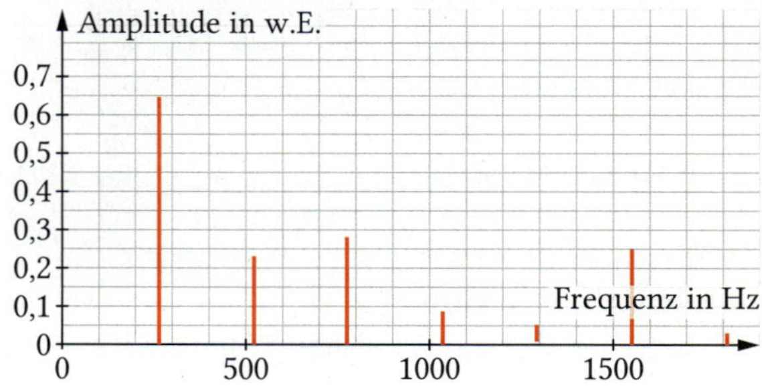

4. Klangfarbe – Grund- und Obertöne

Musikinstrumente klingen unterschiedlich, auch wenn mit ihnen der gleiche Ton gespielt wird. Dies liegt daran, dass neben diesem Ton (**Grundton**) weitere Töne, die **Obertöne**, im Frequenzspektrum zu finden sind. Diese Obertöne haben Frequenzen, die einem Vielfachen der Frequenz des Grundtons entsprechen. Die jeweiligen Amplituden der Frequenzen sind für jedes Instrument verschieden.

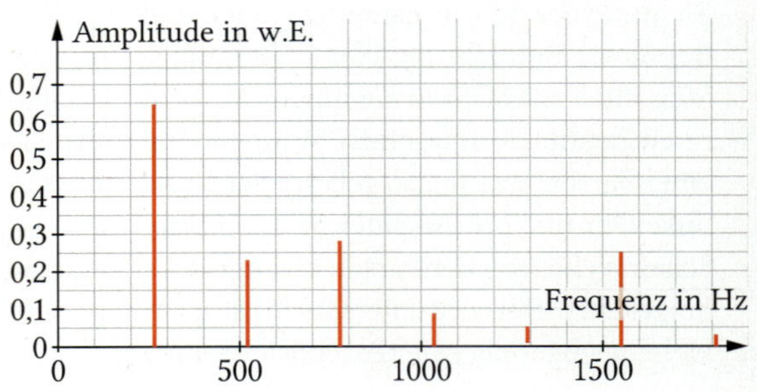

Die **Klangfarbe** wird zudem bestimmt durch zeitlichen Verlauf der Tonerzeugung und Rauschanteile.

5. Schallwahrnehmung

Menschen können Schall mit Frequenzen im **Hörbereich** von 16 Hz bis etwa 20 000 Hz wahrnehmen. Schall niedriger Frequenzen wird als **Infraschall** und Schall höherer Frequenzen als **Ultraschall** bezeichnet. Das menschliche Gehör ist außerordentlich empfindlich für lauten und leisen Schall. Zudem kann der Mensch aufgrund seiner zwei Ohren die Richtung, aus der Schall kommt, sehr genau bestimmen.
Menschen, die häufig **Lärm** ausgesetzt sind, können davon krank werden oder ihr Gehör schädigen. Schutzmaßnahmen wie Schallschutzmauern oder Gehörschutz dienen dazu, den Übertragungsweg von der Schallquelle zum Ohr zu unterbrechen oder zumindest einzuschränken.

6. Kammerton, Intervalle und Tonleitern

Musikinstrumente werden nach dem Kammerton a^1 gestimmt, der eine Frequenz von 440 Hz besitzt.
Ein **musikalisches Intervall** ist physikalisch durch das Frequenzverhältnis von zwei Tönen gekennzeichnet. Die Oktave hat beispielsweise die doppelte Frequenz des Grundtons. Tonleitern umfassen mehrere Töne in bestimmten Frequenzverhältnissen. Die Dur-Tonleiter enthalten insgesamt acht Töne, wobei der Grundton und die Oktave die beiden Töne mit der niedrigsten und höchsten Frequenz der Tonleiter sind.

1 Ein Fischkutter im Nordatlantik sucht mit einem Echolot nach einem Fischschwarm. Sender und Empfänger befinden sich auf jeweils einer Seite des Kutters knapp unter dem Wasserspiegel im Abstand von 20 m. Nach 357 Millisekunden wird das ausgesandte Signal im Empfänger registriert. Schätzen Sie die Tiefe des Fischschwarms ab.

2 „Frequenzsalat": Marie hat in der Schule einige Instrumente auf Grund- und Obertöne untersucht. Zu Hause möchte sie die Messdaten auswerten, aber leider hat ihr Hund das Datenblatt in Stücke gerissen. Einige Teile fehlen sogar.

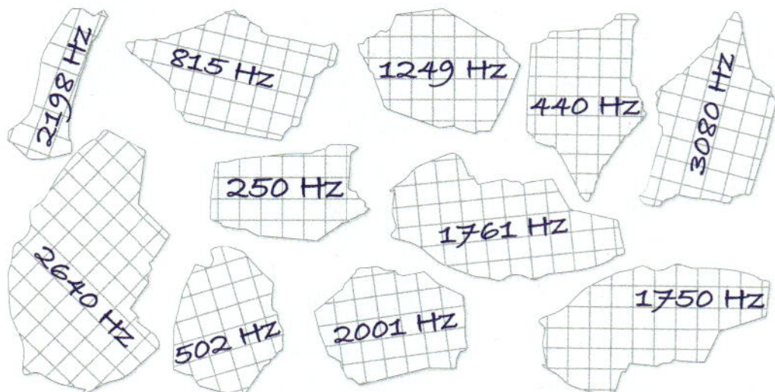

Helfen Sie Marie! Versuchen Sie aus den verbliebenen Daten Reihen von Grund- und Obertönen zu bilden. Die Frequenzen wurden auf 2 Hz genau bestimmt.

3 Eine Klangschale besitzt ein sehr komplexes Frequenzspektrum. Einen Ausschnitt dieses Spektrums zeigt die unten stehende Abbildung.

a) Bestimmen Sie möglichst genau die nicht gekennzeichneten Frequenzen.
b) Können Sie im Frequenzspektrum Grund- und Obertöne identifizieren?

4 Bestimmen Sie aus dem folgenden Schwingungsbild möglichst genau ein Frequenzspektrum.

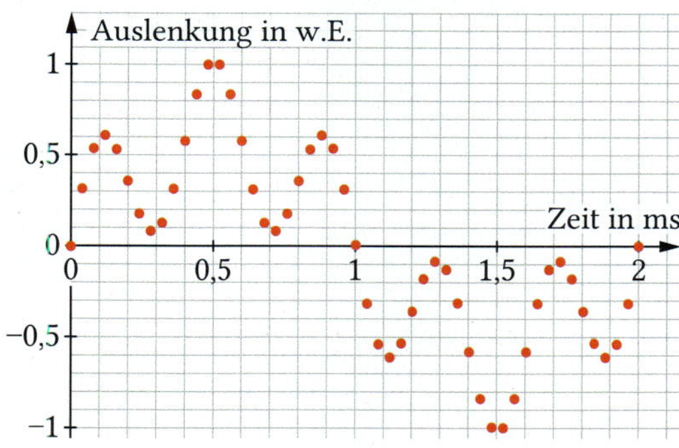

5 Die Diagramme A und B zeigen Frequenzspektren der Aufnahme von jeweils zwei Stimmgabeln, die gleichzeitig angeschlagen wurden. Konstruieren und beschreiben Sie die resultierenen Schwingungsbilder.

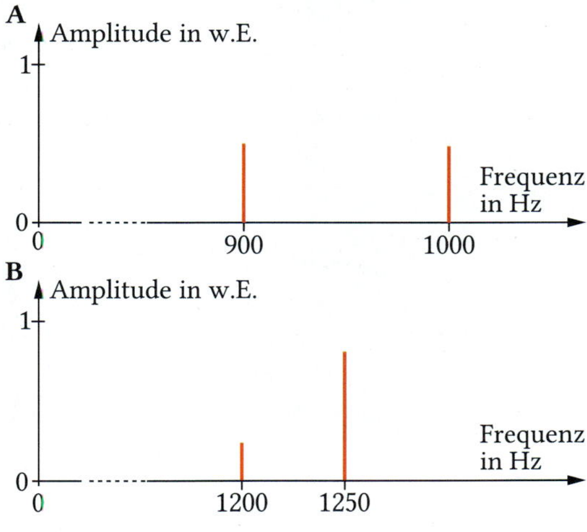

6 Bestimmen Sie die Frequenzen der diatonischen C-Dur Tonleiter. Die Frequenz des Tons c' beträgt 264 Hz.

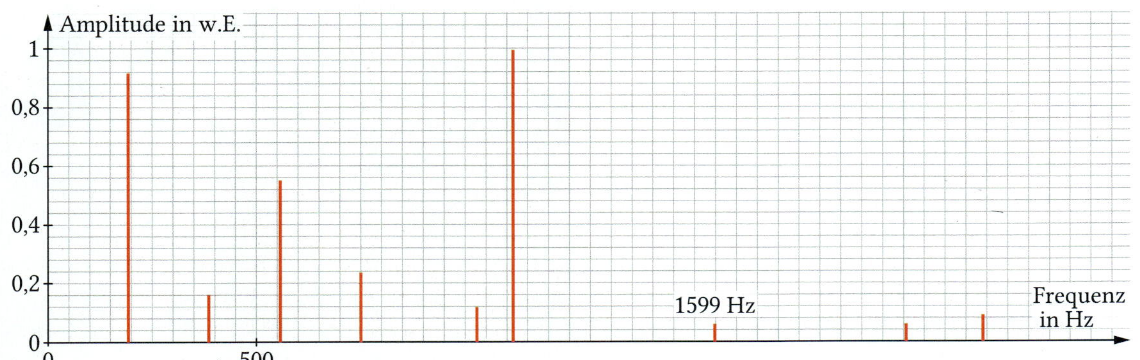

Optische Abbildungen

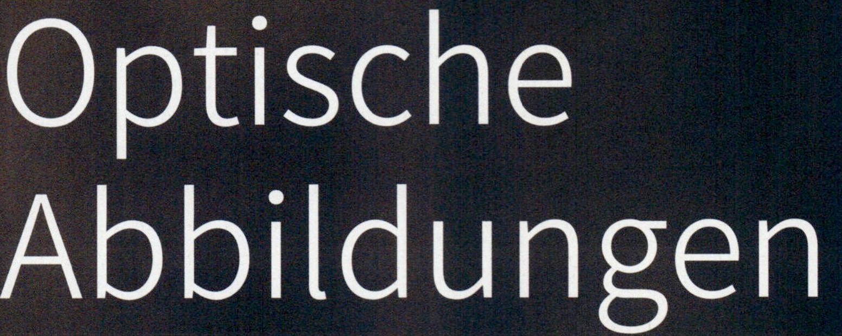

Anwendungen optischer Abbildungen sind aus dem Alltag kaum wegzudenken. Mit dem Smartphone knipsen wir Selfies, die Brille setzen wir auf die Nase, um ein Buch zu lesen. Mit Hilfe des Mikroskops erkunden wir die Mikrowelt, das Fernrohr eröffnet uns die Weiten des Weltalls.

In der Fotografie werden die Besonderheiten optischer Abbildungen vielfältig ausgenutzt. Mit ihrer Hilfe können wir den Bildausschnitt geschickt wählen, und der gezielte Einsatz von Unschärfe lenkt den Blick des Betrachters.

6

Das können Sie in diesem Kapitel erreichen:

- Sie lernen die Funktionsweise einer Lochkamera kennen.
- Sie treffen mit Hilfe der Gesetzmäßigkeiten zum Abbildungsmaßstab einer Lochkamera Aussagen über die aufgenommenen Bilder und realisieren eine eigene digitale Lochkamera.
- Sie untersuchen Abbildungen an Linsen und Linsensystemen in Realexperiment und Simulation.
- Sie lernen unterschiedliche Einsatzbereiche von Linsen kennen und untersuchen die Bildentstehung systematisch.
- Sie lernen die Funktionsweise verschiedener optischer Geräte kennen und setzen sich in Experimenten und Simulationen mit ihnen auseinander.
- Sie erhalten einen differenzierten Einblick in die Fotografie und Anregungen für fotografische Projekte.

6.1 Abbildungen an der Lochblende

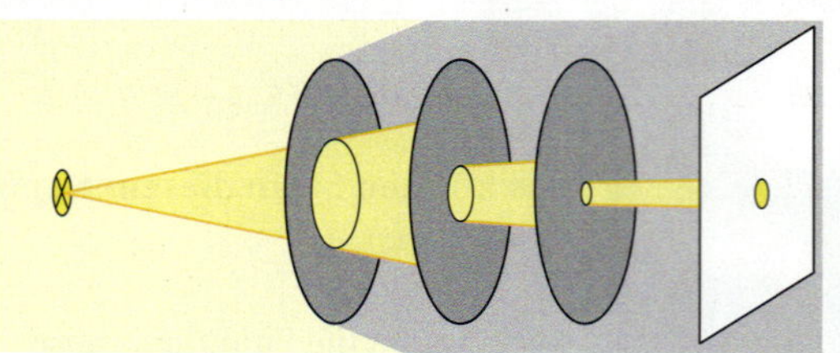

Zwischen Punktlichtquelle und Mattschirm werden mehrere Blenden platziert, deren Öffnungen abnehmen. Hinter der letzten Blende trifft ein Lichtbündel auf den Schirm und erzeugt einen Lichtfleck.

Ein Lichtbündel trifft unter einem Winkel auf einen Spiegel. Einfalls- und Ausfallswinkel sind identisch.

Ausbreitung von Licht. Wird das Licht der Sonne von einem Objekt umgelenkt und gelangt in unser Auge, sehen wir das Objekt. Lichtquelle (Sonne) und Lichtempfänger (Betrachter) sind hier eindeutig bestimmbar. Der *Weg* des Lichts bleibt jedoch verborgen. Erst wenn ein Gegenstand einen Teil des Lichts in das Auge des Betrachters umlenkt, kann dieser den Lichtweg erkennen. In Versuch **V1** werden die Lichtwege für den Beobachter erst sichtbar, wenn z. B. eine kleine Menge Kreidestaub in den Lichtweg gepustet wird. Das Licht der Quelle gelangt sonst erst ins Auge des Betrachters, wenn es vom Schirm gestreut wird.

Mehrere Blenden erzeugen in Versuch **V1** eine geradlinige Lichtausbreitung in Form eines Lichtbündels. Wird die Öffnung weiter verkleinert, so nimmt die Menge an Licht ab, die das Hindernis passieren kann. Das Lichtbündel wird schmaler. Modellhaft spricht man nun von einem **Lichtstrahl**, der durch eine Gerade darstellbar ist.

> **! Merksatz**
>
> Licht breitet sich in einem Medium geradlinig aus. Sein Weg kann durch Geraden dargestellt werden.

Veränderung von Lichtwegen. Trifft Licht auf ein Hindernis, so kann der Lichtweg verändert und manipuliert werden (Versuch **V2**). Mit Hilfe einer Lupe erscheinen Objekte größer, als sie in der Realität sind, ein Spiegel lässt uns „um die Ecke" schauen. Die geschickt angeordneten Spiegel eines Reflektors werfen das Licht in Richtung Sender zurück – Radfahrer sind so besser zu erkennen.

Eine Öffnung erzeugt Bilder. In Versuch **V1** wird eine runde **Lochblende** gewählt. Der Lichtfleck auf dem Schirm ist ebenfalls rund (Bild **B1a**). Zur Darstellung des Lichtwegs werden jene Lichtstrahlen eingezeichnet, die gerade noch die Blende passieren können. Mit ihrer Hilfe können Lage und Größe des Lichtflecks auf dem Schirm vorhergesagt werden.

Wird die Punktlichtquelle aus Bild **B1a** um zwei weitere Punktlichtquellen ergänzt, so kann für jede einzelne die in Bild **B1** dargestellte Konstruktion vorgenommen werden. Es entsteht ein Bild auf dem Schirm (Bild **B1b**). Wird die Blende entfernt, so ist kein Bild mehr zu erkennen. Das Bild wird also durch die Öffnung der Blende erzeugt.

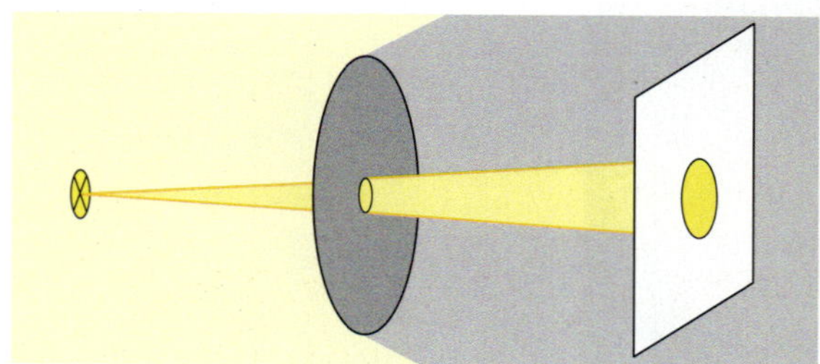

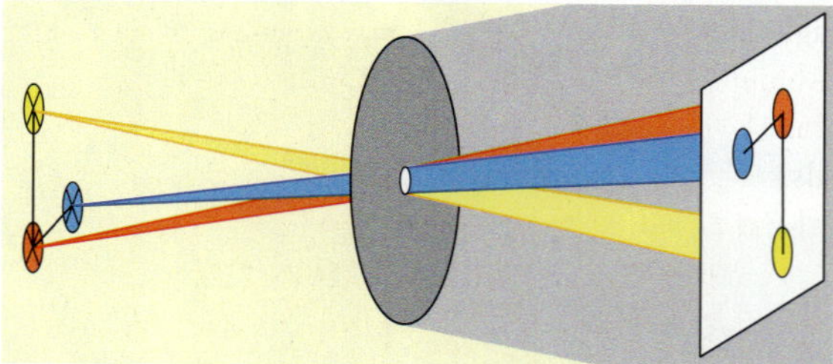

B1 *a) Das Licht einer Punktlichtquelle fällt auf eine Blende mit runder Öffnung. Auf einem Schirm ist ein runder Lichtfleck zu erkennen.*
b) Ausgehend von jedem Punkt gelangt Licht durch die Blende auf den Schirm. Es entsteht ein Bild.

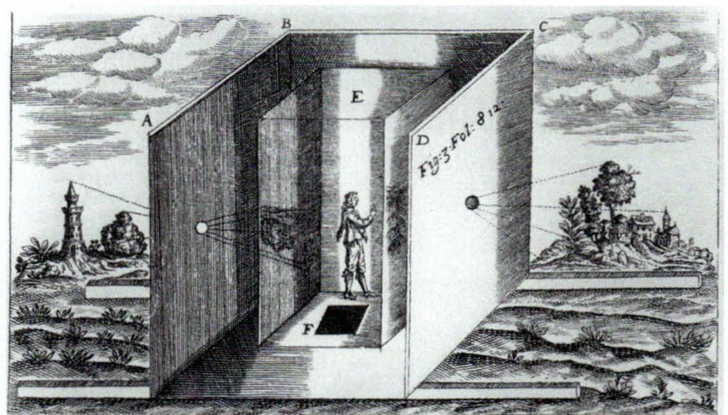

B2 *Man nimmt an, dass die Lochkamera in früheren Zeiten in der Malerei verwendet wurde. In dem dunklen Raum betrachtet der Maler die Bilder der Landschaft und zeichnet sie ab.*

Die Lochkamera. Das Festhalten von Bildern beschäftigt Menschen schon seit Jahrhunderten. Die heute allgegenwärtigen Digitalkameras gingen aus einem lang dauernden Entwicklungsprozess hervor. An seinem Anfang stand die **Lochkamera**, bei der die Umwelt mit Hilfe einer Lochblende abgebildet wird.

Bild **B2** zeigt eine historische Darstellung: In einem dunklen Raum mit einer kleinen Öffnung hält der Maler das hinter ihm abgebildete Objekt auf einer Leinwand fest. Filmrollen für ein analoges Foto oder gar Sensoren, welche in Digitalkameras Verwendung finden, waren noch meilenweit entfernt.

Einfluss der Lochblende auf das Bild. Für den Bau einer eigenen Lochkamera muss eine Lochblende angefertigt werden. Dabei kann sowohl die Form als auch die Größe der Öffnung variiert werden, um ein optimales Bild zu erhalten. Beide Aspekte – Größe und Form der Öffnung – werden in den folgenden Versuchen **V3** untersucht. An Ende des Abschnitts kann mit den dort gewonnenen Erkenntnissen eine eigene Lochkamera konstruiert werden.

V3 Einfluss der Blende auf die Qualität des Bildes

Zur Untersuchung des Einflusses der Blendengröße wird der Basisaufbau aus Objekt, Lochblende und Mattschirm verwendet (Bild rechts). Im ersten Versuchsteil wird die Größe der Lochblende variiert, im zweiten die Form der Öffnung (rund – quadratisch). Um einen Vergleich der Bilder zu ermöglichen, wurden bei den folgenden Abbildungen identische Kameraeinstellungen verwendet.

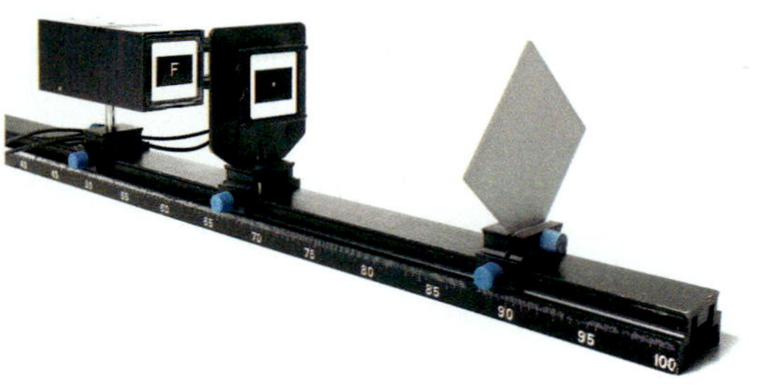

a) Blendengröße

b) Blendenform

Es fällt auf, dass sowohl die Schärfe als auch die Helligkeit des Bildes von der Blendengröße abhängt: Bei Abbildung an der kleinsten Lochblende (Bild links) ist das „F" eindeutig erkennbar, jedoch lichtschwächer als beispielsweise bei der großen Blende (rechts). Hier ist das „F" kaum zu identifizieren.

Bei geringem Abstand zwischen Blende und Schirm ist die Form der Blende zu erkennen (links). Mit zunehmendem Abstand zwischen Blende und Schirm wird das Bild des Gegenstandes deutlicher zu erkennen, der Einfluss der Blendenform tritt in den Hintergrund. Das Bild wird dabei größer und weniger hell (rechts).

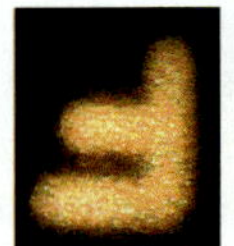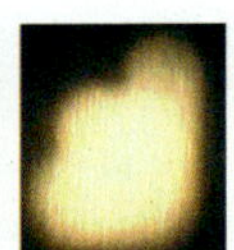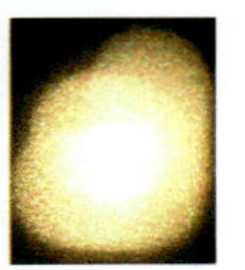

Bildentstehung an der Lochblende. Eine **Pinhole-Kamera** ist eine gewöhnliche analoge bzw. digitale Kamera, bei der das Objektiv durch eine Lochblende ersetzt wird. Die Bildgröße ist dabei durch den eingelegten Film bzw. den Fotosensor begrenzt. Nachdem die bisherigen Versuche bereits qualitative Aussagen ermöglichen, dient Versuch **V1** dazu, Vorhersagen für die Größen abzuleiten, die für die Abbildung bedeutsam sind. Das ist hilfreich, um beispielsweise bei einem Portrait den erforderlichen Abstand zwischen Kamera und Person zu ermitteln.

Die relevanten Größen bei der optischen Abbildung sind (siehe Bild **B1**):

- Gegenstandsweite g: Abstand Gegenstand–Lochblende,
- Bildweite b: Abstand Lochblende-Bild,
- Gegenstandsgröße G: Größe des Objekts,
- Bildgröße B: Größe des Bilds.

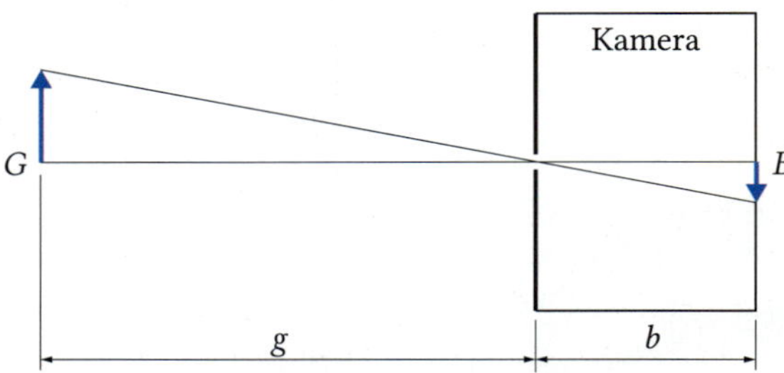

B1 *Relevante Größen bei der optischen Abbildung*

 Messung der Bildgröße

Der Aufbau ist identisch zu Versuch **V3** auf Seite 101. Zur Abbildung wird eine Lochblende mittlerer Größe gewählt, so dass das Bild ausgewogen hell und scharf ist. Mit dem gegebenen Material wird die Gegenstandsgröße G konstant gehalten, während die Abstände verändert und die Bildgröße B gemessen werden. Die folgende Tabelle enthält die im Experiment gewonnenen Daten.

Messung	G in cm	g in cm	B in cm	b in cm	B/G	b/g
1	1,0	10	1,0	10	1,0	1,0
2	1,0	10	1,4	15	1,4	1,5
3	1,0	10	2,0	20	2,0	2,0
4	1,0	15	0,7	10	0,7	0,7
5	1,0	20	0,5	10	0,5	0,5

In der Tabelle zu Versuch **V1** fällt auf: Für jede Messung gilt $B/G = b/g$. Diese Beobachtung kann auch geometrisch begründet werden. Bild **B1** zeigt die Lichtwege bei hinreichend kleiner Blendenöffnung. Die beiden Dreiecke links und rechts von der Blende sind ähnlich zueinander. Zur mathematischen Beschreibung kann somit der Strahlensatz angewendet werden. Dabei werden Bild- und Gegenstandsgröße sowie Bild- und Gegenstandweite in Beziehung gesetzt. Aus der Ähnlichkeit der beiden Dreiecke folgt, dass $\frac{B}{G} = \frac{b}{g}$ gilt. Dieses Verhältnis wird als **Abbildungsmaßstab** A bezeichnet.

> **! Merksatz**
>
> Die Abbildung in einer Lochkamera erfolgt an der Lochblende. Unabhängig von gewählter Bild- und Gegenstandsweite entsteht immer ein Bild. Je größer die Öffnung der Blende gewählt wird, desto heller, jedoch unschärfer, wird das Bild. Die Form der Lochblende ist vor allem bei geringer Entfernung Lochblende–Schirm zu erkennen.
> Der Abbildungsmaßstab A setzt Bild- und Gegenstandsgröße sowie -weite ins Verhältnis:
>
> $$A = \frac{B}{G} = \frac{b}{g}.$$

Lösen Sie selbst

1 In einem Experiment analog zu Versuch **V3** auf Seite 101 wird die quadratische Lochblende gegen eine dreieckige gleicher Größe getauscht. Skizzieren Sie das auf dem Transparentschirm zu beobachtende Bild.

2 Erklären Sie anhand einer Skizze mit markierten Winkeln, aus welchen Gründen bei Bild **B1** die Anwendung des Strahlensatzes gerechtfertigt ist.

3 In einer selbstgebauten Pinhole-Kamera beträgt der Abstand zwischen Blende und Film 2,5 cm. Der Film hat eine Höhe von 24 mm. Bestimmen Sie den erforderlichen Abstand für a) eine Ganzkörperaufnahme, b) ein Portrait von Ihnen. Geben Sie auch den Abbildungsmaßstab an.

4 Verändern Sie Bild **B1b** auf Seite 100 so, dass die Blendenöffnung größer wird. Zeichnen Sie die relevanten Lichtwege ein und erklären Sie anhand Ihrer Skizze die zunehmende Unschärfe des Bildes bei Vergrößerung der Blendenöffnung.

B2 *Beispiel zum Einfluss des Blendendurchmessers d auf Bildqualität und Belichtungsdauer T bei einer Lichtempfindlichkeit von ISO 100: d = 0,07 mm, T = 15 s (links); d = 0,2 mm, T = 0,6 s (Mitte); d = 1,1 mm, T = 1/8 s (rechts)*

Klassische Lochkameras benötigen in der Regel einen Kleinbildfilm, der jedoch viel Zeit für Beschaffung und Entwicklung erfordert. Einfacher kann eine Pinhole-Kamera im Eigenbau erstellt werden, wenn eine digitale Spiegelreflex- oder Systemkamera zur Verfügung steht. Zusätzlich werden eine Gehäuseabdeckung sowie Alufolienzuschnitt, Klebeband und spitze Nadeln benötigt. Sind Staub und Partikel auf dem erstellten Bild zu erkennen, so ist eine Sensorreinigung hilfreich. Bei großem Blendendurchmesser ist darauf zu achten, dass kein Schmutz durch die Blende in die Kamera gelangt. Die Blendenöffnung wird abgedeckt, wenn die Kamera nicht benötigt wird.

1. In das Zentrum der Gehäuseabdeckung wird ein Loch mit ca. 4-6 mm Durchmesser gebohrt und von Spänen befreit.
2. Ein Stück der Folie (ca. 1,5 cm × 2 cm) wird mit einem kleinen Loch versehen und mittels Klebestreifen auf oder in die Gehäuseabdeckung geklebt (Bild **B3**).
3. Die Gehäuseabdeckung wird auf das Kameragehäuse gesetzt.
4. Die erforderlichen Einstellungen der Kamera hängen von Lichtverhältnissen und Blendendurchmesser ab (Bild **B2**).

B3 *Pinhole-Spiegelreflexkamera mit erforderlichem Bastelzubehör*

Die Erstellung kleiner Lochblenden mit weniger als 1 mm Durchmesser erfordert etwas Geschick. Ein hilfreiches Werkzeug zur Fertigung der Löcher ist eine Nähnadel. Diese kann durch leichtes Anschleifen auf einem Schleifstein so verändert werden, dass die Spitze flacher zuläuft und somit eine Öffnung geringen Durchmessers gestochen werden kann.

Der Durchmesser der Blende kann nur schwer mit einem Lineal ermittelt werden. Um dennoch eine Abschätzung der Blendenöffnung vornehmen zu können, wird eine Nahaufnahme der Öffnung mit einem beigelegten Maßstab angefertigt. In einer Bildbearbeitungssoftware wird das Bild stark vergrößert. Anschließend werden die Pixel ausgezählt und so der Durchmesser bestimmt.

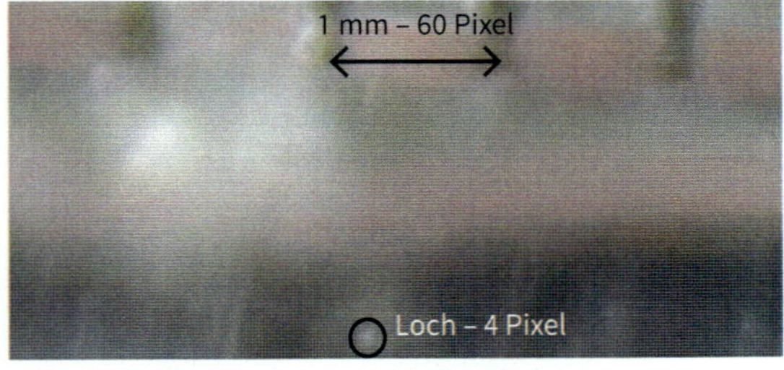

B4 *Bestimmung des Blendendurchmessers*

Der Abstand zweier Markierungen auf dem Geodreieck entspricht 60 Pixel, die Lochblende weist einen Durchmesser von 4 Pixeln auf (Bild **B4**). Es ergibt sich eine Blendenöffnung $d = \frac{1\,\mathrm{mm}}{60\,\mathrm{px}} \cdot 4\ \mathrm{px} = 0{,}07$ mm. Dieser Messwert unterliegt einem Messfehler, der durch die Ungenauigkeit in der Auswertung des Fotos zustande kommt. Beim hier gewählten Beispiel ist der Abstand der Markierungen ± 2 px ablesbar, die Blendenöffnung ± 1 px. Die Blendenöffnung kann daher zwischen $d = \frac{1\,\mathrm{mm}}{62\,\mathrm{px}} \cdot 3\ \mathrm{px} = 0{,}05$ mm und $d = \frac{1\,\mathrm{mm}}{58\,\mathrm{px}} \cdot 5\ \mathrm{px} = 0{,}09$ mm betragen.

6.2 Abbildungen an Linsen

B1 *Unterschiedliche Anwendungsbereiche von Linsen in Alltagsgeräten*

Linsen. Egal ob als Vergrößerungsglas, Brille oder in einem komplexen Objektiv – **Linsen** sind im Alltag allgegenwärtig (Bild **B1**). Aufgrund ihrer optischen Eigenschaften verändern sie Lichtwege. Dabei können sie sowohl einzeln als auch kombiniert eingesetzt werden. Linsen können heutzutage so klein gemacht und speziell geformt werden, dass sie in ein Smartphone passen und trotzdem hervorragende Fotos ermöglichen.

Licht an Grenzflächen. Trifft ein Lichtbündel aus Luft kommend unter einem Winkel auf einen Plexiglaskörper, so wird ein Teil des Lichtes reflektiert. Der andere Teil des einfallenden Lichts gelangt in den Plexiglaskörper. Dabei wird der Weg des Lichtbündels verändert (Bild **B2**). Dieser Vorgang wird **Lichtbrechung** genannt. Wird der Winkel verändert, unter dem das Licht auf das Plexiglas trifft, so ändert sich auch die Stärke der Brechung.

Lichtbrechung erfolgt in diesem Beispiel an der Grenzfläche zwischen der Luft und dem Plexiglas. Auch bei anderen Materialien wie Glas und Wasser ist sie zu beobachten. Im Versuch **V1** wird die Lichtbrechung systematisch untersucht.

Wird der Lichtweg umgekehrt, so erhält man die gleichen Messpunkte. Ein Einfallswinkel von ca. 25° in Plexiglas führt zu einem Austrittswinkel von ca. 40° in Luft. Der Prozess ist umkehrbar.

B2 *Lichtbrechung an Plexiglaskörper. Trifft Licht senkrecht auf den Körper (rechts), so erfolgt keine Veränderung des Lichtwegs.*

An Grenzflächen wird Licht gebrochen. Erfolgt eine Ablenkung zum Lot hin, so geht das Licht von einem optisch dünneren in einen optisch dichteren Stoff über. Erfolgt die Brechung vom Lot weg, so erfolgt der Übergang zum optisch dünneren Stoff.

V1 Brechung im Übergang Luft–Plexiglas

Zur Untersuchung der Lichtbrechung wird mit Hilfe einer Blende ein schmales Lichtbündel auf einen halbrunden Plexiglaskörper gelenkt und die Stärke

der Brechung ermittelt. Dazu wird der Winkel gegenüber dem Lot gemessen. Die Winkel in Luft und Plexiglas werden in einem Diagramm dargestellt. Trifft das Licht senkrecht (0°) auf den Körper, so erfolgt keine Brechung. Eine Messung der großen Winkel gelingt nicht zufriedenstellend, daher endet die Messung bei 85°.

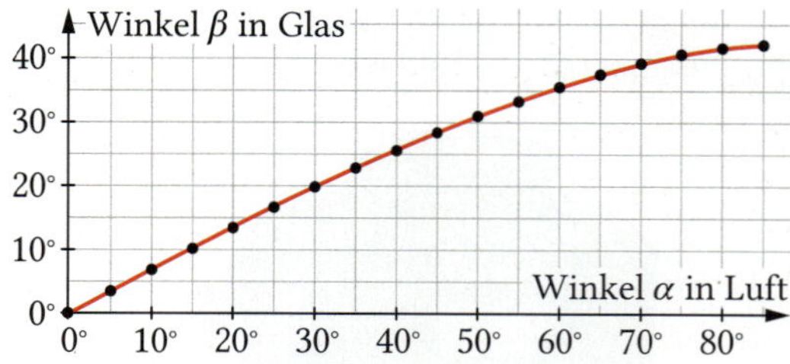

Darstellung der Messwerte

Die Darstellung des Zusammenhangs in Form eines Terms ist nicht ohne weiteres möglich. Ein quadratisches Modell genügt den Messdaten nicht.

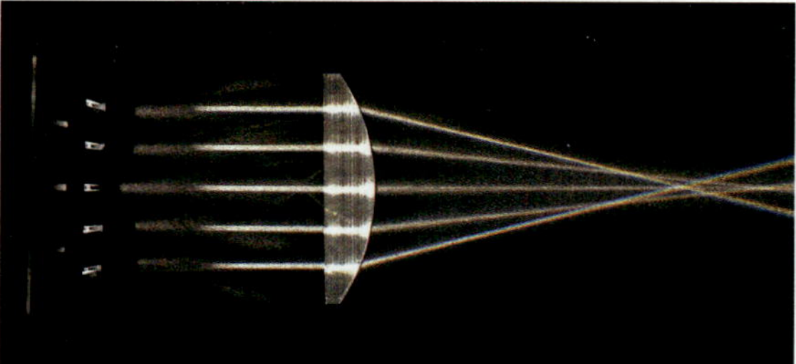

B3 *Eine konvexe Sammellinse*

Veränderung von Lichtwegen. Grenzflächen können Lichtwege verändern. Bei Linsen wird diese Eigenschaft genutzt, um Lichtwege gezielt zu manipulieren und – ähnlich zur Lochkamera – Bilder zu erzeugen. Die Bilder **B3** und **B4** zeigen die Veränderung der Lichtwege an verschiedenen Linsentypen.

> **! Merksatz**
>
> Linsen verändern Lichtwege. Man unterscheidet zwischen Sammel- und Zerstreuungslinsen anhand der beobachtbaren Veränderung der Lichtwege.

Lichtwege an Sammellinsen. Werden die Lichtwege in Bild **B3** variiert, fallen einige Lichtbündel besonders auf. Sie sind in Bild **B5** zusammengefasst. Die dünne schwarze Linie markierte die optische Achse der Linse.

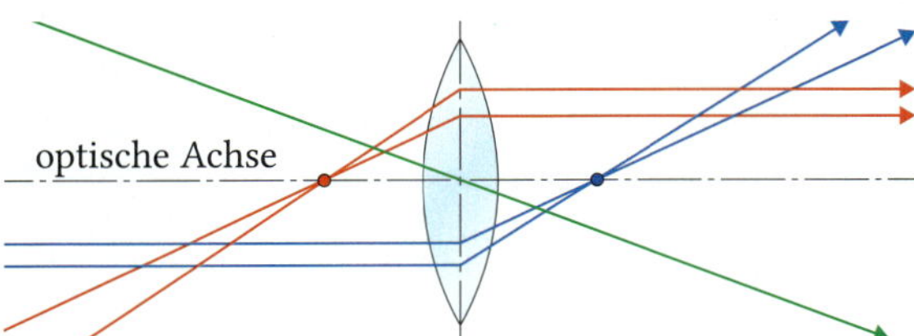

B5 *Ausgewählte Lichtwege an einer Sammellinse*

Bild **B5** ignoriert kleine Abweichungen vom Realexperiment. Die folgenden Aussagen gelten deshalb idealisiert für ausreichend „dünne" Linsen:

- Strahlen, die parallel verlaufen und senkrecht auf die Linse treffen, schneiden sich nach Durchlaufen der Linse in einem Punkt (blau).
- Umgekehrt verlaufen Strahlen, die durch eben diesen Punkt gehen und anschließend auf die Linse treffen, im Folgenden parallel. Dieses ist die Umkehrung der ersten Beobachtung (rot).
- Strahlen, die die Linse in Höhe der optischen Achse durchlaufen, gelangen ohne Veränderung des Lichtweges hindurch (grün).

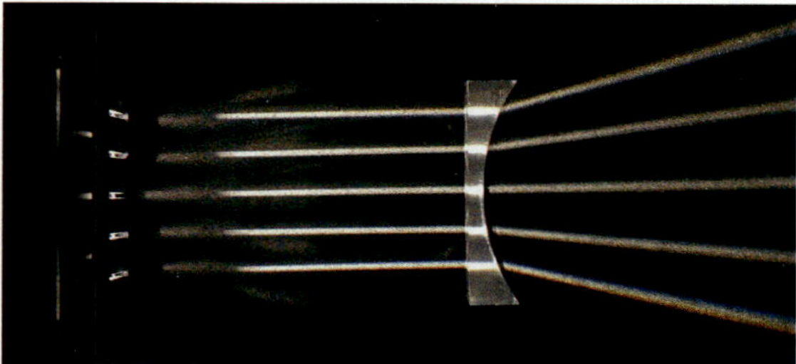

B4 *Eine konkave Zerstreuungslinse*

Lichtwege bei der Zerstreuungslinse. Das Experiment wird mit einer konkaven Linse wiederholt. Bild **B4** zeigt Lichtwege für parallel einfallendes Licht, welches senkrecht auf die Zerstreuungslinse trifft. Ein Schnittpunkt der Lichtwege wie in Bild **B3** ist zunächst nicht zu erkennen. Durch Variation des einfallenden Lichtes sind besondere Lichtwege zu identifizieren. Diese sind in Bild **B6** dargestellt.

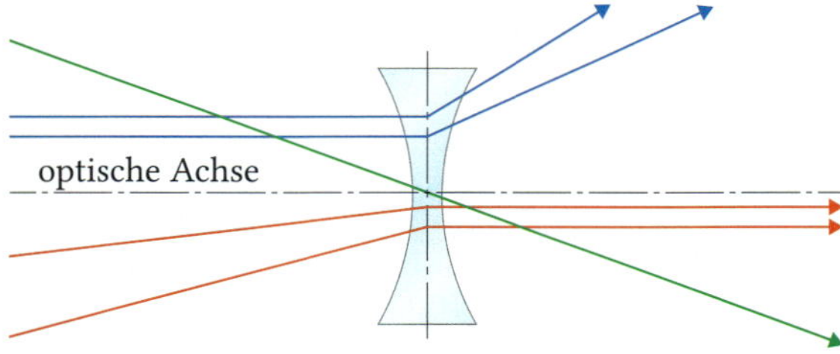

B6 *Ausgewählte Lichtwege an einer Zerstreuungslinse*

Während der Verlauf des Mittelpunktstrahls auch bei der Zerstreuungslinse zu beobachten ist, fehlt ein Schnittpunkt der parallel auf die Linse treffenden Strahlen. Werden die Lichtwege nach links zu Halbgeraden ergänzt (Bild **B7**, gestrichelte Linien), so lässt sich auch hier ein Schnittpunkt der Strahlen angeben. Dieser liegt jedoch auf der Seite, auf welcher das Licht parallel verläuft. Der Schnittpunkt lässt sich demnach nur indirekt ermitteln. Im Vergleich mit der Sammellinse liegt er auf der anderen Seite.

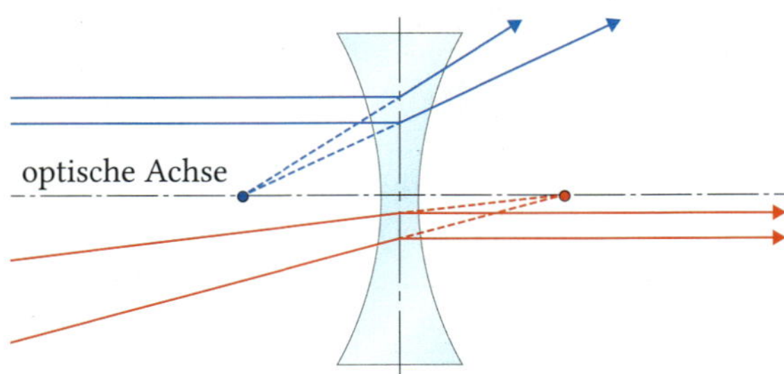

B7 *Hilfslinien deuten auf markante Punkte hin.*

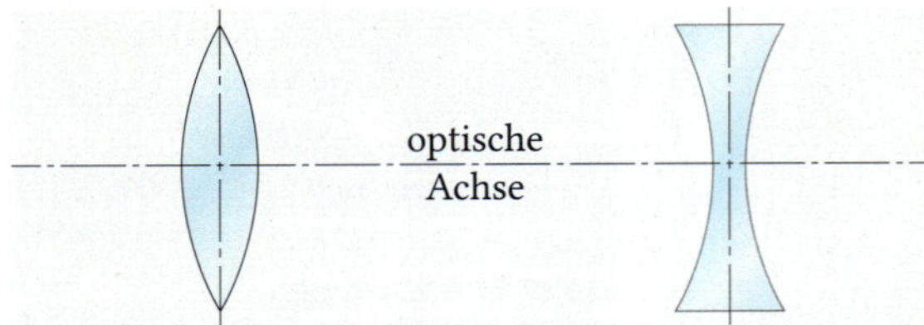

B1 *Lage der optischen Achse bei verschiedenen Linsentypen*

Brennpunkt und Brennebene. Für parallel zur **optischen Achse** (Bild **B1**) einfallendes Licht liegt der Schnittpunkt der Lichtwege auf der optischen Achse. Dieser Punkt wird als **Brennpunkt** bezeichnet. Die Entfernung des Brennpunkts von der Linse ist die **Brennweite** f. Aufgrund der Umkehrbarkeit der Lichtwege verfügt die Sammellinse über zwei Brennpunkte (Bild **B2**).

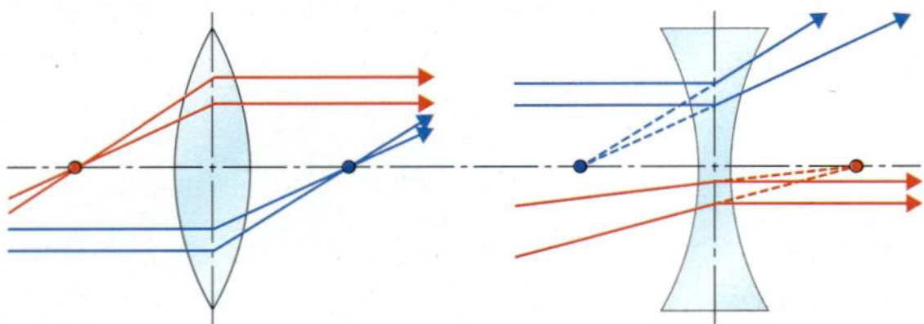

B2 *Brennpunkte bei Sammel- und Zerstreuungslinse*

Für Zerstreuungslinsen kann der Brennpunkt nur konstruiert werden. Er liegt auf der gleichen Seite, auf der das Licht auf die Linse trifft. Aufgrund der Lage wird einer Zerstreuungslinse eine negative Brennweite zugeordnet.

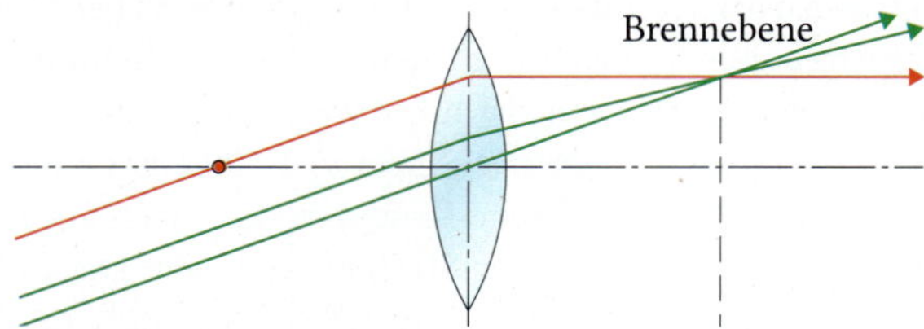

B3 *Brennpunkt und Brennebene bei Sammellinsen*

Trifft paralleles Licht nicht senkrecht auf die Linse, so liegt der Schnittpunkt der Strahlen nicht mehr auf der optischen Achse. Es handelt sich dann um einen Punkt auf der **Brennebene** (Bild **B3**).

Diese besonderen Lichtwege können verwendet werden, um vorherzusagen, in welchem Abstand zur Linse Bilder entstehen. Im Gegensatz zur Lochblende gibt es bei der Abbildung an Linsen nur bestimmte Kombinationen aus Bild- und Gegenstandsweite, bei denen ein Bild erkennbar ist.

Entstehung der Bildpunkte. Mit Hilfe der besonderen Lichtwege kann die Lage eines Bildpunktes grafisch ermittelt werden. An den Orten, an welchen sich die verschiedenen Wege treffen, entsteht ein Bildpunkt (Bild **B4**). Die Menge aller Bildpunkte ergibt das Bild.

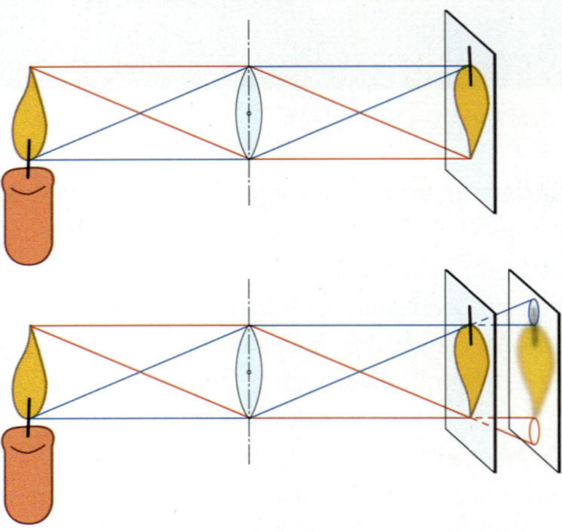

B4 *Entstehung eines scharfen Bildes (oben), Entstehung eines unscharfen Bildes aufgrund zu großen Abstandes zwischen Linse und Schirm (unten)*

Befindet sich der Schirm jedoch in einem anderen Abstand, so wird das Bild unscharf (Bild **B4**). Die unterschiedlichen Lichtwege treffen nicht an gleicher Stelle auf den Schirm. Es gibt demnach nur *eine* geeignete Bildweite bei gegebener Linse und Gegenstandsweite, um ein scharfes Bild zu erhalten. Die Umsetzung der bekannten Lichtwege in einer dynamischen Geometriesoftware hilft dabei, die Bildentstehung systematisch zu untersuchen (Versuch **V1**).

▤ Dioptrie

Wer eine Brille oder Kontaktlinsen benötigt, kennt anstelle der Brennweite die „Dioptrie" zur Beschreibung der „Brechkraft" einer Sehhilfe. Die Brechkraft angegeben in Dioptrien ist der Kehrwert der Brennweite gemessen in Metern:

$$\text{Brechkraft} = \frac{1}{\text{Brennweite}} .$$

Konvexe Linsen haben eine positive, konkave Linsen eine negative Brechkraft. Eine Brille mit $+2$ dpt hat eine Brennweite von $f = \frac{1}{2 \text{ dpt}} = 0{,}5$ m.

Bei $-0{,}5$ dpt handelt es sich um eine Zerstreuungslinse mit einer Brennweite von $f = \frac{1}{-0{,}5 \text{ dpt}} = -2$ m.

Voraussetzung: Um vorherzusagen, wo und in welcher Größe ein Bild eines Gegenstands entsteht, kann eine Simulation hilfreich sein. Hierfür sind verschiedene Vorüberlegungen notwendig. Die besonderen Lichtwege bezüglich Linsen helfen, die Lage des Bildes in fünf Schritten zu konstruieren.

1. Der Lichtstrahl entlang der optischen Achse trifft senkrecht auf die Linse und wird nicht gebrochen.
2. Ein Strahl durch den Mittelpunkt der Linse wird nicht gebrochen.
3. Verläuft ein Lichtstrahl vor der Linse durch den Brennpunkt, so verläuft er hinter der Linse parallel zu optischen Achse.
4. Ein zur optischen Achse paralleler Lichtstrahl verläuft hinter der Linse durch den Brennpunkt.
5. In dem Punkt, in dem sich die Lichtwege schneiden, entsteht ein scharfes Bild.

Anforderungen und Vereinfachungen: In der Simulation wird der Gegenstand durch Fußpunkt und Spitze dargestellt. Gegenstandsgröße und -weite sind veränderbar. Auch die Lage des Brennpunkts hat einen Einfluss auf die Bildentstehung. Die Brennweite soll deshalb auch veränderbar sein. Dieses gelingt mit Hilfe dreier Schieberegler für G, g und f.

Anlage der Basisgrößen: Als optische Achse wird die x-Achse gewählt. Der Fußpunkt des Gegenstands wird auf die optische Achse gelegt. Seine x-Koordinate entspricht der (negativen) Gegenstandsweite g. Die y-Koordinate der Spitze G entspricht dem Wert des Schiebereglers G. Die Linse wird lediglich durch eine Senkrechte zur optischen Achse dargestellt. Alternativ kann mittels Kreisbogen jede Hälfte der Linse gezeichnet werden. Ihr Mittelpunkt wird M genannt. Der Brennpunkt F wird auf der optischen Achse ergänzt, indem als x-Koordinate $-f$ bzw. f des Schiebereglers der Brennweite gewählt werden.

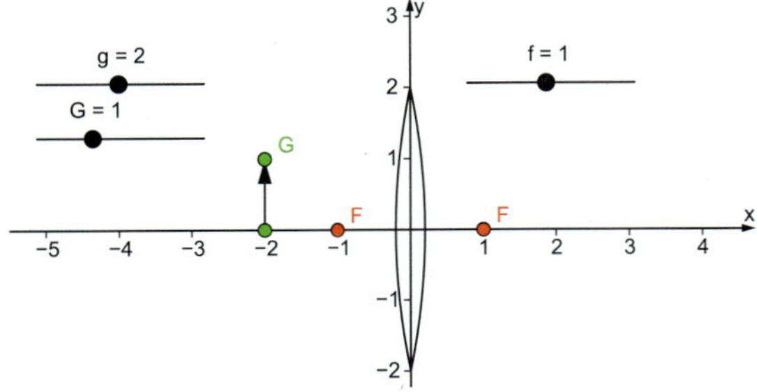

Zur Konstruktion des Bildes werden mindestens zwei Lichtwege benötigt. Einfach zu konstruieren ist der Lichtweg durch den Mittelpunkt: eine Gerade durch die Pfeilspitze und den Koordinatenursprung. Für Schritt 3 wird eine Hilfskonstruktion benötigt: Eine zweite Gerade wird durch G und F gelegt, ihr Schnittpunkt mit der „Linse" wird mit X bezeichnet. Eine Parallele zur optischen Achse durch X beschreibt den Lichtweg hinter der Linse.

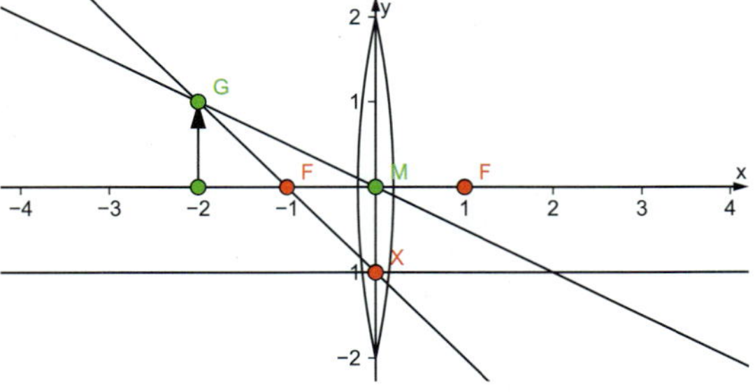

Der Schnittpunkt mit der Mittelpunktsgeraden ergibt den Bildpunkt B (siehe Schritt 5). Zur Kontrolle kann der Lichtweg gemäß Schritt 4 ergänzt werden. Der Fußpunkt des Gegenstands liegt auf der optischen Achse und hat den gleichen x-Wert wie B.

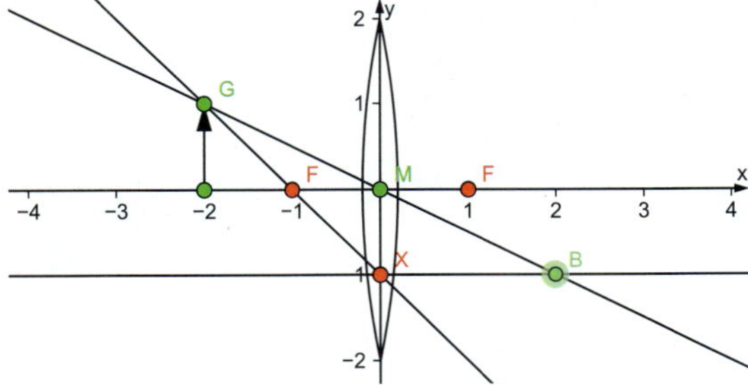

Anlage der zu messenden Größen: Während Bildgröße, Bild- und Brennweite mittels Schieberegler eingestellt und abgelesen werden können, werden Bildgröße und -weite durch den Abstand zweier Punkte ermittelt und diese Angabe ergänzt. Zur Vereinfachung können Teile der Konstruktion ausgeblendet werden.

*Auswertung_* Ein Zusammenhang zwischen den Größen ist durch reines Ausprobieren nur schwer zu finden. Es ist hilfreich, sich die Kehrwerte $1/f$, $1/g$ und $1/b$ anzeigen zu lassen, um dem Linsengesetz auf die Spur zu kommen. Eine tabellarische Übersicht mit Mess- und Kehrwerten unterstützt die Simulation.

Experimentelle Betrachtung. In der Simulation ist ein möglicher Zusammenhang zwischen Brennweite, Bild- und Gegenstandsweite aufgefallen, der noch im Experiment überprüft werden muss. Zur Untersuchung der Abbildung an der Sammellinse wird der Aufbau in Versuch **V1** verwendet. In dem bekannten Experiment wird lediglich die Lochblende durch eine Sammellinse (hier: $f = 50$ mm) ersetzt.

Der Vergleich der Quotienten B/G und b/g zeigt, dass die von der Lochblende bekannte Gleichung für den Abbildungsmaßstab auch für die Linse gilt. Die Lage des Bildes lässt sich damit noch nicht vorhersagen. Die Betrachtung der Kehrwerte $1/b$, $1/g$ und $1/f$ hilft jedoch weiter. Für die Messwerte aus der zweiten Zeile der Tabelle in Versuch **V1** erhält man

$$\frac{1}{b} + \frac{1}{g} = \frac{1}{22,1 \text{ cm}} + \frac{1}{6,5 \text{ cm}} = \frac{0,2}{\text{cm}} \text{ sowie } \frac{1}{f} = \frac{1}{5 \text{ cm}} = \frac{0,2}{\text{cm}}.$$

Die Vermutung aus der Simulation wird durch das Experiment unterstützt.

V1 Abbildung an der Sammellinse

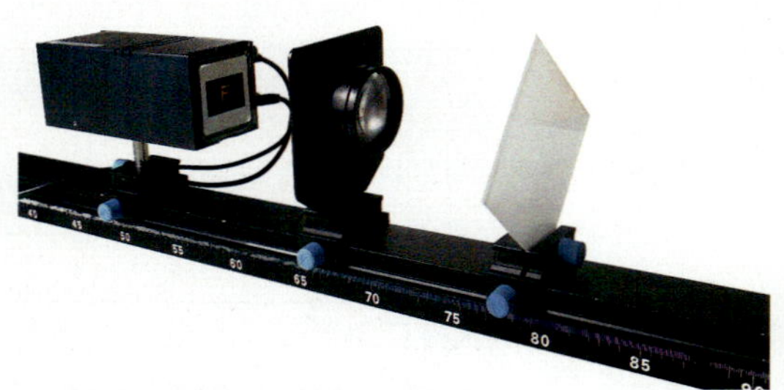

Zur Untersuchung eines möglichen Zusammenhangs zwischen den abbildungsrelevanten Größen wird ein Objekt mit Hilfe einer Linse ($f = 50$ mm) scharf auf einem Schirm abgebildet. Die von der Lochblende bekannten Größen werden notiert. Entsteht kein Bild, so wird ein Strich (-) vermerkt. Im Gegensatz zur Betrachtung der Lochblende liegt jeweils nur höchstens eine Bildweite b zur gewählten Gegenstandsweite g vor, in welcher ein scharfes Bild auf dem Schirm zu beobachten ist.

G in cm	g in cm	B in cm	b in cm
1,1	5	-	-
1,1	6,5	3,7	22,1
1,1	10,0	1,1	10
1,1	15,0	0,6	7,5

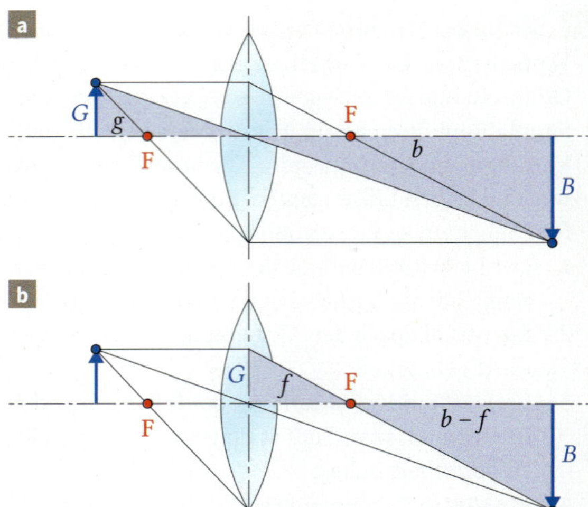

B1 *a) Strahlensatzfigur I b) Strahlensatzfigur II*

Geometrische Betrachtung. Bild **B1** zeigt die Konstruktion des Bildes an einer Sammellinse. Zur quantitativen Beschreibung lassen sich zwei Strahlensatzfiguren identifizieren.

Aus der Strahlensatzfigur I (Bild **B1a**) wird die von der Lochblende bekannte Verhältnisgleichung

$$\frac{B}{G} = \frac{b}{g} = A, \tag{1}$$

mit dem Abbildungsmaßstab A abgelesen, die sich auch in Versuch **V1** ergibt. In der rechten Hälfte der Abbildung lässt sich eine zweite Strahlensatzfigur (Bild **B1b**) identifizieren. Hier gilt entsprechend:

$$\frac{B}{G} = \frac{b - f}{f}. \tag{2}$$

Gleichung (1) wird für $\frac{B}{G}$ in Gleichung (2) eingesetzt:

$$\frac{b}{g} = \frac{b - f}{f} = \frac{b}{f} - 1.$$

Teilt man die Gleichung durch die Bildweite b und löst nach $\frac{1}{f}$ auf, erhält man die **Linsengleichung**.

! Merksatz

Befindet sich ein Gegenstand der Größe G in einem Abstand $g > f$ vor einer Linse der Brennweite f, so entsteht ein Bild mit Abstand b zur Linse. Für g, f und b gilt die Linsengleichung

$$\frac{1}{f} = \frac{1}{b} + \frac{1}{g}.$$

Die Größe des Bildes wird anhand des Abbildungsmaßstabs bestimmt:

$$A = \frac{B}{G} = \frac{b}{g}.$$

Anwendung der Linsengleichung. Als der Zusammenhang zwischen Brennweite der abbildenden Linse, Bild- und Gegenstandsweite untersucht wurde, nahmen wir an, dass das abzubildende Objekt weiter entfernt ist als die Brennweite der Linse. Für diesen Fall lassen sich rechnerisch Vorhersagen bezüglich erforderlicher Abstände treffen. So entspricht in der Beispielaufgabe die Bildweite der fünffachen Gegenstandsweite.

In der hier gewählten Form der Linsengleichung ist zu beachten, dass Bild-, Gegenstands- und Brennweite ein Vorzeichen besitzen. Wird in Bild **B1** beispielsweise die Sammellinse durch eine Zerstreuungslinse ersetzt, so ist ihre Brennweite negativ.

Anhand der bereits erstellten Simulation lässt sich durch Verschiebung des Gegenstandes der Einfluss auf Lage und Größe des Bildes untersuchen. Die Brennweite der Linse wird dabei nicht verändert (Versuch **V2**).

V2 Simulation: Eigenschaften des Bildes in Abhängigkeit der Gegenstandsweite

Die Brennweite der Linse ist in diesem Beispiel auf eine Einheit gesetzt. Das Fenster der Simulation muss zum Ablesen entsprechend angepasst werden.

Gegenstandsweite entspricht dreifacher Brennweite:

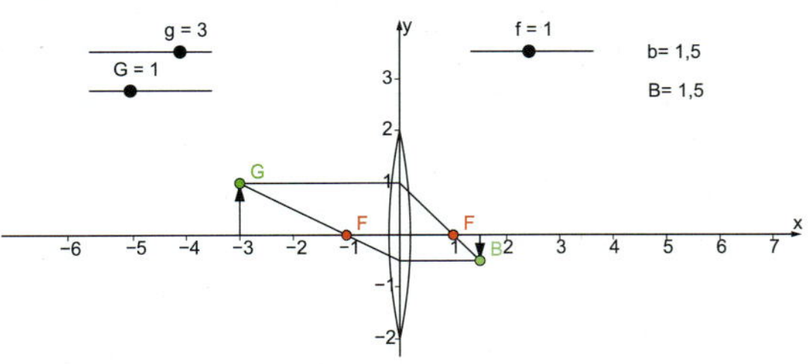

Das Bild des Gegenstandes ist kleiner als der Gegenstand und außerdem umgekehrt. Es liegt zwischen der einfachen Brennweite und der doppelten Brennweite.

Gegenstandsweite entspricht doppelter Brennweite:

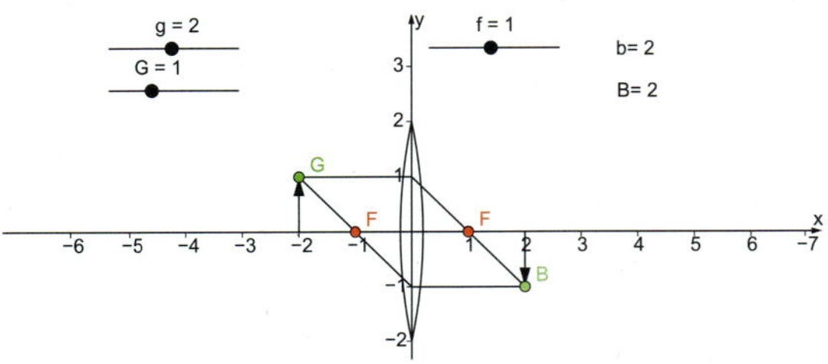

Gegenstand und Bild sind gleich groß, das Bild steht jedoch auf dem Kopf.

Gegenstandsweite entspricht 1,5-facher Brennweite:

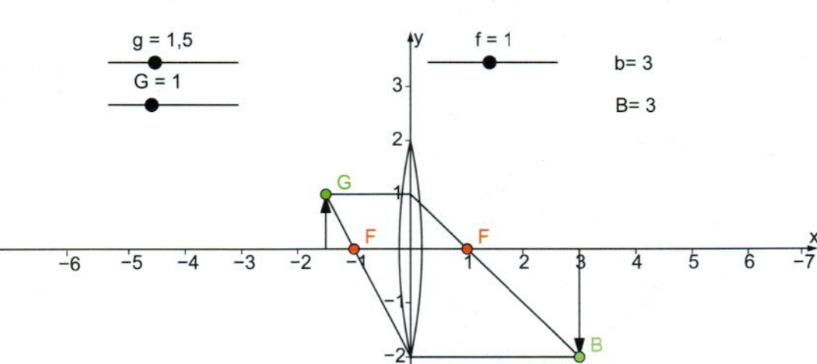

Ist die Gegenstandsweite größer als die Brennweite, jedoch kleiner als die doppelte Brennweite, so ist das Bild vergrößert. Je dichter der Gegenstand an den Brennpunkt rückt, desto größer wird das Bild. Die Bildweite nimmt dabei (erheblich) zu.

Gegenstandsweite entspricht 0,7-facher Brennweite:

Ist $g = f$, entsteht kein erkennbares Bild: Die ausgewählten Strahlen verlaufen parallel. Wird der Gegenstand noch dichter an die Linse geschoben, entsteht erneut ein Bild, aber aufrecht und auf der gleichen Seite.

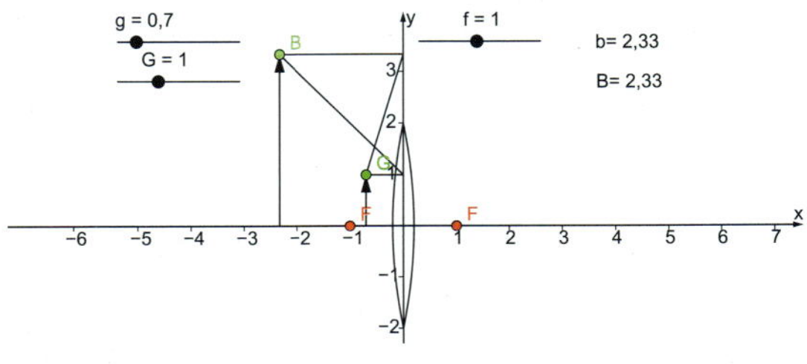

 Eigenschaften des Bildes in Abhängigkeit der Gegenstandsweite

Beim bekannten Aufbau wird der Gegenstand in der doppelten Brennweite der Linse platziert und der Schirm ebenfalls auf die doppelte Brennweite gesetzt.

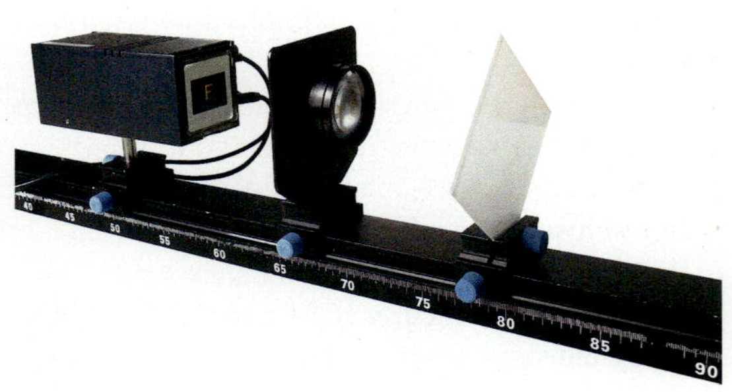

Langsam wird der Gegenstand dichter an die Linse geschoben und die Bildweite angepasst.

Wie in der Simulation gezeigt, entspricht die Bildgröße der Gegenstandsgröße und das Bild ist auf dem Schirm zu erkennen. Wird das Objekt nun dichter an die Linse geschoben, so nehmen Bildweite und -größe zu. Entspricht die Gegenstandsweite der Brennweite, so ist kein Bild mehr erkennbar. Befindet sich das Objekt zwischen Brennpunkt und Linse, so ist auf dem Schirm kein Bild erkennbar. Erst beim Blick durch die Linse auf das Objekt erscheint dieses aufrecht und stark vergrößert (vergleiche Tabelle **T1**).

Entstehung virtueller Bilder. Wird der Gegenstand zwischen Brennpunkt und Linse platziert, so zeigt die Simulation ein ungewohntes Verhalten, das im Versuch **V1** näher untersucht wird. Befindet sich der Gegenstand zwischen Linse und Brennpunkt, so kann keine Abbildung auf einem Schirm erfolgen. Es entsteht kein reelles Bild. Beim Blick durch die Linse zeigt sich jedoch ein **virtuelles Bild**, welches das Objekt stark vergrößert und richtig herum zeigt. Das menschliche Auge konstruiert zu jedem Gegenstandspunkt einen Bildpunkt, indem es die Strahlen bis zu ihrem scheinbaren Ursprung verfolgt (Bild **B1**).

Bild **B2** zeigt das virtuelle Bild eines Buchstabens, der mit einer Digitalkamera aufgenommen wurde. Das virtuelle D hat eine Breite von 522 Pixeln, das ursprüngliche D eine Breite von 196 Pixeln. Der Abbildungsmaßstab beträgt $A = \frac{522\ \text{px}}{196\ \text{px}} = 2{,}66$. Ob die Linsengleichung auch hier Gültigkeit hat, wird anhand einer Beispielrechnung geprüft und b ermittelt:

$$\frac{1}{b} = \frac{1}{f} - \frac{1}{g} = \frac{1}{22\ \text{cm}} - \frac{1}{14\ \text{cm}} \approx \frac{-0{,}026}{\text{cm}}, \quad \text{d. h.} \quad b = -38{,}4\ \text{cm}.$$

B2 *Virtuelles Bild mittels Lupe (f = 22 cm) mit g = 14 cm*

Der Abbildungsmaßstab ist $A = \frac{38{,}4\ \text{cm}}{14\ \text{cm}} \approx 2{,}74$. Die leichte Abweichung kann in einer ungenauen Angabe der Brennweite begründet sein. Die Messwerte erfüllen die bekannte Gleichung. Es ist jedoch zu beachten, dass die Bildweite negativ angegeben werden muss.

Gegenstands- weite g	Bildweite b	Eigenschaften des Bildes
$g > 2f$	$f < b < 2f$	reell, umgekehrt, verkleinert
$g = 2f$	$b = 2f$	reell, umgekehrt, gleich groß
$f < g < 2f$	$b > 2f$	reell, umgekehrt vergrößert
$g = f$		Es existiert kein Bild.
$g < f$	$b > g$	virtuell, aufrecht, vergrößert

T1 *Bildeigenschaften in Abhängigkeit von Gegenstandsweite und Bildweite*

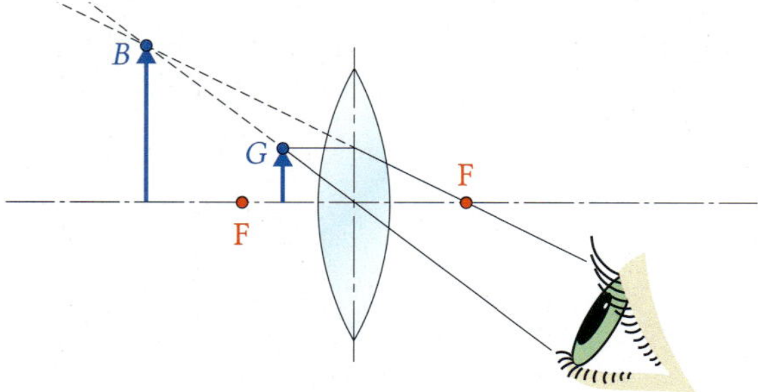

B1 *Zustandekommen des virtuellen Bildes für den Betrachter*

1 Mit Hilfe einer Sammellinse ($f = 4$ cm) soll ein doppelt so großes Bild eines Gegenstands auf einem Schirm erstellt werden. Berechnen Sie mögliche Abstände und fertigen Sie eine Skizze an.

2 Mit Hilfe einer Sammellinse der Brennweite 8 cm soll ein Bild erzeugt werden, welches die gleiche Größe wie der Gegenstand selbst aufweist. Bestimmen Sie die erforderlichen Abstände und fertigen Sie eine Skizze zur Bestätigung der Lösung an.

3 Objekt und Bild befinden sich 30 cm voneinander entfernt. Beide haben die gleiche Größe.
a) Bestimmen Sie Brennweite und Lage der Linse.
b) Geben Sie die Orientierung des Bildes an.

4 Nehmen Sie Stellung zu folgenden Aussagen.
a) „Sind Bild und Objekt gleich groß, so haben sie auch die gleichen Abstände zur Linse."
b) „Ist ein Gegenstand sehr weit von der Linse entfernt, so entsteht sein Bild im Brennpunkt der Linse."
c) „Kombiniert man eine Sammellinse mit $f = 50$ mm und eine Zerstreuungslinse mit $f = -50$ mm, so erfolgt keine Veränderung der Lichtwege."

5 Erstellen Sie mit Hilfe einer dynamischen Geometriesoftware eine Simulation zur Abbildung eines Objekts an einer Zerstreuungslinse.

6 Bestimmen Sie die Brennweite einer Lesebrille. Überprüfen Sie Ihr Ergebnis, indem Sie mit der Dioptrienzahl vergleichen.

7 In einer lichtundurchlässigen Röhre der Länge 10 cm befindet sich eine Linse unbekannter Brennweite.
a) Beschreiben Sie ein Verfahren, um die Brennweite zu bestimmen.
b) Erläutern Sie, ob Ihr Verfahren für jede Brennweite geeignet ist.

8 Ein Handyhersteller benötigt eine geeignete Linse für die eingebaute Kamera. Auf welche Schwierigkeiten kann er dabei stoßen? Geben Sie eine Empfehlung für eine geeignete Brennweite. Recherchieren Sie im Internet die besonderen Eigenschaften von Handykameralinsen.

9 Isaac NEWTON formulierte als Linsengesetz
$(g - f)(b - f) = f^2$.
Vergleichen Sie mit dem im Kapitel dargestellten Linsengesetz.

10 Die folgende Abbildung zeigt den Zusammenhang zwischen Gegenstandsweite und Bildweite. Bestimmen Sie anhand des Graphen die Brennweite der unbekannten Linse.

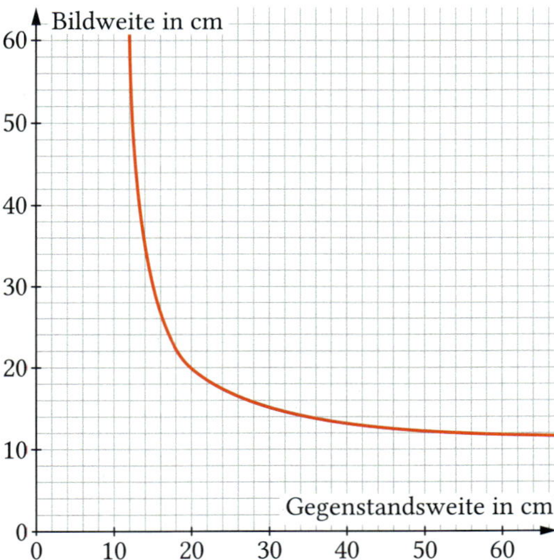

11 Erklären Sie das Zustandekommen des folgenden Fotos und sprechen Sie eine Empfehlung aus, welcher Abstand zwischen Hintergrund, Glas und Kamera erforderlich ist.

6.3 Linsensysteme und optische Geräte: Lupe und Fernrohr

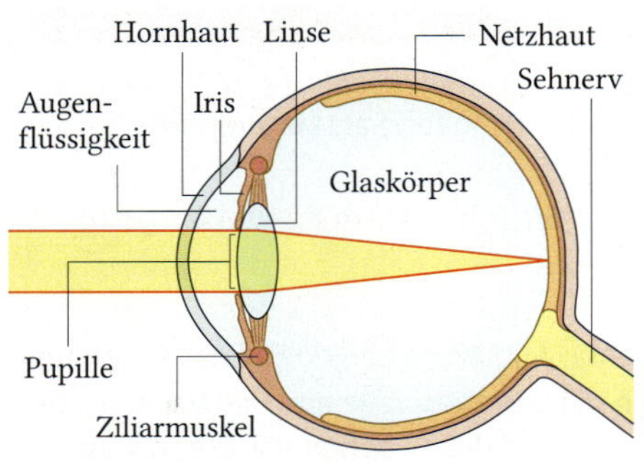

B1 *Aufbau des menschlichen Auges*

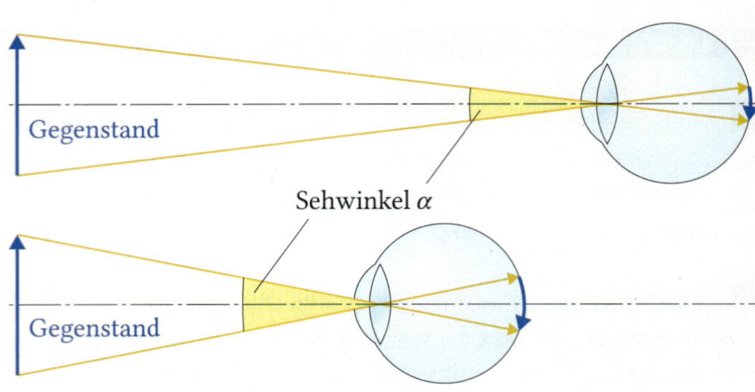

B2 *Einfluss des Sehwinkels auf die Bildgröße*

Aufbau des Auges. Mehrere Komponenten – wie bei einer Kamera – sind am Sehvorgang beteiligt (Bild **B1**). Die Iris kann ihre Größe an die Lichtverhältnisse anpassen, so dass wir auch bei extremen Lichtbedingungen sehen können. Augenlinse und Glaskörper sorgen für die optische Abbildung.

In den bisherigen Experimenten wurde zum Scharfstellen des Bildes der Abstand zwischen Linse und Schirm verändert. Das funktioniert im Auge nicht. Der Abstand zwischen Linse und Netzhaut lässt sich nicht verändern. Stattdessen ändert der Ziliar- oder Ringmuskel die Dicke und Geometrie der Linse und somit auch ihre Brennweite. Dadurch entsteht bei nahezu konstanter Bildweite ein scharfes Bild.

Abbildung im Auge. Das optische System des Auges umfasst neben Linse und Glaskörper auch die Hornhaut und die Augenflüssigkeit. Seine Gesamtbrennweite beträgt etwa $f = 20$ mm. Dabei wirkt die Pupille als Blende. Auf der Netzhaut entsteht ein reelles, umgekehrtes Bild. Seine Größe auf der Netzhaut hängt von Gegenstandsgröße und -weite ab (Bild **B2**). Befindet sich der Gegenstand dichter vor dem Auge, so wird das Bild auf der Netzhaut größer. Der **Sehwinkel** α, unter dem es zu erkennen ist, nimmt zu.

> **! Merksatz**
>
> Der Sehwinkel α ist ein Maß für die Größe des Bildes auf der Netzhaut. Je größer der Sehwinkel des Gegenstandes ist, desto größer ist auch sein Bild.

Wird die Gegenstandsweite (Bild **B2**) verringert, nimmt der Sehwinkel und somit die Größe des Bildes zu. Eine Grenze bildet hierbei der Nahpunkt des Auges. Befindet sich ein Gegenstand zu dicht am Auge, so kann die Dicke der Augenlinse nicht genügend angepasst werden.

Neben dem Augennahpunkt schränkt auch das Auflösungsvermögen des Auges (siehe Exkurs) unsere Möglichkeit ein, kleinere Gegenstände oder Lebewesen zu betrachten. Um trotz dieser Begrenzung auch kleine Objekte wahrnehmen zu können, hat der Mensch verschiedene optische Geräte entwickelt, die den Sehwinkel vergrößern können. Das Verhältnis

$$V = \frac{\alpha_{\mathrm{mit}}}{\alpha_{\mathrm{ohne}}}$$

der Sehwinkel mit und ohne Hilfsmittel gibt dabei die Vergrößerung an. Dabei ist zu beachten, dass Vergrößerung und Abbildungsmaßstab nicht identisch sind.

> **! Merksatz**
>
> Das Verhältnis zwischen dem Sehwinkel mit optischem Gerät und ohne optisches Gerät gibt die Vergrößerung V an:
>
> $$V = \frac{\alpha_{\mathrm{mit}}}{\alpha_{\mathrm{ohne}}}.$$

V1 Augennahpunkt und deutliche Sehweite

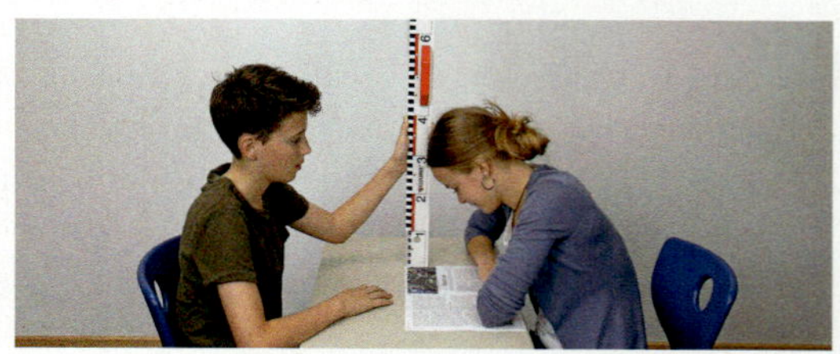

Der Kopf wird solange einer Zeitung angenähert, bis die Überschrift der Seite nicht mehr scharf erkannt werden kann. Der Abstand bildet den **Nahpunkt**. Mit zunehmendem Abstand wird das Auge weniger angestrengt. Der Abstand, in welcher der Text ohne Anstrengung lesbar ist, wird als **deutliche Sehweite** bezeichnet.

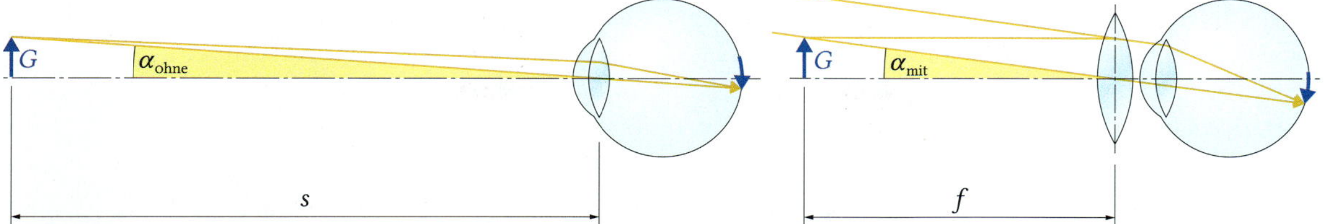

B3 *Sehwinkel eines Objektes im Abstand s zum Auge: Befindet sich der zu vergrößernde Gegenstand in der Brennweite f der Linse, so trifft das Licht parallel auf die Augenlinse. Der Sehwinkel nimmt zu.*

Lupen vergrößern den Sehwinkel. Einblicke in den Mikrokosmos sind mit dem menschlichen Auge kaum möglich. Es sind also optische Geräte erforderlich, welche die notwendige Vergrößerung des Sehwinkels gestatten. Das technisch einfachste Gerät ist die **Lupe**. Der größte Sehwinkel, unter dem man ein kleines Objekt mit bloßem Auge beobachten kann, wird am Nahpunkt erreicht. Um den Sehwinkel weiter zu vergrößern, wird durch Einsatz einer Lupe ein Bild erzeugt, das dann vom Auge betrachtet wird. Dabei nimmt der Sehwinkel zu (Bild **B3**).

Um die **Vergrößerung** einer Lupe zu bestimmen, wird angenommen, dass sich der Gegenstand im Abstand $s = 25$ cm zum Auge befindet. Dieser Abstand wird als angenehm empfunden und kann über eine längere Zeit ohne Anstrengung gehalten werden. Zur Berechnung der Vergrößerung müssen die Sehwinkel mit und ohne Lupe ermittelt werden.

Der Gegenstand befindet sich im Abstand s und hat die Größe G. Im rechtwinkligen Dreieck gilt $\tan\alpha_{\text{ohne}} = \frac{G}{s}$. Die Lupe wird so platziert, dass sich der Gegenstand in der Brennweite der Lupe befindet. Das virtuelle Bild entsteht im Unendlichen, der Augenmuskel ist entspannt.

Der Sehwinkel mit Linse lässt sich zu $\tan\alpha_{\text{mit}} = \frac{G}{f}$ in Bild **B3** ablesen. Die Sehwinkel umfassen nur wenige Grad, es wird die Näherung $\alpha \approx \tan\alpha$ für kleine Winkel im Bogenmaß angenommen.

α in °	1	3	5	10	15
b	0,017	0,052	0,087	0,175	0,262
$\tan\alpha$	0,017	0,052	0,087	0,176	0,268

Die Vergrößerung V ergibt sich zu

$$V = \frac{\alpha_{\text{mit}}}{\alpha_{\text{ohne}}} = \frac{\frac{G}{f}}{\frac{G}{s}} = \frac{G \cdot s}{G \cdot f} = \frac{s}{f}.$$

Wird beispielsweise eine Lupe der Brennweite $f = 5$ cm bei einem Abstand des Gegenstandes von $s = 25$ cm verwendet, so ergibt sich als Vergrößerung $V = \frac{25\text{ cm}}{5\text{ cm}} = 5$. Die Lupe vergrößert um den Faktor 5.

> **！ Merksatz**
>
> Eine Lupe vergrößert den Sehwinkel. Befindet sich ein Objekt im Abstand s zum Auge und hat die Lupe die Brennweite f, so ist die Vergrößerung V das Verhältnis von Abstand und Brennweite:
>
> $$V = \frac{s}{f}.$$

Exkurs: Begrenztes Auflösungsvermögen

Stellen Sie das Buch geöffnet auf den Tisch. Entfernen Sie sich langsam vom Buch, bis die einzelnen Streifen der Testgrafik nicht mehr einzeln erkennbar sind. Notieren Sie den Abstand. Vergleichen Sie mit Ihren Mitschülern. Bei 3 m Abstand ist das Muster kaum mehr zu erkennen. Der Abstand von 1 mm kann nicht mehr aufgelöst werden.

Im Auge befinden sich Sehzellen, die die Informationen des einfallenden Lichts an das Gehirn weiterleiten. Sie weisen jedoch einen bestimmten Abstand von mindestens 0,007 mm auf. Bei einer Bildweite von ca. 20 mm ergibt sich damit ein auflösbarer Streifenabstand von etwa 1 mm:

$$\frac{G}{3\text{ m}} = \frac{0{,}007\text{ mm}}{20\text{ mm}} \Leftrightarrow G = \frac{3 \cdot 0{,}007\text{ mm}}{20\text{ m}} = 0{,}00105\text{ m}.$$

Der Sehwinkel im Auge beträgt dann ca. 1/60 Grad. Dieses wird als **Auflösungsvermögen** des Auges bezeichnet.

Zwei-Linsen-Systeme. Die Einsatzmöglichkeiten einer Lupe sind begrenzt: Sowohl in ihrer Vergrößerung als auch in dem Abstand der zu untersuchenden Objekte ist sie stark eingeschränkt. Es besteht aber die Möglichkeit, ein reelles Bild mittels einer Linse zu erzeugen und dieses durch eine andere, welche als Lupe eingesetzt wird, zu betrachten. Werden zwei Linsen für eine Abbildung eingesetzt, so wird die optische Struktur **Zwei-Linsen-System** genannt. Im Folgenden werden unterschiedliche Systeme vorgestellt, die ähnlich strukturiert, jedoch für verschiedene Anwendungen gestaltet sind.

Das astronomische Fernrohr. Die Beobachtung von Sternen ist ohne Hilfsmittel schwierig. Johannes KEPLER entwickelte ein Fernrohr, um weit entfernte Objekte zu beobachten, indem er zwei Sammellinsen kombinierte. Die Funktionsweise des Kepler-Fernrohrs wird sowohl in Versuch **V1** als auch in einer Simulation untersucht.

Zur Erkundung des Zusammenspiels zweier Linsen wird erneut eine dynamische Geometriesoftware eingesetzt. Dabei wird vorausgesetzt, dass das Licht des weit entfernten Gegenstandes nahezu parallel auf die Objektivlinse (Brennweite f_1) trifft, so dass das Bild in der Brennebene dieser Linse entsteht. Ferner ist die Okularlinse so positioniert, dass das Zwischenbild in ihrer Brennweite f_2 liegt. Es werden die Brennweiten f_1 und f_2 verändert und der Einfluss auf den Sehwinkel betrachtet, um die Vergrößerung näher zu untersuchen. Zur Winkelbestimmung muss das Auge in der Simulation nicht dargestellt werden. Es reicht aus, den Winkel zwischen Mittelpunktstrahl und optischer Achse am Okular zu bestimmen. Die Lage der Winkel kann auch Bild **B2** entnommen werden.
In der Simulation können die Brennweiten beliebig variiert werden. Es zeigt sich, dass für kleine Winkel die Vergrößerung dem Verhältnis der beiden Brennweiten von Objektiv und Okular entspricht.

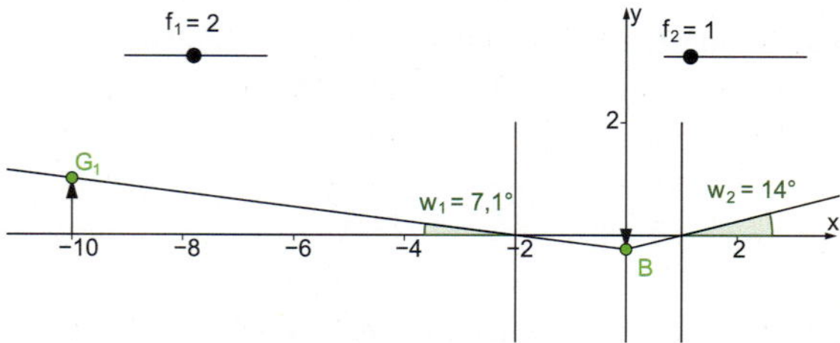

B1 *Simulation des astronomischen Fernrohrs. Die Linsen sind vereinfacht durch Strecken dargestellt.*

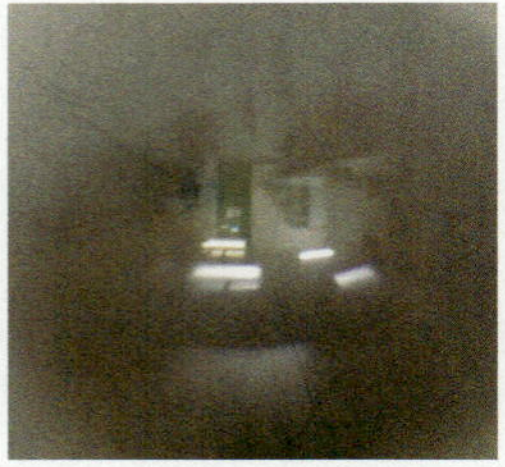

Es werden zwei Sammellinsen, ein Mattschirm sowie eine optische Bank benötigt. Zunächst wird ein Bild eines weit entfernten Gegenstandes auf einem Mattschirm erzeugt. Das Experiment ist am besten draußen bei Tageslicht durchzuführen. Als Gegenstand eignet sich ein weit entferntes Objekt, beispielweise ein Kirchturm. Die erste Linse zur Bilderzeugung wird Objektivlinse genannt. Mittels einer zweiten Linse wird das erzeugte Bild betrachtet und wie bei einer Lupe vergrößert. Die Linse wird Okularlinse genannt.

Vollständiger Aufbau mit Mattschirm und zwei Linsen

Es werden unterschiedliche Linsenkombinationen getestet. Um Vergleichbarkeit herzustellen befindet sich das Bild auf dem Mattschirm in der Brennweite der zweiten Linse.
Eine direkte Messung der Bildgrößen ist nur schwer möglich. Das Experiment dient dazu, eine Vermutung zu formulieren, die in einer Simulation überprüft werden kann.

$f_{Objektiv}$ in cm	f_{Okular} in cm	Vergrößerung (geschätzt)
10		kleines Zwischenbild
10	5	verdoppelt
10	10	unverändert
5	10	halbiert

Das Bild auf dem Mattschirm ist verkleinert. Es wird jedoch durch das Okular vergrößert dargestellt. Weisen beide Linsen die gleiche Brennweite auf, so ist der Sehwinkel unverändert. Entspricht die Okularbrennweite der halben Objektivbrennweite, so scheint das Bild die doppelte Größe aufzuweisen.

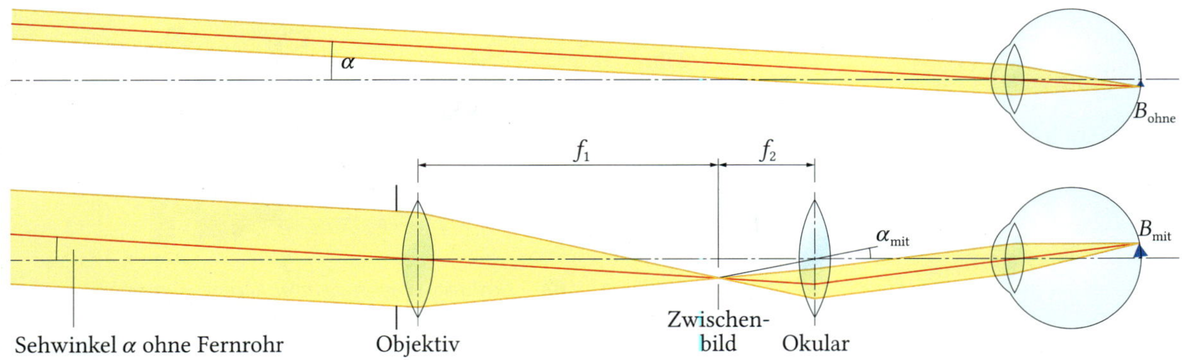

Sehwinkel α ohne Fernrohr   Objektiv   Zwischen-bild   Okular

B2 *Lichtwege beim astronomischen Fernrohr*

Herleitung der Vergrößerungsformel. Der in Experiment und Simulation gefundene Zusammenhang kann anhand von Bild **B2** direkt begründet werden. Dazu wird lediglich der Bereich zwischen beiden Linsen betrachtet.

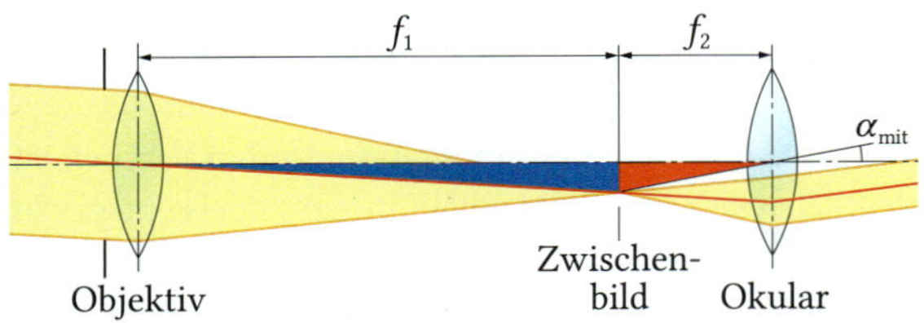

Objektiv   Zwischen-bild   Okular

B3 *Winkelbeziehungen im astronomischen Fernrohr*

Aufgrund des nahezu parallel einfallenden Lichtes entspricht α_{ohne} dem Winkel gegenüber der optischen Achse. Dieser ist auch zwischen Mittelpunktstrahl des Objektivs und optischer Achse vorhanden (blaues Dreieck). Am Objektiv gilt im rechtwinkligen Dreieck $\tan\alpha_{\text{ohne}} = \frac{B_{\text{mit}}}{f_1}$. Analog liegt im rechtwinkligen Dreieck (rot) am Okular $\tan\alpha_{\text{mit}} = \frac{B_{\text{mit}}}{f_2}$ vor. Auch hier kann die Näherung für kleine Winkel verwendet werden: $\alpha \approx \tan\alpha$. Werden beide Gleichungen nach B_{mit} aufgelöst und gleichgesetzt, so ergibt sich als Vergrößerung das Verhältnis der beiden Brennweiten:

$$V = \frac{\alpha_{\text{mit}}}{\alpha_{\text{ohne}}} = \frac{f_1}{f_2}.$$

❗ Merksatz

Beim astronomischen Fernrohr wird durch das Objektiv mit Brennweite f_1 von einem weit entfernten Gegenstand ein Bild erzeugt, das durch das Okular mit Brennweite f_2 betrachtet werden kann. Die Vergrößerung V ist das Verhältnis der Brennweiten:

$$V = \frac{\alpha_{\text{mit}}}{\alpha_{\text{ohne}}} = \frac{f_1}{f_2}.$$

Praktische Anpassung. Bei Naturbeobachtungen ist es hilfreich, wenn das Bild nicht auf dem Kopf steht oder spiegelverkehrt ist. Deshalb werden Umkehrprismen hinzugefügt, die beispielsweise in Feldstechern dafür sorgen, dass das Bild richtig herum dargestellt wird (Bild **B4**). Neben der Umkehrung des Bildes gelingt es dadurch auch, eine kompaktere Bauform herzustellen.

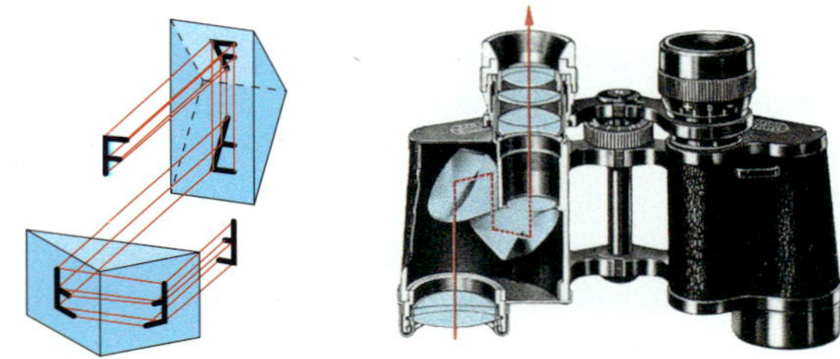

B4 *Schnitt durch ein Prismenfernglas*

Lösen Sie selbst

1 In einem Fernrohr steht eine Objektivlinse mit 200 mm Brennweite zur Verfügung. Berechnen Sie die Brennweite der Okularlinse, wenn eine 20×-Vergrößerung gefordert wird, und bestimmen Sie die Mindestlänge des Fernrohres.

2 Nehmen Sie mit Hilfe von Bild **B2** Stellung, ob das Bild im astronomischen Fernrohr auf dem Kopf steht oder spiegelverkehrt ist.

3 Beschreiben Sie die zu erwartenden Veränderungen in Bild und Aufbau, wenn Sie die Brennweite eines Objektivs halbieren.

4 Erklären Sie, aus welchen Gründen die Okularlinse in der Regel erheblich dicker ist und einen kleineren Radius aufweist als die Objektivlinse.

6.4 Fotoapparat und Mikroskop

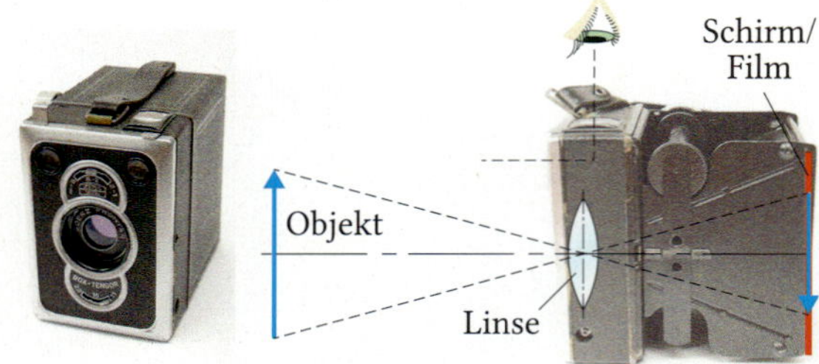

B1 *Lichtwege einer analogen Kamera mit einer Abbildungs-linse*

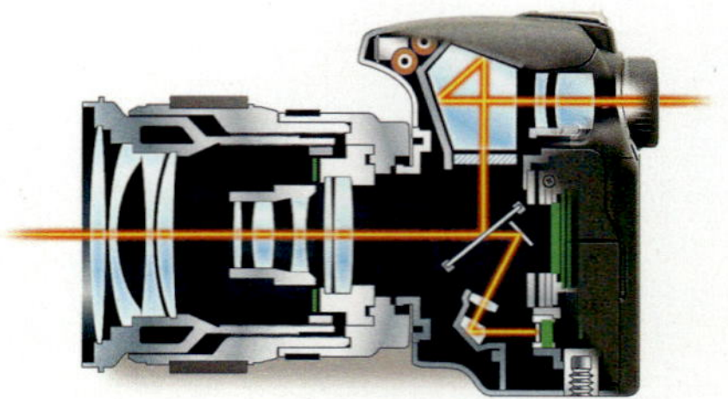

B3 *Lichtwege an einer digitalen Spiegelreflexkamera*

Fotoapparat. Ob Smartphone oder klassicher Fotoapparat: allen Kameras ist gemeinsam, dass sie Bilder mit Hilfe einer oder mehrerer Linsen aufnehmen.

Die Lichtwege in der Kamera haben sich im letzten Jahrhundert stark verändert. Alte Apparate mit wenigen Linsen und Einstellmöglichkeiten (Bild **B1**) wurden durch digitale Spiegelreflex- und Systemkameras abgelöst, welche komplexe Linsensysteme enthalten. Während bei Kameras Linsen verbaut werden, deren Form aus den vorherigen Experimenten geläufig ist, erfordern Linsen für Handykameras eine besondere Geometrie (Bild **B2**). Die Veränderung der Lichtwege muss nicht nur auf kleinstem Raum erfolgen, die Brennweite muss weiterhin so gewählt werden, dass eine Bildentstehung auf dem Sensor auch gewährleistet ist. Der Blick durch den Sucher entfällt bei Handyfotografie. Während er früher unerlässlich war, um einen Eindruck zu erhalten, welcher Bildausschnitt auf dem analogen Film abgebildet wird, ist dieser „erste Eindruck" bei modernen Kameras nicht mehr notwendig. Das Bild wird in Echtzeit digital bereitgestellt und kann auf einem Bildschirm betrachtet werden. Selbst bei modernen Systemkameras wird auf einen optischen Sucher verzichtet und stattdessen ein kleines Display verbaut.

Auch wenn heute vollautomatisiert fotografiert werden kann, beeinflussen Brennweite, Blendenzahl und Belichtungsdauer die Eigenschaften eines Bildes. Sie unterstützen den Fotografen in der Blickführung und Betonung ausgewählter Aspekte.

Mehr-Linsen-Systeme. In einem Objektiv ist in der Regel eine Kombination verschiedener Linsentypen mit unterschiedlichen Brennweiten zu finden (Bild **B3**). Der Nutzen einer solchen Kombination wird in Versuch **V1** deutlich. Die Brennweite eines Linsensystems entspricht nicht automatisch der Summe der einzelnen Brennweiten. Diese Abhängigkeit der Gesamtbrennweite von der Geometrie sorgt dafür, dass **Zoomobjektive** mit veränderlicher Brennweite realisiert werden können. Durch den Einsatz mehrerer Linsen kann ein Objektiv gebaut werden, dessen Brennweite in einem bestimmten Bereich kontinuierlich verändert werden kann.

V1 Brennweite eines Linsensystems

Zwei Sammellinsen mit den Brennweiten $f_1 = 10$ cm und $f_2 = 20$ cm werden direkt hintereinander postiert. Ein weit entfernter Gegenstand wird damit auf einem Mattschirm abgebildet.

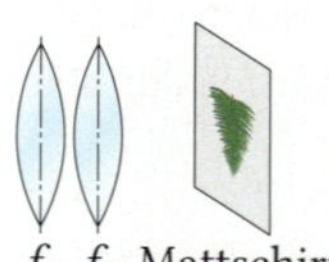

Im Abstand von 30 cm ist kein Bild zu erkennen. Erst wenn der Schirm dichter hinter den beiden Linsen platziert wird, kann ein scharfes Bild des weit entfernten Gegenstandes erzeugt werden. Bei großer Entfernung des abgebildeten Objekts entspricht die Brennweite des Linsensystems ungefähr $f \approx 7$ cm und ist kleiner als die Summe der einzelnen Brennweiten.

B2 *Querschnitt eines Linsensystems einer Handykamera*

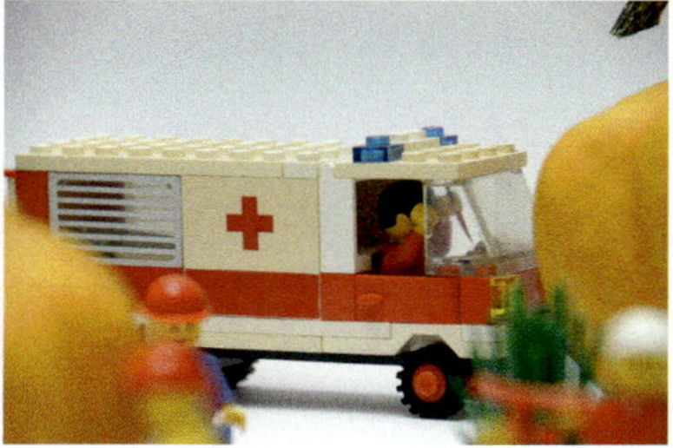

B4 *Fotos gleicher Objekte mit unterschiedlicher Brennweite aufgenommen (links f = 40 mm, Mitte f = 90 mm, rechts f = 250 mm).*

Einfluss der Brennweite. Im vorherigen Abschnitt wurde der Zusammenhang zwischen der Brennweite einer Linse und der Lage und Größe des Bildes untersucht. Fotografen wählen die Brennweite entsprechend des geplanten Fotos. Während für Landschaftsaufnahmen kurze Brennweiten ($f < 35$ mm) eingesetzt werden, werden Portraits häufig im Bereich 50 mm $\leq f \leq 85$ mm aufgenommen. Für Tierfotografie kann es auch erforderlich sein, auf sehr große Brennweiten $f \geq 250$ mm zurückzugreifen, weil der Abstand zum Motiv nicht beliebig klein gewählt werden kann.

Die Brennweite des Objektivs entspricht der Brennweite des eingesetzten Linsensystems. Dabei können die Brennweiten der einzelnen Linsen nicht einfach addiert werden. Während für das Experiment ein Zoomobjektiv eingesetzt wird, werden in der Simulation einfache Linsen verwendet.

Bildausschnitt und Öffnungswinkel. Der Bildausschnitt kann durch den Öffnungswinkel beschrieben werden. Bild **B4** zeigt jeweils das gleiche Motiv. Sowohl in Versuch **V2** als auch in Bild **B4** wird deutlich, dass sich mit zunehmender Brennweite der Bildausschnitt verändert: Es werden mehr Details sichtbar, aber man sieht nur noch einen Ausschnitt.

Zur weiteren quantitativen Untersuchung kann wieder eine Simulation eingesetzt werden (Bild **B6**). Es fällt dabei auf, dass der Öffnungswinkel α von der Sensorgröße d und der Brennweite f abhängt. Allgemein folgt im rechtwinkligen Dreieck mit f als Ankathete und $d/2$ als Gegenkathete:

$$\tan\left(\frac{\alpha}{2}\right) = \frac{d}{2f}.$$

B5 *Objektive verschiedener Brennweite (hinten f = 50 mm, vorne f = 90–210 mm)*

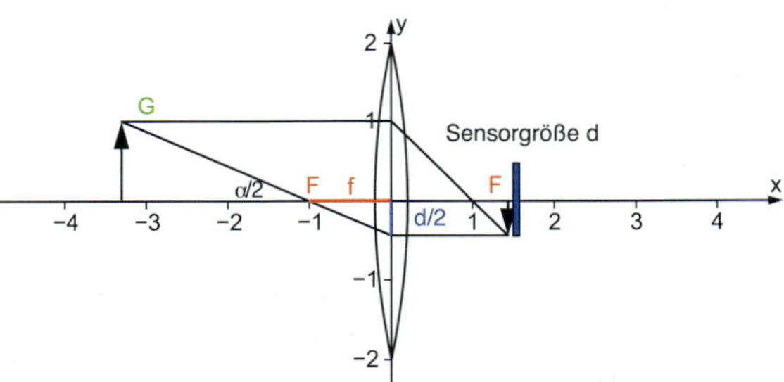

B6 *Grafische Ermittlung des Öffnungswinkels*

 Einfluss der Brennweite auf Bildeigenschaften

Der Einfluss der Brennweite auf Bildeigenschaften kann entweder mit Hilfe von alten Objektiven, unterschiedlichen Linsen und einem Mattschirm oder eine Simulationr untersucht werden. Dabei wird angenommen, dass sich das Objekt in großer Entfernung befindet, um eine Bildentstehung nahe der Brennweite zu ermöglichen.

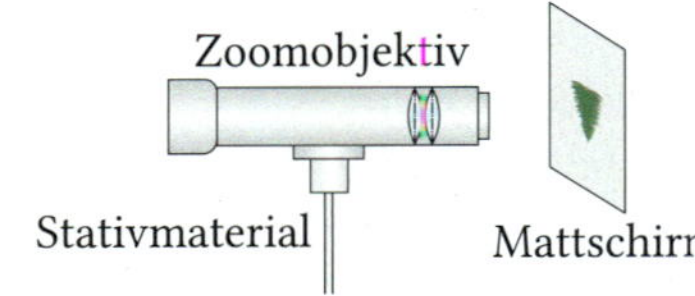

Zunächst wird eine beliebige Brennweite eingestellt und das Bild durch Verschiebung des Mattschirms scharf dargestellt. Wichtig ist, dass ausreichend Licht auf das Objekt fällt. Eine Abdeckung kann das Bild auf dem Schirm besser sichtbar machen. Anschließend kann mit Hilfe eines Bleistifts der Umriss für verschiedene Brennweite markiert werden, um vergleichen zu können.

B1 *Bilderausschnitte mit zunehmender Blendenzahl (links 1,4; Mitte 5; rechts 9)*

Einfluss der Blendenzahl. Die Blendenzahl ist eine Eigenschaft des Objektivs und hat Einfluss auf die Lichtmenge, die in einer bestimmten Zeit durch das Objektiv gelangt. Lichtstarke Objektive haben eine kleine Blendenzahl. Neben der Lichtmenge beeinflusst sie auch die Bildschärfe. Obwohl die Blendenzahl das Verhältnis von Brennweite und Blendenöffnung beschreibt (Exkurs Seite 119), wird im folgenden Experiment lediglich die Größe der Blendenöffnung variiert. Dabei wird in Versuch **V1** untersucht, welchen Einfluss die Blende auf die Schärfentiefe eines Bildes hat.

Einfluss der Blende auf die Bildschärfe

Vor einer Sammellinse (f = 5 cm) werden zwei leuchtende Objekte in geringem Abstand postiert. Hinter der Sammellinse soll ein Schirm so platziert werden, dass möglichst beide Objekte scharf abgebildet werden.

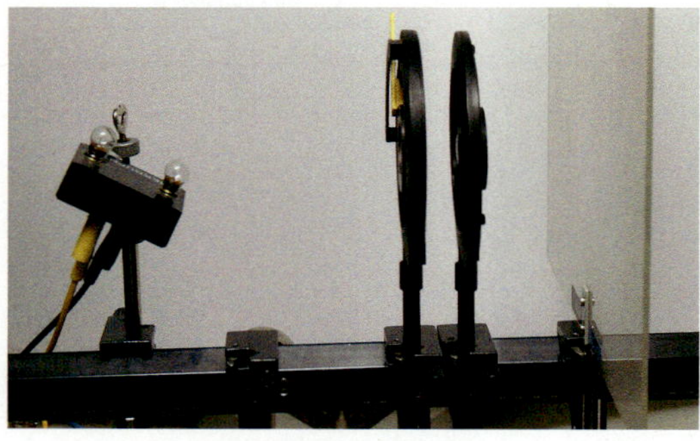

Es ist nicht möglich, beide Objekte gleichzeitig scharf abzubilden. Nun wird eine verstellbare Blende unmittelbar vor der Linse positioniert und der Schirm so platziert, dass beide Objekte ähnlich (un-)scharf zu erkennen sind. Die Irisblende wird langsam geschlossen und die Veränderung des Bildes beobachtet.

Es fällt auf, dass mit geringerer Blendenöffnung die Bilder schärfer werden, jedoch auch dunkler.

Die Beobachtung aus Versuch **V1** können wir simulieren. Dazu wird anhand des ersten Objekts die Lage des Schirmes (scharfes Bild) bestimmt und das zweite Objekt in anderer Gegenstandsweite positioniert. Auch beim zweiten Objekt wird die Lage der Bildpunkte bestimmt. Diese liegen jedoch zunächst nicht auf dem Schirm. Die Umsetzung in eine Simulation muss verschiedene Aspekte und Hinweise berücksichtigen.

- Die Fußpunkte der Gegenstände liegen auf der optischen Achse.
- Die Größe der Blende ist variabel. Die Randstrahlen werden zur Konstruktion genutzt.
- Die Position des Schirmes ist an die Bildweite des ersten Gegenstandes gekoppelt.
- Mittelpunkt- und Brennpunktstrahl werden für die Konstruktion des Bildes des beweglichen Gegenstands genutzt. Die Randstrahlen zur Blende werden von hier ausgehend konstruiert, um die Unschärfe auf dem Schirm zu bestimmen.

Bild **B2** zeigt, dass bei Abnahme der Blendenöffnung die Unschärfe des zweiten Gegenstands auf dem Schirm abnimmt. Je größer die Blendenzahl ist, desto mehr Schärfentiefe enthält das Bild. Die geringere Lichtstärke muss jedoch durch eine längere Belichtungszeit kompensiert werden, um gleich helle Fotos zu erhalten.

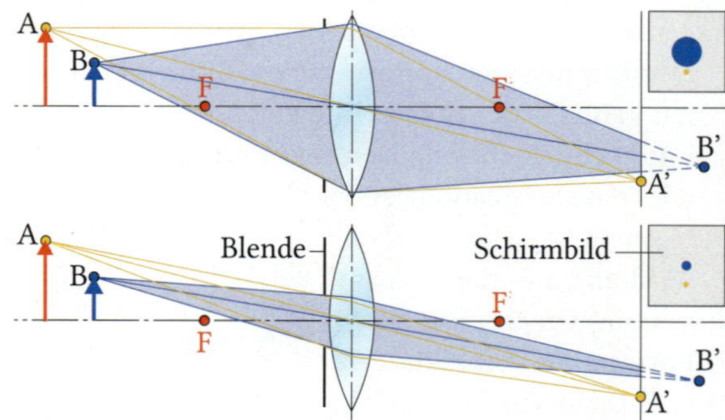

B2 *Lichtwege bei offener und verringerter Blende: Die Unschärfe auf dem Schirm nimmt ab.*

B3 *a) Festbrennweite f = 50 mm (links), b) Zoomobjektiv 18–55 mm (rechts)*

Die Blendenzahl ist, wie aus Versuch **V1** bekannt, ein Maß für die Lichtmenge, die durch das Objektiv gelangt und beeinflusst die Schärfentiefe des Bildes. Sie beschreibt das maximale Verhältnis aus Brennweite und Öffnung der Irisblende.

Das Objektiv in Bild **B3a** hat eine Blendenzahl von $\frac{f}{d} = \frac{50\ mm}{35\ mm} \approx 1{,}4$. Je kleiner die Blendenzahl, desto größer ist die Bildhelligkeit.

Soll die Helligkeit eines Bildes verdoppelt werden, so muss die doppelte Lichtmenge auf den Sensor gelangen. Die Fläche, durch die das Licht gelangt, muss also doppelt so groß sein. Der Durchmesser der Linse muss mit dem Faktor $\sqrt{2}$ multipliziert werden. Das Beispiel geht von einer maximalen Öffnung aus, die durch den Linsendurchmesser begrenzt ist. Eine Zunahme der Blendenzahl wird durch das Schließen der Lochblende ermöglicht, die den Durchmesser begrenzt. Bei der aufgedruckten Blendenzahl ist die variable Irisblende jedoch vollständig geöffnet (Bild **B4**).

Um auch bei unterschiedlichen Blendenzahlen die zur Aufnahme erforderliche Lichtmenge auf Sensor oder Film gelangen zu lassen, sind unterschiedliche Belichtungszeiten erforderlich. Wird der Blendendurchmesser, durch den das Licht gelangt, halbiert, so fällt nur noch ein Viertel der ursprünglichen Lichtmenge in der gleichen Zeit auf den Sensor. Um gleiche Bildhelligkeit zu erhalten, ist also eine Vervierfachung der Belichtungszeit erforderlich. Dieser quadratische Zusammenhang zwischen Blendenzahl $\frac{f}{d}$ und Belichtungszeit T wird in einer Faustformel deutlich:

$$T \sim \left(\frac{f}{d}\right)^2.$$

Über diesen Zusammenhang gelangt man zu den in der Fotografie üblichen Blendenzahlen. Es wird angenommen, dass die jeweils nächst größere Blendenzahl eine Verdopplung der Belichtungsdauer erfordert. Dabei wird mit $(f/d)^2 = 1$ begonnen. Zur Verdopplung der Belichtungszeit wird die Faustformel angewendet:

$$2\,T \sim 2 \cdot \left(\frac{f}{d}\right)^2 = \left(\sqrt{2} \cdot \frac{f}{d}\right)^2.$$

Die Blendenzahl wird folglich mit dem Faktor $\sqrt{2} \approx 1{,}4$ berechnet. So entsteht die Reihe der Blendenzahlen $1 - 1{,}4 - 2 - 2{,}8 - 4 - 5{,}6 - 8 - 11 - 16$.

Moderne Kameras weisen in der Regel eine Automatik auf, die Blendenzahl und Belichtungsdauer automatisch ermitteln kann. Der Fotograf kann entscheiden, ob er beide Größen einstellen möchte (Manueller Modus), eine der beiden Größen (Zeit- oder Blendenautomatik) oder beide Größen der Kamera überlässt (Automatik).

Die oben genannte Faustformel gibt nur eine Proportionalität an, denn die erforderliche Belichtungszeit hängt auch von der Lichtempfindlichkeit des Sensors ab, welche durch den ISO-Wert dargestellt wird. Je höher der ISO-Wert ist, desto lichtempfindlicher sind Sensor bzw. analoger Film. Bei Tageslicht ist in der Regel eine Lichtempfindlichkeit von ISO 100 angemessen, bei der Aufnahme des Sternenhimmels kann auch eine hohe Lichtempfindlichkeit (ISO 6400) erforderlich sein, um möglichst viele Sterne zu erfassen.

B4 *Blick durch ein analoges Objektiv mit unterschiedlicher Wahl der Irisblende (1,7; 2,8; 5,6; 8; 16)*

Mikroskop. Während das Fernrohr geeignet ist, weit entfernte Objekte zu beobachten, kommt die Lupe für den Mikrokosmos zum Einsatz. Ihre Leistungsfähigkeit stößt jedoch schnell an Grenzen: Wird in der Medizin beispielsweise eine Vergrößerung von 400 benötigt, müsste eine Lupe eine Brennweite aufweisen, die sich mit der Formel von Seite 113 und einer deutlichen Sehweite $s = 25$ cm berechnen lässt:

$$V = \frac{s}{f} \;\Leftrightarrow\; f = \frac{s}{V} = \frac{25 \text{ cm}}{400} = 0{,}0625 \text{ cm.}$$

Eine Linse mit einer derart kleinen Brennweite lässt sich kaum realisieren. Stattdessen wird die Idee des Fernrohres leicht abgewandelt, um ein vergrößertes Bild eines kleinen Gegenstandes zu erreichen.

Im Fernrohr wird ein kleines Zwischenbild eines weit entfernten Gegenstands erzeugt. Für das Mikroskop wird jedoch ein stark vergrößertes Bild eines nahen Gegenstandes benötigt. Im vorherigen Unterkapitel wurde mit Experiment und Simulation festgestellt, dass die Erzeugung eines vergrößerten, reellen Bildes gelingt, wenn sich der Gegenstand kurz vor der Brennweite der abbildenden Linse befindet.

 Mikroskop

Als Objekt dient die beleuchtete F-Blende, die zunächst kurz vor dem Brennpunkt der 50 mm-Linse platziert wird. Der Transparentschirm wird so verschoben, dass auf ihm ein scharfes, vergrößertes Bild des F entsteht. Anschließend wird die Okularlinse ($f = 100$ mm) so platziert, dass das Bild vergrößert betrachtet werden kann. Der Schirm wird anschließend entfernt, der Abstand der Linsen bleibt unverändert.

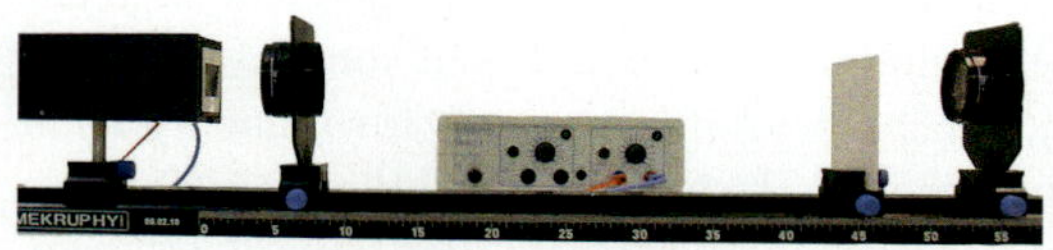

B1 *Basisaufbau Mikroskop mit zwei Linsen*
($f_1 = 50$ mm, $f_2 = 100$ mm)

Durch die Okularlupe scheint das Bild nach Entfernen des Schirms heller und deutlicher. Wird der Gegenstand jedoch dichter an die Objektivlinse gerückt, wird das Bild undeutlicher. Im Gegensatz zum astronomischen Fernrohr ist der Abstand zwischen den Linsen erheblich größer als die Summe der einzelnen Brennweiten.

Vergrößerung im Mikroskop. Ein Objekt (Gegenstandsgröße G_1) befindet sich im Abstand g_1 zur Objektivlinse mit Brennweite f_1. Diese erzeugt im Abstand der Bildweite b_1 ein stark vergrößertes Zwischenbild (Bildgröße B_1). Es gilt der Abbildungsmaßstab $A = \frac{B_1}{G_1} = \frac{b_1}{g_1}$. Damit der Abbildungsmaßstab möglichst groß wird, muss die Gegenstandsweite g_1 möglichst klein gehalten werden, jedoch größer als die Brennweite: $g_1 > f_1$. Die Abbildung am Okular erfolgt wie im astronomischen Fernrohr. Die Vergrößerung ergibt sich allgemein zu $V_0 = \frac{s}{f_2}$. Die Gesamtvergrößerung wird durch das Produkt beider Einzelschritte berechnet: $V = A \cdot V_0$.

Bild **B2** zeigt die deutliche Vergrößerung des Sehwinkels. Brennweite und Abstand der Linsen (Tubuslänge) legen die Vergrößerung des Mikroskops fest.

> **!** **Mikroskop**
>
> In einem Mikroskop wird durch Abbildung an der Objektivlinse ein reelles, vergrößertes Zwischenbild des Gegenstands mit dem Abbildungsmaßstab A erzeugt. Dieses Zwischenbild wird mittels Okularlinse betrachtet und mit dem Faktor V_0 vergrößert. Die Vergrößerung des Mikroskops ist das Produkt beider einzelnen Vergrößerungen: $V = A \cdot V_0$.

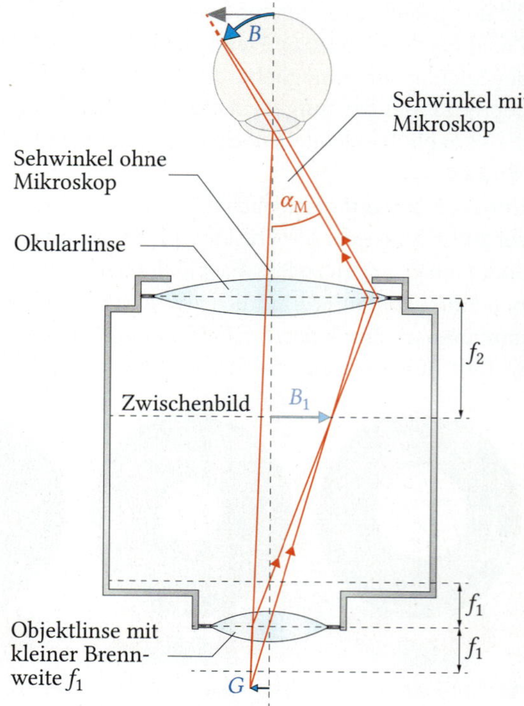

B2 *Strahlengang im Mikroskop*

Objektiv ($f_1 = 3$ mm) und Okular ($f_2 = 50$ mm) haben einen Abstand von 143 mm. Berechnen Sie Bild- und Gegenstandsweite sowie die Vergrößerung.

Lösung:

Die Bildweite ergibt sich aus der Differenz von Tubuslänge und Brennweite des Okulars:

$b_1 = 143$ mm $- 50$ mm $= 93$ mm.

Zur Bestimmung der Gegenstandsweite wird die Linsengleichung verwendet:

$$\frac{1}{f_1} = \frac{1}{g_1} + \frac{1}{b_1}, \quad g_1 = \frac{f_1 \cdot b_1}{b_1 - f_1} = \frac{3 \text{ mm} \cdot 93 \text{ mm}}{93 \text{ mm} - 3 \text{ mm}} = 4{,}03 \text{ mm}.$$

Der Abbildungsmaßstab beträgt

$$A = \frac{b_1}{g_1} = \frac{93 \text{ mm}}{4{,}03 \text{ mm}} = 23{,}1.$$

Für die Okularvergrößerung gilt mit deutlicher Sehweite $s = 25$ cm:

$$V_0 = \frac{s}{f} = \frac{25 \text{ cm}}{5 \text{ cm}} = 5.$$

Die Gesamtvergrößerung beträgt $V = 23{,}1 \cdot 5 = 115{,}5$.

1 Eine Lupe kann maximal eine zwanzigfache Vergrößerung erzeugen. Berechnen Sie die Mindestbrennweite einer solchen Lupe.

2 Das Objektiv eines Fernrohrs besteht aus einer Sammellinse ($f = 200$ mm). Berechnen Sie die Brennweite der Okularlinse, wenn eine 20x-Vergrößerung gefordert wird, und die Mindestlänge des Fernrohres.

3 Ein Okular hat eine Brennweite von $f = 20$ mm. Berechnen Sie die Vergrößerung bei deutlicher Sehweite.

4 Objektiv ($f_1 = 2$ mm) und Okular ($f_2 = 25$ mm) eines Mikroskops befinden sich im Abstand von 87 mm. Berechnen Sie Bild- und Gegenstandsweite sowie Vergrößerung.

5 Der Tubus in Aufgabe 4 wird um 4 mm verlängert. Erläutern Sie die zu erwartenden Veränderungen.

▦ Mikroskopie mit dem Smartphone

Auch mit dem Smartphone kann man mikroskopieren. Vorteil: Die untersuchten Objekte können leicht fotografiert werden. Mit Hilfe einer abbildenden Linse unmittelbar vor der Smartphonekamera sowie einer Lichtquelle lässt sich eine bis zu 80-fache Vergrößerung realisieren. Neben vorgefertigten Aufbauten ist auch ein Eigenbau möglich.

Vorgefertigter Aufbau zur Smartphonemikroskopie

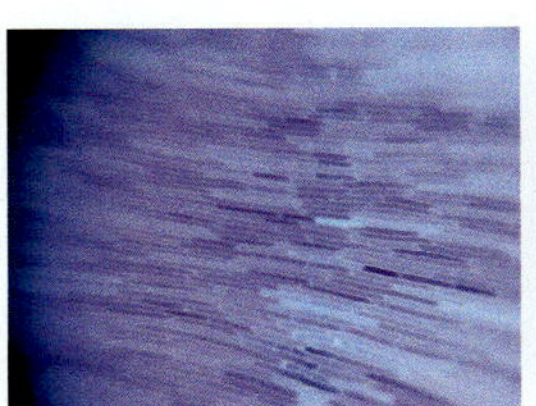

Bilder einer Zwiebelepidermis mit Zellstruktur

Die erforderliche Halterung für das Smartphone kann man auch selbst bauen. Die Abbildung zeigt eine Variante. Als Linse eignet sich eine Polyacryllinse geringer Brennweite (15 mm–30 mm). Sie sollte in der Bohrung befestigt werden. Dioden sind eine flexible Lichtquelle, im Batteriebetrieb wird das Mikroskop mobil. Die Schutzfolien des Plexiglases sollten erst nach dem Zuschnitt entfernt werden. Das Smartphone ist unmittelbar über der Linse zu platzieren.

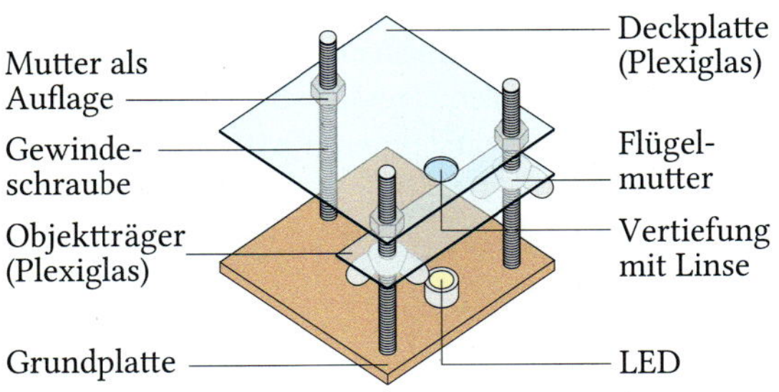

Eigenbau: Skizze des Gestells

Eine Schwierigkeit liegt in der Fokussierung der Kamera sowie deren Auflösung. Durch ein Hineinzoomen bei modernen Handys lassen sich auch kleinere Strukturen detailliert darstellen.

Zusammenfassung

1. Linsen

Man unterscheidet **Sammel-** und **Zerstreuungslinsen**. Lichtwege werden modelliert: Parallel zur optischen Achse auftreffende Strahlen schneiden sich in einem Punkt, dem Brennpunkt. Lichtwege sind umkehrbar: Lichtstrahlen durch den Brennpunkt verlaufen nach der Linse parallel zur optischen Achse.

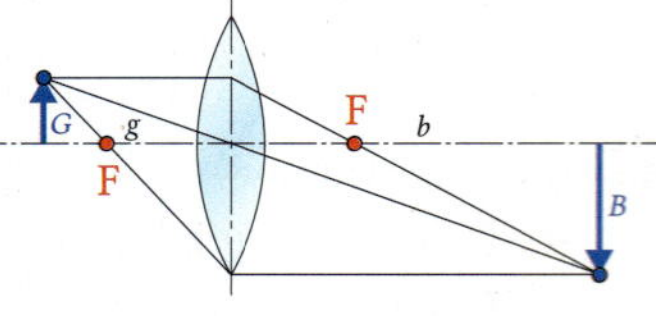

2. Linsengleichung

Befindet sich ein Gegenstand der Größe G in einem Abstand g vor einer Linse der Brennweite f, so entsteht ein Bild. f, b und g hängen zusammen:

$$\frac{1}{f} = \frac{1}{b} + \frac{1}{g} \quad \text{(\textbf{Linsengleichung})}.$$

Die Größe des Bildes wird anhand des **Abbildungsmaßstabs** $A = \frac{B}{G} = \frac{b}{g}$ bestimmt.

Sind Bild- und Gegenstandsweite identisch, so entsprechen sich auch Bild- und Gegenstandsgröße.

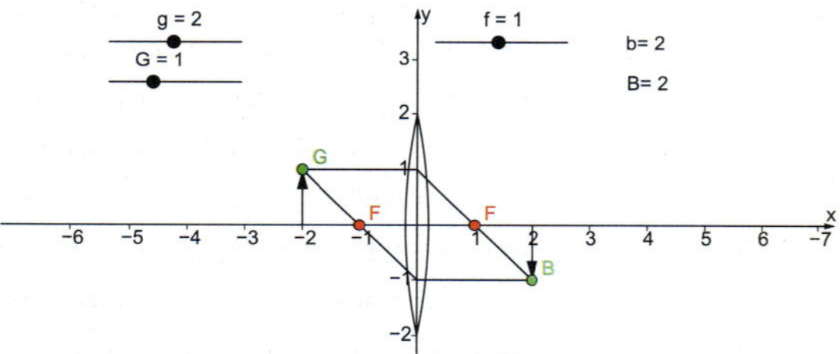

Befindet sich der Gegenstand weiter entfernt als der Brennpunkt F der Linse, entsteht ein **reelles Bild**. Man kann anhand des Linsengesetzes eine Position ermitteln, in welcher auf einem Schirm ein Bild zu erkennen ist. Befindet sich der Gegenstand jedoch zwischen Brennpunkt und Linse, so entsteht ein **virtuelles Bild**.

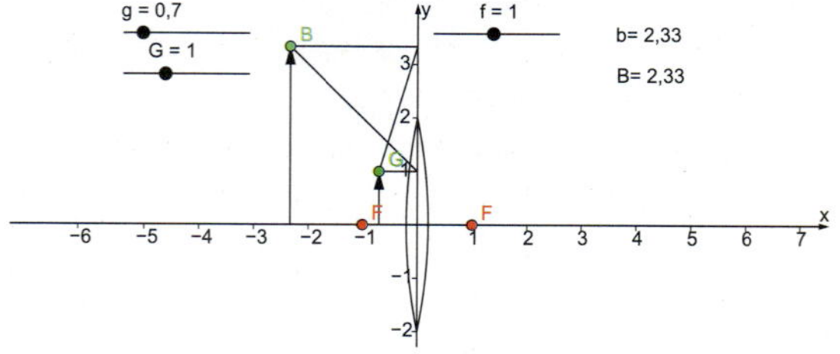

Dieses liegt auf der gleichen Seite wie der Gegenstand und kann nicht mittels Schirm nachgewiesen werden. Diese Abbildungsgeometrie wird in optischen Geräten, wie der Lupe, zur Sehwinkelvergrößerung ausgenutzt.

3. Optische Geräte

Der **Sehwinkel** α ist ein Maß für die Größe des Bildes auf der Netzhaut. Je größer der Sehwinkel des Gegenstandes ist, desto größer ist auch sein Bild. Optische Geräte können Objekte abbilden und den Sehwinkel verändern.

Eine **Lupe** vergrößert den Sehwinkel. Befindet sich ein Objekt im Abstand s zum Auge und hat die Lupe die Brennweite f, so wird die **Vergrößerung** V durch das Verhältnis von Abstand und Brennweite bestimmt:

$$V = \frac{s}{f}.$$

Beim **astronomischen Fernrohr** wird durch das Objektiv mit Brennweite f_1 von einem weit entfernten Gegenstand ein Bild erzeugt, welches durch das Okular mit Brennweite f_2 betrachtet werden kann.

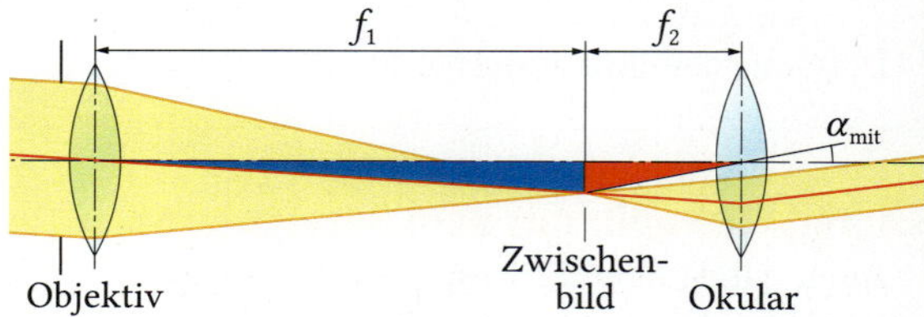

Die Vergrößerung V ist das Verhältnis der Brennweiten:

$$V = \frac{f_1}{f_2}.$$

In einem **Mikroskop** wird durch Abbildung an der Objektivlinse ein reelles, vergrößertes Zwischenbild des Gegenstands mit dem Abbildungsmaßstab A erzeugt. Dieses Zwischenbild wird mittels Okularlinse betrachtet und mit dem Faktor V_0 vergrößert.

Die Vergrößerung des Mikroskops ist das Produkt beider einzelnen Vergrößerungen:

$$V = A \cdot V_0.$$

Ein Mikroskop vergrößert den Sehwinkel erheblich, so dass auch sehr kleine Objekte mit dem Auge wahrgenommen werden können.

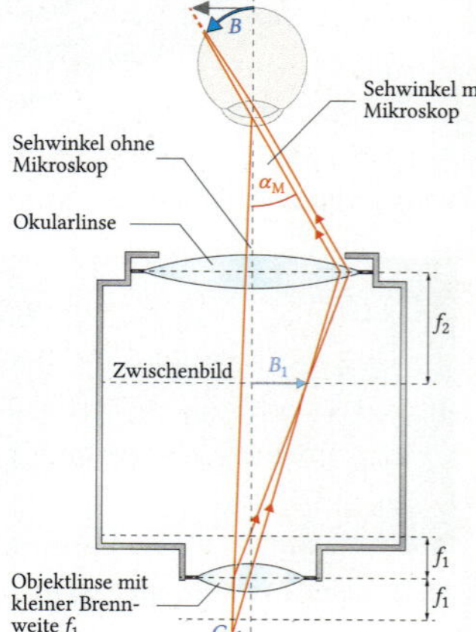

1 In einer Lochkamera befindet sich der APS-C-Sensor ($h = 16,7$ mm) ca. 3,5 cm hinter der Blendenöffnung. Eine 1,80 m große Person soll fotografiert werden.
a) Bestimmen Sie den erforderlichen Abstand zwischen Lochblende und Person.
b) Berechnen Sie den Abbildungsmaßstab.

2 Skizzieren Sie zwei verschiedene Experimente, um die unbekannte Brennweite einer Sammellinse zu ermitteln. Nehmen Sie Stellung, ob ihre Experimente auch für Zerstreuungslinsen geeignet sind.

3 Der Zusammenhang zwischen Bild- und Gegenstandsweite bei der Abbildung an der Linse wurde in einem Experiment untersucht. Die folgende Tabelle enthält die aufgenommenen Messdaten.

g in cm	7	10	15	20	25
b in cm	17,4	10,1	7,6	6,8	6,2

a) Stellen Sie die Daten in einem geeigneten Diagramm dar.
b) Bestimmen Sie anhand des Graphen aus a) die Brennweite der Linse.
c) Ermitteln Sie mit Hilfe des Abbildungsgesetzes für die Linsen die zu erwartende Brennweite und vergleichen Sie mit dem Ergebnis aus b).

4 Eine Kerze ($G = 7$ cm) befindet sich im Abstand von 20 cm vor einer Sammellinse der Brennweite $f = 15$ cm.
a) Berechnen Sie, in welchem Abstand zur Linse ein Schirm positioniert werden muss, um ein scharfes Bild zu erhalten.
b) Ermitteln Sie die Mindestmaße des Schirmes, damit die Kerze vollständig abgebildet wird.
c) Geben Sie begründet den Abbildungsmaßstab an.
d) Der Schirm weist nur die Hälfte der erforderlichen Höhe auf. Nehmen Sie begründet Stellung, ob bei halber Gegenstandsweite eine vollständige Abbildung möglich ist.

5 Die Brennebene einer Linse ($f = 50$ mm) soll grafisch dargestellt werden, indem parallel einfallendes Licht unter verschiedenem Winkel auf die Linse trifft und der Schnittpunkt der Strahlen auf einem Blatt markiert wird.
Skizzieren Sie ihre Vermutung auf dem Blatt Papier und führen Sie anschließend das Experiment durch. Vergleichen Sie Vermutung und Realexperiment.

6 Im folgenden Diagramm sind Wertepaare durch eine Gerade verbunden.

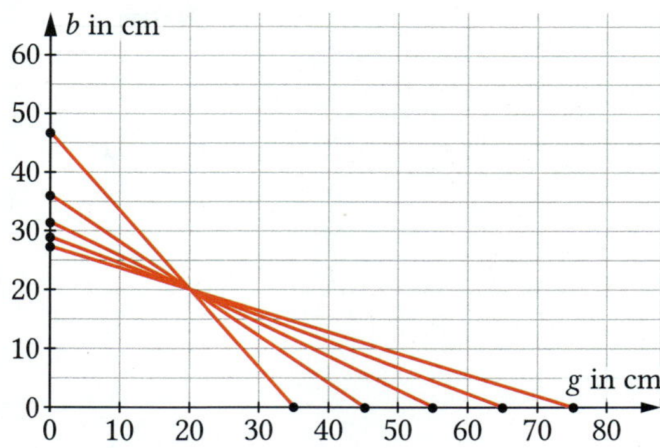

a) Beschreiben Sie das Diagramm.
b) Formulieren Sie eine Hypothese bezüglich des Zusammenhangs zwischen der Brennweite der Linse und des Schnittpunktes der Geraden. Bestätigen Sie die Vermutung durch eine geeignete Rechnung.

7 Erläutern Sie den Begriff „Sehwinkel" und nennen Sie verschiedene Möglichkeiten, diesen zu vergrößern.

8 Erläutern Sie die Funktionsweise eines astronomischen Fernrohrs. Gehen Sie dabei insbesondere auf die Modellannahmen und Lage des Zwischenbildes ein. Fertigen Sie unterstützend eine Skizze an.

9 Ist ein Foto überbelichtet, so gelangt zu viel Licht auf den Fotosensor oder den Film. Das fotografierte Objekt ist nur schwer zu erkennen und Details gehen verloren. Beschreiben Sie zwei verschiedene Möglichkeiten die Qualität des Fotos zu verbessern, so dass es angemessen belichtet ist.

10 Ein Objekt ($h = 2$ cm) befindet sich 7 cm vor einem System aus zwei Linsen ($f_1 = 3$ cm, $f_2 = 5$ cm), die im Abstand von 15 cm befestigt sind.
a) Fertigen Sie eine Skizze an und konstruieren Sie Lage und Größe des Bildes.
b) Erläutern Sie, welchen Einfluss eine Veränderung des Abstandes der Linsen auf die Bildentstehung hat.

Strahlungsphysik und Klima

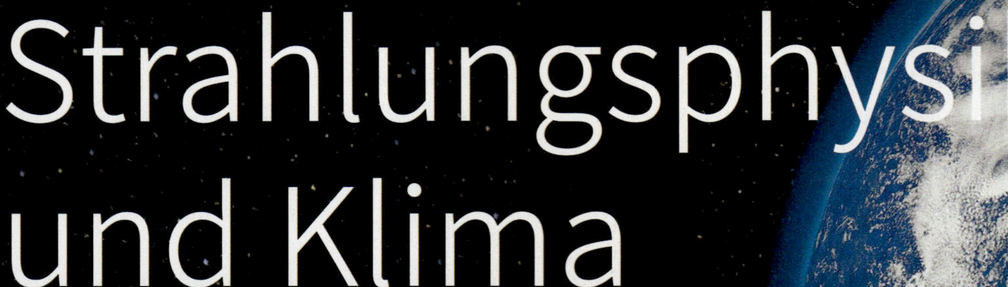

Die Klimatologie ist ein aktuelles und brisantes Forschungsgebiet. Der menschenbedingte Wandel des Klimas und die Auswirkungen auf die Lebensbedingungen auf der Erde werden in den Medien häufig kontrovers diskutiert.

Dabei darf man Klimaangaben nicht mit kurzfristigen Wetterbeobachtungen verwechseln. Ein kalter Winter oder mehrere heiße Sommer hintereinander bedeuten noch keine signifikante Klimaänderung.

7

Das können Sie in diesem Kapitel erreichen:

- Sie vertiefen Ihr Wissen über die Energieübertragung durch Sonnenlicht und lernen in diesem Zusammenhang die Solarkonstante der Sonne kennen.
- Sie vergleichen die Energieverteilung des Sonnenlichts mit der einer Glühlampe.
- Sie bestimmen die Strahlungsleistung der Sonne.
- Sie erfahren, wie es zur Einstellung eines Strahlungsgleichgewichts kommt.
- Sie lernen die Strahlungsgesetze kennen.
- Sie lernen selektive Absorptionsvorgänge in der Atmosphäre kennen.
- Sie unterscheiden zwischen natürlichem und anthropogenem Treibhauseffekt und ihren Auswirkungen auf die globale Durchschnittstemperatur.

7.1 Strahlung und Wärme, Strahlungsgesetze

B1 *Sommersonne im Freibad*

Energieübertragung durch Sonnenlicht. Sonneneinstrahlung kann die Temperatur eines Gegenstandes erhöhen. Dieses Phänomen erfährt schmerzlich, wer an einem Sommertag über die heißen Steinplatten eines Freibades läuft.

Wie lässt sich dies physikalisch erklären? Und wie hängt die Sonneneinstrahlung mit dem Klima und letztlich mit dem menschenbedingten Klimawandel zusammen? Ausgangspunkt aller Betrachtungen ist die **Energieübertragung** durch die Sonne. Bei Sonnenaufgang sind die Steinplatten des Freibades kühl. Treffen Sonnenstrahlen auf die Steinplatten, wird ein Teil dieser Strahlung vom Steinboden absorbiert. Dadurch erhöht sich die ungeordnete Bewegung der Teilchen in den Platten und somit die **Temperatur** des Steinbodens. Das bedeutet: Energie wird von der Sonnenstrahlung auf die kleinsten Teilchen der Steinplatten übertragen, die innere Energie der Steinplatten nimmt zu.

> ❗ **Merksatz**
>
> Absorbiert ein Körper Strahlung, wandelt er dabei Strahlungsenergie in ungeordnete Teilchenbewegung um. Die Temperatur steigt.

Die Solarkonstante der Sonne. Auch das Wasser im Freibad wird von der Sonneneinstrahlung erwärmt. Stellen wir uns in einem idealisierten Modellexperiment (Versuch **V1**) vor, es gäbe zwei identische Wasserbecken. Das eine wird bei gleicher Ausgangstemperatur nur über die Absorption von Sonneneinstrahlung erhitzt, das andere nur über eine elektrische Heizung im Wasserbecken – jeweils auf die gleiche Temperatur.
Mit dieser Annahme ist die von der Sonne übertragene Energie gleich der elektrischen Energie, die über die Heizspirale an das Wasser übertragen wird. In beiden

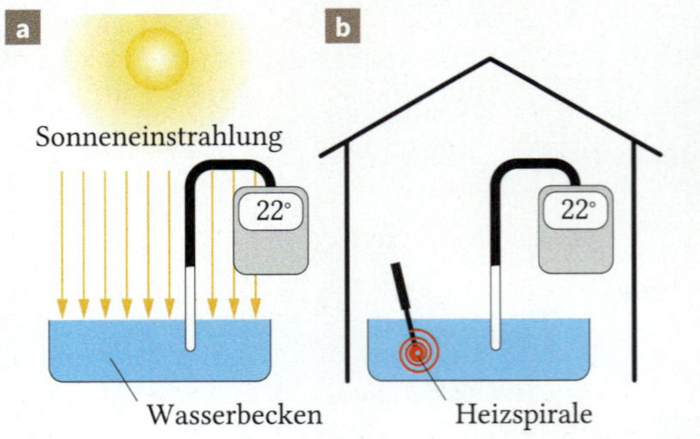

a) Die Sonne strahlt senkrecht auf das Wasserbecken. Wir gehen idealisiert davon aus, dass das Wasser die gesamte Sonneneinstrahlung absorbiert. Im Wasser wird dann die Energie umgewandelt und die Temperatur steigt.
b) Die Temperatur des Wassers wird in diesem Modellexperiment ausschließlich über die Energieübertragung der Heizspirale erhöht. Alle anderen Einflüsse auf die Temperatur der Wasserbecken werden in diesen Überlegungen vernachlässigt.

Fällen wird die Temperatur der gleichen Wassermenge von z. B. 10 °C auf z. B. 22 °C erhöht.

Die Heizspirale führt dem Wasser Energie zu. Wie viel Energie pro Zeit an das Wasser übertragen wird, ist abhängig von der elektrischen Leistung (oder Energiestromstärke) des Gerätes. Die **Leistung** P wird in **Watt (W)** oder Joule pro Sekunde angegeben. Das heißt: Bei einer Leistung von z. B. 1200 W überträgt die Heizspirale eine Energieportion von 1200 Joule pro Sekunde auf das Wasser. P ist gleich der Energieportion ΔE pro Zeitintervall Δt und es gilt:

$$P = \frac{\Delta E}{\Delta t} \text{ in } \frac{\text{J}}{\text{s}} \text{ oder W.}$$

Werden die in Versuch **V2** abgebildeten Wasserbecken durch die Sonne erwärmt, ist es naheliegend, dass sich die Temperatur in Wasserbecken 2 aufgrund der größeren Wasseroberfläche in der gleichen Zeit schneller erhöht als die Temperatur der gleichen Wassermenge in Becken 1. Es muss also im gleichen Zeitraum mehr Energie durch die Sonne an das Wasser in Becken 2 als an das Wasser in Becken 1 übertragen worden sein. Für Becken 2 ist demnach die Leistung P der Sonnenstrahlung größer als für Becken 1.

Zwei Wasserbecken haben die gleiche Ausgangstemperatur und das gleiche Volumen, aber unterschiedliche Oberfläche. Sie werden von der Sonne bestrahlt. Nach einer bestimmten Zeit wird die Temperaturerhöhung gemessen.

Die Energie, die von der Sonne auf einen Gegenstand in einer bestimmten Zeit übertragen wird, kann dementsprechend nur angegeben werden, wenn man die Fläche, die von der Sonnenstrahlung beschienen wird, berücksichtigt. Der Quotient

$$S = \frac{\text{Leistung der Sonnenstrahlung}}{\text{Fläche}} = \frac{P}{A} \quad \left(\text{in } \frac{\text{W}}{\text{m}^2}\right)$$

wird als **Leistungsdichte** der Strahlung oder **Bestrahlungsstärke**, oft auch als Intensität bezeichnet.

Einen einfachen Versuch zur Abschätzung der Leistungsdichte liefert Versuch **V3**. Auf die am Erdboden gemessene Leistungsdichte haben jedoch mehrere Faktoren Einfluss. Ein Teil der Sonnenstrahlung wird z. B. durch Wasserdampf oder Kohlendioxid absorbiert, wenn das Licht die Atmosphäre durchläuft. Neben der Absorption spielen auch Reflexions- und Streueffekte eine wichtige Rolle.

Außerhalb der Erdatmosphäre ergibt sich ein Wert von $S_\text{E} = 1370\,\frac{\text{W}}{\text{m}^2}$ für die Leistungsdichte der Sonnenstrahlung. Diesen Wert bezeichnet man als **Solarkonstante** der Erde. Er ist von besonderer Bedeutung, da er als Vergleichswert genutzt werden kann.

! Merksatz

Die Solarkonstante S_E der Erde beträgt $1370\,\frac{\text{W}}{\text{m}^2}$. Sie bezeichnet die Leistungsdichte der ungeschwächten, senkrecht auf eine Fläche treffenden Sonnenstrahlung.

V3 Leistungsdichte der Sonnenstrahlung

Ein mit Ruß geschwärztes Reagenzglas wird vollständig mit Wasser gefüllt und mit einem dicht schließendem Gummistopfen mit Thermometer verschlossen. Anschließend wird es so ausgerichtet, dass die Sonnenstrahlen möglichst senkrecht auf die geschwärzte Fläche auftreffen.

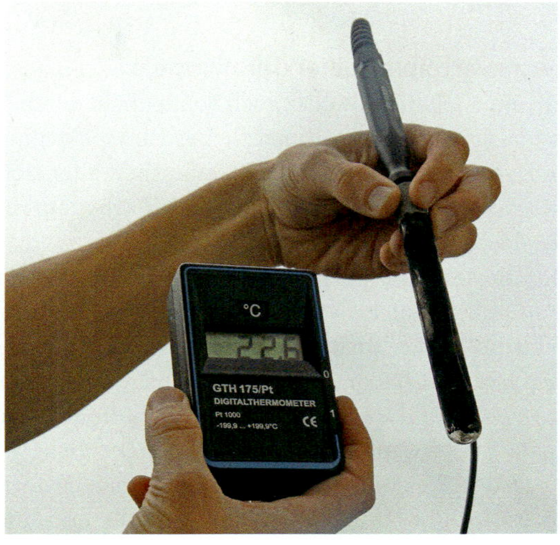

Die Energieportion ΔE, die dem Wasser zugeführt wird, führt zu einer Erhöhung der Temperatur des Wassers.

Ist ΔT der Temperaturanstieg des Wassers und m die Masse des Wassers, so beträgt die absorbierte Sonnenenergie

$$\Delta E = c \cdot m \cdot \Delta T,$$

wobei $c = 4{,}2\,\frac{\text{kJ}}{(\text{kg} \cdot \text{K})}$ die spezifische Wärmekapazität des Wassers ist. Daraus folgt

$$S = \frac{P}{A} = \frac{\Delta E}{\Delta t \cdot A} = \frac{c \cdot m \cdot \Delta T}{\Delta t \cdot A} \text{ in } \frac{\text{J}}{\text{s} \cdot \text{m}^2} \text{ oder } \frac{\text{W}}{\text{m}^2}.$$

Dabei ist A die geschwärzte Fläche des Reagenzglases und Δt die Dauer der Sonneneinstrahlung. Die Temperatur des Wassers sollte wegen des Wärmeaustausches mit der Umgebung vor der Bestrahlung möglichst ebenso viel *unter* der Umgebungstemperatur wie nach der Bestrahlung *über* der Umgebungstemperatur liegen. Man erreicht das durch eine entsprechende Bestrahlungsdauer Δt. Mit diesem Versuchsaufbau lassen sich Werte zwischen 800 und $1000\,\frac{\text{W}}{\text{m}^2}$ für die Leistungsdichte der Sonne berechnen.

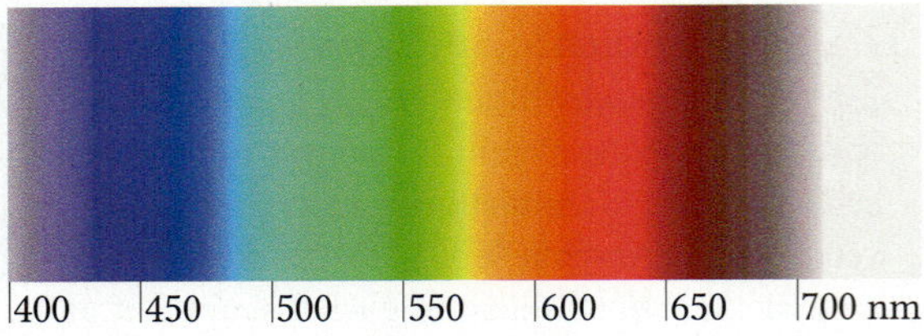

400 | 450 | 500 | 550 | 600 | 650 | 700 nm

B1 *Für den Menschen sichtbares Spektrum elektromagnetischer Wellen*

Energieverteilung einer Glühlampe. Leitet man das Licht einer Glühlampe oder auch Sonnenlicht durch ein Prisma, zeigt es ein kontinuierliches Farbspektrum in den Farben violett bis rot. Die Gesamtheit aller sichtbaren farblichen Anteile nennt man das **Farbspektrum** oder die **Spektralfarben** des Lichts.

Licht besteht aus **elektromagnetischen Wellen**, die unterschiedliche Wellenlängen λ aufweisen. Das Spektrum des sichtbaren Lichts beginnt im violetten Bereich bei $\lambda \approx 400$ nm und geht bis zum roten Licht bei $\lambda \approx 750$ nm (Bild **B1**). Daraus ergibt sich die Frage, ob sich die Leistungsdichte von z.B. Glühlampenlicht, also die von der Glühlampe pro Sekunde und Quadratmeter übertragene Energie, gleichmäßig auf die einzelnen Spektralfarben des Lichts verteilt.

Um diese Verteilung zu untersuchen, werden in Versuch **V1** die in einem bestimmten Abstand zur Glühlampe auftreffenden Leistungsdichten des Lichts in verschiedenen Wellenlängenbereichen vermessen. Der Versuch zeigt deutlich, dass sich die gemessenen Leistungsdichten pro Wellenlängenintervall unterscheiden. Am höchsten ist die gemessene Leistungsdichte des

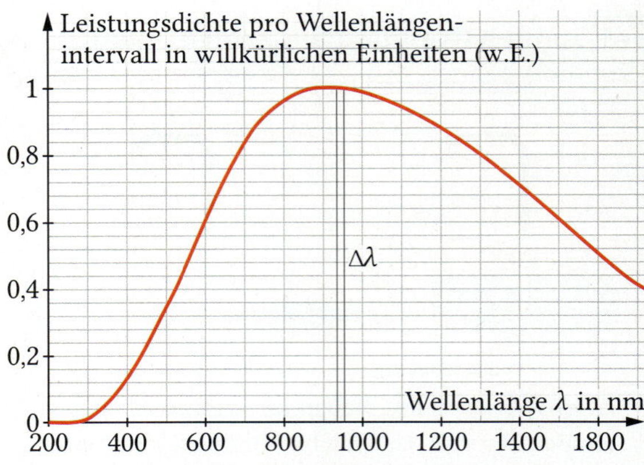

B2 *Die Leistungsdichte S pro Wellenlängenintervall einer Halogenlampe aufgetragen gegen die Wellenlänge λ*

Glühlampenlichts oberhalb von 750 nm. Daraus lässt sich schlussfolgern, dass eine Glühlampe einen Großteil der emittierten Gesamtenergie in einem nicht sichtbaren Bereich des Lichts überträgt. Diesen Bereich bezeichnet man als **infrarotes Licht**. Wellenlängen, die unterhalb des noch sichtbaren violetten Lichts (ca. 400 nm) liegen, bezeichnet man als **ultraviolettes Licht**. Auch diese für den Menschen nicht sichtbaren Wellenlängenanteile gehören zum Spektrum des Lichts einer Glühlampe.

Mit Hilfe genauerer Messinstrumente lässt sich ein Diagramm wie in Bild **B2** erstellen, aus dem sich die maximale in einem Wellenlängenbereich gemessene Leistungsdichte ablesen lässt. Es zeigt sich, dass das Glühlampenlicht bei Wellenlängen von ca. 970 nm ein Maximum aufweist.

Für jedes schmale Wellenlängenintervall $\Delta\lambda$ bedeutet der Flächeninhalt des darüber errichteten Rechtecks die in $\Delta\lambda$ aufgenommene Leistungsdichte. Durch Aufsummieren der Flächeninhalte über alle Intervalle $\Delta\lambda$ erhält man die gesamte Leistungsdichte. Sie entspricht dem Flächeninhalt, der von der jeweiligen Kurve und der waagerechten Achse eingeschlossen wird.

! Merksatz

Das Spektrum einer Lichtquelle gibt den gesamten Wellenlängenbereich des von ihr ausgestrahlten Lichts an. Der Bereich des Lichts unterhalb von ca. 400 nm heißt ultraviolett, der oberhalb von ca. 750 nm wird infrarot genannt.

Eine Glühlampe gibt den größten Teil ihrer Strahlungsleistung im unsichtbaren, infraroten Bereich des Lichtspektrums ab.

V1 Leistungsdichte von Glühlampenlicht

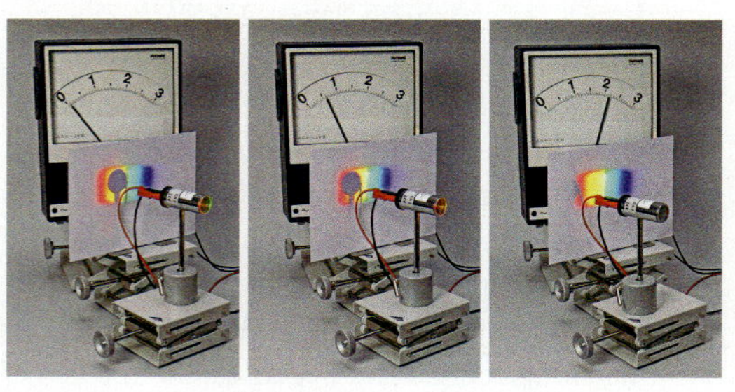

In einem bestimmten Abstand werden in verschiedenen Bereichen des Spektrums einer Glühlampe Leistungsdichten des Lichts mit einer Thermosäule nach Moll gemessen (siehe Exkurs).

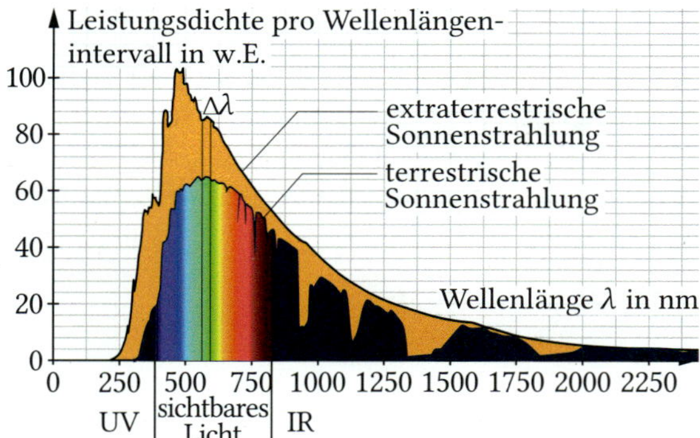

B3 *Verteilung der Leistungsdichte auf verschiedene Wellen-*
längen bei Messungen auf der Erde (terrestrisch) und im erdna-
hen Weltraum (extraterrestrisch)

Energieverteilung des Sonnenlichts.

Wie sieht die Energieverteilung bei Sonnenlicht aus? Für das Spektrum von Sonnenlicht zeigt sich eine andere Verteilung der messbaren Leistungsdichten (Bild **B3**) auf die Wellenlängen. Insbesondere ist ein Maximum im Bereich um 500 nm zu erkennen. Es zeigt sich aber auch hier, dass ein großer Teil der Leistungsdichte auf den infraroten Wellenlängenbereich jenseits des sichtbaren Lichts fällt (ab ca. 750 nm). Der ultraviolette Bereich hingegen trägt nur einen geringen Teil zur gesamten Strahlungsleistung des Sonnenlichts bei.

Zudem wird aus der Abbildung der Einfluss der Erdatmosphäre auf die Leistungsdichte der Sonnenstrahlung deutlich. Die Kurve der extraterrestrischen Sonnenstrahlung bezieht sich auf Messwerte, die im erdnahen Weltraum (also vor Eintritt des Sonnenlichts in die Erdatmosphäre) gemessen wurden. Die Kurve der terrestrischen Sonneneinstrahlung bezieht sich auf eine Messung auf dem Erdboden.

Aus dem Vergleich der beiden Kurven lässt sich erkennen, dass die Leistungsdichte bestimmter Wellenlängenbereiche durch die Atmosphäre unterschiedlich stark verringert wird. Dazu gehören bestimmte Anteile des ultravioletten Sonnenlichts, aber auch andere Teile z.B. im infraroten Sonnenlicht.

! Merksatz

Sonnenlicht hat eine maximale Leistungsdichte bei ca. 500 nm, es überträgt aber auch Energie im infraroten Wellenlängenbereich jenseits des sichtbaren roten Lichts.

☰ Messverfahren Thermosäule

Zur Temperaturmessung benutzt man häufig ein **Thermoelement** TE, welches Temperaturunterschiede in eine messbare elektrische Spannung umwandelt. Bei L sind zwei dünne Drähte aus verschiedenen Materialien (z.B. Eisen und Konstantan) zusammengelötet. Ihre anderen Enden liegen bei A am Spannungsverstärker SV. Die angezeigte Spannung U ist proportional zur Temperaturdifferenz ΔT zwischen der Lötstelle L und dem Anschluss A.

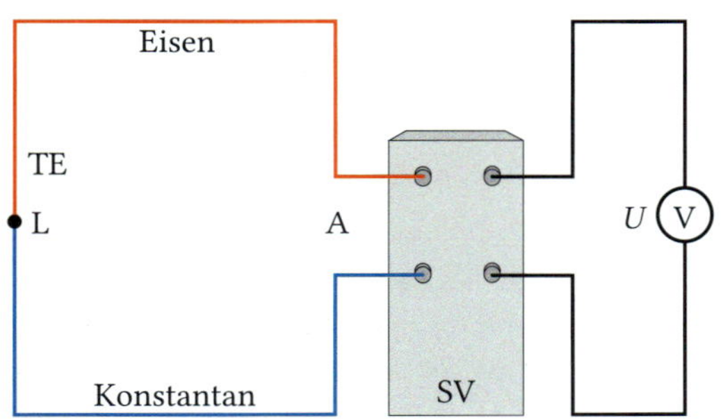

Thermoelement

Eine **Thermosäule** besteht aus vielen hintereinander geschalteten Thermoelementen. Die Oberflächen der Thermoelemente in einer Thermosäule sind geschwärzt, damit sie die eintreffende Strahlung ganz absorbieren und nichts davon reflektieren. Die Thermosäule spricht auf empfangene Strahlung an; sie ist ein Strahlungsmessgerät zur Bestimmung der Leistungsdichte. So erzeugt beispielsweise ein aufflammendes Streichholz in einigem Abstand sofort einen starken Ausschlag, lange bevor ihm Warmluft zufließen kann.

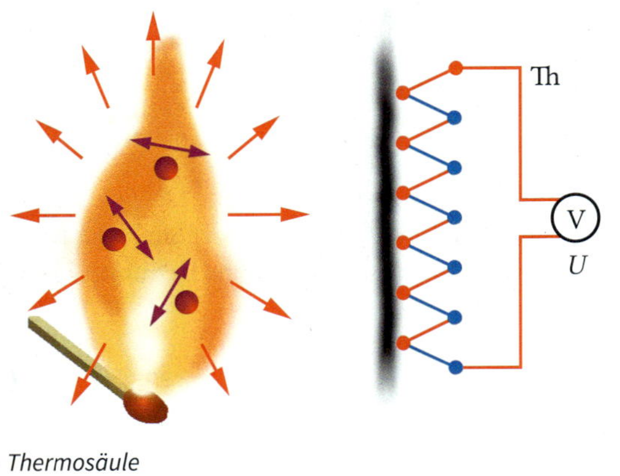

Thermosäule

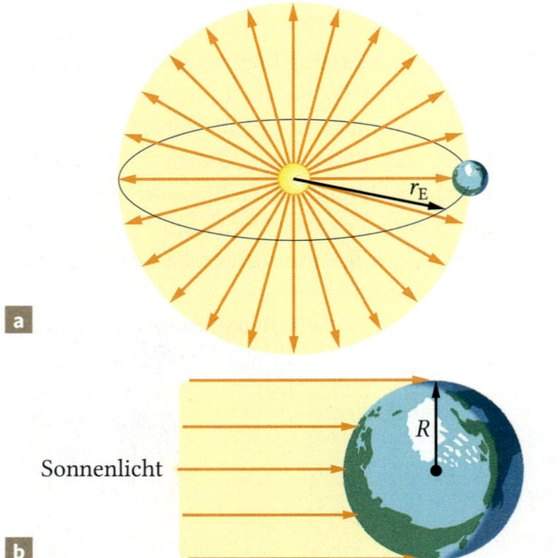

a

B1 *a) Die Sonnenstrahlung erreicht alle Punkte einer fiktiven Hohlkugel mit gleicher Leistungsdichte S. b) Die Tagseite der Erde ist eine Halbkugel. Die Fläche, auf welche die Sonnenstrahlung senkrecht einfällt, ist die eines Kreises mit dem Durchmesser der Erde.*

Die Strahlungsleistung der Sonne. Aus der Kenntnis der Solarkonstanten können wir auf die gesamte Strahlungsleistung der Sonne schließen, d.h. auf die Gesamtenergie pro Zeit, die die Sonne in alle Richtungen ausstrahlt.

Wir stellen uns die Sonne vereinfacht als punktförmige Strahlungsquelle vor, die ihre gesamte Strahlungsleistung P_S gleichmäßig in alle Richtungen abgibt. Wir denken uns um die Sonne eine riesige Kugel mit dem Radius $r_\mathrm{E} = 149{,}6$ Millionen km der Erdbahn. Dann trifft die gesamte Strahlungsleistung der Sonne überall mit gleicher Leistungsdichte auf die Innenseite dieser gedachten Kugel (Bild **B1a**). Die Oberfläche der gedachten Kugel ist $A_\mathrm{Kugel} = 4\pi r_\mathrm{E}^2$, also gilt:

$$S_\mathrm{E} = \frac{P_\mathrm{S}}{A_\mathrm{Kugel}} = \frac{P_\mathrm{S}}{4\pi r_\mathrm{E}^2}\,.$$

Die gesamte Strahlungsleistung P der Sonne kann dann bei bekannter Solarkonstante S_E und bekanntem Radius r_E berechnet werden:

$$\begin{aligned}
P_\mathrm{S} &= S_\mathrm{E} \cdot 4\pi r_\mathrm{E}^2 \\
&= 1370\,\frac{\mathrm{W}}{\mathrm{m}^2} \cdot 4\pi \cdot (149{,}6 \cdot 10^9\ \mathrm{m})^2 \\
&= 3{,}85 \cdot 10^{26}\ \mathrm{W}.
\end{aligned}$$

Welcher Anteil dieser Strahlungsleistung trifft nun auf die Erde? Idealisiert betrachten wir die Fläche der Erde innerhalb der gedachten riesigen Innenseite der Kugel als Kreisscheibe mit dem Radius $R_\mathrm{E} = 6378$ km der Erde, auf die die Sonnenstrahlung auftrifft (Bild **B1b**). Daraus ergibt sich

$$\begin{aligned}
P_\mathrm{Erde} &= S_\mathrm{E} \cdot \pi R_\mathrm{E}^2 \\
&= 1370\,\frac{\mathrm{W}}{\mathrm{m}^2} \cdot \pi \cdot (6{,}378 \cdot 10^6\ \mathrm{m})^2 \\
&= 1{,}75 \cdot 10^{17}\ \mathrm{W}.
\end{aligned}$$

Dieser Wert entspricht der Leistung von über 100 Millionen Kraftwerken – weit mehr, als die Menschheit braucht.

! Merksatz

Ausgehend von der Solarkonstante der Sonne lässt sich die gesamte Strahlungsleistung der Sonne $P_\mathrm{Sonne} = 3{,}85 \cdot 10^{26}$ W berechnen. Der Anteil der Strahlungsleistung, der die Erde erreicht, beträgt $P_\mathrm{Erde} = 1{,}75 \cdot 10^{17}$ W.

Temperaturstrahlung. Jede Strahlung führt Energie mit sich. Wird diese von einem Körper – wie im obigen Beispiel von der Erde – absorbiert, so steigt dessen Temperatur, also die ungeordnete thermische Bewegung der Moleküle. Umgekehrt gilt: Alle Körper – also auch die Erde – senden wegen ihrer Molekülbewegung Strahlung aus. Die Eigenschaften dieser Strahlung hängen stark von der Temperatur ab. Man spricht von **Temperaturstrahlung**. Bis zur Temperatur von 525 °C besteht diese aus IR-Strahlung, bleibt also unsichtbar. Ab 525 °C können wir einen Teil der Strahlung mit unseren Augen wahrnehmen.

Schwarzer Körper. Körper absorbieren jedoch in der Regel nicht die gesamte eingestrahlte Energie. Sie reflektieren und streuen auch einen Teil der auftreffenden Strahlung.

Man bezeichnet den Quotienten aus absorbierter Strahlungsleistung (P_abs) und eingestrahlter Strahlungsleistung (P_ein) als **Absorptionsgrad** α eines Körpers:

$$\alpha = \frac{P_\mathrm{abs}}{P_\mathrm{ein}}\,.$$

Der Absorptionsgrad gibt also an, welcher Anteil der eingestrahlten Energie von einem Körper aufgenommen wird.

Der Absorptionsgrad hängt vom Material und der Temperatur des Körpers sowie der Oberflächenbeschaffenheit ab und auch von der Wellenlänge der Strahlung. Ein Körper, dessen Absorptionsgrad $\alpha = 1$ ist, heißt **Schwarzer Körper** oder **Schwarzer Strahler**. Er würde die gesamte Strahlung jeder Wellenlänge vollständig und unabhängig von Material- und Körpereigenschaften absorbieren und damit die gesamte eingestrahlte Energie aufnehmen.

Ein solcher Körper ist nur eine idealisierte Vorstellung, er kommt in der Natur nicht vor. In einfachen Experimenten kann er durch eine Rußschicht (siehe Versuch **V3** auf Seite 127) verwirklicht werden. Selbst mattschwarze Flächen streuen allerdings einen Teil der auftreffenden Strahlung.

! Merksatz

Wenn Strahlung auf einen Körper trifft, so absorbiert dieser einen Teil ihrer Energie und wandelt sie in thermische Teilchenbewegung um; seine Temperatur steigt. Bei der Reflexion ist dies nicht der Fall – Spiegel bleiben kalt.

Ein idealisierter Körper, der die gesamte Strahlung jeder Wellenlänge vollständig aufnehmen würde, heißt Schwarzer Körper.

Die Tabelle **T1** zeigt die über alle Wellenlängen gemittelten Absorptionsgrade verschiedener Materialien und Oberflächen bei Sonneneinstrahlung.

Material	α	Material	α
Aluminium, poliert	0,20	Kupfer, poliert	0,18
Asphalt	0,93	Marmor, weiß	0,46
Blätter, grün	0,71 … 0,79	Ruß	0,96 (ca.)
Dachpappe, schwarz	0,82	Schiefer	0,88
Eisen, rau	0,75	Schnee, sauber	0,20 … 0,35
Eisen, verzinkt	0,38	Silber, poliert	0,13
Gold, poliert	0,29	Ziegel, rot	0,75
Kupfer, oxidiert	0,70	Zinkweiß	0,22

T1 *Mittlere Absorptionsgrade verschiedener Materialien bei Sonneneinstrahlung*

Thermogramme

Einem Haus sieht man nicht an, ob es im Winter viel oder wenig Energie als infrarote Strahlung abstrahlt. Die emittierte Strahlung kann jedoch über IR-empfindliche Kameras sichtbar gemacht werden. Man nennt die dabei entstehenden Bilder Thermogramme. Die Temperatur wird dabei durch Farben kodiert, wobei blau kältere und rot wärmere Bereiche kennzeichnet.

B2 *Thermogramm eines Hauses*

Thermogramme werden nicht nur im Bauwesen bei der Erstellung eines Energieausweises für Häuser verwendet, auch in der Diagnostik von Krankheiten, als zerstörungsfreies Prüfverfahren in der Industrie, bei der Rehkitzsuche usw.

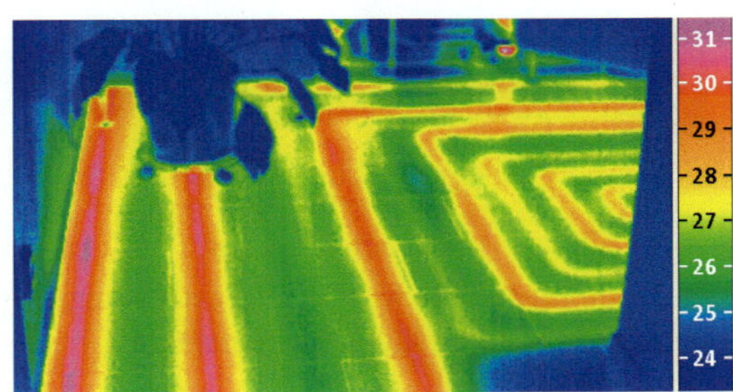

B3 *Wärmebild eines Raums mit einer Fußbodenheizung*

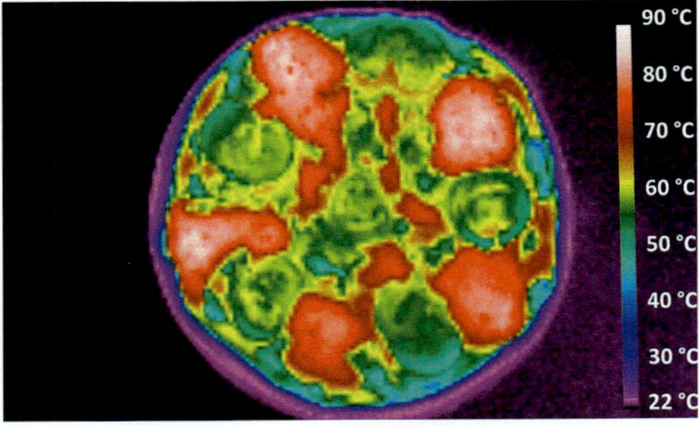

B4 *Der geschmolzene Käse auf der Pizza ist am heißesten.*

Das Strahlungsgleichgewicht. Durch Sonnenlicht wird Energie auf Gegenstände übertragen, z. B. auf die Steinplatten im Freibad. Sie erhitzen sich dadurch. Die Steinplatten werden aber nicht beliebig heiß, auch wenn die Sonne den ganzen Tag scheint. Woran liegt das?

In Versuch **V1** wird eine Aluminiumplatte mit einer Glühlampe bestrahlt. Zu Beginn des Versuchs führt die von der Platte absorbierte Energie vor allem zu einer Erhöhung der inneren Energie, sodass die Temperatur der Aluminiumplatte steigt. Ab einer bestimmten Grenztemperatur steigt die Temperatur der Platte allerdings trotz anhaltender Bestrahlung nicht weiter. Also wird aufgrund des Energieerhaltungssatzes Energie von der Platte wieder an die Umgebung abgegeben. Bringt man seine Hand ganz nah an die Platte, ohne sie jedoch zu berühren, spürt man Wärme. Die Platte strahlt also selbst Energie ab und diese geht auf die umgebende Luft über. Dieses Phänomen kennt man auch aus dem Alltag, wenn man z. B. die Handfläche in die Nähe eines heißen Backblechs bringt und die Wärme spürt, die von dem Backblech ausgeht. Die Wärmeübertragung findet hier ohne Berührung statt.

Untersucht man die Aluminiumplatte mit Hilfe der Thermosäule, stellt man fest, dass die Platte unsichtbare, infrarote Strahlung zu beiden Seiten der Platte aussendet. Diese Strahlung bezeichnet man auch als Wärmestrahlung. Sie transportiert Energie wie das sichtbare Sonnenlicht.

Erreicht die Temperatur des Aluminiumblechs in Versuch **V1** ihren Grenzwert, ist zu jedem Zeitpunkt die Leistung der aufgenommenen Strahlung gleich der insgesamt abgegebenen Strahlungsleistung. Der Körper befindet sich im **Strahlungsgleichgewicht**.

 ## Strahlungsgleichgewicht

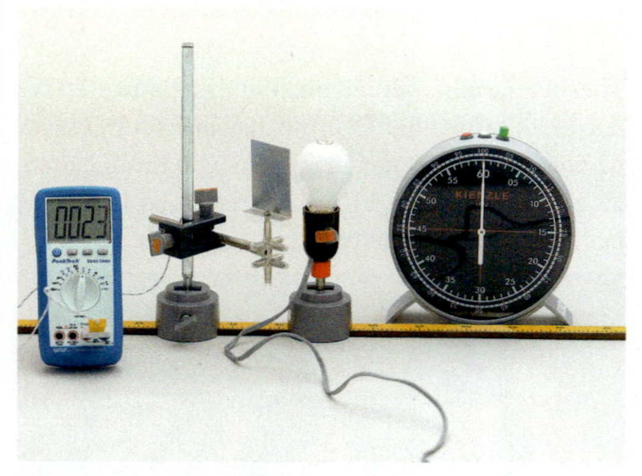

Eine Aluminiumplatte wird durch Bestrahlung mit zwei verschiedenen Glühlampen erwärmt.
Bei Beleuchtung mit einer 100-W-Lampe erreicht die Aluminiumplatte eine niedrigere Grenztemperatur als bei einer 300-W-Lampe.

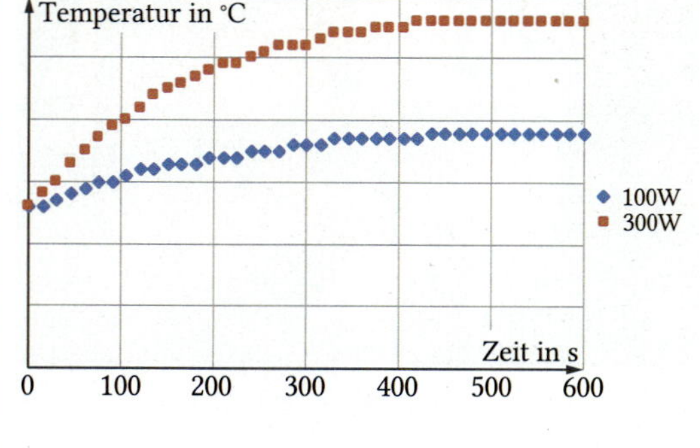

❗ Merksatz

Jeder Körper absorbiert Strahlung aus der Umgebung und gibt Energie in Form von Wärmestrahlung ab. Wenn der Körper gleich viel Energie aufnimmt, wie er abgibt, befindet er sich im Strahlungsgleichgewicht, also im Fließgleichgewicht der Energie. Die Temperatur des Körpers bleibt dann konstant.

Emission und Absorption. In Versuch **V1** konnte beobachtet werden, dass ein Körper, der Strahlung absorbiert, auch selbst Strahlung in Form von Wärmestrahlung abgibt, also reemittiert. Hat die Beschaffenheit der Oberfläche eines Körpers auch Einfluss auf die Reemission von Strahlung?

Als Strahlungsempfänger und -sender dient in Versuch **V2** ein Würfel, in den Wasser eingefüllt wird. Eine der Würfelflächen ist mit schwarzer Lackfarbe bestrichen, während eine andere eine polierte Metallfläche aufweist. In zwei aufeinanderfolgenden Versuchen wird untersucht, welche Auswirkung die Oberfläche des Würfels auf die Absorption und die Emission, also die Aufnahme und Abgabe von Strahlung, hat.

In Versuch **V2a** ist der Temperaturanstieg bei der blank polierten Fläche deutlich geringer als der Temperaturanstieg des Wassers bei der schwarz lackierten Fläche. Die schwarze Fläche hat also in dem Wellenlängenbereich des Strahlers einen deutlich höheren Absorptionsgrad als die polierte Metallfläche.

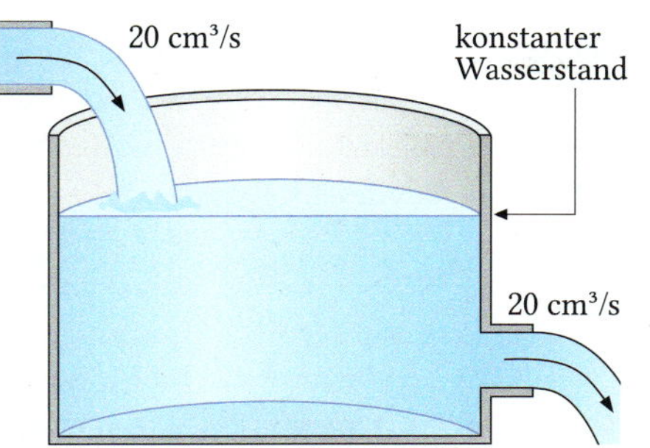

Wir veranschaulichen das Fließgleichgewicht der Energie durch einen Wasserfluss. Das Gefäß, in das er strömt, hat eine Öffnung. Bei steigendem Wasserstand, also steigendem Druck, fließt mehr Wasser je Sekunde hinaus. Schließlich stellt sich ein Fließgleichgewicht ein (Abfluss = Zufluss). Verstärken wir den Wasserzufluss, so wird das Fließgleichgewicht erst bei höherem Wasserstand erreicht.

Hätte man das Reagenzglas in Versuch **V3** auf Seite 127 also silbern poliert gestaltet, wäre die vom Wasser aufgenommene Energie geringer gewesen, da ein größerer Anteil des Sonnenlichts nicht absorbiert, sondern gestreut worden wäre.

Möchte man die Abgabe der Strahlung eines Körpers genauer untersuchen, lässt sich wieder eine Thermosäule als Messgerät für die in Form von Strahlung abgegebene Energie pro Zeit nutzen. In Versuch **V2b** wird der Würfel nun mit heißem Wasser gefüllt und die ausgesandte Wärmestrahlung mit der Thermosäule gemessen. Es zeigt sich, dass bei der schwarz lackierten Seite eine hohe und bei der silbern polierten Seite eine geringe Leistungsdichte der emittierten Strahlung gemessen wird. Daraus folgt: Je besser ein Körper bei einer bestimmten Wellenlänge Strahlung absorbiert, umso größer ist auch die Reemission der Strahlung.

! Merksatz

Emission und Absorption hängen zusammen. Für jede Wellenlänge und jede Temperatur gilt: Je besser eine Fläche absorbiert, umso besser strahlt sie auch.

V2 Auswirkung der Oberfläche auf die Absorption und Reemission

a) Die schwarze Fläche des Würfels wird mit einem Heizstrahler bestrahlt und die Temperatur des Wassers, das ständig umgerührt wird, mit einem Temperaturfühler gemessen. Ein Maß für die in einer bestimmten Zeitspanne dem Würfel zugeführte Energie ist die in der gleichen Zeitspanne (z. B. 10 Minuten) gemessene Temperaturerhöhung.

Führt man den Versuch für die schwarze und die polierte Metallseite durch, ergeben sich verschiedene Temperaturerhöhungen.

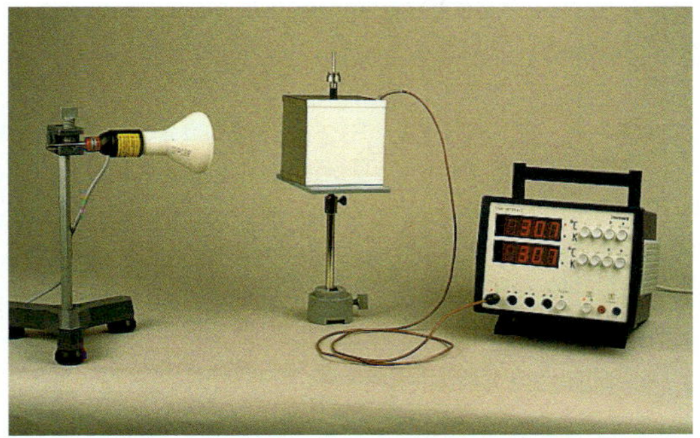

b) Der Würfel wird nun mit heißem Wasser von 100 °C gefüllt und ausgesandte Wärmestrahlung wird mit einer Thermosäule gemessen. Der Würfel hat verschiedene Oberflächen z. B. schwarz und silbern, poliert.

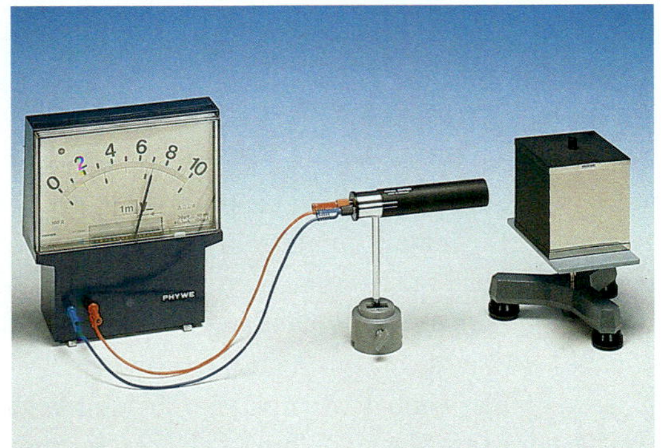

Es zeigt sich, dass vor der schwarze Seite deutlich höhere Leistungsdichten mit der Thermosäule gemessen werden, als dies bei der polierten Seite der Fall ist. Auch hier gibt es demnach Unterschiede zwischen der schwarzen und der polierten Oberfläche.

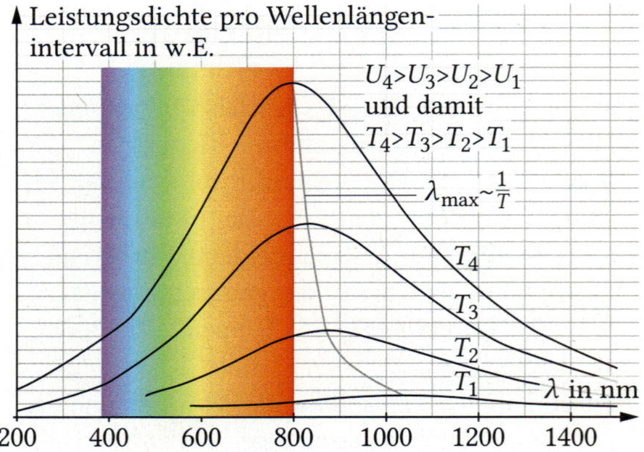

B1 *Das Maximum der Leistungsdichte pro Wellenlängenintervall einer Glühlampe verschiebt sich bei Verringerung der Temperatur des Glühfadens*

Wiensches Verschiebungsgesetz.

Die Verteilung der Leistungsdichte einer Halogenlampe (Glühlampe) auf die Wellenlängen zeigt, dass in einem bestimmten Wellenlängenintervall ein Maximum im infraroten Bereich vorliegt. Sowohl zum Blau als auch zum ferneren Infrarot hin nehmen die Anteile zur gesamten Leistungsdichte deutlich ab (Bild **B2** auf Seite 128). Verringert man nun am Netzgerät der Glühlampe die Spannung und damit die zugeführte elektrische Leistung, kann man beobachten, dass die Helligkeit der Lampe geringer wird. Dies bedeutet auch, dass die Temperatur des Glühfadens abnimmt und sich die Farbe des Glühfadens von weißglühend zu dunkelrotglühend verschiebt. Reduziert man die Spannung weiter, lässt sich gar kein Glühen mehr erkennen. Dennoch ist der Glühfaden immer noch sehr heiß. Die Glühlampe gibt ihre Strahlungsleistung jetzt fast vollständig im infraroten Bereich ab (Bild **B1**).

Bild **B1** verdeutlicht, dass die Leistungsdichte bei Verminderung der Spannung immer geringer wird. Dementsprechend ist auch die gesamte Strahlungsleistung der Glühlampe niedriger. Die Wellenlänge λ_{max}, bei der die maximale Leistungsdichte pro Wellenlängenintervall vorliegt, wird größer, wenn die Temperatur des Glühfadens sinkt. Es zeigt sich, dass λ_{max} umgekehrt proportional zur Temperatur (in Kelvin) ist und sich somit

$$\lambda_{max} = k \cdot \frac{1}{T}$$

mit dem Proportionalitätsfaktor $k = 2898\ \mu m \cdot K$ ergibt (**wiensches Verschiebungsgesetz**). Tatsächlich sendet jeder Körper bei jeder Temperatur Strahlung aus. Diese ist jedoch nicht immer sichtbar.

Stefan-Boltzmann-Gesetz. Im vorigen Abschnitt ergab sich, dass die Temperatur einer Glühwendel zum einen die wellenlängenabhängige Verteilung der Leistungsdichte beeinflusst. Zum anderen konnte beobachtet werden, dass mit abnehmender Temperatur auch die gesamte Strahlungsleistung eines Strahlers abgenommen hat.

Wie genau die Temperatur und die Strahlungsleistung bzw. Leistungsdichte eines Strahlers zusammenhängen wird im Versuch **V1** mit Hilfe einer speziellen Glühlampe (Boltzmann-Lampe) untersucht. Im Versuch wird die Temperatur der Glühwendel erhöht und mit Hilfe einer Thermosäule die Leistungsdichte der eintreffenden Strahlung gemessen. Das Ergebnis zeigt, dass die von der Thermosäule aufgenommene Leistungsdichte proportional zur vierten Potenz der Glühwendeltemperatur der Lampe ist: $S \sim T^4$. Da die Boltzmann-Lampe in Näherung als punktförmige Strahlungsquelle angesehen werden kann, lässt sich das Ergebnis auch auf die Leistungsdichte an der Oberfläche des Strahlers übertragen. Ausgehend von dieser Überlegung lässt sich über die Formel $S = \frac{P}{A}$ auch ein Rückschluss auf die gesamte Strahlungsleistung ziehen, welche demnach ebenfalls proportional zu T^4 ist. Daraus ergibt sich das **Stefan-Boltzmann-Gesetz** für schwarze Strahler:

$$S = \frac{P}{A} = \sigma \cdot T^4$$

mit dem Proportionalitätsfaktor

$$\sigma = 5{,}67 \cdot 10^{-8}\ \frac{W}{m^2 \cdot K^4}.$$

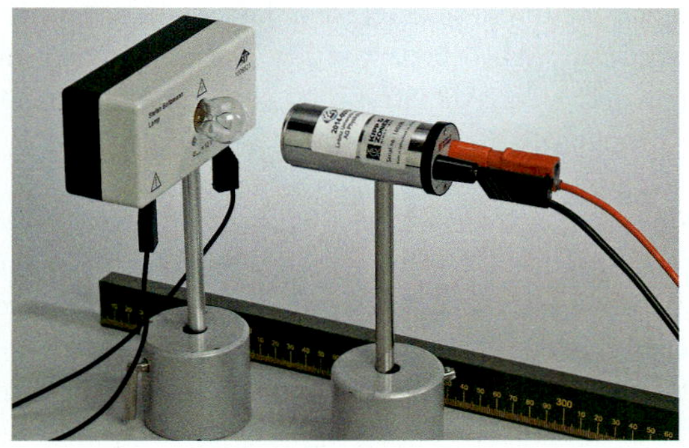

Mit einer Thermosäule nach Moll wird die Leistungsdichte der eintreffenden Strahlung bei unterschiedlichen Temperaturen der Glühwendel gemessen. Die Glühwendeltemperatur lässt sich aus dem Widerstand der Glühwendel, der anliegenden Spannung und der Stromstärke berechnen.

T in K	T^4 in 10^{13} K^4	Leistungsdichte S in w. E.
1003	0,10	0,1
1526	0,54	0,7
1918	1,35	2,2
2230	2,47	4,4
2497	3,89	7
2731	5,56	10,6
2946	7,53	14,2

Messwerte

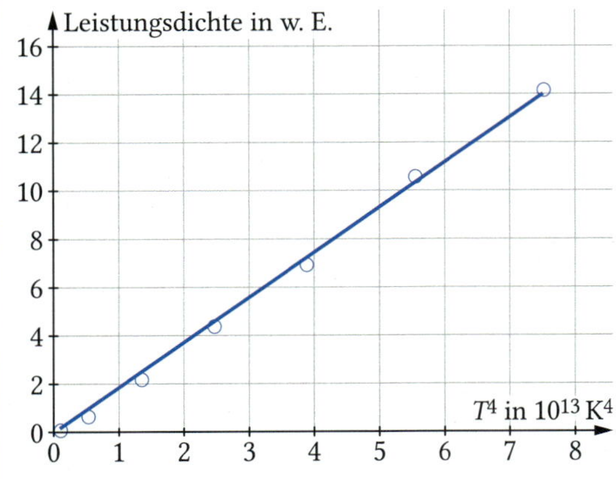

Diagramm

Im Diagramm wurde die Leistungsdichte S gegen T^4 aufgetragen und wir erhalten den proportionalen Zusammenhang $S \sim T^4$.

Praktikum: Veranschaulichung des wienschen Verschiebungsgesetzes

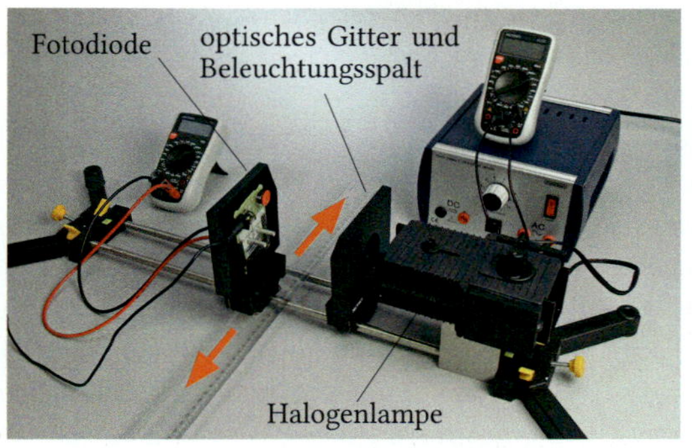

Mit Hilfe einer Fotodiode lässt sich das Spektrum einer Halogenlampe veranschaulichen.

Senden wir das Licht einer Halogenlampe durch ein optisches Gitter und einen Beleuchtungsspalt, kann das entstandene Spektrum mit der Fotodiode ausgemessen werden, indem wir das Spektrum „abfahren" und in Abständen von jeweils 3 mm die angezeigten Spannungswerte der Fotodiode notieren.

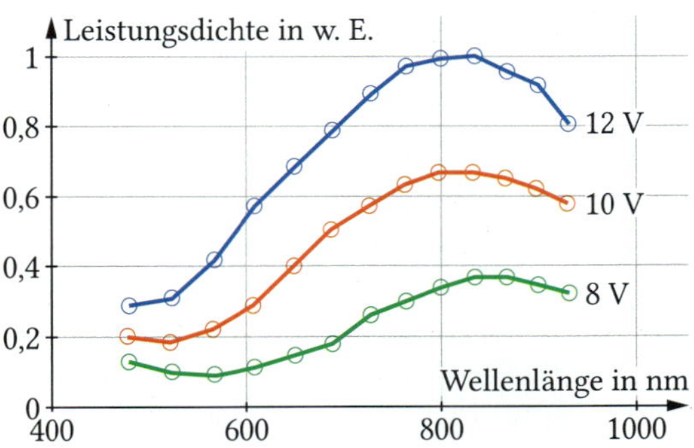

Es lässt sich erkennen, dass die Kurven qualitativ dem zu erwartenden Verlauf entsprechen: Das Maximum verschiebt sich mit niedrigeren Spannungen – und somit niedrigeren Temperaturen des Glühfadens – hin zu größeren Wellenlängen.

Überprüft man die Messung unter Verwendung des wienschen Verschiebungsgesetzes, sieht man, dass die maximalen Leistungsdichten unterhalb der zu erwartenden Werte für λ_{max} liegen. Dies erklärt sich hauptsächlich durch die wellenlängenabhängige Empfindlichkeit der Fotodiode, die im infraroten Bereich stark abnimmt und somit in der Deutung der Messwerte berücksichtigt werden muss. Zusätzlich muss berücksichtigt werden, dass die Halogenlampe kein schwarzer Strahler ist.

Selektive Absorption. Aufgrund der wellenlängenabhängigen Wechselwirkung der Strahlung mit den Molekülen der Atmosphäre wird Strahlung unterschiedlicher Wellenlängen unterschiedlich stark absorbiert (Bild **B3** auf Seite 129).

Versuch **V1** zeigt, dass es Stoffe gibt, die nur Licht bestimmter Wellenlänge absorbieren. In dem Versuch wird eine Fluoreszenzplatte mit Licht verschiedener Wellenlängen beleuchtet. Wird Licht von dieser Platte absorbiert, sendet sie ihrerseits wiederum Licht aus. Man erkennt sofort: Die verwendete Fluoreszenzplatte ist nicht in der Lage, die Strahlung der roten LED (Wellenlänge: $\lambda \approx 630$ nm) zu absorbieren (Bild **a** in Versuch **V1**). Bestrahlt man sie hingegen mit Licht einer blauen LED (Wellenlänge: $\lambda \approx 470$ nm), lässt sich eine Reemission und damit auch eine Absorption feststellen (Bild **b**).

Selektive Absorption

Die selektive Absorption lässt sich mit farbigen LEDs und einer Fluoreszenzplatte veranschaulichen. Dabei wird eine gelbe fluoreszierende Scheibe nacheinander mit rotem bzw. blauem Licht einer LED beleuchtet.
Betrachtet werden die Fluoreszenzplatte bei eingeschalteten LEDs von der Seite.
a) Rote LED ($\lambda \approx 630$ nm): keine Fluoreszenz
b) Blaue LED ($\lambda \approx 470$ nm): rot

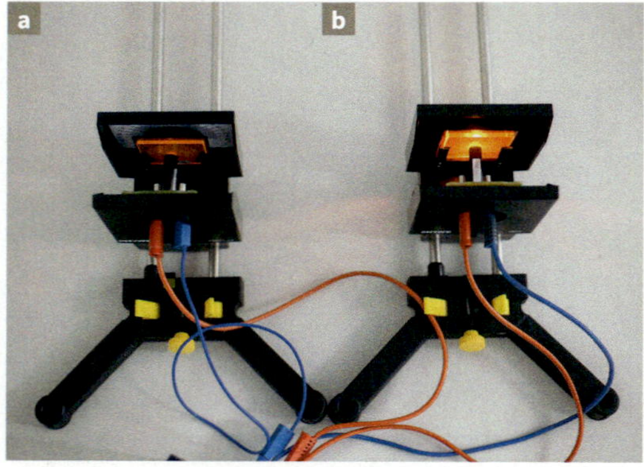

Das Licht der roten LED wird dabei offensichtlich von der Platte nicht absorbiert (**a**), sie sendet ihrerseits keine Strahlung aus. Betrachtet man die Platte von vorne (Achtung, nicht direkt in den Lichtkegel blicken!), erkennt man darüber hinaus, dass das rote Licht die Platte passiert. Das Licht der blauen LED wird absorbiert und als Licht anderer Wellenlänge wieder ausgesandt (**b**).

Führt man denselben Versuch mit einer blauen Fluoreszenzplatte durch, so zeigt sich, dass weder rotes noch blaues Licht absorbiert werden. Beleuchtet man die Platte jedoch mit UV-Strahlung, so ist eine Absorption zu beobachten.

Wie lassen sich diese Beobachtungen auf die Sonnenstrahlung und die Atmosphäre übertragen? Unsere Atmosphäre setzt sich hauptsächlich aus zwei zweiatomigen Gasen, Sauerstoff (O_2) und Stickstoff (N_2) zusammen. Sie können weder IR-Strahlung noch sichtbares Licht absorbieren. Nur 1 % der atmosphärischen Gase sind sogenannte Spurengase, die IR-Strahlung bestimmter Wellenlängen absorbieren können. So kommt es, dass der sichtbare Teil des Spektrums durch die in der Atmosphäre enthaltenen Gase kaum beeinflusst wird, die IR-Strahlung jedoch deutlich abgeschwächt wird.

Bild **B1** zeigt den prozentualen Einfluss verschiedener Gase in der Atmosphäre auf die Absorption in Abhängigkeit von der Wellenlänge. Man erkennt, dass Wasserdampf (H_2O) für $\frac{2}{3}$ der atmosphärischen Absorption verantwortlich ist und nur $\frac{1}{3}$ von den Spurengasen selbst verursacht wird. Der Gehalt des Wasserdampfes in der Atmosphäre ist jedoch durch die Spurengase bestimmt. Enthält die Atmosphäre mehr Spurengase – wie in den vergangenen Jahrzehnten beim kontinuierlichen Anstieg des CO_2 zu beobachten –, so steigt ebenfalls der Gehalt an H_2O.

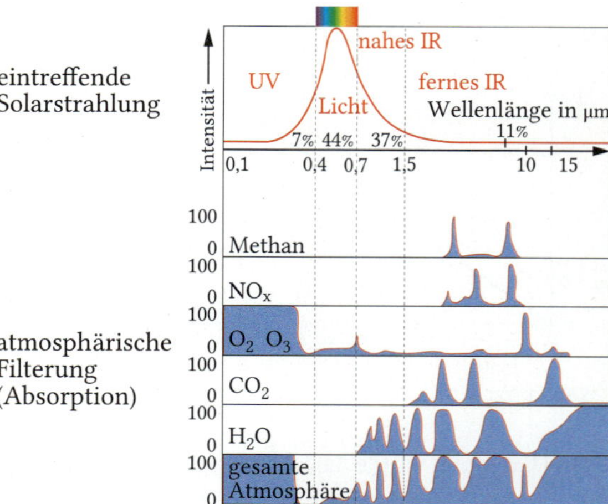

B1 *Einfluss der atmosphärischen Gase auf die eintreffende Sonneneinstrahlung*

Bild **B1** zeigt auch die Absorption der kurzwelligen UV-Strahlung durch Sauerstoff (O_2) und Ozon (O_3) in der Atmosphäre.

Aus dem Vergleich der beiden Kurven in Bild **B3** auf Seite 129 lässt sich erkennen, in welchem Ausmaß die Leistungsdichte bestimmter Wellenlängenbereiche durch die gesamte Atmosphäre quantitativ verringert wird. Die Kurve der extraterrestrischen Sonnenstrahlung bezieht sich auf Messwerte, die im erdnahen Weltraum (also vor Eintritt des Sonnenlichtes in die Erdatmosphäre) gemessen wurden. Die Kurve der terrestrischen Sonneneinstrahlung bezieht sich auf eine Messung auf dem Erdboden.

! Merksatz

Die Spurengase und Wasserdampf in der Atmosphäre lassen den sichtbaren Teil des Sonnenlichts ungestört einfallen. Im IR-Bereich der Strahlung wird ein erheblicher Anteil absorbiert.

Lösen Sie selbst

1 Der Abstand Mars-Sonne ist das 1,5-Fache des Abstands Erde-Sonne. Sein Durchmesser beträgt das 0,53-Fache der Erde. Berechnen Sie die auf dem Mars von der Sonne empfangene gesamte Leistung P_M.

2 Schnee hat für sichtbares Licht ein Reflexionsvermögen von 80 %, im IR-Bereich nur 5 %. Erklären Sie, warum es im Winter über Schneeflächen nachts sehr kalt wird.

3 Die mittlere globale Temperatur beträgt etwa 15 °C. Berechnen Sie die tatsächlich am Erdboden auftreffende Leistungsdichte mit Hilfe des Stefan-Boltzmann-Gesetzes.
a) Berechnen Sie den Durchschnittswert der Wellenlänge maximaler Leistungsdichte λ_{max} für die von der Erde ausgesandte Strahlung unter Verwendung des wienschen Verschiebungsgesetzes.
b) Vergleichen Sie λ_{max} mit dem tatsächlichen Strahlungsmaximum des von der Erde empfangenen Sonnenlichtes.

4 Die Tür eines Kachelofens (Schwarzer Körper) ist 45 cm breit und 30 cm hoch. Die Temperatur beträgt 210 °C. Bestimmen Sie die von der Tür abgestrahlte Leistung P.

✱ Beispielaufgabe

Glasschmelze

Zur Herstellung und Verarbeitung von Glas wird in großen Schmelzwannen ständig neues Gemenge auf die schon flüssige, rotglühende Glasmasse nachgelegt und zum Schmelzen gebracht. Mit einem Strahlungsthermometer misst man die Leistungsdichte $S = 630$ kW/m². Berechnen Sie die Wellenlänge maximaler Intensität. Geben Sie an, in welchem Spektralbereich λ_{max} liegt.

Lösung

Nach dem Stefan-Boltzmann-Gesetz kann man daraus die Temperatur berechnen:

$$T = \sqrt[4]{\frac{S}{\sigma}}$$

$$= \sqrt[4]{\frac{630\,000\ \frac{W}{m^2}}{5{,}67 \cdot 10^{-8}\ \frac{W}{m^2 \cdot K^4}}}$$

$$= 1826\ \text{K}$$

$$= 1553\ °\text{C}.$$

Hierbei wurde das Innere der Schmelze als Schwarzer Körper betrachtet. Das ist bei so hohen Temperaturen zulässig.

Dem wienschen Verschiebungsgesetz zufolge beträgt die Wellenlänge mit maximaler Intensität

$$\lambda_{max} = 2898\ \mu\text{m K} \cdot \frac{1}{T}$$

$$= \frac{2898\ \mu\text{m K}}{1826\ \text{K}}$$

$$\approx 1587\ \text{nm}.$$

Auch wenn uns die Schmelze als blendend helles Licht erscheint, liegt das Strahlungsmaximum dennoch im Infraroten. Das liegt an der geringen Empfindlichkeit der Augen für rotes Licht.

Glasschmelze in der Flaschenproduktion

7.2 Treibhauseffekt

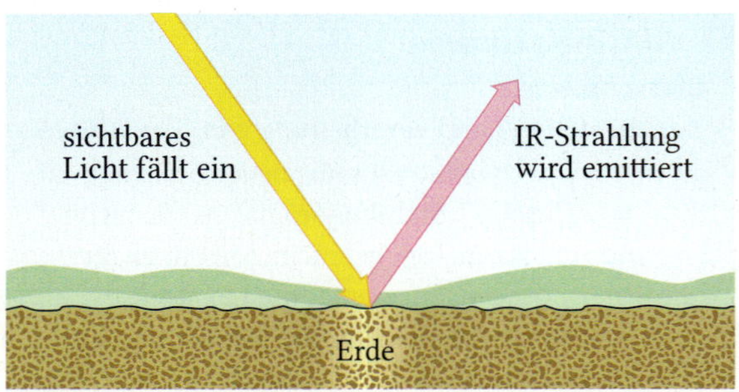

B1 *Die Erdoberfläche absorbiert kurzwellige Strahlung der Sonne. Sie kann aber nur langwellige Infrarotstrahlung emittieren.*

Natürlicher Treibhauseffekt. Die Sonne bestrahlt die Erde vorwiegend im Bereich des sichtbaren Lichts. Jedoch gelangt nicht die gesamte Strahlung ungehindert zur Erdoberfläche. Die Erde (überwiegend ihre Atmosphäre) reflektiert etwa $\alpha = 30\%$ des Sonnenlichts. α bezeichnet man als **Albedo** der Erde. Der von der Atmosphäre nicht reflektierte Rest beträgt $1 - \alpha = 70\%$. Dies entspricht einer Leistungsdichte der Sonnenstrahlung von ca. $S_0 = 959\,\frac{\text{W}}{\text{m}^2}$. Diesen Anteil absorbiert die Erde und sendet ihrerseits Strahlung im infraroten Wellenlängenbereich aus (Bild **B1**).

Das Sonnenlicht erreicht die Erdoberfläche, aber nur auf der Tagseite. Wir können uns vereinfacht die von der Sonne bestrahlte Fläche als Scheibe vorstellen, deren Flächeninhalt $A = \pi R^2$ mit der Leistungsdichte S_0 senkrecht bestrahlt würde (Bild **B2**).

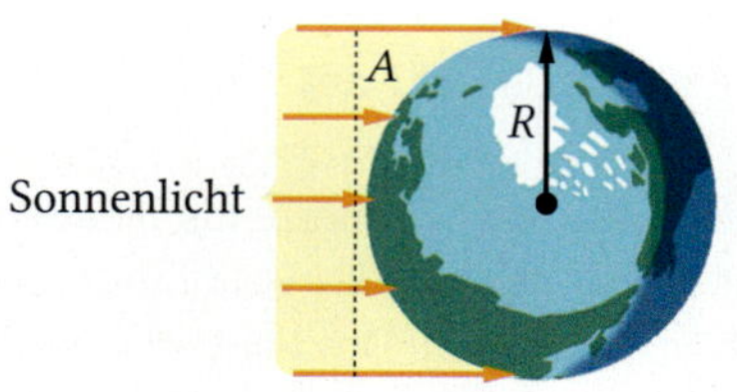

B2 *Die von der Sonne bestrahlte Tagseite können wir uns auf eine Kreisfläche mit dem Radius der Erde projiziert denken.*

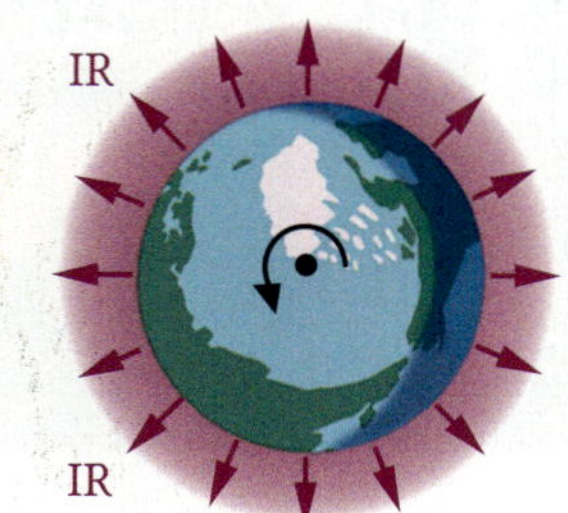

B3 *Die Erdoberfläche gibt Strahlung nach allen Seiten ab.*

Die Abgabe erfolgt allerdings im Gegensatz zur Einstrahlung am Tag und in der Nacht und über die gesamte Oberfläche der Erde (Bild **B3**). Die Oberfläche der Erde lässt sich über $O = 4\pi R^2 = 4A$ annähern. Die mittlere Leistungsdichte der Strahlungsabgabe S_1 ist daher um den Faktor 4 geringer als S_0. Es gilt

$$S_1 = \frac{1}{4}\,S_0 = 240\,\frac{\text{W}}{\text{m}^2}.$$

Dieser Wert schwankt je nach Breitengrad, Tageszeit und Wolkenbedeckung sehr stark.

Für diese Strahlungsabgabe ist die Erde in guter Näherung ein Schwarzer Körper. Daher darf man für die Berechnung der Durchschnittstemperatur das Stefan-Boltzmann-Gesetz anwenden. Es ergibt sich

$$T = \sqrt[4]{\frac{S_1}{\sigma}} = 254\,\text{K} = -19{,}4\,^\circ\text{C}.$$

Dies würde bedeuten, dass es auf dem größten Teil der Erdoberfläche viel zu kalt für menschliches Leben wäre.

> Die Erde empfängt von der Sonne im Wesentlichen sichtbares Licht, kann selbst aber nur Infrarotlicht abgeben. Hätte die Atmosphäre keinen Einfluss auf die Energiebilanz der Erdoberfläche, wäre die Temperatur auf der Erde für Leben zu niedrig.

Tatsächlich ist die Durchschnittstemperatur der Erde viel höher als nach dem Stefan-Boltzmann-Gesetz berechnet. Die Erdoberfläche empfängt folglich mehr Strahlung als in den vorangegangenen Überlegungen angenommen wurde. Verantwortlich dafür ist der sogenannte **Treibhauseffekt**.

Strahlungshaushalt der Erde. Ähnlich wie das Glas über einem Treibhaus wirken die Treibhausgase. Während die Hauptbestandteile unserer Atmosphäre (Stickstoff 78% und Sauerstoff 21%) keinen unmittelbaren Einfluss auf die Temperatur der Erde haben, sind die winzigen Mengen des Spurengases Kohlenstoffdioxid (CO_2) sowie Wasserdampf (H_2O) in der unteren Atmosphäre für den natürlichen Treibhauseffekt verantwortlich: In der bisherigen Berechnung sind wir davon ausgegangen, dass die Treibhausgase einen Anteil von ca. 30% der von der Sonne ausgehenden Strahlung reflektieren und der Rest ungehindert zum Erdboden gelangt (Bild **B4a**). Es dringen jedoch lediglich 51% ungestört zur Erdoberfläche durch. Weitere 19% werden von der Atmosphäre absorbiert und zu gleichen Teilen in den Weltraum und in Richtung Erdoberfläche gestrahlt. Berücksichtigt man diesen Energieverlust, würde man unter Verwendung des Stefan-Boltzmann-Gesetzes eine globale Durchschnittstemperatur von etwa $-27\,°C$ berechnen (Bild **B4b**).

Auch die von der Erde ausgesandte Strahlung wird von der Atmosphäre absorbiert – und zwar zu 88,6 %. Die dadurch erwärmten Luftschichten strahlen wiederum zu gleichen Teilen in Weltraum und zur Erdoberfläche. Von den 60,5 %, die von der Erdoberfläche ausgehen, sind das 26,8 %, die zu einer weiteren Erwärmung beitragen, bis sich ein Gleichgewichtszustand einstellt. So gelangt eine größere Leistungsdichte auf die Erdoberfläche und es stellt sich nach dem Stefan-Boltzmann-Gesetz eine höhere Temperatur ein als die zuvor berechnete (Bild **B4c**).

Um die im Gleichgewichtszustand vorliegende Leistungsdichte S_{Gl} (in %) zu berechnen, stellen wir folgende Energiebilanz auf: 30 % der eintreffenden Strahlung werden sofort in den Weltraum zurückgeworfen. Nach der Erwärmung der Atmosphäre gelangen 9,5 % der eintreffenden Strahlung sowie 44,3 % der von der Erde ausgesandten Strahlung in den Weltraum. 11,4 % der von der Erde ausgesandten Strahlung S_{Gl} gelangen ungehindert durch die Atmosphäre ins Weltall. Ein Gleichgewichtszustand ist erreicht, wenn die Erde inklusive Atmosphäre genau so viel Energie zurückstrahlt, wie sie erhält (Bild **B4d**):

$$30\,\% + 9{,}5\,\% + 0{,}114 \cdot S_{\mathrm{Gl}} + 0{,}443 \cdot S_{\mathrm{Gl}} = 100\,\%.$$

Aus den vorangegangenen Überlegungen erhält man $S_{\mathrm{Gl}} = 108{,}6\,\%$. Demnach erhält die Erdoberfläche durch den Treibhauseffekt erstaunlicherweise mehr Energie von der Sonne und strahlt auch mehr ab als ohne Atmosphäre. Die Oberflächentemperatur beträgt im globalen Mittel $11\,°C$ (Bild **B4e**). Dieser Wert liegt um $4\,°C$ unter dem derzeitigen globalen Mittel und liefert somit eine gute Näherung. Um den Strahlungshaushalt der Erde vollständig zu verstehen, muss zusätzlich der Energietransport von der Erdoberfläche durch Konvektion und Verdampfung berücksichtigt werden.

❗ Merksatz

Die Spurengase in der Erdatmosphäre sind für den natürlichen Treibhauseffekt verantwortlich. Dadurch empfängt die Erde insgesamt eine größere Leistungsdichte.

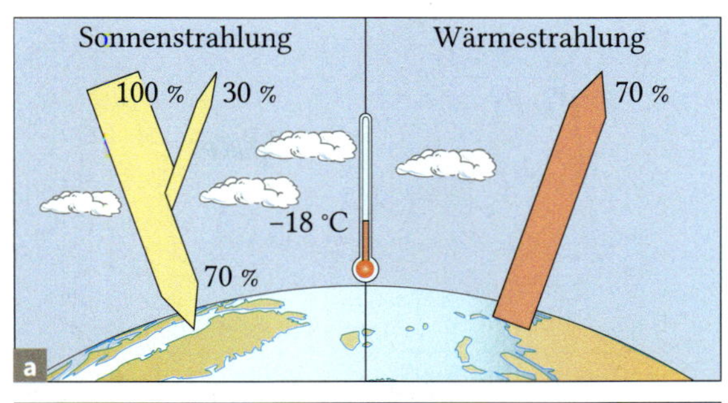

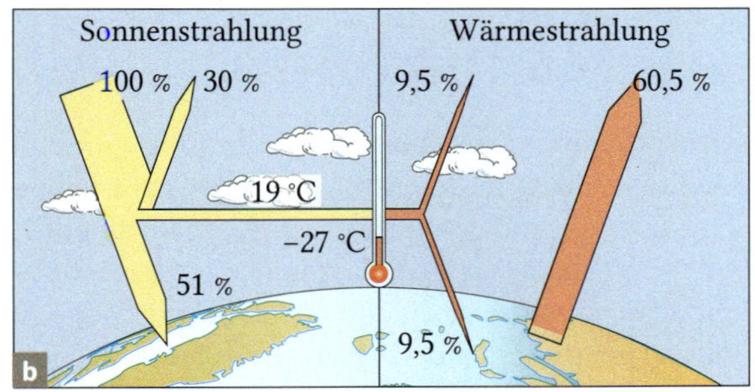

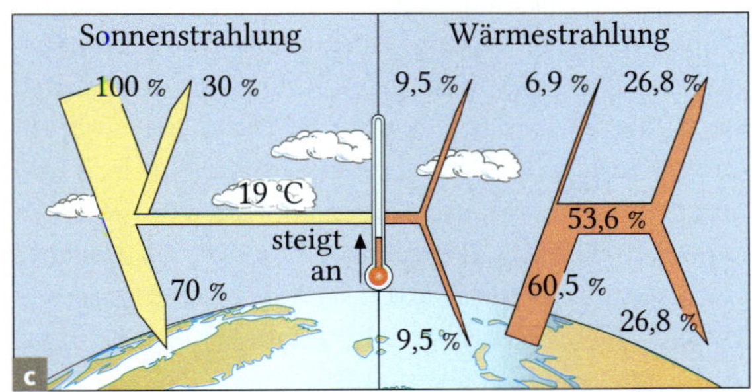

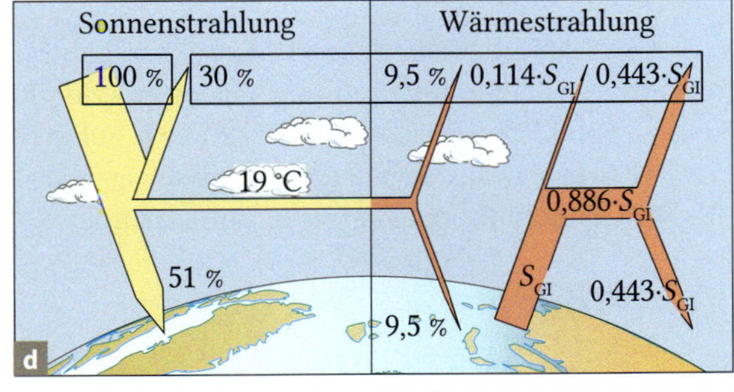

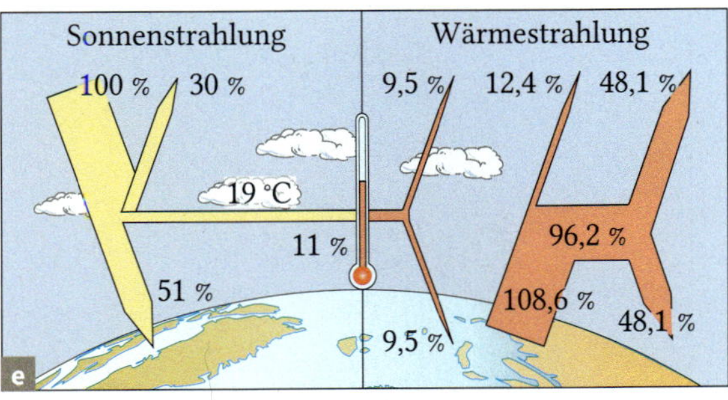

B4 *Näherungsweise Beschreibung des Strahlungshaushaltes der Erde*

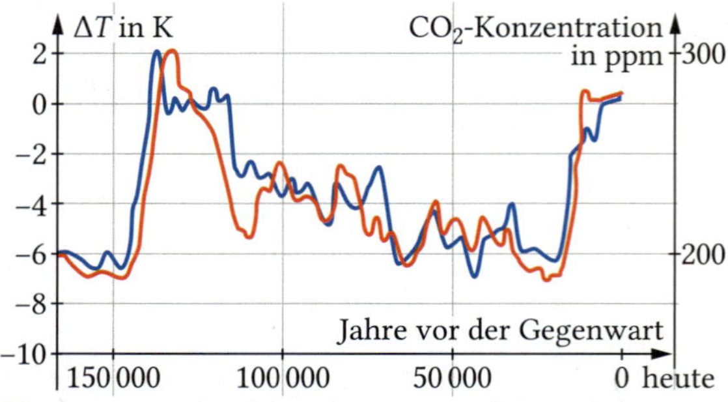

B1 *Messungen bestätigen des Zusammenhang zwischen CO_2-Konzentration und Temperaturanstieg*

Anthropogener Treibhauseffekt. Die Konzentration des CO_2-Gehalts in der Atmosphäre ist natürlichen Schwankungen unterworfen. Messungen im antarktischen Eis (Bild **B1**) zeigen, dass in den letzten 150 000 Jahren die CO_2-Konzentration ungefähr zwischen 200 und 280 ppm schwankte (1 ppm = 1 cm³ auf 1 m³). Seit Beginn des industriellen Zeitalters am Anfang des 19. Jahrhunderts werden jedoch zusätzliche Treibhausgase in die Atmosphäre geleitet. Den größten Anteil macht auch hier das CO_2 aus, das durch die Verbrennung von fossilen Energieträgern wie Kohle, Erdöl und Erdgas sowie durch das Abholzen von Wäldern entsteht (Bild **B2**). Der vom Menschen verursachte Treibhauseffekt wird durch weitere Spurengase wie Methan (CH_4; Reisanbau, Rinderzucht) und Lachgas (N_2O; Düngereinsatz) verstärkt.

Seit etwa 1900 ist der CO_2-Anteil deshalb in der Atmosphäre auf über 400 ppm angewachsen, wie die Analyse von Eisbohrkernen und die seit 1958 auf dem Mauna Loa in Hawaii durchgeführten Messungen zeigen (Bild **B3**). Dadurch kann weniger Infrarotstrahlung die

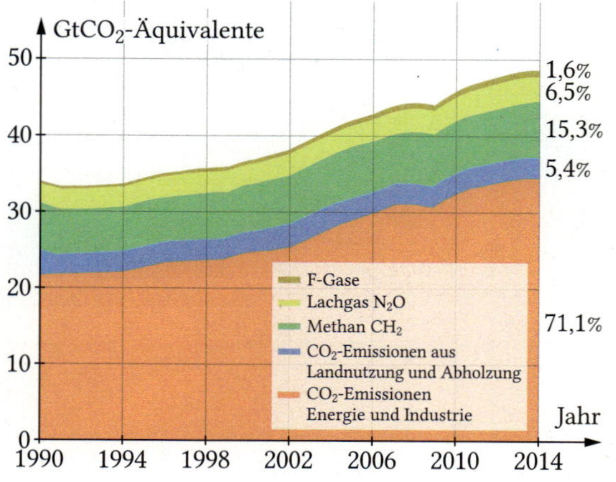

B2 *Entwicklung der Treibhausgasemissionen 1990–2014*

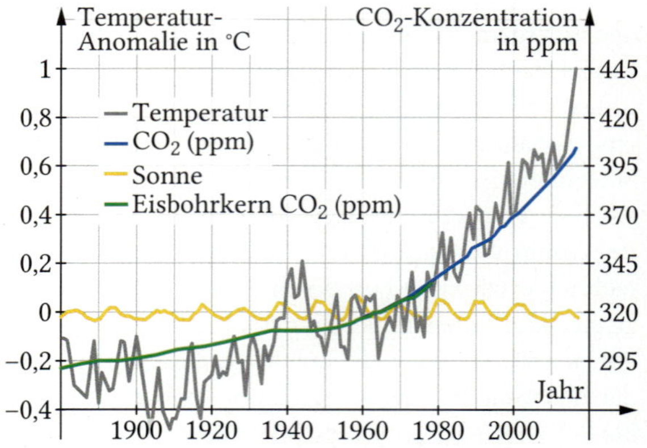

B3 *Die erwartete Erwärmung aufgrund des bisherigen CO_2-Anstiegs entspricht ziemlich genau der beobachteten globalen Erwärmung – für die es auch keine natürliche Erklärung gibt, etwa die Sonne.*

Erde direkt verlassen. Die Rückstrahlung steigt und damit die Temperatur der Erde. Bild **B3** zeigt auch den engen Zusammenhang zwischen dem CO_2-Gehalt der Atmosphäre und der globalen Durchschnittstemperatur der Erde. Vereinfacht kann man davon ausgehen, dass eine Erhöhung der CO_2-Konzentration um 100 ppm einen Temperaturanstieg von etwa 0,8 °C nach sich zieht. Entgegen der Meinung von Klimaskeptikern hat die Sonnenaktivität keinen Einfluss auf den Temperaturverlauf (gelbe Kurve in Bild **B3**).

Zum zukünftigen Klima sagt das Umweltbundesamt: *„Die globale Mitteltemperatur in Bodennähe stieg im Zeitraum von 1880 bis 2012 um 0,85 °C (...) Bis Ende des 21. Jahrhunderts wird sich die Erwärmung der bodennahen Luftschicht fortsetzen. Alle zugrunde gelegten Emissionsszenarien zusammen genommen ergeben bis Ende des 21. Jahrhunderts eine Temperaturzunahme, die von 0,9 bis 5,4 °C im Vergleich zu vorindustriellen Bedingungen reichen kann (...)“*

Ursachen der Emissionen. Um die Folgen dieser Temperaturerhöhung zu vermeiden, sollte jeder bestrebt sein, möglichst wenig Treibhausgase zu verursachen. Im Schnitt produziert jeder Deutsche nicht nur 2 t festen Müll pro Jahr, sondern auch 11 t gasförmigen Müll als CO_2! Wie kommt diese gewaltige Müllmenge zustande? Der größte Teil stammt aus der Verbrennung fossiler Energieträger, um elektrische Energie, mechanische Energie oder Wärme und Licht zu erhalten. Bild **B4** zeigt, dass vor allem die Industrieländer viel Energie benötigen, also viel CO_2 erzeugen.

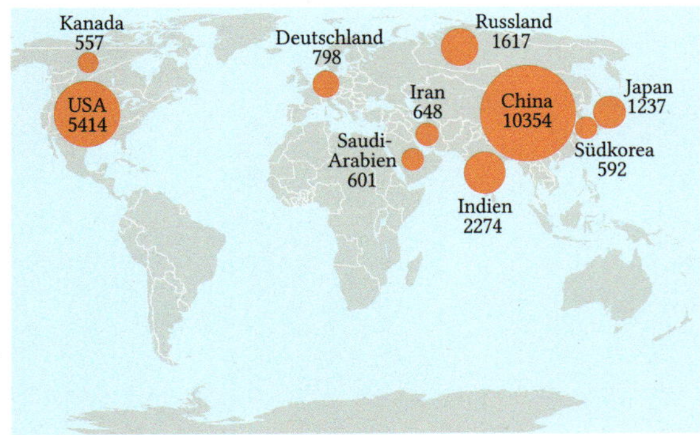

B4 *Die zehn größten CO$_2$-Emittenten 2015 (in Mio. Tonnen)*

Nach Daten des Umweltbundesamtes machen die energiebedingten Emissionen etwa 85 % der CO$_2$-Produktion aus. Davon steuern die Kraftwerke 45 % bei und die Industrie 15 %. Die Sektoren Verkehr und private Haushalte sind mit etwa 20 % bzw. 10 % beteiligt. Am schnellsten ließe sich der CO$_2$-Ausstoß also reduzieren, indem man den Energieverbrauch reduziert – sowohl durch technische Maßnahmen (Energiespartechnik, Effizienzsteigerung, Nutzung erneuerbarer Energien) als auch durch eine Änderung des eigenen Konsumverhaltens. Bild **B5** macht deutlich, dass allein Heizen und Autofahren über 80 % der Energienutzung im Haushalt ausmachen.

Klimaschutz. Obwohl internationale Umweltkongresse das Bewusstsein für die Gefahren einer Klimaveränderung stetig schärfen und sich bereits 1992 178 Staaten auf eine weltweite Zusammenarbeit in der Umwelt- und Entwicklungspolitik geeinigt haben (Agenda 21), ist die globale CO$_2$-Konzentration trotzdem stetig gestiegen. Diese Entwicklung lässt sich zwar nicht sofort stoppen, jedoch ist eine Begrenzung der Erwärmung auf insgesamt 2 °C realistisch und ohne größere wirtschaftliche Einbußen erreichbar. Das **Zwei-Grad-Ziel** ist seit Juni 1996 das offizielle Klimaschutzziel der EU.

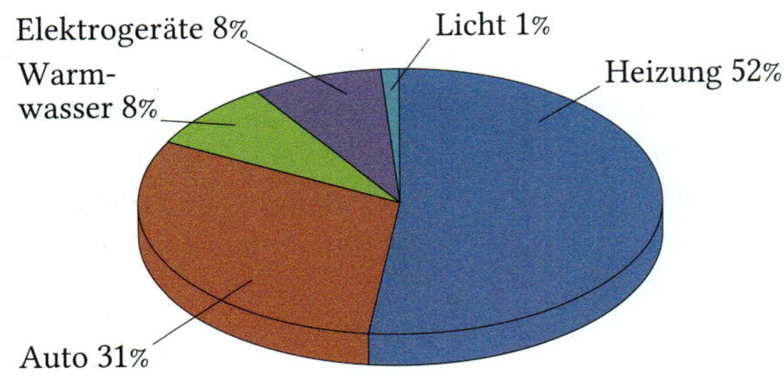

B5 *Energienutzung im Haushalt*

Wie kann das Zwei-Grad-Ziel erreicht werden? Der Anstieg der CO$_2$-Konzentration muss dazu bei etwa 450 ppm gestoppt werden. Bei der aktuellen Entwicklung würde dieser Wert schon in knapp 30 Jahren überschritten. Um dies zu verhindern, müssen die Emissionen in den kommenden 50 Jahren weltweit um die Hälfte sinken, also jedes Jahr um einen Prozentpunkt. Dabei wird es schwierig, ein gemeinsames Vorgehen zum Klimaschutz politisch zu organisieren. Der Austritt der USA als zweitgrößter Treibhausgasproduzent aus dem **Pariser Klimaschutzabkommen** (vom 12. 12. 2015) im Juni 2017 offenbart die Schwierigkeiten dieser globalen Verantwortung.

> **! Merksatz**
>
> Es existiert ein enger Zusammenhang zwischen dem CO$_2$-Gehalt der Atmosphäre und der globalen Durchschnittstemperatur der Erde. Der anthropogene Treibhauseffekt verstärkt diesen Temperaturanstieg.

Lösen Sie selbst

1 Durch den Treibhauseffekt wird der sibirische Dauerfrostboden auftauen, große Mengen Methan werden entweichen. Methan ist ein wirksames Treibhausgas (20-mal so wirksam wie CO$_2$). Erläutern Sie an diesem Beispiel den Begriff „sich selbst verstärkender Effekt".

2 Berechnen Sie die Höhe der CO$_2$-Schicht, die in der Bundesrepublik Deutschland (82 Mio. Einwohner, 357 000 km²) in einem Jahr entstünde, wenn dieses Gas (Dichte: $\rho = 2$ g/l) sich unvermischt nur am Boden ausbreiten würde.

3 Der folgende Text fand sich im Internet unter dem Stichwort „Treibhauseffekt". Erörtern Sie die Fehler. „Die während des Tages einfallende Sonnenstrahlung (...) wird von der Atmosphäre und vom Erdboden in Form von Wärme gespeichert und nachts als Infrarotstrahlung in den Weltraum abgegeben. Die klimarelevanten Spurengase (...) absorbieren und reflektieren einen Teil dieser Abstrahlung, wodurch die nächtliche Abkühlung reduziert wird. Die Schicht der klimarelevanten Spurengase fängt also, wie die Glasscheiben eines Treibhauses, Sonnenenergie ein, indem sie Sonnenlicht durchlässt und Infrarotstrahlung zurückhält."

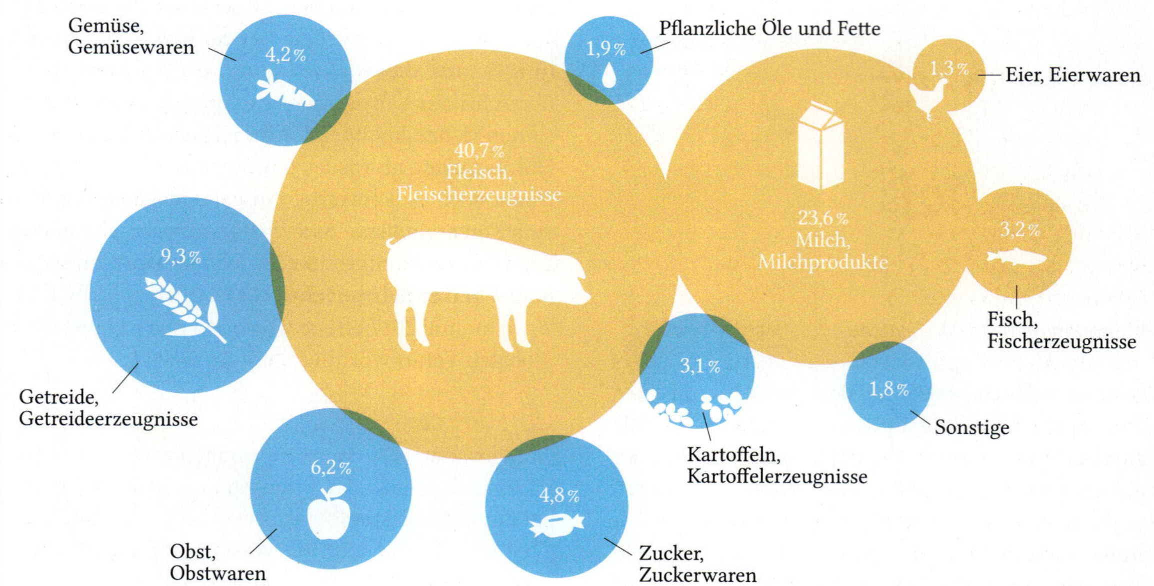

B1 *Treibhausgasemissionen durch unsere Ernährung*

Jeder Deutsche verursacht pro Jahr die Entstehung von 11 t CO_2. Im Wesentlichen wird CO_2 durch das Heizen von Wohnungen, durch den Verkehr, durch unseren Bedarf an elektrischer Energie (Warmwasser, Kühlen, Licht, Elektronik) gebildet.

Die Bereitstellung der Nahrung erzeugt 2 t CO_2. Dabei entstehen weitere klimaschädliche Gase:

Methan (CH_4) entsteht beim Reisanbau, als Verdauungsgas bei Rindern, auf Mülldeponien und bei der Förderung von Erdgas und Erdöl. Es ist 23-mal so klimawirksam wie CO_2. Seit 1850 hat sich seine Konzentration in der Atmosphäre verdoppelt.

Lachgas (N_2O) entsteht beim Düngen mit Mineraldünger, bei Biomasseverbrennung und bei Automotoren mit katalytischer Abgasreinigung. Es ist 300-mal so klimawirksam wie CO_2.

Verarbeitung, Verpackung, Transport und Lagerung und Wegwerfen von Lebensmitteln verursachen weitere Spurengase.

Aufgrund ihrer starken Klimawirksamkeit tragen die übrigen Treibhausgase – trotz ihrer geringen Konzentration – so viel zum Treibhauseffekt bei wie das CO_2.

Wichtig für die Klimafolgen ist die Verweilzeit der Treibhausgase in der Atmosphäre. Für Methan beträgt sie 10 Jahre, für CO_2 100 Jahre.

Bild **B1** zeigt, dass Fleisch über 40 % der Treibhausemissionen der gesamten Nahrungserzeugung verursacht. Wissenschaftler empfehlen höchstens 600 g Fleisch pro Woche, im Schnitt werden 1,5 kg verzehrt.

Ein Drittel der weltweiten Getreideproduktion landet in Futtertrögen. Das verschärft das Klima- und das Hungerproblem. Denn: 29 % der vom Menschen erzeugten Treibhausgase entstehen im Nahrungsmittelsektor. Bis 2050 werden die Ernten an Reis, Mais, Weizen in vielen Entwicklungsländern um 10–20 Prozent wegen der Klimaänderung sinken.

Arbeitsaufträge:

- Berechnen Sie, wie viele kg CO_2 pro Jahr weniger gebildet würden, wenn Sie statt der durchschnittlich 1,5 kg Fleisch pro Woche nur 0,5 kg verzehren würden.
- Fertigen Sie eine Liste der von Ihnen pro Woche verzehrten Lebensmittel an. Hinweis: Erstellen Sie einen typischen Wochen-Speiseplan (alle Mahlzeiten) und schätzen Sie die von Ihnen benötigten Mengen ab.
- Ermitteln Sie mit Hilfe der obigen Grafik, wie viel kg CO_2 durch Ihre Ernährung entstehen.

Klimatologie ist ein aktuelles und brisantes Forschungsgebiet. Wie stark ändert sich das Klima bei einem Anstieg der CO_2-Konzentration? Welche Veränderungen lassen sich mit einer bestimmten Reduzierung des CO_2-Ausstoßes verhindern? Welche bisherigen Veränderungen können dem menschenbedingten Klimawandel zugeschrieben werden? Klimaforscher erhalten Antworten auf diese Fragen, indem sie sowohl Messungen (z. B. Luftzusammensetzung, Temperatur) durchführen als auch über die Auswertung von Satellitenbildern. Dabei sind instrumentelle Messungen seit Mitte des 19. Jahrhunderts verfügbar; für die Zeit davor werden indirekte Messmethoden angewandt wie beispielsweise die Auswertung von verschiedenen Bohrkernen oder die Untersuchung von Tropfsteinen.

Die daraus resultierenden **Klimamodelle** werden stetig verbessert und angepasst, so dass die Langzeit-Simulationen trendmäßig mit den Beobachtungen übereinstimmen (Bild **B2**).

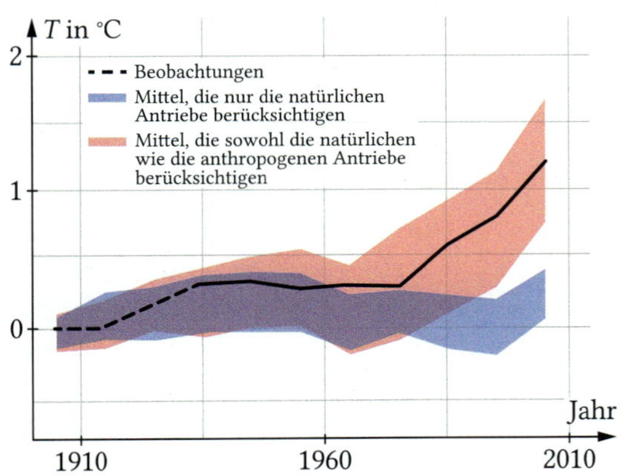

B2 *Globale Durchschnittstemperatur im Vergleich: simulierter vs. beobachteter Klimawandel*

Bild **B3** zeigt die Änderung der mittleren globalen Durchschnittstemperatur verschiedener Klimamodelle im Vergleich zum Jahr 2013. Dabei wurden für die Simulationen Repräsentative Konzentrations-Pfade verwendet (RCP), die sich auf mögliche Strahlungsantriebe durch die Treibhausgaskonzentration stützen. Beim RCP2.6 wird demnach ein Strahlungsantrieb von $2{,}6\ \text{W/m}^2$ im Jahr 2100 im Vergleich zu 1750 angenommen – ein sehr niedriger Wert. Jeder RCP umfasst dabei mehrere von Wissenschaftlern veröffentlichte Szenarien.

In der Abbildung dargestellt sind die Konzentrationspfade des RCP2.6 (blau) und des RCP8.5 (rot). Für die beiden weiteren lässt sich die Änderung der globalen Durchschnittstemperatur an der rechten Hochachse ablesen. Die Schattierungen sind ein Maß für die Unsicherheit der Simulationen.

Man erkennt, dass die Änderung der globalen Durchschnittstemperatur bei dem RCP2.6 wahrscheinlich unter 1,5 °C bleibt, beim RCP8.5 einen Wert von 2 °C wahrscheinlich übersteigt.

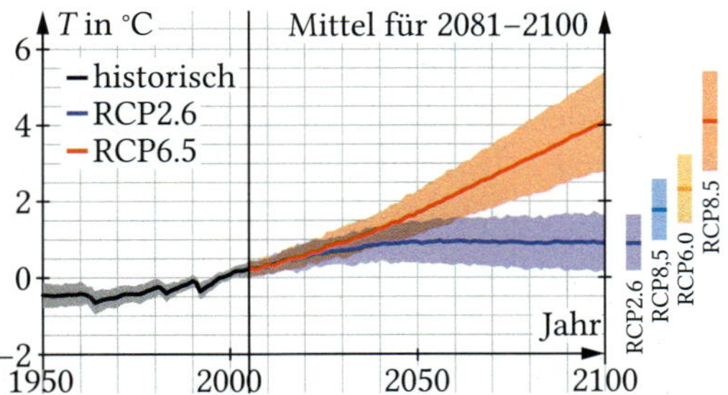

B3 *Änderung der globalen Durchschnittstemperatur*

Betrachtet man einen größeren Zeitraum wie in Bild **B1** auf Seite 140 dargestellt, lässt sich erkennen, dass sowohl die CO_2-Konzentration als auch die Temperatur in den letzten Eiszeiten vor 20 000 bis 70 000 besonders niedrig war (Temperaturdifferenz zu heute: − 5 °C). In der letzten Warmzeit vor 126 000 bis 115 000 Jahren lag die mittlere Temperatur nur wenige Grad darüber – Südgrönland war bewaldet, der Meeresspiegel 5 bis 9 m höher als heute.

Diese **Klimaentwicklung** der Vergangenheit zeigt, dass eine Klimaerwärmung um 3 bis 4 °C folgende Auswirkungen nach sich ziehen würde, die für viele Jahrhunderte Bestand hätten:

▢ Pro 1 °C Lufterwärmung wandern die Klimazonen um 200 bis 300 km nach Norden.

▢ Der afrikanische Wüstengürtel würde im Bereich des Mittelmeeres liegen.

▢ In Deutschland herrschte ein Klima, das dem von Norditalien entspräche.

▢ Der Dauerfrostboden Sibiriens würde auftauen und große Mengen Methan freisetzen, die den Treibhauseffekt verstärken würden.

▢ Durch das Abtauen des Festlandeises und die thermische Ausdehnung des Meerwassers würde der Meeresspiegel um 1 m steigen.

Zusammenfassung

1. Strahlung und Wärme

Wird Strahlung von einem Körper absorbiert, wird dabei die Strahlungsenergie in ungeordnete Teilchenbewegung umgewandelt. Die Temperatur des Körpers steigt. Die **Leistungsdichte** S (Intensität) der Strahlung ist definiert als:

$$S = \frac{P}{A} \text{ in } \frac{\text{W}}{\text{m}^2}$$

mit

$P = \frac{\Delta E}{\Delta t}$: Leistung der Sonnenstrahlung,

A: Fläche.

Die Leistungsdichte der Sonneneinstrahlung wird als **Solarkonstante** S_E bezeichnet und beträgt außerhalb der Atmosphäre:

$$S_E = 1370 \, \frac{\text{W}}{\text{m}^2}.$$

Die Leistungsdichte der Glühlampe und des Sonnenlichts ist nicht gleichmäßig über alle Wellenlängen verteilt. Eine Glühlampe gibt den größten Teil ihrer Strahlungsleistung im unsichtbaren, infraroten Bereich des Lichtspektrums ab. Sonnenlicht hat eine maximale Leistungsdichte bei ca. 500 nm.

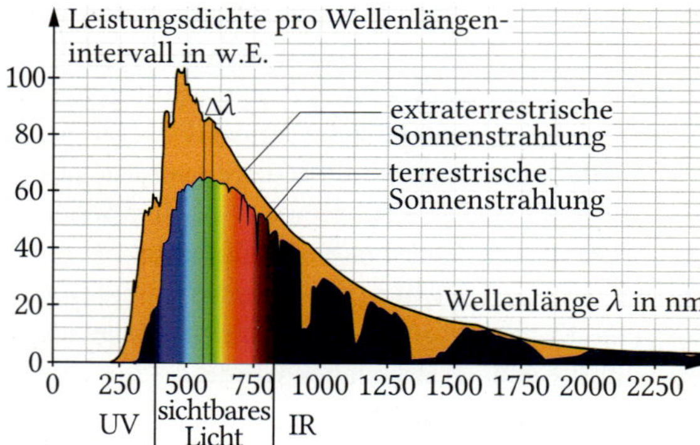

Berechnet man die gesamte Strahlungsleistung der Sonne, ergibt sich ein Wert von

$$P_{\text{Sonne}} = 1{,}75 \cdot 10^{26} \, \text{W}.$$

Die Atmosphäre lässt dabei den sichtbaren Teil des Sonnenlichts nahezu ungehindert durch, absorbiert jedoch einen Großteil der IR-Strahlung der Sonne (**selektive Absorption**), so dass der Anteil der Strahlungsleistung, der die Erde erreicht, nur

$$P_{\text{Erde}} = 1{,}75 \cdot 10^{17} \, \text{W}$$

beträgt.

2. Strahlungsgesetze

Ein Körper, der die gesamte Strahlung jeder Wellenlänge vollständig aufnehmen würde, heißt Schwarzer Körper. Für diese gelten folgende Strahlungsgesetze.

Wiensches Verschiebungsgesetz

Die Wellenlänge λ_{max}, welche die höchste Leistungsdichte im Spektrum des Strahlers aufweist, ist antiproportional zu dessen Temperatur T. Für diese Wellenlänge gilt:

$$\lambda_{\text{max}} = 2898 \, \mu\text{m K} \cdot \frac{1}{T}$$

Stefan-Boltzmann-Gesetz:

Die ausgesandte Leistungsdichte eines Strahlers der Temperatur T beträgt:

$$S = \frac{P}{A} = \sigma \cdot T^4 \text{ mit } \sigma = 5{,}67 \, \frac{\text{W}}{\text{m}^2 \cdot \text{K}^4}.$$

3. Treibhauseffekt

Nimmt ein Körper genauso viel Energie auf, wie er abgibt, befindet er sich im Strahlungsgleichgewicht – die Temperatur des Körpers bleibt konstant.

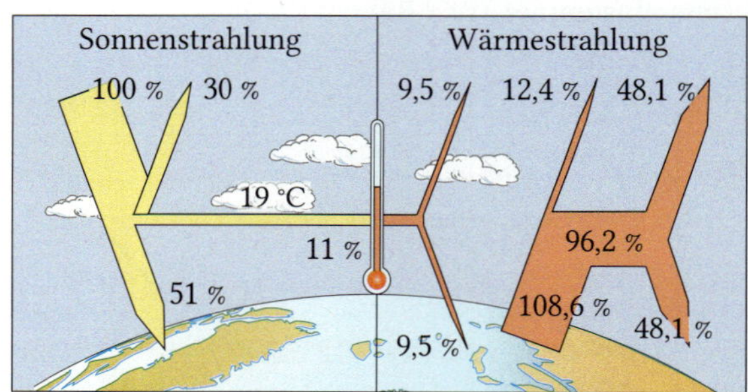

Die Spurengase in der Erdatmosphäre absorbieren IR-Strahlung. Dadurch wird das Strahlungsgleichgewicht gestört, da die Erde die empfangene Energie nicht mehr als IR-Strahlung in den Weltraum aussenden kann. Es kommt zu einer Temperaturerhöhung der Luft, dem **Treibhauseffekt**. Durch den CO_2-Ausstoß verstärkt der Mensch diesen Temperaturanstieg (anthropogener Treibhauseffekt).

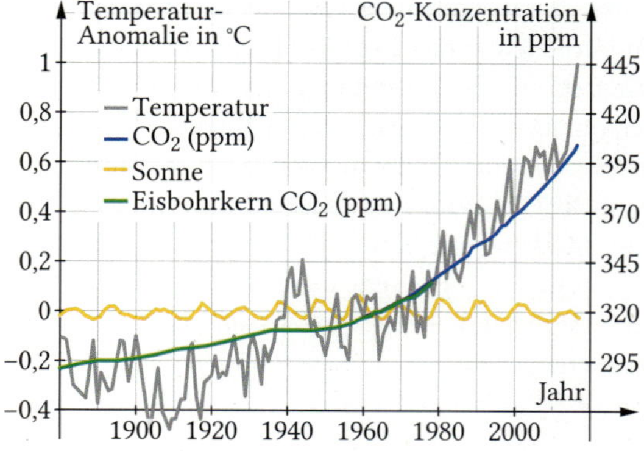

1 In einen Hohlraum wird ein quadratisches Loch mit der Kantenlange $a = 0{,}1$ mm gebohrt. Dieses wirkt wie ein Schwarzer Körper.
a) Berechnen Sie die Strahlungsleistung, die aus diesem Loch austritt, für die folgenden Temperaturen des Hohlraums: 6000 K, 525 °C, 20 °C, −196 °C.
b) Berechnen Sie a so, dass bei jeder Temperatur in Teilaufgabe a) die Leistung 1 W austritt.

2 Der hellste Stern am Nachthimmel ist Sirius. Sein Radius beträgt 1 191 000 km. Die Oberflächentemperatur ist 9900 K. Sirius ist $8{,}14 \cdot 10^{13}$ km von der Erde entfernt.
a) Berechnen Sie die Wellenlange λ_{max} des Strahlungsmaximums. Ermitteln Sie, in welchem Spektralbereich λ_{max} liegt.
b) Berechnen Sie die Leistungsdichte der Strahlung des Sirius an dessen Oberfläche und die Strahlungsleistung von Sirius (Schwarzer Körper) als Vielfaches der Leistung der Sonne ($P_{Sonne} = 3{,}82 \cdot 10^{26}$ W).
c) Berechnen Sie die Leistungsdichte der Strahlung des Sirius, welche Astronomen auf der Erde registrieren können.

3 Eine Kochplatte (Fläche $A = 0{,}025$ m^2) wird – ohne Sonneneinstrahlung – stufenweise immer stärker elektrisch erhitzt. Sehen wir von der Wärmeleitung ab, dann muss sich die Endtemperatur T einstellen, bei der die zugeführte elektrische Leistung P als Strahlung wieder abgeht. T wird von einem Thermoelement gemessen:

P in W	141	200	270	670
T in K	453	493	532	664

a) Überprüfen Sie das Stefan-Boltzmann-Gesetz, indem Sie den Quotienten P/T^4 zu jedem Messwertepaar berechnen.
b) Überprüfen Sie das Stefan-Boltzmann-Gesetz, indem Sie unter Verwendung des GTR eine geeignete Regression durchführen.
c) Berechnen Sie die Stefan-Boltzmann-Konstante σ aus den Messwerten und vergleichen Sie diese mit dem theoretischen Wert.

4 a) Schätzen Sie mit Hilfe grafischer Integration ab, wie groß die Fläche unter den Kurven für einen Schwarzen Körper und Wolfram sind. Ermitteln Sie daraus einen Wert für den gesamten Absorptionsgrad von Wolfram bei 2000 K.

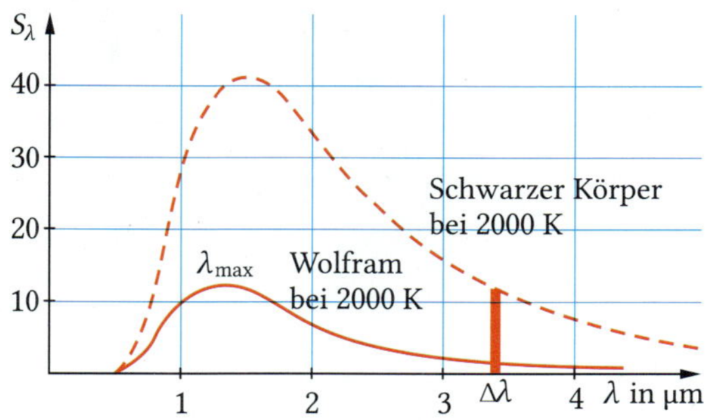

b) Berechnen Sie die Leistungsdichte S des Schwarzen Körpers nach dem Stefan-Boltzmann-Gesetz.
c) Schätzen Sie die Wellenlänge maximaler Leistungsdichte λ_{max} für Wolfram bei 2000 K ab und damit die Abweichung von der Konstante des wienschen Gesetzes.
d) Berechnen Sie die Wellenlänge maximaler Leistungsdichte λ_{max} für den Schwarzen Körper.

5 Berechnen Sie die mittlere Temperatur der Mondoberfläche. Sie hat ein Reflexionsvermögen von 7 %, aber keine Atmosphäre.

6 a) Erklären Sie den Unterschied bei der CO_2-Emission pro Kopf zwischen den USA und Deutschland.
b) Erklären Sie den Unterschied dieser Werte zwischen Deutschland und Frankreich (Hinweis: 2012 wurden in Frankreich 12 % der elektrischen Energie aus Wasserkraft, 78% aus Kernenergie gewonnen).

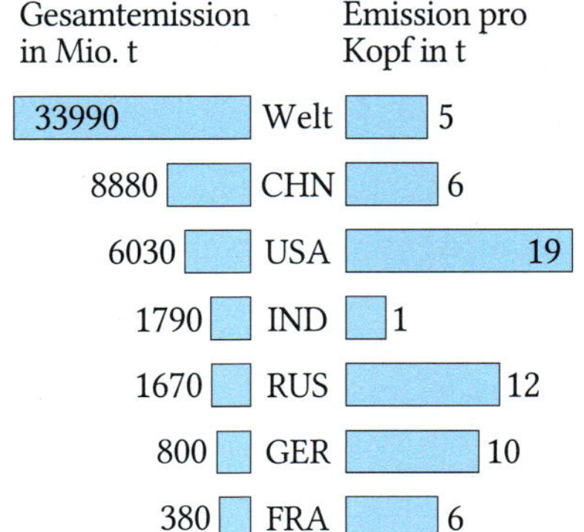

Atom- und Kernphysik

Zu Beginn des 20. Jahrhunderts stand u. a. die Frage nach dem Aufbau des Atoms und des Atomkerns im Mittelpunkt der physikalischen Forschung. Große Forscherpersönlichkeiten und berühmte Experimente haben dazu beigetragen, den Aufbau der Materie immer besser zu verstehen. Heute wenden wir diese Erkenntnisse auf zahlreichen Gebieten an, wissen aber auch um die Gefahren, die von radioaktiven Substanzen und ihrer Strahlung ausgehen können.

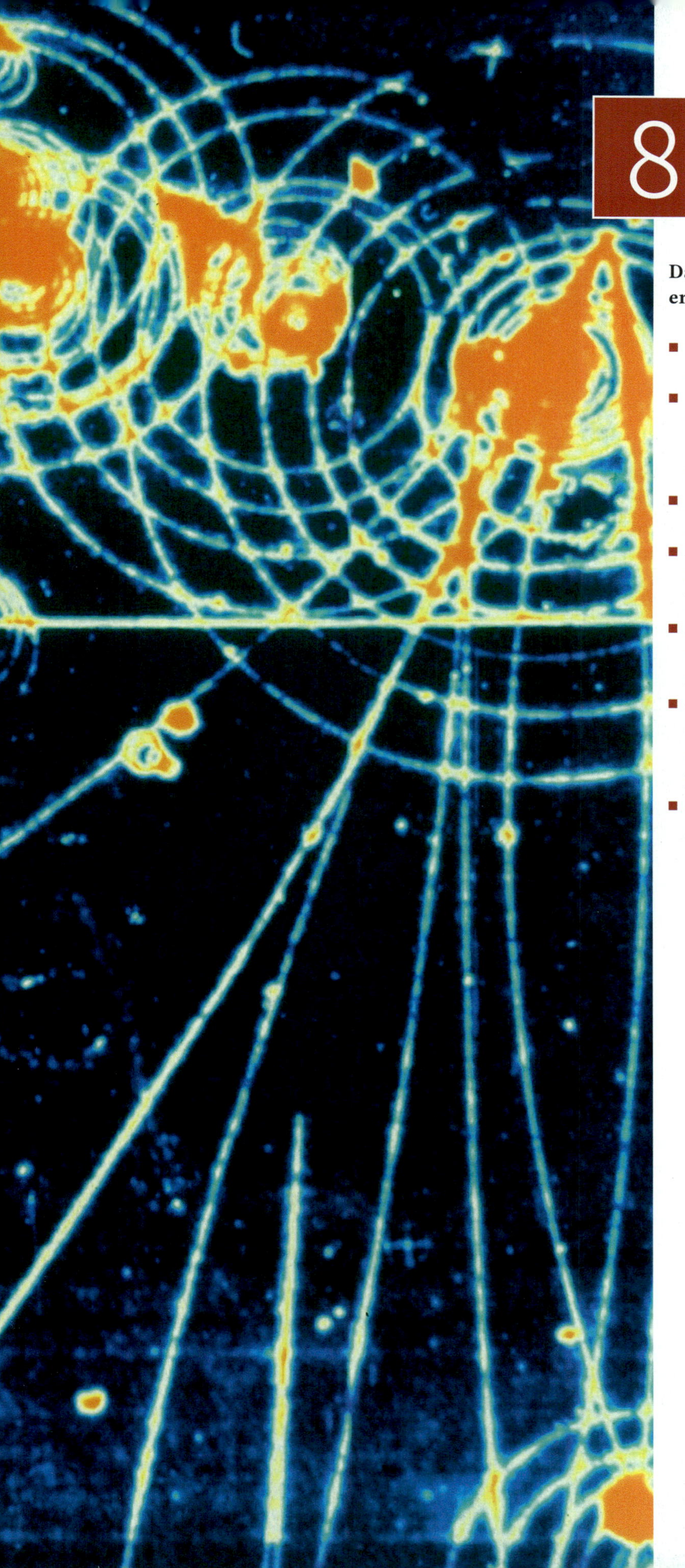

8

Das können Sie in diesem Kapitel erreichen:

- Sie können den Aufbau der Atome beschreiben.
- Sie wissen, dass radioaktive Stoffe Strahlung aussenden, für die der Mensch kein Sinnesorgan besitzt.
- Sie kennen die Ursache dieser Strahlung.
- Sie können die Eigenschaften der Strahlung und ihren Nachweis beschreiben.
- Sie kennen den Unterschied zwischen zivilisatorischer und natürlicher Strahlenexposition.
- Sie kennen die möglichen Schäden durch die Strahlung radioaktiver Stoffe, aber auch ihren Nutzen.
- Sie wissen, wie man sich vor der Strahlung schützt.

8.1 Aufbau der Atome

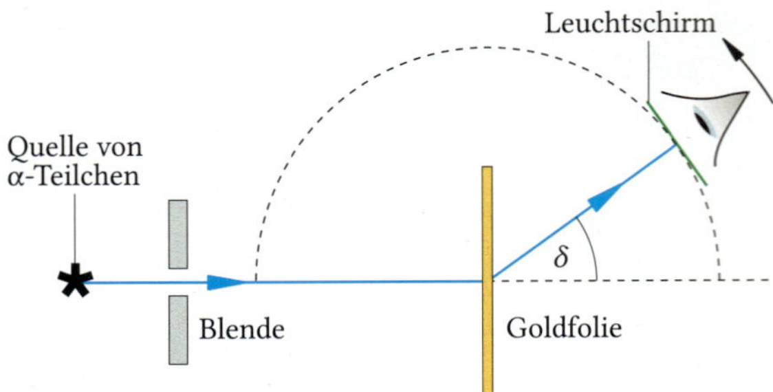

B1 *Der Rutherfordsche Streuversuch*

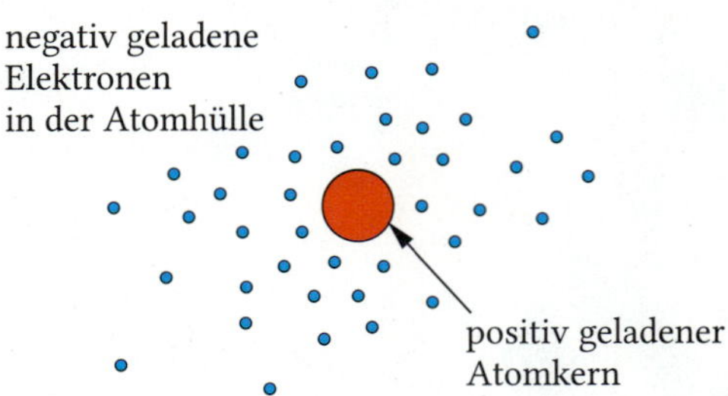

B2 *Modellatom: Atomkern und Atomhülle. In der sonst leeren Atomhülle befinden sich die negativ geladenen Elektronen. Der Atomkern ist positiv geladen. Ein Atom ist insgesamt elektrisch neutral. Die Größenverhältnisse von Atomkern und Atomhülle verdeutlicht Bild B3.*

Rutherfordscher Streuversuch. Aus Ihrem bisherigen Physik- und Chemieunterricht wissen Sie bereits, dass alle Körper aus Atomen zusammengesetzt sind. Eine wesentliche Rolle bei der Erforschung des Atoms spielte der **rutherfordsche Streuversuch** (Bild **B1**). J.J. Thomson stellte sich um 1905 das Atom als „Rosinenkuchen" vor: Negativ geladene Elektronen („Rosinen") sind in die über das ganze Atom gleichmäßig verteilte positive Ladung („Kuchen") eingebettet. Zur Überprüfung dieses Modells beschossen H. Geiger und E. Marsden eine sehr dünne Goldfolie mit α-Teilchen aus einer Radiumquelle. Man wusste, dass die α-Teilchen eine hohe Bewegungsenergie haben und positiv geladene Heliumionen sind (mehr dazu später). Den Raum um die Folie tastete man mit einem Leuchtschirm ab. Dort erzeugen α-Teilchen Lichtblitze. Diese wurden mit Hilfe eines Mikroskops von einem Beobachter gezählt. Die meisten α-Teilchen durchdrangen die Folie, die aus mehr als 1000 Atomschichten bestand, geradlinig. Dies wurde nach dem thomsonschen Atommodell auch so erwartet. Es wurden jedoch zur großen Überraschung auch unter großen Winkeln abgelenkte Teilchen gefunden. Erst 1911 konnte Ernest Rutherford mit

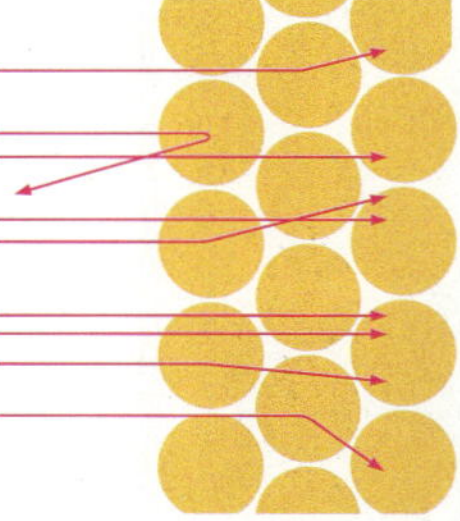

seinem Kern-Hüllen-Modell die Beobachtungen erklären. Nur wenn die positiv geladenen α-Teilchen dem positiv geladenen Kern nahe kommen, werden sie abgelenkt bzw. sogar zurückgeschleudert.

Kern und Hülle. Aus dem Versuch von Rutherford und der weiteren Forschung weiß man über Atome:
- Ein **Atom** besteht aus einem **Atomkern** und einer **Atomhülle** (siehe Bild **B2**). Der Atomkern ist positiv geladen. In der Atomhülle befinden sich negativ geladene **Elektronen**. Statt Atomhülle spricht man deshalb auch von der „Elektronenhülle". Nach außen ist das Atom elektrisch neutral.
- Über 99,9 % der Masse eines Atoms steckt im Atomkern.
- Der Durchmesser eines Atoms ist etwa $2 \cdot 10^{-7}$ mm, der eines Atomkerns etwa 10^{-12} mm, also der millionste Teil eines Millionstel Millimeters. Vergrößern wir also in Gedanken das Atom 10^{12}-fach, so bekommt der Kern einen Durchmesser von 1 mm und die fast leere Hülle einen von über 100 m (Bild **B3**).

❗ Merksatz

Alle Körper bestehen aus Atomen.
Atome selbst bestehen aus positiv geladenen Kernen und negativ geladenen Elektronen in der Atomhülle.
Ein Atom ist nach außen elektrisch neutral.

B3 *Vergrößert man in Gedanken ein Atom so, dass der Atomkern die Größe eines Reiskorns hat, so nimmt die Atomhülle ungefähr den Raum eines Stadions ein.*

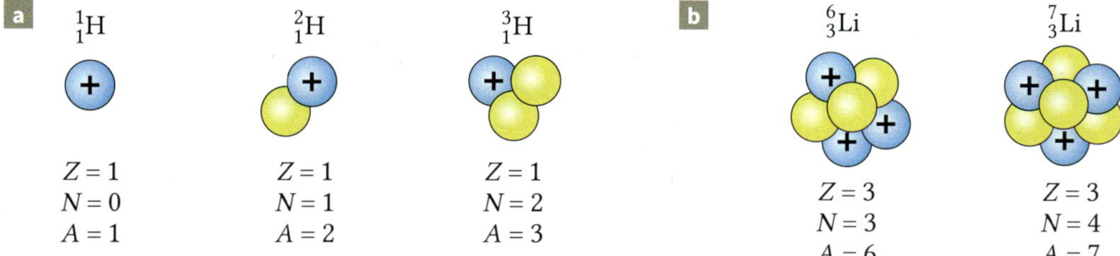

B4 *a) Kerne von Wasserstoffisotopen (H; Z = 1). b) Kerne von Lithiumisotopen (Li; Z = 3).*
Z: Zahl der Protonen; N: Zahl der Neutronen; A = Z + N: Nukleonenzahl.

Weitere Aussagen zum Atom und Atomkern. Auch die folgenden Aussagen über Atome und Atomkerne haben Sie bereits kennengelernt:

- Alle Atomkerne bestehen aus **Protonen** (Anzahl Z) und **Neutronen** (Anzahl N). Sie sind die Kernbausteine (**Nukleonen**). Kernkräfte halten sie zusammen.
- Ein Proton (abgekürzt p) ist etwa 2000-mal so schwer wie ein Elektron. Es trägt eine positive Ladung. Ihr Betrag stimmt mit dem Betrag der Ladung des Elektrons – der **Elementarladung** – überein. Das Neutron (abgekürzt n) hat etwa die Masse des Protons, ist aber elektrisch neutral.
- Die Summe $Z + N = A$ nennt man **Nukleonenzahl** A. Beispiel: Lithiumkern mit $Z = 3$, $N = 4$, $A = 7$.
- Die Ladung eines Kerns mit Z Protonen ist das Z-Fache der Elementarladung. Daher nennt man die Protonenzahl Z auch **Kernladungszahl**. Bei einem neutralen Atom muss die Elektronenanzahl in der Hülle mit Z übereinstimmen.
- Im **Periodensystem** sind alle Elemente geordnet zusammengestellt. Alle neutralen Atome eines Elements besitzen die gleiche Elektronenhülle und sind deshalb chemisch nicht zu unterscheiden. Gleiche Elektronenzahl bedeutet aber auch gleiche Kernladungszahl Z. Diese charakterisiert somit ein Element. Z wird deshalb im Periodensystem **Ordnungszahl** genannt.
- Den Aufbau eines Atomkerns X – auch **Nuklid** X genannt – verdeutlicht man durch die Schreibweise $^{A}_{Z}$X. Beispiel: $^{7}_{3}$Li ist ein Lithiumkern mit $A = 7$ Nukleonen, $Z = 3$ Protonen und $N = 7 - 3 = 4$ Neutronen. Z geht eindeutig aus dem Symbol Li hervor. Man schreibt oft: Li-7.
- Atome, deren Kerne die gleiche Protonenzahl Z, aber eine verschiedene Neutronenzahl N besitzen, nennt man **Isotope** des Elements. Isotope haben die gleichen chemischen, jedoch verschiedene physikalische Eigenschaften, z.B. verschiedene

Massen. Bild **B4** zeigt Kerne mit $Z = 1$ und $Z = 3$. $^{2}_{1}$H nennt man Deuterium und $^{3}_{1}$H Tritium.

- Durch Abspalten von Elektronen entstehen aus neutralen Atomen positiv geladene **Ionen**. Negativ geladene Ionen werden gebildet, wenn sich Elektronen an neutrale Atome anlagern. Die Energie, die erforderlich ist, um ein Elektron gegen die Anziehungskraft des positiv geladenen Atomkerns vollständig aus der Atomhülle eines neutralen Atoms zu entfernen, nennt man **Ionisierungsenergie**.

> **! Merksatz**
>
> Jeder Atomkern ist aus Z positiv geladenen Protonen und N neutralen Neutronen aufgebaut. Z heißt Kernladungszahl, N Neutronenzahl. Ein Kern (Nuklid) $^{A}_{Z}$X wird durch Z und die Nukleonenzahl $A = Z + N$ gekennzeichnet.
> Isotope eines Elements sind Atome mit gleichem Z, aber verschiedenem N.
> Z ist auch die Ordnungszahl im Periodensystem und gibt zudem die Zahl der Elektronen in der Atomhülle an.

Lösen Sie selbst

1 Geben Sie von folgenden Atomen A, Z und N sowie die Elektronenzahl der Hülle an:
$^{12}_{6}$C; $^{137}_{55}$Co; $^{208}_{82}$Pb; K-40; Co-60; Pb-206

2 Nennen Sie gemeinsame und unterschiedliche Eigenschaften von Isotopen.

3 Isotope von Blei haben 122, 124, 125, 126 Neutronen. Geben Sie die Schreibweisen an.

Was die Welt zusammenhält. Anfang des 20. Jahrhunderts hatte die Physik den „Blick in die Materie" immer mehr verfeinern können. Zunächst fand man, dass die riesige Fülle der uns umgebenden Substanzen aus 92 chemischen Elementen aufgebaut ist (insgesamt kennt man heute 118 Elemente). 1897 konnte J.J. THOMSON die Existenz von Elektronen experimentell nachweisen. Er vermutete, dass sie wie Rosinen in einem Kuchen in einer postiv geladenen Atommasse steckten, was E. RUTHERFORD 1911 mit seinem berühmten Experiment widerlegte. 1919 entdeckte ebenfalls RUTHERFORD, dass im Atomkern von Stickstoff Wasserstoffkerne vorhanden sind. Er nahm an, dass dies bei allen Atomkernen der Fall ist, und taufte diese Wasserstoffkerne **Protonen**. 1932 konnte J. CHADWICK das **Neutron** nachweisen; es besitzt fast dieselbe Masse wie das Proton.

Damit schien die Suche nach dem Aufbau der Materie vorerst abgeschlossen. Doch ab 1932 fand man in der Höhenstrahlung und später in Teilchenbeschleunigern (Bild **B1**) unter Aufwand riesiger Energien über 300 schnell zerfallende Teilchen: Pionen, Kaonen, Hyperonen usw. Man betrachtete all diese Teilchen als eigenständig und nicht weiter zerlegbar: ein **„Zoo"** **von Elementarteilchen**. Auch das Elektron bekam einen „Bruder": 1936 entdeckten Carl D. ANDERSON und Seth NEDDERMEYER in der Höhenstrahlung das Myon, das wie das Elektron negativ geladen ist, aber eine rund 200-mal größere Masse besitzt.

B1 *Die moderne Teilchenphysik benutzt riesige Beschleuniger und Detektoren zum Nachweis von Elementarteilchen. Der CMS-Detektor (Compact Muon Solenoid, hier zur Wartung geöffnet) befindet sich 100 m unter der Erde am CERN in Genf und suchte u. a. nach dem Higgs-Teilchen.*

Ordnung im Teilchenzoo: Quarks. Die verwirrende Vielfalt des Teilchenzoos lichtete sich, als man das Innere von Protonen und Neutronen erforschte. In Streuexperimenten analog zu den Versuchen von RUTHERFORD schoss Robert HOFSTADTER (Nobelpreis 1961) in den 1950er-Jahren Elektronen, die eine rund 50-mal größere Energie als die α-Teilchen bei RUTHERFORD besaßen, auf Wasserstoffgas, um herauszufinden, ob Protonen punktförmige, strukturlose Teilchen sind. Einige Elektronen wurden erheblich abgelenkt, was auf einen inneren Aufbau der Protonen hindeutete. 1964 folgerten Murray GELL-MANN und George ZWEIG aus diesen Experimenten, dass sich das Proton aus drei **Quarks** [„quoks"] mit drittelzahligen Ladungen zusammensetzt: zwei up-Quarks (kurz u) mit jeweils der Ladung $+2/3\,e$ und ein down-Quark (d) mit der Ladung $-1/3\,e$, was summiert $+e$ ergibt Auch das Neutron besteht aus drei Quarks, einem up- und zwei down-Quarks (udd). Ihre Ladungen summieren sich zu null. Nun verstand man auch, warum Neutronen zwar nach außen hin elektrisch neutral sind, aber trotzdem magnetische Eigenschaften zeigen, ähnlich den Protonen. Sie rühren von den geladenen Quarks her, auch wenn sich deren Ladungen nach außen hin neutralisieren.

Damit gelten Protonen und Neutronen nicht mehr als letzte Bausteine der Materie, sondern die Quarks mit ihren überraschenden Drittelladungen. Einzeln beobachtbar sind Quarks jedoch nicht, sondern nur als Quark-Kombinationen mit insgesamt ganzzahligen Ladungen. Protonen und Neutronen sind aus jeweils drei Quarks zusammengesetzt. Sie zählen zu den 120 **Baryonen**, die alle aus drei Quarks bestehen, aber nur für kurze Zeit in Teilchenexperimenten auftreten.

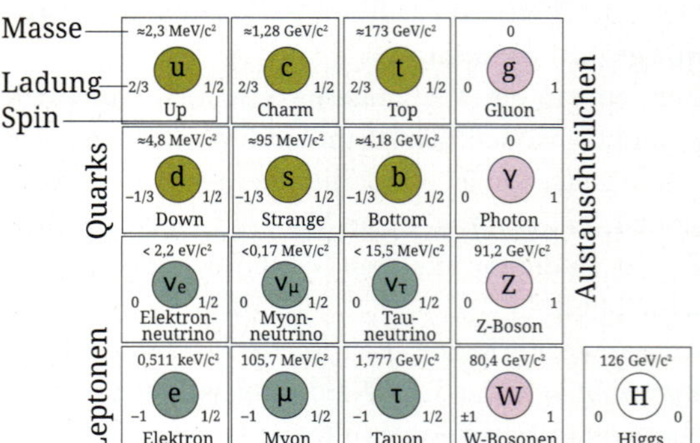

B2 *Die Teilchen des Standardmodells*

Antiwelt. Die Natur bietet aber noch mehr: Zu jedem Teilchen gibt es ein **Antiteilchen** mit entgegengesetzter Ladung, aber sonst gleichen Eigenschaften. So gehört zum Elektron e⁻ das positiv geladene Positron e⁺, entdeckt 1932 in der Höhenstrahlung. Und zu jedem Quark gibt es ein Antiquark. Damit gibt es auch Antiprotonen und -neutronen: Das Antiproton $\overline{p}$ besteht aus den drei Antiquarks $\overline{u}$, $\overline{u}$ und $\overline{d}$ mit Gesamtladung $-e$, das Antineutron $\overline{n}$ aus $\overline{u}$, $\overline{d}$ und $\overline{d}$ mit Ladung 0. Darüber hinaus können ein Quark und ein Antiquark ein **Meson** bilden, beispielsweise das Pion. Auch die Mesonen haben immer ganzzahlige elektrische Ladungen.

Materiebaustein des Standardmodells. Mit Hilfe des Quarkmodells war es gelungen, wieder Übersicht in die Struktur der Materie zu bekommen. Sämtliche „normale" Materie ist aus zwei Quarkarten aufgebaut: up (u) and down (d); dazu gesellt sich nur noch das Elektron. Ganz so einfach hält es die Natur aber nicht. Insgesamt gibt es sechs Quarks, und auch das Elektron ist nur eines von sechs **Leptonen**: Zunächst entdeckte man das negativ geladene Myon (μ⁻) und schließlich 1975 in einer Elektron-Positron-Kollision am amerikanischen Beschleuniger SLAC das ebenfalls negativ geladene Tauon (τ⁻), das fast die doppelte Protonmasse besitzt. Dazu kommen drei **Neutrinos**, rätselhafte Teilchen, die bereits 1930 von Wolfgang PAULI vorhergesagt, aber erst 1956 nachgewiesen wurden. Das liegt daran, dass Neutrinos elektrisch neutral und nahezu masselos sind und mit der restlichen Materie kaum wechselwirken. Dadurch sind sie nur sehr schwer zu messen.
Alle Materie im Universum zählt also zu den Leptonen oder setzt sich aus Quarks zusammen. Das bedeutet: Zwölf Teilchen bilden die Materiebausteine des **Standardmodells der Elementarteilchen** – ein echter Fortschritt gegenüber dem Teilchenzoo (Bild **B2**).

Wechselwirkungen. Das Standardmodell beschreibt auch die Kräfte, die zwischen den Materieteilchen wirken. Man nennt sie Wechselwirkungen. Solche Wechselwirkungen sind uns vertraut, beispielsweise elektrische und magnetische Wechselwirkung. Ihre Übertragung veranschaulichen wir durch den Begriff des Feldes, symbolisiert durch Feldlinien. Das Feld vermittelt also die Wechselwirkung. In der Quantentheorie werden die Feldkräfte nun durch Teilchen übermittelt, den Feldquanten. Zwei Teilchen stoßen sich ab, weil sie ein Teilchen, das die Wechselwirkung vermittelt, austauschen. Physiker sagen: Die Felder sind quantisiert, sie sprechen deshalb von Quantenfeldtheorien. Vier Wechselwirkungen kennt die moderne Physik. Die **elektromagnetische Wechselwirkung** hat das Photon als Austauschteilchen. Sie tritt z. B. auf, wenn sich zwei Elektronen abstoßen. Die **starke Wechswelwirkung** hält die Quarks zusammen und wird durch Gluonen vermittelt. Die **schwache Wechselwirkung** ist u. a. verantwortlich für den Betazerfall; ihre Austauschteilchen sind die beiden elektrisch geladenen W±-Bosonen und das neutrale Z-Boson. Und dann ist da noch die **Gravitation**. Sie spielt zwar auf der Erde für uns Menschen eine große Rolle, und auch im Universum ist sie die dominante Kraft, aber in der Welt der Elementarteilchen ist sie so schwach, dass sie vernachlässigt werden kann. Außerdem ist es bisher nicht gelungen, für die Gravitation eine Quantentheorie zu formulieren wie für die anderen Wechselwirkungen.

Higgs-Teilchen. Der letzte Baustein des Standardmodells wurde erst 2012 am CERN in Genf nachgewiesen (Bild **B3**). Das Higgs-Teilchen ist ein sehr wichtiges Teilchen, denn es gehört zu einem mathematischen Mechanismus, mit dem in der Theorie des Standardmodells die Elementarteilchen überhaupt eine Masse haben können. Ohne das Higgs-Teilchen wäre das Standardmodell unvollständig geblieben.

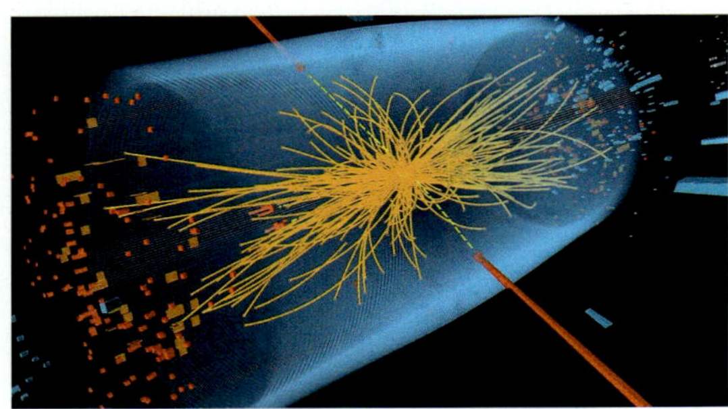

B3 *Man kann das Higgs-Teilchen nicht direkt als Spur im Detektor beobachten, dafür ist es viel zu kurzlebig. Vielmehr verrät es sich über seine Zerfälle. Die Suche konzentrierte sich u. a. auf den Higgs-Zerfall in ein Photonenpaar*

V1 Elektroskop

Durchführung:

a) Wir laden ein Elektroskop zunächst positiv oder negativ auf.

b) Wir bringen in die Nähe des Kopfes des geladenen Elektroskops einen Stift, dessen Spitze eine winzige Menge ($\approx 10^{-7}\,\mathrm{g}$) Radium enthält. Zum Schutz gegen Berührung ist das Radium mit einer sehr dünnen Metallfolie abgedeckt.

Beobachtung:

a) Wegen der guten Isolation behält das Elektroskop seine Ladung lange bei.

b) Das Elektroskop entlädt sich rasch, gleichgültig ob es positiv oder negativ geladen war.

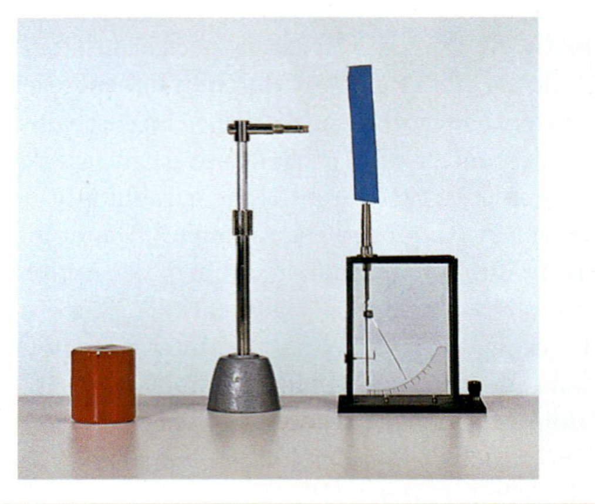

Stoffe senden ohne äußeren Einfluss Strahlung aus. An dem Stoff Radium stellen wir mit unseren Sinnesorganen nichts Besonderes fest. Trotzdem ist er in der Lage in Versuch **V1** das Elektroskop zu entladen, aber nur wenn Luft vorhanden ist (Versuch **V1b**). Entladen kann sich das z. B. positiv aufgeladene Elektroskop aber nur dann, wenn die positive durch negative Ladung neutralisiert wird. Somit bleibt nur folgende Erklärung: Von Radium geht eine für unsere Sinnesorgane nicht wahrnehmbare Strahlung aus. Sie wandelt elektrisch neutrale Moleküle der bestrahlten Luft in Ladungsträger beiderlei Vorzeichens, also Ionen um. Das positiv oder negativ geladene Elektroskop zieht davon die jeweils entgegengesetzt geladenen Ladungsträger zu sich und wird entladen. Man sagt, die Luftmoleküle werden durch die Strahlung **ionisiert**. Da zur Ionisation Energie nötig ist, wird durch diese Strahlung Energie übertragen. Zudem sendet der Stoff Radium diese Strahlung ohne äußeren Einfluss aus. Man nennt ihn deshalb radioaktiv. Man kennt heute viele radioaktive Stoffe.

! Merksatz

Die Strahlung radioaktiver Stoffe überträgt Energie und ionisiert Atome und Moleküle. Die Strahlung wird ohne äußeren Einfluss ausgesandt. Der Mensch hat kein Sinnesorgan für sie.

Nebelkammer. Am wolkenlosen Himmel verrät sich die Bahn eines hochfliegenden Flugzeugs oft durch Kondensstreifen. Auf ähnliche Weise erzeugt die Strahlung mancher radioaktiver Stoffe dünne, sichtbare Streifen in einer **Nebelkammer** (Bild **B1a**). Z. B. sehen dort die Spuren der Strahlung, die von Radium ausgehen, ähnlich aus wie die im Bild **B1b**. Führt man Versuch **V1** mehrfach durch, bilden sich neue Spuren. Die Strahlung ist kein kontinuierlicher Vorgang. Sie besteht vielmehr aus einzelnen, unregelmäßig ausgesandten Teilchen.

Die Spuren der Teilchen – nicht die Teilchen selbst – können wir wahrnehmen. Die Teilchen ionisieren

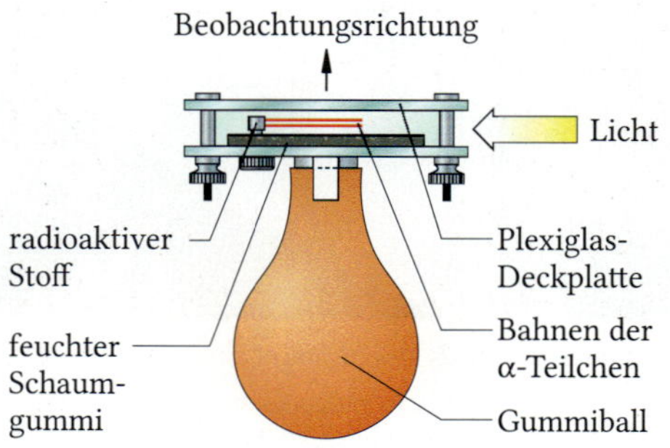

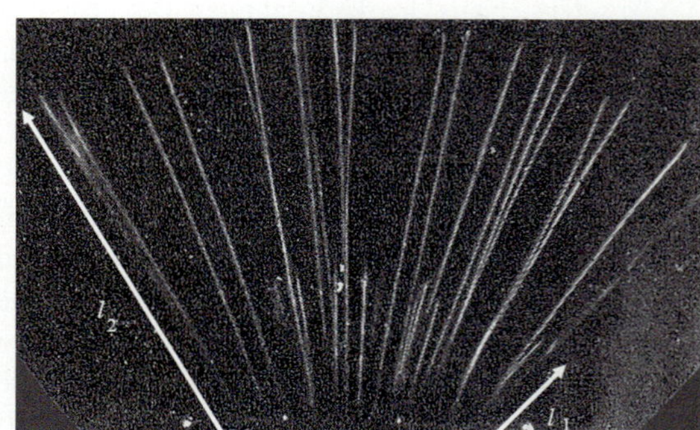

B1 *a) Nebelkammer b) Man bringt den radioaktiven Stoff Bismut in eine Nebelkammer. Dann presst man den Gummiball zusammen und lässt ihn plötzlich los. Im Licht einer Lampe erkennt man einzelne geradlinige Nebelspuren, die von Bismut ausgehen.*

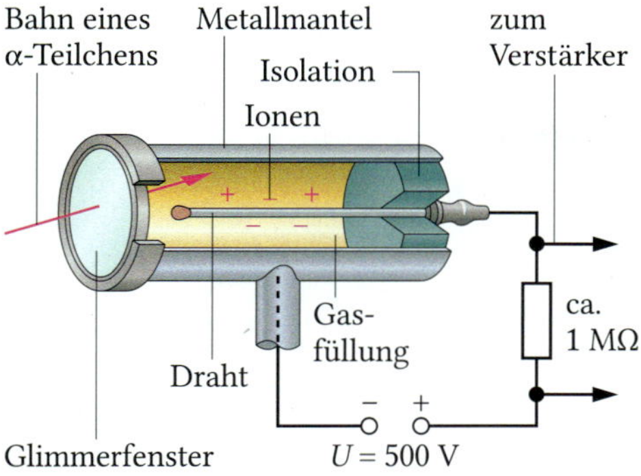

B2 *Aufbau eines Zählrohrs*

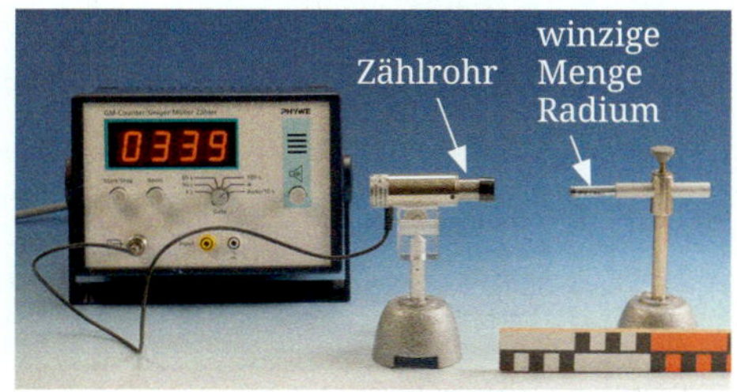

a) Wir halten ein radioaktives Präparat mit Radium vor ein Zählrohr. Dies ist mit einem Zähler verbunden, in den ein Lautsprecher integriert ist. Die Änderung der Zähleranzeige und knackende Geräusche verraten die Strahlung von Radium.
b) Wir stellen ein radioaktives Präparat in einem solchen Abstand vor einem Zählrohr auf, dass die Zählrate etwa 70 Impulse pro Minute beträgt. Man hört die Impulse in unregelmäßigen Abständen.
c) Wir entfernen alle radioaktiven Präparate aus dem Umfeld des Zählrohrs. Trotzdem registriert es Strahlung, die offensichtlich aus der Umgebung kommt.

nämlich Luftmoleküle auf ihrem Weg in der Kammer. Die dort entstandenen Ionen sind Kondensationskeime für den unsichtbaren Wasserdampf. Wassermoleküle lagern sich an die Ionen an und es bilden sich Nebeltröpfchen. Sie lassen die Bahn des Teilchens erkennen.

Ionisierende Teilchen lassen sich zählen. Ob ein Gegenstand „radioaktiv" ist, lässt sich nach Versuch **V2** einfacher feststellen: Wir brauchen ihn nur vor ein **Geiger-Müller-Zählrohr** – kurz Zählrohr genannt – zu halten, das an ein Zählgerät mit integriertem Lautsprecher angeschlossen ist. Trifft nämlich ein ionisierendes Teilchen das Zählrohr, springt das Zählwerk um 1 weiter und gleichzeitig ertönt im Lautsprecher ein Knacks. Die sich verändernde Anzeige im Zählgerät oder knackende Geräusche verraten die Strahlung radioaktiver Stoffe. Der Quotient aus der Zahl k der Knackse, auch **Impulse** genannt, und der Zeit Δt heißt Zählrate n. Es ist $n = k/\Delta t$.

Funktionsweise des Zählrohrs. Das Zählrohr hat einen dünnen zylindrischen Metallmantel, in den ein gegen das Gehäuse isoliert gehaltener Draht ragt. Dieser wird über einen Widerstand mit dem positiven Pol einer Spannungsquelle verbunden. Der negative Pol der Quelle liegt am Metallmantel. Im Rohr befindet sich ein Edelgas unter einem geringen Druck. Durch das extrem dünne Abschlussfenster aus Glimmer (etwa 0,01 mm dick) können schnelle Teilchen hoher Energie ins Innere fliegen und dort Gasatome ionisieren. Dadurch werden Elektronen freigesetzt, deren Zahl allerdings gering ist. Man wählt deshalb die Spannung so hoch, dass die freigesetzten Elektronen zum positiv geladenen Draht stark beschleunigt werden und durch Stoß weitere Elektronen aus Atomen herausschlagen. Diese können ihrerseits wieder ionisieren. So nimmt die

Zahl der ionisierenden Teilchen in einer Kettenreaktion lawinenartig zu. Das Gas im Zählrohr wird also leitend. Dies führt zu einem messbaren, kurzzeitigen Strom. Die Spannung am Zählrohr sinkt anschließend so weit ab, dass die Kettenreaktion und damit der Strom abbricht. Das Gas wird wieder zum Isolator und das Zählrohr ist für das nächste Teilchen bereit. So erzeugt jedes einzelne im Zählrohr ankommende Teilchen einen kurzzeitigen Spannungsimpuls, der als Knack hörbar ist.
Radioaktive Stoffe „ticken" nicht gleichmäßig wie eine Uhr. Misst man die Zählrate mehrmals hintereinander, so schwankt sie um einen Mittelwert, z. B. 74, 68, 71, 69 Impulse pro Minute. Dabei ist nur der Zufall im Spiel. Versuch **V2c** zeigt, dass überall in der Umgebung ionisierende Strahlung vorhanden ist. Dieses Phänomen nennt man **Nulleffekt**. Die Strahlung stammt von radioaktiven Nukliden und aus dem Weltall.

❗ Merksatz

Die Strahlung radioaktiver Stoffe besteht aus einzelnen Teilchen. Nachweisgeräte sind Nebelkammer und Zählrohr.
Ein radioaktiver Stoff sendet seine Teilchen in unregelmäßigen zeitlichen Abständen aus.

8.3 Radioaktiver Zerfall

B1 *Präparat, das α-Teilchen aussendet, in einer Nebelkammer*

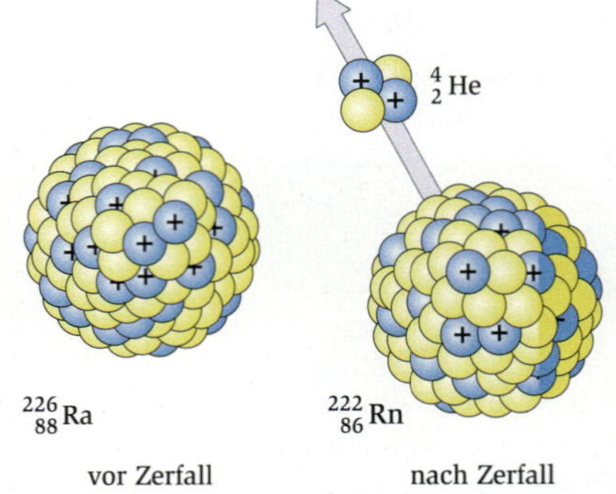

B2 *α-Zerfall des Radiumisotops Ra-226.*

α-Teilchen und α-Zerfall. Die **α-Strahlung** (Bild **B1**) wurde als Bestandteil der Strahlung von Uran 1896 von H. BECQUEREL entdeckt. Die weitere Erforschung der α-Teilchen zeigte:

- α-Teilchen ionisieren Atome und Moleküle.
- α-Teilchen sind energiereiche nackte Heliumkerne, kurz: $^{4}_{2}$He.
- Ein α-Teilchen ist zweifach positiv geladen, d.h. es trägt zwei positive Elementarladungen.
- α-Teilchen stammen aus den Kernen von Atomen.
- α-Teilchen werden von Papier absorbiert.
- Die Reichweite von α-Teilchen in Luft beträgt maximal 10 cm.

Sendet ein Atomkern ein α-Teilchen aus, verringert sich seine Kernladungszahl Z und seine Neutronenzahl N um 2 und damit seine Nukleonenzahl A um 4. Dabei wird Energie frei. Ein Beispiel ist der α-Zerfall von Ra-226:

$$^{226}_{88}\text{Ra} \rightarrow {}^{222}_{86}\text{Rn} + {}^{4}_{2}\text{He} \quad \text{oder} \quad {}^{226}_{88}\text{Ra} \xrightarrow{\alpha} {}^{222}_{86}\text{Rn}.$$

Durch den α-Zerfall wurde aus dem Radiumisotop Ra-226 das Radonisotop Rn-222 (Bild **B2**), ein Atom mit völlig neuen physikalischen und chemischen Eigenschaften, da nach dem Zerfall auch Veränderungen in der Atomhülle auftreten.

> **! Merksatz**
>
> α-Strahlung besteht aus energiereichen zweifach positiv geladenen Heliumkernen. Sie kann ein Blatt Papier nicht durchdringen.
> Beim α-Zerfall eines Nuklids wird ein energiereicher Heliumkern ausgeschleudert. Zurück bleibt ein Kern eines Elements, dessen Kernladungszahl um zwei kleiner ist.

β⁻-Teilchen und β⁻-Zerfall. Ein Sr-90-Präparat sendet Teilchen aus, die zwar Papier, aber nicht ein 5 mm dickes Aluminiumblech durchdringen können. Man nennt sie β⁻-Teilchen und die Strahlung **β⁻-Strahlung**. β⁻-Teilchen haben folgende Eigenschaften:

- β⁻-Teilchen haben dieselbe Masse und dieselbe Ladung wie Elektronen. Es sind energiereiche Elektronen.
- β⁻-Teilchen ionisieren Atome und Moleküle. Sie ionisieren aber auf derselben Wegstrecke in Materie viel weniger Moleküle als α-Teilchen, u.a. deshalb, weil sie nur einfach geladen sind.
- β⁻-Teilchen stammen aus den Kernen von Atomen.

Es gibt radioaktive Nuklide, die Teilchen aussenden, die dieselbe Masse und denselben Betrag der Ladung haben wie Elektronen. Sie sind aber positiv geladen. Diese Teilchen nennt man β⁺-Teilchen oder Positronen und schreibt dafür auch e⁺. Auch diese Teilchen stammen aus den Kernen von Atomen.

Der Atomkern enthält keine Elektronen. Trotzdem kommen β⁻-Teilchen wegen ihrer hohen Energie von dort her. Sie stammen aus der Umwandlung eines Neutrons

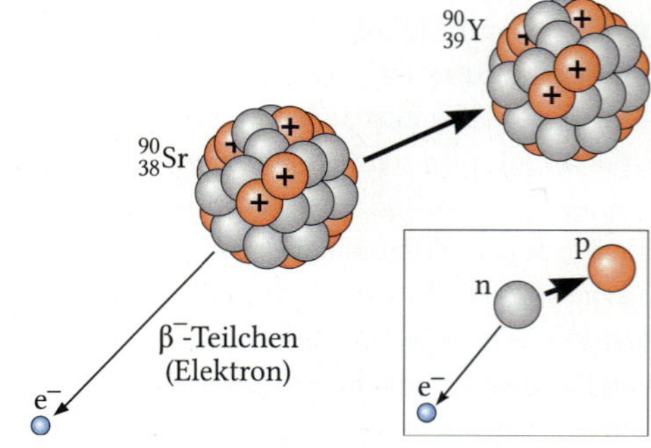

B3 *β⁻-Zerfall des Strontiumisotops Sr-90*

in ein Proton und ein Elektron. Dabei wird Energie frei. Das Elektron verlässt schnell den Kern. Nach einem β^--Zerfall besitzt der Kern ein Neutron weniger und ein Proton mehr. Die Nukleonenzahl A bleibt konstant. Ein Beispiel ist der β^--Zerfall von Sr-90 (Bild **B3**):

$$\,^{90}_{38}\text{Sr} \rightarrow \,^{90}_{39}\text{Y} + \beta^- \quad \text{oder} \quad \,^{90}_{38}\text{Sr} \xrightarrow{\beta^-} \,^{90}_{39}\text{Y}$$

Wie beim α-Zerfall entsteht auch hier aus dem Strontiumisotop Sr-90 das Isotop eines anderen Elements, nämlich Y-90, da auch hier nach dem Zerfall Umschichtungen in der Atomhülle auftreten.

β^--Strahlung besteht aus schnellen, energiereichen Elektronen, die aus Atomkernen stammen.
Beim β^--Zerfall eines Nuklids verwandelt sich im Kern ein Neutron in ein Proton unter Aussenden eines Elektrons. Zurück bleibt ein Kern eines anderen Elements, dessen Kernladungszahl um eins größer ist.

γ-Teilchen. Es gibt noch eine weitere Art von ionisierender Strahlung aus radioaktiven Nukliden, die erst in dicken Bleischichten absorbiert wird. Man nennt sie **γ-Strahlung**. Sie besteht aus einzelnen γ-Teilchen mit folgenden Eigenschaften:
- γ-Teilchen tragen keine elektrische Ladung.
- γ-Teilchen stammen aus Atomkernen.
- γ-Teilchen werden durch dicke Bleischichten abgeschirmt, aber nie zu 100 %.
- γ-Strahlung gehört zum Spektrum der elektromagnetischen Strahlung.

Nach einem α- oder β-Zerfall hat der neue Kern oft noch überschüssige Energie: Er ist angeregt. Die überschüssige Energie kann er abgeben, indem er ein γ-Teilchen aussendet. Ein γ-Teilchen tritt deshalb nie alleine auf, sondern immer als Folge eines α- oder β^--Zerfalls. Beim Aussenden eines γ-Teilchens verändern sich also weder Z noch A noch die „Elektronenhülle" des Atoms. Beispiel: Nach dem β^--Zerfall von Cs-137 entsteht der Kern Ba-137m. Dieser hat überschüssige Energie und ist deswegen mit m gekennzeichnet. Er verliert diese Energie durch Aussenden eines γ-Teilchens. Man schreibt:

$$\,^{137}_{55}\text{Cs} \xrightarrow{\beta^-} \,^{137}_{56}\text{Ba}^m \xrightarrow{\gamma} \,^{137}_{56}\text{Ba}.$$

γ-Strahlung besteht aus energiereichen γ-Teilchen, die aus Atomkernen stammen.
Ein γ-Teilchen wird nach einem α- oder β-Zerfall von einem angeregten Atomkern ausgesandt. Dabei ändern sich Kernladungszahl Z und Nukleonenzahl A des Kerns nicht.

Die Nuklidkarte. Die physikalischen Eigenschaften eines Atomkerns hängen von der Protonenzahl Z und der Neutronenzahl N ab. Deshalb ordnet man die Nuklide mit Hilfe eines Koordinatensystems. Auf der horizontalen Achse trägt man die Neutronenzahl N, auf der vertikalen die Protonenzahl Z eines Kerns auf. In den Gitterpunkten sitzt das betreffende Nuklid (Bild **B4**).
- Alle Isotope eines chemischen Elements liegen auf einer Zeile, an deren linken Rand die Protonenzahl Z steht. Jedes Nuklid wird durch das chemische Symbol des Elements und die Massenzahl $A = N + Z$ gekennzeichnet (z.B. U-235, $Z = 92$, $N = 143$). Die Neutronenzahl N steht am unteren Ende der Spalte.
- Die Nuklide sind durch verschiedene Farben gekennzeichnet. Schwarz unterlegt sind die stabilen Nuklide, die nicht radioaktiv sind (z.B. Pb-208). Die Zahl in den schwarzen Kästen gibt an, mit welchem Prozentanteil das betreffende Nuklid in natürlichen Vorkommen auftritt (z.B. C-12 98,93 %, C-13 1,07 %).
- Die farbigen Kästen stellen instabile Kerne dar, die Strahlung aussenden. Die blau unterlegten Nuklide, die β^--Strahler, liegen am rechten Rand der Protonenzeile. Links von den stabilen Nukliden liegen rot gekennzeichnete Isotope, die β^+-Strahler. α-Strahler sind gelb eingetragen und finden sich fast nur bei großer Nukleonenzahl A.

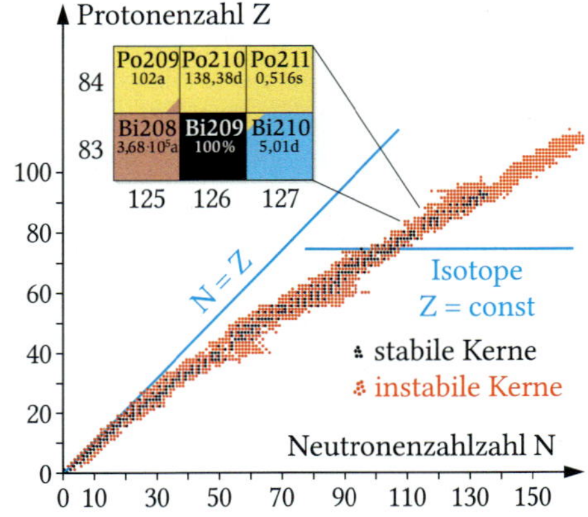

B4 *Nuklidkarte*

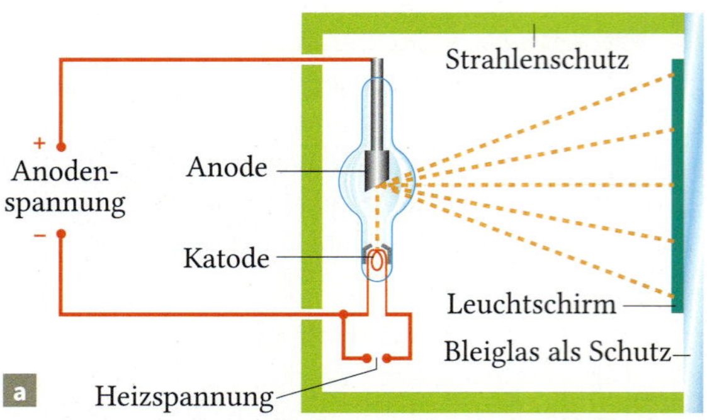

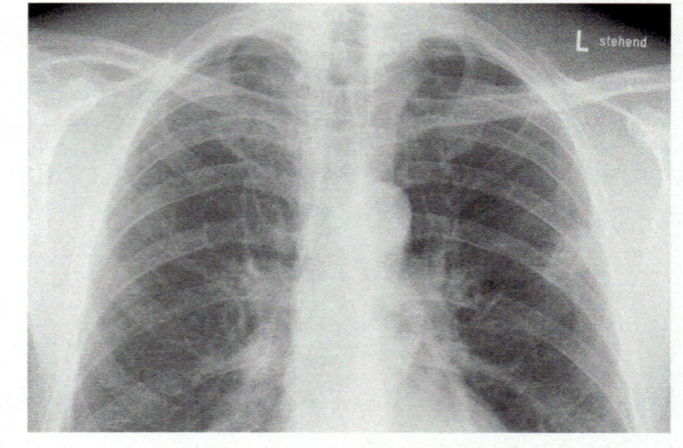

B1 *a) Prinzip einer Röntgenapparatur: In einer Vakuumröhre beschleunigt man die von einer Glühkathode emittierten Elektronen durch eine hohe Spannung (5000 V bis über 100000 V). Beim Aufprall auf die Anode werden sie abgebremst. Dabei entsteht Röntgenstrahlung. Man erkennt sie daran, dass ein außerhalb der Röhre befindlicher Leuchtschirm aufleuchtet. Röntgenstrahlung überträgt also Energie durch die Glaswand der Röhre, sonst könnte der Schirm nicht aufleuchten. b) Röntgenaufnahme eines Brustkorbs*

Ähnlichkeit verschiedener Strahlungen.

Die aus der Medizin bekannte **Röntgenstrahlung** wird z.B. mit der Röntgenapparatur in Bild **B1a** erzeugt. Die Röntgenstrahlung hat mit der γ-Strahlung viele gemeinsame Eigenschaften. So trägt sie wie diese keine elektrische Ladung, überträgt Energie und kann Atome und Moleküle ionisieren. Trifft sie auf ein Zählrohr, „tickt" dieses, als wenn es von γ-Strahlung getroffen wird. Röntgenstrahlung besteht also auch wie γ-Strahlung aus Teilchen. Auch schwärzen beide Strahlungen Filme. Durchdringen die Strahlungen Materie, werden sie geschwächt, d.h. in der Materie absorbiert. Je nachdem, aus welchem Stoff die Materie besteht, werden sie unterschiedlich absorbiert. So durchdringt Röntgenstrahlung Gewebe besser als Knochen. Auf Röntgenbildern lassen sich deshalb Gewebe und Knochen gut unterscheiden (Bild **B1b**). Röntgenstrahlung hat deshalb eine große Bedeutung in der medizinischen Diagnostik. Bei Röntgenuntersuchungen muss allerdings darauf geachtet werden, dass die Dosis an Strahlung, die ein Patient erhält, möglichst gering ist.

Sowohl γ-Strahlung als auch Röntgenstrahlung werden am stärksten in Blei absorbiert. Dicke Bleischichten schützen deshalb am besten vor beiden Strahlungen. Ähnlichkeiten haben γ-Strahlung und Röntgenstrahlung auch mit Licht und der ultravioletten Strahlung (UV-Strahlung). Denn auch diese Strahlungen übertragen Energie und tragen keine elektrische Ladung. Aber wo liegt der Unterschied? Mit Versuch **V1** lässt er sich verdeutlichen. Dort werden durch UV-Licht Elektronen aus der Zinkplatte freigesetzt. Sichtbares Licht schafft dies nicht, problemlos dagegen Röntgenstrahlung und γ-Strahlung. Misst man die Energie der freigesetzten Elektronen, findet man, dass sie am meisten Energie haben, wenn sie von der γ-Strahlung oder von der Röntgenstrahlung freigesetzt werden. γ-Strahlung und Röntgenstrahlung transportieren also viel größere Energieportionen als UV-Licht und diese mehr als sichtbares Licht. Eine Folge dieser Eigenschaft ist, dass γ- und Röntgenstrahlung Moleküle und Atome ionisieren können, UV-Licht und sichtbares Licht aber nicht.

❗ Merksatz

Sichtbares Licht, UV-Strahlung, Röntgenstrahlung und γ-Strahlung sind sich ähnlich. Röntgenstrahlung und γ-Strahlung übertragen im Vergleich zu den anderen Strahlungen größere Energieportionen.

V1 UV-Licht

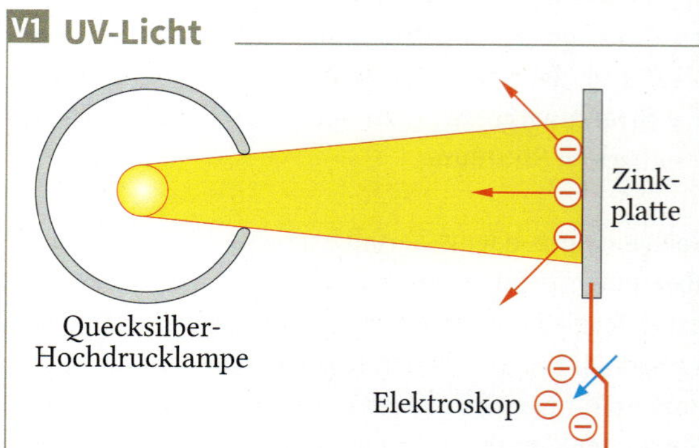

Eine frisch geschmirgelte Zinkplatte ist mit einem Elektroskop verbunden und negativ aufgeladen. Sie wird mit dem ultravioletten Licht einer Quecksilber-Hochdrucklampe bestrahlt. Die Platte wird entladen, da das UV-Licht Elektronen aus der Zinkplatte freisetzt.

Positronen oder β⁺-Zerfall

In der Nuklidkarte findet man auch rote Kästchen. Sie geben Nuklide an, die in der Natur nicht vorkommen, aber künstlich hergestellt werden können. Es sind Positronenstrahler oder β⁺-Strahler. Bei ihnen zerfällt im Kern ein Proton in ein Neutron. Dabei wird ein Teilchen ausgesandt, das dieselben Eigenschaften hat, wie ein Elektron, nur dass es positiv geladen ist. Dieses Teilchen nennt man Positron und schreibt dafür β⁺. Ein Beispiel eines β⁺-Zerfalls ist:

$$^{22}_{11}\text{Na} \rightarrow\ ^{22}_{11}\text{Ne} + \beta^+ \quad \text{oder} \quad ^{22}_{11}\text{Na} \xrightarrow{\beta^+}\ ^{22}_{11}\text{Ne}$$

Radioaktive Zerfallsreihen

Kerne, die durch einen radioaktiven Zerfall entstanden sind, können selbst wieder radioaktiv sein. So können radioaktive Zerfallsreihen entstehen. Die Bilder **B2** und **B3** zeigen zwei, die in der Natur auftreten. Ausgangspunkte sind U-238 bzw. Th-232. Es treten jeweils mehrere α- und β⁻-Zerfälle auf, wobei auch γ-Teilchen entstehen. Die Zerfallsreihen enden bei den stabilen Bleiisotopen Pb-206 bzw. Pb-208.
In der Zerfallsreihe von U-238 tritt Ra-226 auf. In einem länger gelagerten und gasdicht verschlossenen Radiumpräparat finden die Zerfälle von Ra-226 und seiner Folgeprodukte nebeneinander statt; deswegen sendet das Präparat α-, β⁻- und γ-Strahlung aus.

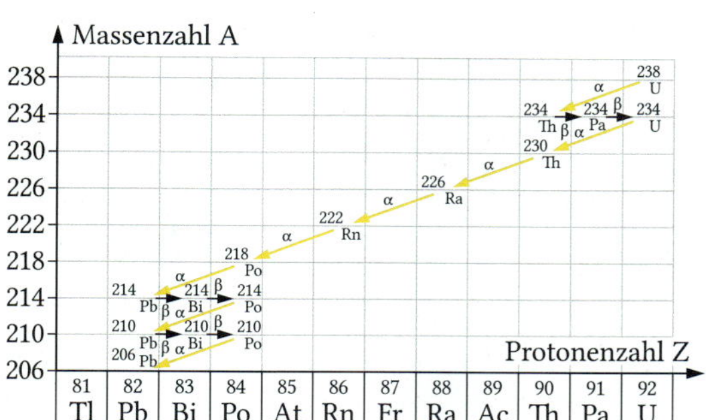

B2 *Zerfallsreihe von U-238; hier tritt u. a. Ra-226 auf*

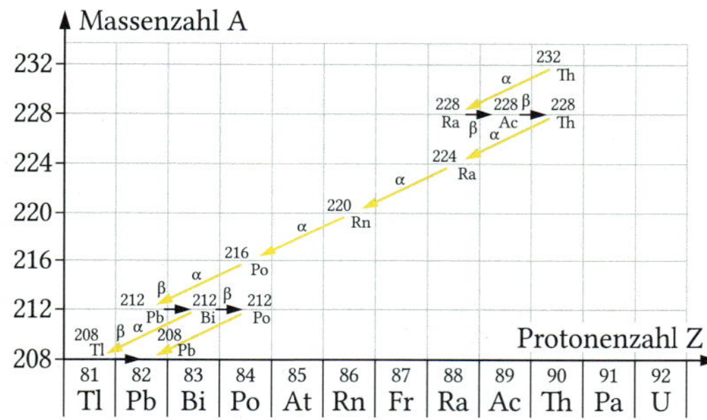

B3 *Zerfallsreihe von Th-232*

Lösen Sie selbst

1 Vervollständigen Sie die Angaben mit Hilfe eines Periodensystems.

$$^{235}_{92}\text{U} \xrightarrow{\alpha}\ ?; \qquad ^{232}_{?}\text{Th} \xrightarrow{\alpha}\ ?; \qquad ? \xrightarrow{\alpha}\ ^{237}_{?}\text{Np};$$

$$? \xrightarrow{\alpha}\ ^{222}_{?}\text{Rn}; \qquad ^{210}_{?}\text{Po} \xrightarrow{\alpha}\ ?; \qquad ^{239}_{92}? \xrightarrow{\alpha}\ ?$$

2 α-Teilchen bleiben in einem Blatt Papier stecken, β-Teilchen in 5 mm Aluminium. Transportieren β-Teilchen deshalb mehr Energie als α-Teilchen? Begründen Sie.

3 Vervollständigen Sie die Angaben mit Hilfe eines Periodensystems.

$$^{40}_{19}\text{K} \xrightarrow{\beta^-}\ ?; \quad ^{210}_{?}\text{Pb} \xrightarrow{\beta^-}\ ?; \quad ? \xrightarrow{\beta^-}\ ^{14}_{?}\text{N}$$

$$? \xrightarrow{\beta^-}\ ^{60}_{?}\text{Ni}^m \xrightarrow{\gamma}\ ?; \quad ^{99}_{?}\text{Tc}^m \xrightarrow{\gamma}\ ? \xrightarrow{\beta^-}\ ?$$

4 Der größte Teil der Strahlung von Am-241 kann Papier nicht durchdringen. Der Rest wird kaum von einer 5 mm dicken Aluminiumplatte absorbiert, dagegen fast vollständigdurch eine Bleiplatte. Bestimmen Sie den Zerfall von Am-241.

5 Hält man zwischen einem Co-60 Präparat und einem Zählrohr Papier, so ändert sich Zählrate kaum. Hält man dagegen ein Aluminiumblech 5 mm Dicke in den Strahlengang, geht die Zählrate deutlich, aber nicht auf Null zurück. Beschreiben Sie einen möglichen Zerfall von Co-60.

6 Sie haben die Aufgabe festzustellen, welche Arten von Strahlung ein radioaktives Präparat aussendet. Zur Verfügung stehen ein Zählrohr und verschiedene Materialien. Erläutern Sie Ihr Vorgehen.

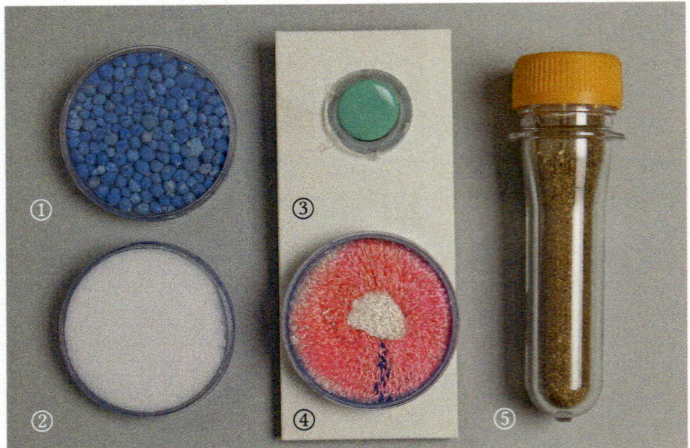

B1 *Schwach radioaktive Strahler für den Unterricht*

B2 *Zählrohr: Vorderseite mit Anzeige (links), Rückseite mit großem Flächendetektor (rechts)*

Eine Reihe von schwach radioaktiven Strahlern stehen für den Unterricht zur Verfügung (Bild **B1**), beispielsweise Kunstdünger ①, Kaliumchlorid ②, ein (zertifizierter) Uranglasknopf ③, ein Glühstrumpf in versiegelter Plastikdose ④ und uranhaltige Erde ⑤. Voraussetzung ist ein empfindliches Zählrohr mit großem Eintrittsfenster (Bild **B2**).

1. Nulleffekt, Nullrate und Probenanalyse

Material: Zählrohr, verschiedene schwach radioaktive Präparate (z. B. Kunstdünger oder Kaliumchlorid)

Hinweis: In allen weiteren Versuchen ist die gemessene Impulsrate um die Nullrate zu „bereinigen", d.h. die Nullrate wird von den gemessenen Impulsraten subtrahiert.

2. Abschirmung, Bestimmung der Halbwertsdicke

Material: Strahler (Uranglasknopf oder Glühstrumpf), Zählrohr, unterschiedliche Materialien (z. B. Holz, Pappe, Aluminium, Plexiglas) mit gleicher Dicke, mehrere Exemplare eines Materials (z. B. Pappe) gleicher Dicke

Damit können auch mit schwach radioaktiven Präparaten in relativen kurzen Messzeiten Experimente durchgeführt werden.

Achtung: Das Eintrittsfenster des Zählrohrs kann leicht beschädigt werden. Die Lehrkraft hat anhand der länderspezifischen Sicherheitsrichtlinien und Ausführungen die Genehmigung der Präparate zu prüfen!

1. Bestimmen Sie die Anzahl der Impulse je Minute (Impulsrate) des Zählrohrs an Ihrem Experimentierplatz und weiteren Plätzen (z. B. Keller, Pausenhof, Lehrertisch), ohne dass radioaktive Präparate in der Nähe sind.
2. Vergleichen Sie diese Nullrate mit der Anzahl der Impulse je Minute für den Fall, dass sich ein schwach radioaktives Material im Abstand von einigen Zentimetern zum Eintrittsfenster des Zählrohrs befindet.

Stellen Sie den Strahler im Abstand von wenigen Zentimetern dem Eintrittsfenster des Zählrohrs gegenüber.

1. Platzieren Sie unterschiedlichen Materialien gleicher Dicke zwischen Zählrohr und Strahler und messen Sie die Anzahl der Impulse je Minute. Bringen Sie die Materialien in eine Reihenfolge von gut abschirmend bis schlecht abschirmend.
2. Platzieren Sie zwischen Zählrohr und Strahler ein, zwei, drei, … Exemplare eines Materials gleicher Dicke und messen Sie die Anzahl Impulse je Minute. Stellen Sie die Impulsrate in Abhängigkeit von der Gesamtdicke der Abschirmung grafisch dar. Bestimmen Sie die Dicke der Abschirmung, bei der sich die Impulsrate halbiert hat (Halbwertsdicke des Materials).

3. Abstandsgesetz

Material: Strahler (Uranglasknopf oder Glühstrumpf), Zählrohr, Maßstab

Stellen Sie Strahler und Zählrohr so auf, dass die Oberflächen von Strahler und Eintrittsfenster parallel zueinander sind. Verwenden Sie möglichst eine Schiene.

1. Bestimmen Sie (ohne Präparat) die Nullrate.
2. Platzieren Sie das Zählrohr in unterschiedlichen Abständen zum Strahler und messen Sie den Abstand möglichst genau. Beachten Sie in der Auswertung, dass die Abstandsmessung fehlerbehaftet sein kann.
3. Bestimmen Sie für jeden Abstand die Anzahl der Impulse je Minute und bereinigen Sie diese Impulsrate um die Nullrate (siehe Versuch 1).
4. Stellen Sie die bereinigte Impulsrate in Abhängigkeit vom Abstand grafisch dar. Entdecken Sie einen einfachen mathematischen Zusammenhang?

4. Radioaktivität in der Luft

Material: Strahler (Uranglasknopf oder Glühstrumpf), Zählrohr, Kunststoffplatte und Reibetuch.

1. Bestimmen Sie die Nullrate an Ihrem Arbeitsplatz.
2. Laden Sie eine Kunststoffplatte durch mehrfaches Reiben in einer Richtung negativ auf ①. Lassen Sie die Platte 10 min an der Luft liegen ②, so dass sich radioaktive Partikel anlagern können. Vermeiden Sie eine unabsichtliche Entladung durch Berührung. Messen Sie anschließend an verschiedenen Orten die Anzahl der Impulse je Minute über einen Zeitraum von ca. 15 min ③ und berechnen Sie jeweils die bereinigten Impulsraten (siehe Versuch 1).

5. Ablenkung im Magnetfeld

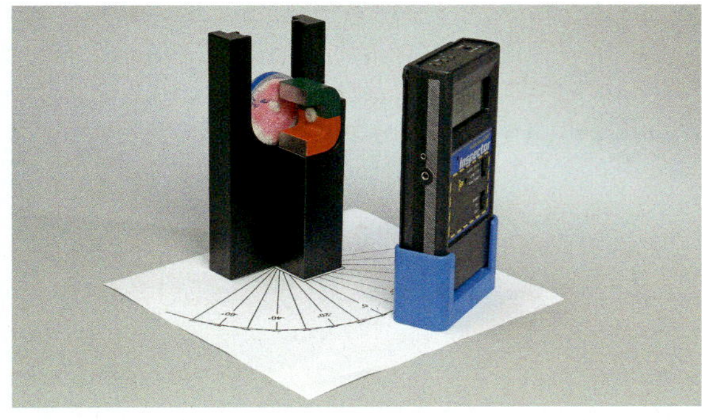

Material: Strahler (Uranglasknopf oder Glühstrumpf), Zählrohr, Hufeisenmagnet. Winkelscheibe

Platzieren Sie den Strahler im Mittelpunkt der Winkelscheibe, den Hufeisenmagnet direkt davor und das Zählrohr unter verschiedenen Winkeln auf einem Kreisbogen. Bei einem Winkel von 0° steht das Zählrohr dem Strahler direkt gegenüber.

1. Stellen Sie die unten tabellierten bereinigten Impulsraten in Abhängigkeit vom Winkel in einem Diagramm dar und beschreiben Sie die Messkurven (Messunsicherheit ca. 17 Impulse/min).
2. Erläuten Sie, warum die Messreihen mit unterschiedlicher Orientierung des Magneten durchgeführt wurden.

Winkel	−70	−60	−50	−40	−30	−20	−10	0	10	20	30	40	50	60	70
Impulse je Minute [Nordpol oben]	122	143	143	154	143	104	71	41	20	11	3	8	12	18	16
Impulse je Minute [Südpol oben]	29	38	54	72	107	118	128	136	125	118	89	71	45	28	18

8.4 Halbwertszeit

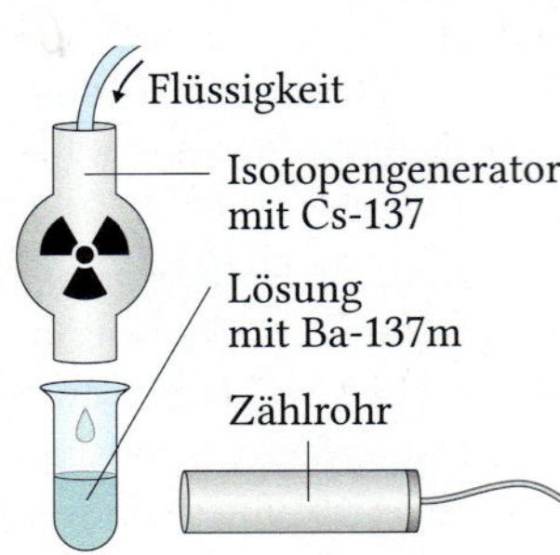

In einem Cäsium-Isotopen-Generator ist Cs-137 chemisch fest gebunden, nicht aber das Zerfallsprodukt Ba-137m, das durch einen γ-Zerfall weiter zerfällt (siehe Zerfall von Cs-137, Seite 155). Ba-137m lässt sich mit einer geeigneten Lösung aus dem Generator „auswaschen". Fängt man sie mit einem Reagenzglas auf und hält sie vor ein Zählrohr, tickt es infolge des Zerfalls der Ba-137m-Kerne im angeschlossenen Zählgerät. Mit jedem durch den Generator gepressten Lösungstropfen steigt die Zählrate n weiter an. Wird kein Ba-137m mehr ausgewaschen und bleibt die Lösungsmenge im Reagenzglas konstant, so sinkt die Zählrate n über die Zeit.

Die folgende Tabelle zeigt einen Auszug der Messdaten.

t in s	0	60	120	180	240	300	360
n in 1/s	82	63	48	38	28	22	17

Beschreibung von Zerfallsprozessen. Die Anzahl der Kerne in einem Stoff ist kaum direkt zu messen. Zur Beschreibung eines Zerfalls kann man jedoch messen, wie viele Kerne in einer bestimmten Zeit zerfallen, beispielsweise mit einem Geiger-Müller-Zählrohr (Versuch **V1**). Durch die gemessene Zählrate wissen wir nun, wie viele Kerne zerfallen – jedoch nicht, wie viele noch vorhanden sind. Zur Beschreibung von Zerfallsprozessen wird eine geeignete Größe benötigt, um den zeitlichen Verlauf des Prozesses darzustellen. Erst anschließend können Aussagen bezüglich geeigneter mathematischer Modelle getroffen werden.

Die Aktivität. In Versuch **V1** weist man mit dem Zählrohr die γ-Strahlung nach, die von Ba-137m ausgeht. Die Zählrate deutet darauf hin, dass bei zunehmender Zählrate die Anzahl der γ-Teilchen zugenommen hat, die von Ba-137m ausgesendet wurden. Damit geht einher, dass also mehr Kerne Ba-137m in der Zeit Δt zerfallen sein müssen.

Ist N_1 die Anzahl der radioaktiven Ba-137m-Kerne zu Beginn des Zeitintervalls Δt und N_2 die Anzahl am Ende von Δt, dann sind $|\Delta N| = |N_2 - N_1|$ Kerne in der Zeit Δt zerfallen. Je größer also die Änderungsrate $|\Delta N|/\Delta t$ ist, desto größer ist die Zählrate n. Es ist $n \sim |\Delta N|/\Delta t$. Da $N_2 < N_1$, ist ΔN negativ – daher die Betragszeichen. Wenn mehr Kerne in der gleichen Zeit zerfallen, ist die radioaktive Substanz aktiver. Man nennt deshalb

$$A = \frac{|\Delta N|}{\Delta t}$$

auch die **Aktivität** der radioaktiven Substanz. Ihre Einheit ist 1/s oder **1 Becquerel (1 Bq)**.

Die Zählrate n ist somit ein Maß für die Aktivität A, aber auch für die Anzahl N der noch nicht zerfallenen Kerne.

Die Aktivität ist proportional zur Zahl der radioaktiven Kerne. Verdoppelt man in Versuch **V1** die Zahl N der radioaktiven Kerne, indem man doppelt so viele Tropfen Lösung durch den Generator presst, dann verdoppelt sich die Zählrate n. Eine plausible Annahme ist, dass bei doppelter Anzahl N zerfallsbereiter Kerne auch doppelt so viel Kerne in derselben Zeit Δt zerfallen. Die Aktivität ist damit doppelt so groß. Somit gilt $A \sim N$. Die Zählrate in Versuch **V1** ist deshalb auch ein Maß für die Zahl N der noch nicht zerfallenen radioaktiven Kerne. Es gilt $n \sim N$.

Beispiel: In einer Substanz mit $N = 10^{18}$ Kernen zerfallen 10^6 Kerne in $\Delta t = 10$ s. Das heißt für die Aktivität:

$$A = \frac{|\Delta N|}{\Delta t} = \frac{10^6}{10 \text{ s}} = 10^5 \frac{1}{s} = 10^5 \text{ Bq}.$$

> **! Merksatz**
>
> Zerfallen in einer radioaktiven Substanz ΔN Kerne in der Zeit Δt, so ist deren Aktivität
>
> $$A = \frac{|\Delta N|}{\Delta t}$$
>
> mit der Einheit 1 Becquerel (1 Bq). Es ist $1 \text{ Bq} = 1 \frac{1}{s}$.

Analyse der Daten. Drückt man in Versuch **V1** keine weiteren Tropfen Lösung durch den Generator, so sinkt die Zählrate über die Zeit hinweg. Folglich sinken sowohl die Aktivität A der radioaktiven Substanz als auch die Zahl N der radioaktiven Kerne. Trägt man die Aktivität A über der Zeit t auf (Bild **B2**), fällt auf, dass der Abnahmeprozess nicht linear verläuft. Selbst wenn man den stochastischen Charakter der Strahlung zugrunde legt, sind Abweichungen zu erkennen, die über mögliche Messfehler hinausgehen.

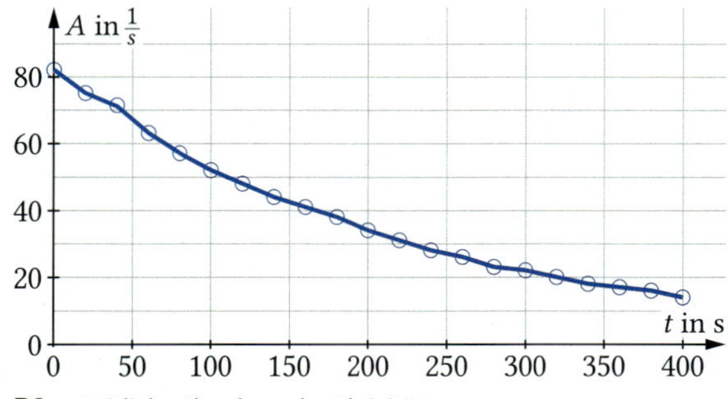

B2 *Zeitliche Abnahme der Aktivität*

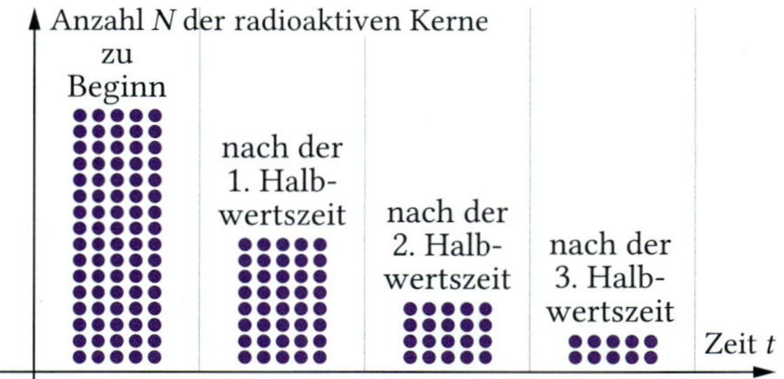

B4 *Veranschaulichung der Halbwertszeit.*

Auch ein Schnitt mit der Zeitachse (Nullstelle) fehlt, da die Aktivität stets nicht-negativ ist. Eine Antiproportionalität beschreibt den Zusammenhang ebenfalls nicht ausreichend, da ein Schnittpunkt mit der Hochachse vorliegt. Ferner ist zu erkennen, dass einer Verdopplung der Zeit nicht zu einer Halbierung der Aktivität führt.

Exponentieller Verlauf des Zerfallsprozesses.

Vergleicht man die Zeiträume, die zur Halbierung der Aktivität benötigt werden, so fällt auf, dass sie nahezu konstant sind. In der Beispielmessung erfolgt eine Halbierung der Aktivität – und somit auch der Stoffmenge – ungefähr alle 155 Sekunden (Bild **B3**). Dieses Verhalten entspricht einem exponentiellen Verlauf.

Anhand der Messdaten lässt sich die Zeit angeben, in welcher sich Aktivität und Stoffmenge ungefähr halbieren. Die tatsächliche Zeit beträgt 2,55 min (Tabelle **T1**) und liegt knapp unterhalb der experimentell bestimmten Zeit. Man sagt, Ba-137m habe die **Halbwertszeit** $T_{1/2} = 2{,}55 \text{ min} = 153 \text{ s}$.

Die Halbwertszeit ist unabhängig von der Substanzmenge und bezieht sich sowohl auf die Stoffmenge als auch auf die Aktivität. Jedes radioaktive Nuklid hat eine Halbwertszeit $T_{1/2}$, an der man es erkennen kann (siehe Tabelle **T1**).

Bei hausreichend großer Stoffmenge halbiert sich pro Halbwertszeit näherungsweise die Stoffmenge. Nach zwei Halbwertszeiten haben sich Stoffmenge und Aktivität auf $\frac{1}{4}$ reduziert, nach einer weiteren auf $\frac{1}{8}$ (Bild **B4**). Nach zehn Halbwertszeiten sind Stoffmenge und Aktivität ungefähr auf 0,1 % der ursprünglichen Größe gesunken. Für Ba-137m wäre also nach ca. 25,5 min nur noch eine Aktivität von $A = 0{,}08 \frac{1}{s}$ zu erwarten. Diese ist aufgrund der Nullrate nur schwer nachzuweisen.

> **! Merksatz**
>
> Die Zeit, in der jeweils die Hälfte einer radioaktiven Substanz zerfällt und damit auch deren Aktivität auf die Hälfte abnimmt, heißt Halbwertszeit $T_{1/2}$. Sie hängt von der Kernart ab.

Der Zerfall eines einzelnen Nuklids ist ein Zufallsexperiment. Es ist nicht möglich vorherzusagen, wann der Kern zerfällt. Erst bei einer großen Menge an Kernen können allgemeine Aussagen bezüglich Halbwertszeiten, Stoffmenge und Aktivität getroffen werden. Dieser stochastische Charakter des radioaktiven Zerfalls kann in einer Simulation mit Würfeln näher betrachtet werden

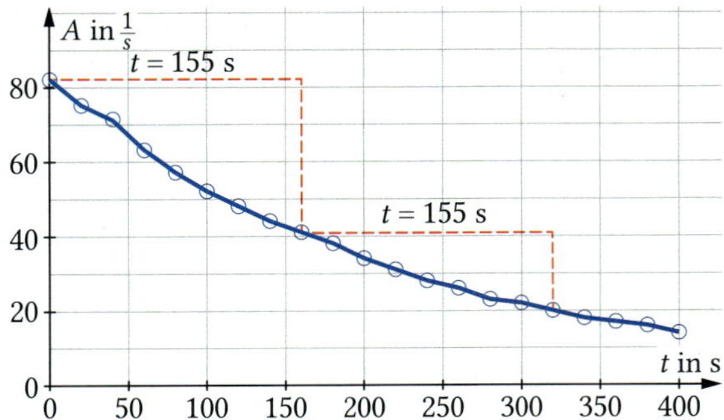

B3 *Die Zeitintervalle, in welchen sich die Aktivität halbiert, sind konstant.*

Nuklid	$T_{1/2}$	Nuklid	$T_{1/2}$
Th-232	$1{,}40 \cdot 10^{10}$ a	H-3	12,3 a
U-238	$4{,}47 \cdot 10^{9}$ a	Po-210	138 d
K-40	$1{,}28 \cdot 10^{9}$ a	I-131	8,02 d
U-235	$7{,}04 \cdot 10^{8}$ a	Tc-99m	6,01 h
C-14	5730 a	Ba-137m	2,55 min
Ra-226	1600 a	Rn-220	55,6 s
Cs-137	30,1 a	Po-212	$2{,}99 \cdot 10^{-7}$ s

T1 *Halbwertszeiten einiger Nuklide (a: Jahre, d: Tage, h: Stunde, s: Sekunde)*

Halbwertszeit in einem Simulationsexperiment.

Wir simulieren den Zerfall mit Würfeln. Dabei entspricht ein Würfel einem einzelnen Nuklid, welches zerfallen kann. Ebenso wenig, wie man vorhersagen kann, wann eine „6" kommt, kann man vorhersagen, wann ein Atom zerfällt.

In einem ersten Versuch wird eine große Zahl Würfel in eine mit einem Deckel verschlossene Schachtel getan, geschüttelt und die Würfel auf dem Tisch verteilt. Alle Würfel, die eine 6 zeigen, werden aussortiert. Sie sind „zerfallen". Mit den verbleibenden Würfeln wird das Experiment erneut durchgeführt. Dieses Verfahren wiederholt man so lange, bis nur noch wenige Würfel in der Kiste verbleiben. Tabelle **T1** zeigt eine Übersicht über verbleibende und „zerfallene" Würfel, welche in jeder Runde aussortiert werden. Sie entsprechen den zerfallenen Kernen. Wird die Anzahl grafisch dargestellt, ergibt sich ein ähnlicher Verlauf wie im Diagramm **B2** auf Seite 161, das beim Zerfall von Ba-137m entstanden ist: Die Werte nehmen monoton ab, wenn man von statistischen Schwankungen absieht.

Da beim Würfeln alle sechs Zahlen mit gleicher Wahrscheinlichkeit fallen, erwartet man, dass im Mittel in jeder Runde $\frac{1}{6}$ der noch vorhandenen Würfel aussortiert

Runde	Würfel zu Beginn	Verhältnis	aussortierte Würfel	Verhältnis
0	600		114	
		· 0,81		· 0,82
1	486		94	
		· 0,81		· 0,71
2	392		67	
		· 0,83		· 0,73
3	325		49	
		· 0,85		· 0,80
4	276		39	
		· 0,86		· 0,87
5	237		34	
		· 0,86		· 1,09
6	203		37	
		· 0,82		· 0,65
7	166		24	
		· 0,86		
8	142			
Mittelwert:		0,84	Mittelwert:	0,81

T1 *Anzahlen den Würfel, welche noch erhalten sind bzw. zerfallen*

Kernzerfall	Würfelexperiment
einzelner Kern	einzelner Würfel
noch nicht zerfallene Kerne	Würfel, die noch keine „6" gezeigt haben
zerfallender Kern	Würfel mit „6"
Zerfälle in einer Mesperiode	Aussortierte Würfel in einer Runde
Halbwertszeit	Rundenzahl, bei der die Hälfte der Würfel aussortiert ist
Zerfallswahrscheinlichkeit	Aussortierungswahrscheinlichkeit $\frac{1}{6}$

T2 *Zuordnung Realexperiment und Simulation*

werden und nur noch $\frac{5}{6} \approx 83\,\%$ der Würfel in der Kiste verbleiben. Die Verhältnisse der Werte aufeinanderfolgender Runde werden in der 3. Spalte von Tabelle **T1** berechnet. Es fällt auf, dass das erwürfelte Verhältnis in etwa gleich bleibt und $\frac{5}{6}$ ist. Gegen Ende des Versuchs werden die Schwankungen aber größer. Auch bei der Anzahl der aussortierten Würfel ergibt sich ungefähr dieser Abnahmefaktor, denn ca. $\frac{1}{6}$ dieser Würfel wird in der folgenden Runde aussortiert. Dabei kann es wie in Tabelle **T1** in der 6. und 7. Runde vorkommen, dass die Anzahl der aussortierten Würfel größer wird, langfristig gesehen werden jedoch alle Würfel aussortiert.

Vergleich Simulation und Realexperiment.

Tabelle **T1** zeigt, dass in der 4. Runde nur noch weniger als die Hälfte der Würfel vorhanden sind. Dies entspricht einer „Halbwertszeit" zwischen 3 und 4 Runden. Auch die Anzahl der aussortierten Würfel halbiert sich etwa in dieser Zeit von anfangs 114 auf 49 Würfel. Das Würfelexperiment hilft, die Zerfallskurve der Isotope eines radioaktiven Präparats wie Ba-130m zu verstehen. In Tabelle **T2** sind die Entsprechungen zwischen den beiden Experimenten dargestellt.

Beim radioaktiven Zerfall und im Würfelexperiment ergeben sich exponentielle Abnahmen mit statistischen Schwankungen. Die Anzahl der zerfallenden Kerne bzw. aussortierten Würfel in einer Messperiode entspricht der Aktivität und ist in etwa proportional zum aktuellen Bestand.

Ob *ein bestimmter* Würfel eine „6" zeigt bzw. *ein bestimmter* Kern zerfällt, ist rein zufällig und nicht von anderen Würfeln bzw. Kernen abhängig. Entscheidend für den Verlauf des Zerfalls ist die exponentielle Abnahme *aller* aussortierten Würfel bzw. zerfallenen Kerne in einer Messperiode.

Altersbestimmung mit radioaktiven Nukliden

In Versuch **V1** kann man die Auswaschlösung so durch den Isotopengenerator hindurch pressen, dass die Zählrate praktisch konstant bleibt. Die zerfallenen Atome werden durch die radioaktiven Atome in der Lösung dann gerade ersetzt. Zerfall und Nachlieferung radioaktiver Kerne halten sich dann das Gleichgewicht. Erst wenn die Nachlieferung beendet ist, fällt die Zählrate n mit der Halbwertzeit von 153 s ab.

Dieser Versuch zeigt das Prinzip der Altersbestimmung mit Hilfe des langlebigen radioaktiven Kohlenstoffisotops C-14. Dieses Isotop ist in der Atmosphäre, z. B. in Kohlenstoffdioxid CO_2, immer in einem kleinen, konstanten Prozentsatz vorhanden. Solange eine Pflanze lebt, steht ihr Kohlenstoffgehalt durch CO_2-Assimilation mit dem Kohlenstoff der Atmosphäre in Verbindung. Die lebenden Teile der Pflanze haben deshalb ebenfalls einen konstanten C-14-Anteil. Gleiches gilt für Tiere und Menschen, da sie über die Nahrungskette laufend C-14 aufnehmen. Stirbt ein Organismus ab, so erfolgt keine Aufnahme von C-14 mehr. Das im Organismus verbliebene C-14 sinkt mit einer Halbwertzeit von 5730 Jahren. Anhand des im Organismus messbaren C-14-Anteils kann das Alter ungefähr rekonstruiert werden: Beträgt der Anteil nur noch ca. 52,5 % des bei lebendigen Organismen vorliegenden Anteils, kann z. B. das Alter x einer Mumie bestimmt werden:

$$0{,}525 = 0{,}5^{\frac{x}{5730}} \Leftrightarrow x = 5730 \cdot \frac{\ln(0{,}525)}{\ln(0{,}5)} = 5326{,}67.$$

Aufgrund von Messungenauigkeiten wird das Alter auf 5300 bis 5350 Jahre geschätzt.

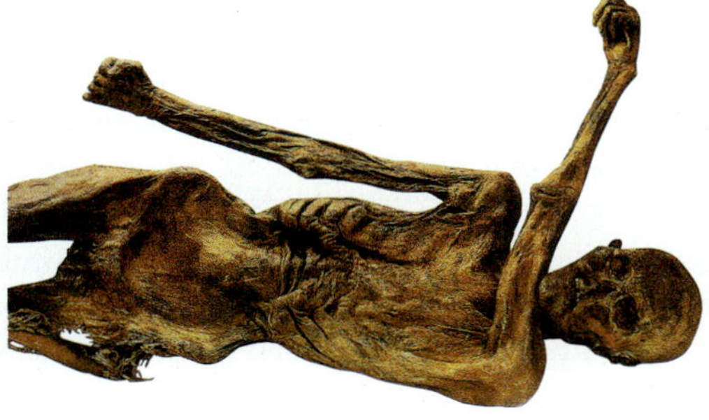

B1 Mumie „Ötzi", die 1991 in den Ötztaler Alpen gefunden wurde.

Verwenden Sie die Tabelle T1 auf Seite 161 zur Bestimmung der Halbwertszeiten

1 In einer Ionisationskammer wird der Zerfall eines Radonisotops untersucht. Die Aktivität ist dabei proportional zur Spannung, die am Messverstärker angezeigt wird. Bestimmen Sie die Halbwertszeit anhand der Abbildung.

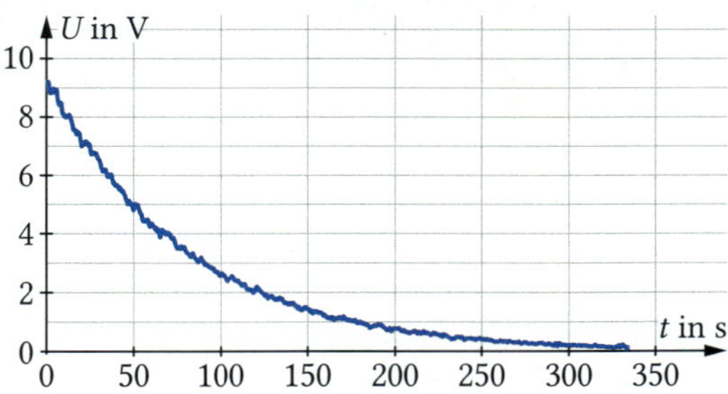

2 Zu Beginn einer Messung liegen $5 \cdot 10^5$ I-131-Kerne vor.
a) Bestimmen Sie die Zahl der Kerne, die nach drei Halbwertszeiten zerfallen sind.
b) Eine andere I-131-Quelle hat die Aktivität von 10^5 Bq. Berechnen Sie die Aktivität, die nach 48 Tagen zu erwarten ist.

3 Tc-99m ist ein γ-Strahler, der häufig in medizinischen Anwendungen eingesetzt wird. Er wird z. B. als Kontrastmittel bei Schilddrüsenuntersuchungen gespritzt.
a) Bestimmen Sie den Zeitpunkt, zu dem 93,75 % des injizierten Isotops zerfallen sind.
b) Bestimmen Sie die Anzahl der Halbwertszeiten, nach der mehr als 99 % bzw. 99,9 % der Tc-99m-Kerne γ-Strahlung abgegeben haben.

3 Ein Po-210-Präparat hat heute eine Aktivität von 3000 Bq. Bestimmen Sie die Aktivtität vor zwei Jahren.

4 Eine Lösung mit Ba-137m wird vor ein Zählrohr gehalten. Man misst alle 20 s die Zahl k der Impulse in 5 s und erhält folgende Messtabelle (Nullrate abgezogen):

t in s	0	20	40	60	80	100	120
k	285	255	240	210	195	186	170
t in s	140	160	180	200	220	240	260
k	145	140	123	110	108	98	85

a) Zeichnen Sie ein Diagramm und bestimmen Sie daraus die Halbwertszeit von Ba-137m.
b) Bestimmen Sie die Halbwertszeit mit Hilfe eines Computerprogramms.

8.5 Strahlenexposition und biologische Wirkungen

B1 Im einzigen deutschen Radonstollen in Bad Kreuznach werden seit rund 100 Jahren Patienten mit dem aus dem Fels strömenden radioaktiven Gas Radon behandelt.

Ionisierende Strahlung. Ionisierende Strahlung kann den lebenden Organismus schädigen. Der Schaden ist dabei das Endglied einer komplexen Reaktionskette aus physikalischen, chemischen und biologischen Prozessen. Neben der Ionisation oder Anregung der Moleküle bewirken auch die durch die Strahlung erzeugten chemisch aktiven Radikale Zellschäden. Die DNA im Zellkern ist besonders sensibel für Strahlung. Biologische Effekte stellt man deshalb bevorzugt an Zellen fest, die sich beim Bestrahlen teilen, z. B. beim Embryo im Mutterleib. Nicht vergessen darf man aber, dass der Organismus über wirksame Abwehrmechanismen verfügt, mit denen er Schäden an der DNA reparieren oder durch das Immunsystem erkennen und eliminieren kann. Erst wenn diese Abwehrsysteme versagen, kommt es zu Strahlenschäden.

Natürliche und zivilisatorische Strahlenexposition. Ein Zählrohr „tickt" auch ohne radioaktives Präparat in seiner Nähe. Ursache dafür ist die überall vorhandene ionisierende **Umgebungsstrahlung**. Sie stammt von natürlichen radioaktiven Strahlenquellen. Dazu zählt etwa das radioaktive Gas **Radon** (Bild **B1**). Es entsteht durch den Zerfall der radioaktiven Nuklide U-238 bzw. Th-232 und zerfällt selbst wieder durch einen α-Zerfall. U-238 und Th-232 sind überall in unterschiedlichster Konzentration in Böden und Gesteinen vorhanden. Radon diffundiert aus dem Erdboden oder dem Mauerwerk in die Luft und ist in geringer Konzentration praktisch überall vorhanden (Bild **B2**).

Aus dem Boden gelangen die natürlichen radioaktiven Nuklide (z. B. K-40) in die Nahrungskette des Menschen, werden von ihm aufgenommen und auch wieder ausgeschieden. Diese Nuklide führen zu einer körperinneren Strahlenexposition.

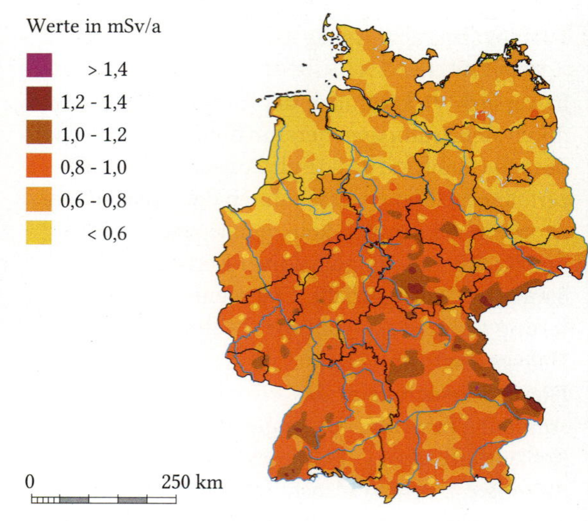

B2 Die Karte zeigt die externe Strahlenexposition im Freien in der Bundesrepublik Deutschland.

Die kosmische Strahlung aus dem Weltraum enthält sehr energiereiche Teilchen. Ein Teil durchdringt die Atmosphäre. Diese Strahlung nimmt mit der Höhe zu und ist deshalb u. a. im Flugzeug verstärkt wirksam.

Außer den natürlichen Strahlenquellen gibt es künstliche, deren ionisierende Strahlung genutzt wird – um den Preis einer zusätzlichen Strahlenexposition, die man zivilisatorische Strahlenexposition 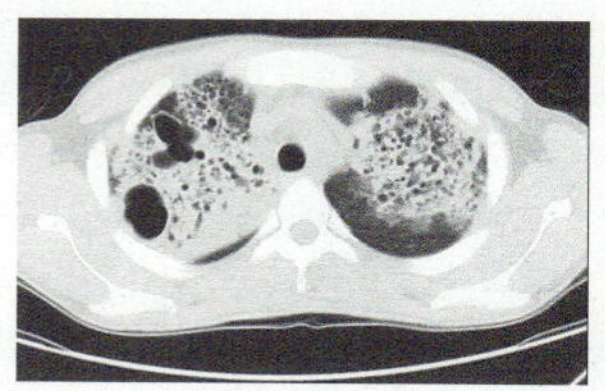 nennt. Beispiele sind Röntgenuntersuchungen und Computertomografie.

Strahlenexposition – quantitativ erfasst. Ein Strahlenschaden tritt um so eher auf, je mehr Moleküle ionisiert oder angeregt werden. Absorbiert Körpergewebe der Masse Δm bei einer Bestrahlung die Energie ΔW, so ist die **Energiedosis** D durch den Quotienten

$$D = \frac{\Delta W}{\Delta m} \quad \text{mit der Einheit 1 } \textbf{Gray} = 1 \text{ Gy} = 1 \frac{\text{J}}{\text{kg}}$$

gegeben. Oft werden Menschen einer geringen Strahlenexposition ausgesetzt. Dabei *kann* eine Strahlenwirkung eintreten (z. B. eine Krebserkrankung), *muss* es aber nicht. Man sagt: Es besteht ein Strahlenrisiko. Darunter versteht man die Wahrscheinlichkeit für das Eintreten eines Strahlenschadens nach einer geringen Strahlenexposition. Man erfasst dieses Risiko durch die **effektive Dosis** E. Sie wird aus der Energiedosis mit

Untersuchungsart	Dosis in mSv
Untersuchungen mit Röntgenaufnahmen	
Zahnaufnahme	≤ 0,01
Gliedmaßen	< 0,01 – 0,1
Mammografie	0,2 – 0,6
Röntgenuntersuchungen mit Aufnahme und Durchleuchtung	
Harntrakt	2 – 5
Magen	6 – 12
Darm	10 – 18
Computertomografieuntersuchungen (CT)	
Wirbelsäule/Skelett	2 – 11
Bauchraum	10 – 25
diagnostische nuklearmedizinische Untersuchungen	
Skelettszintigrafie	3 – 8
Schilddrüsenszintigrafie	0,5 – 1

T1 *Effektive Dosis E bei medizinischen Untersuchungen mit ionisierenden Strahlen*

Hilfe von sogenannten Wichtungsfaktoren berechnet. Diese Faktoren berücksichtigen, dass verschiedene Strahlenarten bei gleicher Energiedosis unterschiedliche biologische Wirkungen haben. Dies hängt u. a. mit der unterschiedlichen Ionisierungsdichte der Strahlenarten zusammen. Außerdem ist die Strahlenempfindlichkeit einzelner Gewebe und Organe unterschiedlich.

Die Einheit der effektiven Dosis ist $1\,\frac{J}{kg}$. Man nennt sie **1 Sievert (1 Sv)**. Es ist $1\,Sv = 1\,\frac{J}{kg}$ und $1\,mSv = 10^{-3}\,\frac{J}{kg}$. Die effektive Dosis ermöglicht eine einheitliche Beurteilung des Risikos für Strahlenwirkungen, unabhängig davon, welche Strahlenart den Menschen getroffen hat oder welches seiner Organe bestrahlt wurde (Tabelle **T1**).

Mögliche Schäden durch eine Strahlenexposition.

Man unterscheidet zwei Gruppen von **Strahlenschäden**. Sind die Erkrankungen umso schwerer, je größer die empfangene Dosis ist, spricht man von **deterministischen Strahlenschäden**. Für sie gibt es eine Schwellendosis, unterhalb der keine medizinisch nachweisbaren Symptome auftreten.

Strahlenschäden, bei denen die Wahrscheinlichkeit des Auftretens umso größer ist, je größer die Dosis ist, nennt man **stochastische Strahlenschäden**. Die Höhe der Dosis hat dabei keinen Einfluss auf die Schwere der Erkrankungen. Dazu zählen Leukämie und Tumorerkrankungen (Krebs). Zu den stochastischen Schäden zählen auch Veränderungen der Erbanlagen, die sich erst bei den Nachkommen auswirken. Solche Schäden konnten beim Menschen bislang nicht nachgewiesen werden.

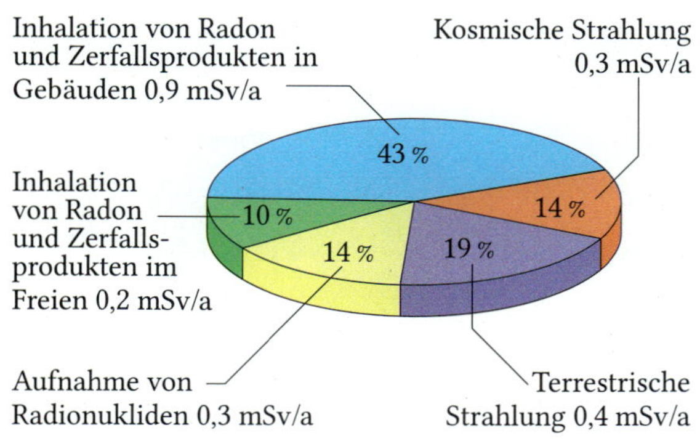

B3 *Mittlere jährliche effektive Dosis eines Menschen in Deutschland durch natürliche Strahlenexposition*

Strahlenschutz. Der Strahlenschutz geht weltweit nach dem **ALARA-Prinzip** vor: „**A**s **l**ow **a**s **r**easonably **a**chievable“. Das bedeutet: Maßnahmen, die ergriffen werden, um die Strahlenexposition so gering wie möglich zu halten, müssen unter Berücksichtigung wirtschaftlicher, technischer und sozialer Faktoren vernünftig und sinnvoll sein. Wichtigster Grundsatz des Strahlenschutzes ist es, jede unnötige Expositionen zu vermeiden! Für unvermeidbare Expositionen bei externer Bestrahlung gibt es die vier Grundregeln des Strahlenschutzes:

1. Möglichst geringe Aktivität der Quelle,
2. beschränkte Aufenthaltsdauer in einem Strahlenfeld,
3. sicheren Abstand zur Strahlenquelle einhalten,
4. Strahlung durch geeignete Materialien abschirmen.

Darüber hinaus regeln strenge gesetzliche Vorschriften den Umgang mit radioaktiven Stoffen und Röntgengeräten. In Deutschland sind es die Strahlenschutzverordnung (StrlSchV) und die Röntgenverordnung (RöV). Vorschrift ist, dass dort, wo ionisierende Strahlung auftritt, ein Strahlenzeichen angebracht werden muss.

> **❗ Merksatz**
>
> Jeder Mensch ist einer unabwendbaren natürlichen und einer zivilisatorisch bedingten Strahlenexposition ausgesetzt.
> Die effektive Dosis E erfasst das stochastische Strahlenrisiko des Menschen bei geringer Strahlenexposition. Die Einheit ist 1 Sievert = 1 Sv = 1 J/kg.
> Bei einer äußeren Strahlenexposition gelten die vier Grundregeln des Strahlenschutzes.

B1 *Zwischenlager für abgebrannte Brennelemente*

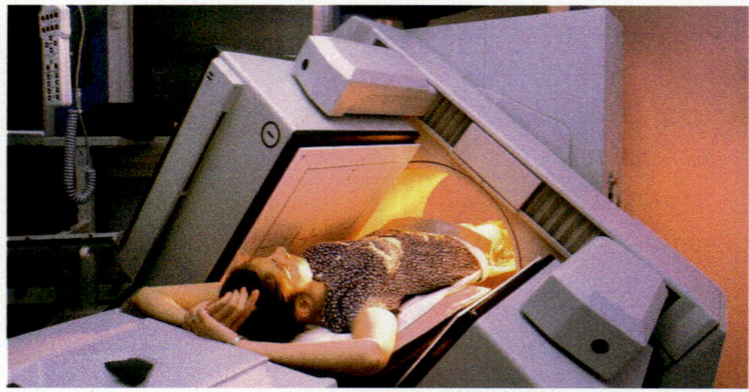

B2 *Gammakamera mit Patientenliege*

Die Entsorgung radioaktiver Abfälle. Das Uran U-235 in den Brennstäben eines Kernreaktors wird im Laufe der Zeit verbraucht. Dafür reichern sich dort immer mehr Spaltprodukte und Transurane an. Diese zerfallen in den abgebrannten Brennelementen weiter. Die Brennelemente werden dabei durch freigesetzte Energie erwärmt. Damit die Brennelemente sich nicht zu sehr erhitzen und schmelzen, werden sie zunächst für ein Jahr in Wasserbecken im Reaktor gelagert. In dieser Zeit klingt die Aktivität infolge des Zerfalls der kurzlebigen Spaltprodukte auf unter 1 % des Anfangswertes ab.

Die „abgebrannten" Brennelemente werden in Deutschland mit speziellen Transportbehältern vom Reaktor in Zwischenlager (Bild **B1**) gebracht. Danach gibt es zwei Möglichkeiten zur Entsorgung:

- Die abgebrannten Brennelemente werden zu Endlagern transportiert, in denen sie unbefristet und sicher eingeschlossen sind. Als solche kommen z. B. Salzstöcke oder Granitkomplexe infrage. In Deutschland steht derzeit allerdings kein Endlager zur Verfügung, weder für schwach- noch für hochradioaktive Abfälle. Für hochradioaktive Abfälle gibt es sogar weltweit noch kein Endlager.

- Man transportiert die abgebrannten Brennelemente in eine Wiederaufarbeitungsanlage (WAA). Dort trennt man Uran und Plutonium chemisch ab. Das gewonnene Uran und Plutonium kann für neue Brennelemente verwendet werden. Die nicht verwertbaren radioaktiven Reste und die bei der Wiederaufbereitung anfallenden hochradioaktiven Abfälle lagert man in Salzstöcken o. ä. ein. In Deutschland gibt es keine Wiederaufbereitungsanlage mehr, Transporte zu ausländischen WAA wurden nach dem Atomausstieg eingestellt, Rücktransporte finden allerdings noch statt.

Strahlennutzen. Radioaktive Nuklide haben viele Anwendungen, vor allem in der Medizin. Dort sind Radionuklide ein oft unersetzbares Hilfsmittel sowohl bei der Diagnose als auch bei der Therapie von Krankheiten.

Medizinische Diagnostik: Die **nuklearmedizinische Diagnostik** nützt aus, dass im menschlichen Körper bestimmte Substanzen in Organen und Geweben unterschiedlich gut aufgenommen und ausgeschieden werden. Bei einer Untersuchung werden deshalb dem Patienten entsprechende Substanzen verabreicht, an die auch ein Gammastrahlung aussendendes Radionuklid mit nicht zu großer Halbwertszeit (zu über 60 % Tc-99^{m}, $T_{1/2}$ = 6 h) chemisch gebunden ist. Die so radioaktiv markierte Verbindung verhält sich bei allen Vorgängen im Körper wie die entsprechenden nicht aktiven Substanzen. Anhand der Gammastrahlung lässt sich dann von außen die Geschwindigkeit der Aufnahme und Ausscheidung sowie die Anreicherung in verschiedenen Organen verfolgen (Bild **B2**).

Mit einem **Positronen-Emissions-Tomografen (PET)** kann man z. B. Stoffwechselvorgänge sichtbar machen. Man injiziert dazu dem Patienten schwach radioaktive Positronenstrahler kurzer Halbwertszeit,

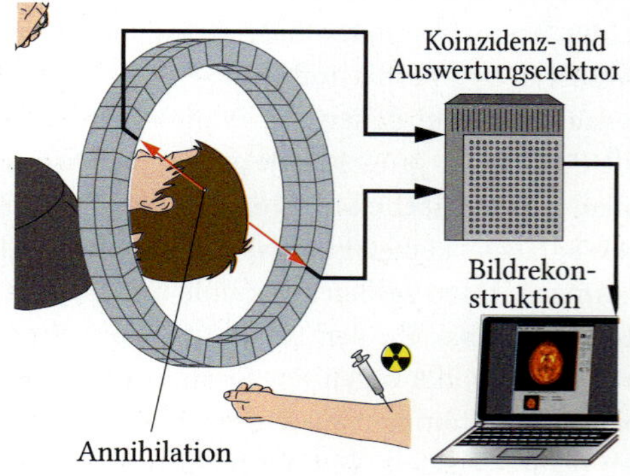

B3 *Prinzip der Arbeitsweise eines PET*

die am Stoffwechsel aktiv teilnehmen. Beim Zerfall eines dieser Nuklide entsteht ein Positron e$^+$, das in der Materie rasch zur Ruhe kommt und praktisch am Entstehungsort mit einem der überall vorhandenen Elektronen e$^-$ zusammentrifft. Dabei verschwinden beide und bilden zwei γ-Quanten, die in entgegengesetzter Richtung auseinander fliegen (e$^+$+e$^-$→2γ). Man nennt dies eine Paarvernichtung oder Zerstrahlung. Die beiden γ-Quanten verlassen meist den Körper und können mit einem ringförmigen Detektorsystem nachgewiesen werden (Bild **B3**). Daraus kann man ihren Entstehungsort und somit die Verteilung und Konzentration der markierten Substanzen mit einem Computer berechnen.

Medizinische Therapie mit Radionukliden: In Deutschland erkranken jährlich über 450 000 Menschen an Krebs. Für über 40 % dieser Menschen ist die Behandlung der Tumore mit einer Strahlentherapie eine wesentliche Komponente. Die in schneller Teilung begriffenen Krebszellen reagieren nämlich auf energiereiche, ionisierende Strahlung besonders empfindlich. Bei einer Strahlentherapie besteht die Kunst des Arztes darin, den Krankheitsherd mit ionisierender Strahlung möglichst weit zu zerstören und benachbartes gesundes Gewebe weitgehend zu schonen. Die Bestrahlung sollte also möglichst auf die Tumorregion begrenzt sein.

Bei der **Radiojodtherapie** zur Behandlung von Krebserkrankungen der Schilddrüse wird dem Patienten das Isotop I-131 verabreicht, das β- und γ-Strahlung aussendet. Jod reichert sich fast ausschließlich in der Schilddrüse an, so dass nur dort die Betastrahlung mit einer sehr hohen Dosis wirkt und die Krebszellen zerstört. Die γ-Strahlung führt zwar zu einer unerwünschten Strahlenexposition, ermöglicht aber von außen die Überwachung der I-131-Speicherung mit einer Gammakamera.

Medizinische Therapie mit γ-Strahlung: Um bei der Bestrahlung mit γ-Strahlung das benachbarte Gewebe eines Tumors zu schonen, wird die Krebsgeschwulst gezielt aus verschiedenen Richtungen bestrahlt. Man pendelt dazu die Strahlenquelle um den Krankheitsherd auf einem Kreisbogen. Gesundes Gewebe in der Umgebung des Krankheitsherdes wird somit deutlich weniger bestrahlt als der Krankheitsherd. Als Quelle für die γ-Strahlung verwendet man hauptsächlich sogenannte Linearbeschleuniger, in denen die γ-Strahlung durch Abbremsung energiereicher Elektronen erzeugt wird.

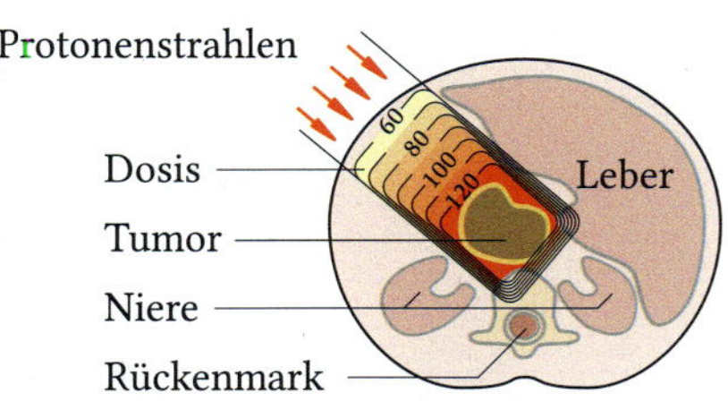

B4 *Ein Tumor wird mit Protonen bestrahlt. Die Zahlen geben die Intensität der Dosis an.*

Medizinische Therapie mit Protonenstrahlen: Die Protonentherapie ist eine Form der Strahlentherapie, die aufgrund ihrer physikalischen Eigenschaften als besonders schonend und wirksam gilt. Denn die zunächst schnellen Protonen werden erst am Ort des Tumors so weit abgebremst, dass sie die Ionisierungsdichte erreichen, die zur Zerstörung des Tumors nötig ist (Bild **B4**). Selbst Tumoren im Augeninneren werden so fast punktgenau zerstört. Allerdings muss man die schnellen Protonen vor Ort in großen und teuren Teilchenbeschleunigern erzeugen.

Medizinische Therapie mit Neutronenstrahlen: Eine seit über 50 Jahren bekannte Möglichkeit, mit Hilfe von Neutronen Krebsgeschwüre zu zerstören, ist die Bor-Neutroneneinfangtherapie. Dabei werden Tumorzellen mit Bor(B)-10-Atomen „aufgeladen" und anschließend mit Neutronen geringer Energie bestrahlt. Wird ein Neutron von einem B-10-Kern „eingefangen", was mit relativ großer Wahrscheinlichkeit passiert, tritt eine Kernreaktion auf. Dabei entstehen energiereiche α-Teilchen und Li-7-Kerne, die Zellgewebe in ihrer Reichweite von ca. 5 bis 10 μm schädigen (Bild **B5**). Dies entspricht etwa dem Durchmesser einer Zelle. So können Tumorzellen gezielt vernichtet werden, ohne dass umliegende Zellen in Mitleidenschaft gezogen werden. Allerdings besteht besteht bei dieser Methode noch großer Forschungsbedarf.

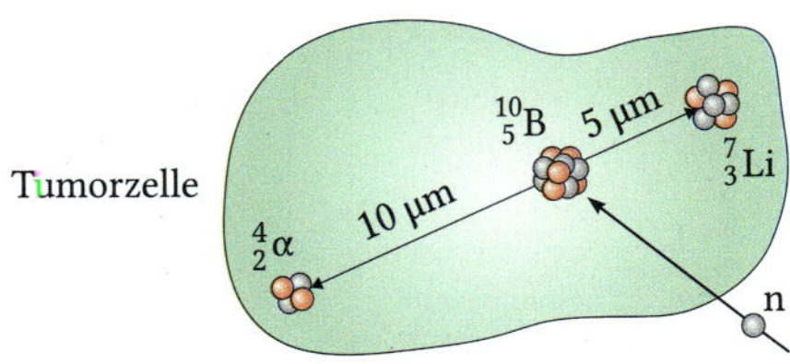

B5 *Die bei der Kernreaktion von einem B-10-Kern und einem Neutron entstehenden energiereichen Teilchen werden in der Zelle abgebremst und zerstören diese.*

Zusammenfassung

1. Aufbau der Atome

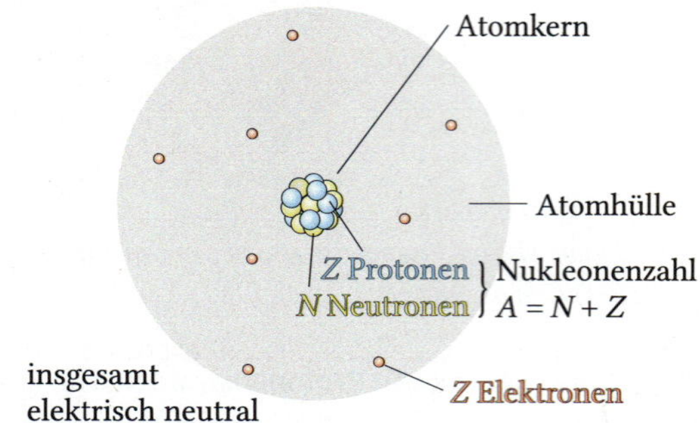

- Ionen: entstehen aus Atomen durch Entfernen oder Hinzufügen von Elektronen
- Chemische Elemente: Stoffe aus Atomen mit gleich vielen Protonen
- Isotope: Atome mit gleichem Z, aber verschiedenem N
- Schreibweise für Atomkerne (Nuklide): $^A_Z X$ oder X-A, X ist das Symbol des chemischen Elements

2. Die Strahlung radioaktiver Stoffe

Die Strahlung radioaktiver Stoffe führt Energie mit sich und kann Atome und Moleküle ionisieren.
Radioaktive Stoffe senden α-, β- oder γ-Strahlung aus. Diese bestehen aus energiereichen, einzelnen Teilchen (α-, β- bzw. γ-Teilchen), die aus Atomkernen stammen.

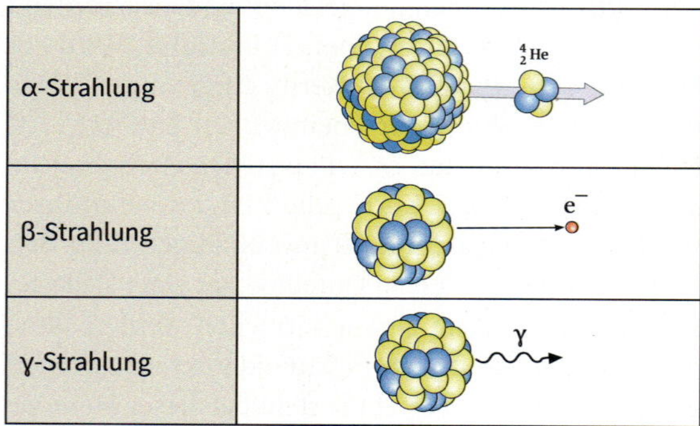

Absorptionsverhalten:

Strahlung	feste Materie	menschliches Gewebe
α-Strahlung	durchdringt Papier nicht	durchdringt kaum die Haut
β-Strahlung	kann 5 mm Aluminium nicht durchdringen	wird im Gewebe absorbiert
γ-Strahlung	wird in Materie abgeschwächt, insbesondere in Blei	durchdringt das Gewebe, wird teilweise absorbiert

3. Radioaktiver Zerfall

Viele Atomkerne zerfallen unter Aussendung ionisierender Strahlung. Man nennt sie radioaktiv.
Die Zeitspanne, in der die Hälfte der jeweils vorhandenen Menge einer radioaktiven Substanz, also die Hälfte der Atomkerne, zerfällt, heißt Halbwertszeit.

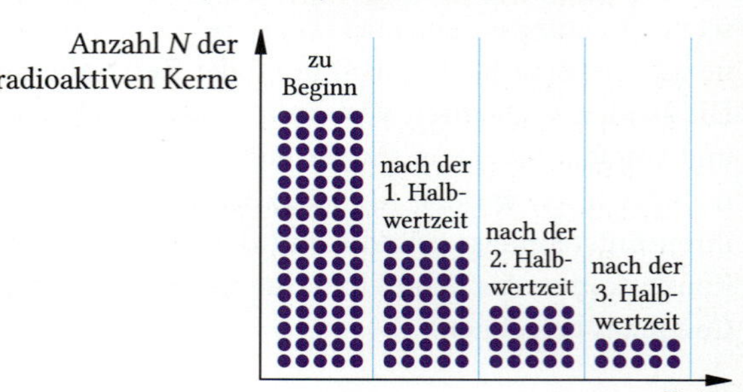

Aktivität: Zahl der Zerfälle je Sekunde; Einheit: 1 Becquerel (1 Bq), 1 Bq = 1/s

α-Zerfall	Heliumkern wird aus Kern geschleudert
β⁻-Zerfall	Im Kern wandelt sich Neutron in Proton unter Aussendung eines Elektrons um.

Nach einem α- oder β⁻-Zerfall hat der Restkern häufig überschüssige Energie. Er wird diese Energie los, indem er ein γ-Teilchen aussendet.

4. Strahlenexposition, Strahlenschutz

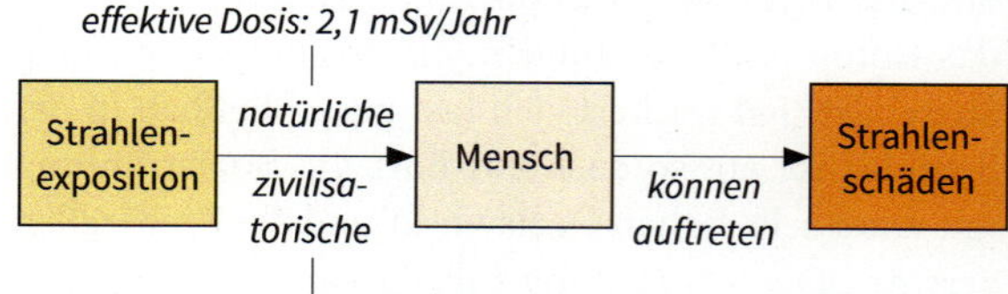

Die effektive Dosis erfasst das Strahlenrisiko des Menschen bei geringer Strahlenexposition. Sie wird in Sievert (abgekürzt: Sv) gemessen.

Vier Grundregeln im Strahlenschutz („vier A"):

geringe Aktivität	Abschirmung	Abstand halten	kurze Arbeitszeit

5. Strahlennutzen

Radioaktive Nuklide haben viele Anwendungen, vor allem in der Medizin. Dort sind Radionuklide ein oft unersetzbares Hilfsmittel sowohl bei der Diagnose als auch bei der Therapie von Krankheiten.

1 Erläutern Sie die prinzipielle Funktionsweise eines Geiger-Müller-Zählrohrs.

2 a) Nennen Sie Eigenschaften von α-, β^-- und γ-Teilchen.
b) Beschreiben Sie die beim α-, β^- und γ-Zerfall im Atomkern stattfindenden Prozesse.

3 Hans behauptet:
1. „Trifft die Strahlung radioaktiver Stoffe Materie, so wird diese Materie radioaktiv."
2. „Eine radioaktive Substanz hört nach einer gewissen Zeit auf, Strahlung auszusenden".
Erläutern Sie, ob diese beiden Aussagen zutreffen oder nicht.

4 Y-90 zerfällt durch einen β^--Zerfall mit $T_{1/2} = 64$ h.
a) Nennen Sie den Endkern.
b) Zur Zeit $t = 0$ seien 10^6 Y-90-Kerne vorhanden. Bestimmen Sie die Zahl der Kerne, die in 8 Tagen zerfallen sind.

5 Das folgende Bild zeigt die kosmische Strahlenkomponente der natürlichen Strahlenexposition in Abhängigkeit von der Höhe über dem Meeresspiegel. Avers Juf (Schweiz) ist das höchstgelegene Dorf in Europa (2126 m Höhe), das ganzjährig bewohnt ist. Bewerten Sie die natürliche Strahlenexposition eines Menschen, der in Avers Juf lebt, im Vergleich zu einem Menschen, der in Hamburg lebt.

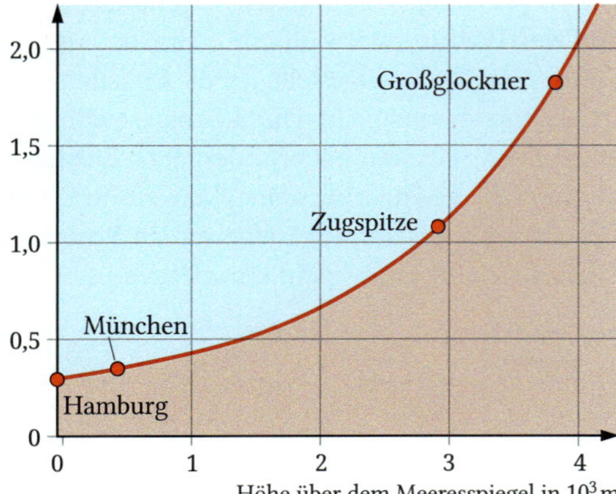

6 Schadet Fliegen der Gesundheit? Die folgende Tabelle gibt die zusätzliche effektive Dosis durch die kosmische Strahlung an, die man bei Flügen ab Frankfurt/Main erhält:

Reiseziel	Dosis in µSv
Rom	3 – 6
Gran Canaria	10 – 18
New York	32 – 75
San Francisco	45 – 110

a) Vergleichen Sie diese Strahlenexpositionen mit denen der natürlichen Strahlenexposition.
b) Sollte man wegen dieser Strahlenexposition vom Fliegen abraten? Begründen Sie.

7 Das untenstehende Bild zeigt die Umweltradioaktivität in der Bundesrepublik Deutschland.
a) Interpretieren Sie das Bild.
b) Versuchen Sie, mit einer Internetrecherche herauszufinden (z. B. über www.bfs.de), wie groß die Umweltradioaktivität an Ihrem Heimatort ist.
c) Informieren Sie sich im Internet oder in diesem Buch über das Thema „Radon" und „die Radonkarte Deutschlands". Halten Sie dazu ein Referat vor Ihrem Kurs.

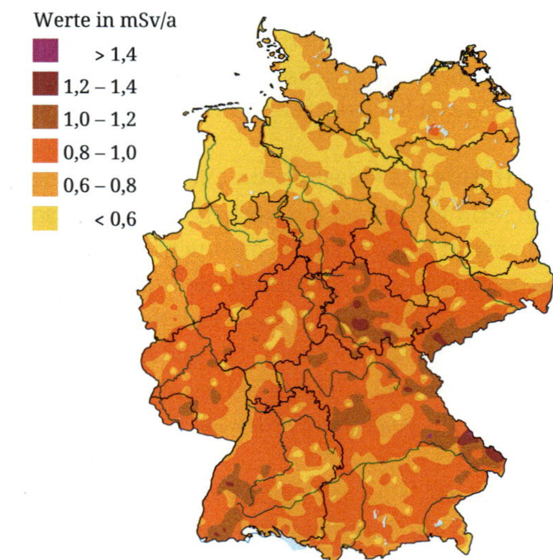

8 Nimmt ein Mensch mit der Nahrung Cs-137 zu sich, so erhält er eine Dosis von $1{,}4 \cdot 10^{-8}$ Sv je Becquerel. Er isst 200 g Rehfleisch und 100 g Pfifferlinge, belastet mit 4200 Bq/kg bzw. 12 500 Bq/kg Cs-137. Berechnen Sie die effektive Dosis, die der Mensch erhält.

Physik mit dem Smartphone

Phyphox. Moderne Smartphones verfügen über eine Vielzahl an Sensoren, die auch für physikalische Experimente verwendet werden können. Die App *phyphox* erlaubt es, diese Sensoren für Messungen im Physikunterricht einzusetzen. Dabei stellt sie sowohl vorbereitete Experimente mit integrierter Auswertung als auch die Rohdaten der Sensoren bereit.

Die App phyphox liegt sowohl für das Betriebssystem Android als auch für iOS vor. Die Bedienung ist sehr ähnlich, die hier gewählten Beispiele beziehen sich auf die Android-Version.

Zentrale Messinstrumente. Aktuelle Smartphones verfügen in der Regel über Mikrofon und Lichtsensor, Beschleunigungs- und Magnetfeldsensor. Durch den Einsatz von Drei-Achsen-Sensoren können auch Drehbewegungen erfasst werden (Versuch **V2**). Die Verfügbarkeit der Sensoren hängt vom jeweiligen Smartphone oder Tablet ab.

Beim Experimentieren muss jedoch berücksichtigt werden, dass die Sensoren für Anwendungen im Alltag ausgelegt sind. Der Magnetfeldsensor weist beispielsweise einen Messbereich auf, der durch Spulen mit hoher Stromstärke bereits überschritten werden kann. Auch der Beschleunigungssensor kann bei Drehbewegungen wie in Versuch **V2** rasch an seine Grenzen stoßen.

Das Handy als Messsensor. Die Steuerung der Software erfolgt anhand der vorliegenden Menüstruktur. Dabei wird zunächst ein Experiment oder auszulesender Sensor ausgewählt. Einige Sensoren erlauben die Darstellung einzelner Achsen, andere bieten nur einen (zusammengefassten) Wert. Die Datenerhebung kann direkt mittels „play"-Taste (▶) gestartet und anschließend wieder gestoppt werden (■).

Fernzugriff. Wird das Smartphone als Messsensor eingesetzt, ist ein Zugriff auf das Smartphone in verschiedenen Situationen nicht möglich: Eine Messung kann nicht direkt gestartet und Messwerte können nicht live betrachtet werden. Abhilfe schafft hier beispielsweise ein Laptop, mit welchem das Smartphone ferngesteuert werden kann. Um die Fernsteuerung einzurichten, ist es erforderlich, dass sich Laptop und Smartphone im gleichen WLAN befinden. Falls kein WLAN vorhanden ist, kann das Smartphone als „mobiler Hotspot" geschaltet werden. Nach Freigabe und Festlegung eines Passworts kann der Laptop verbunden werden.

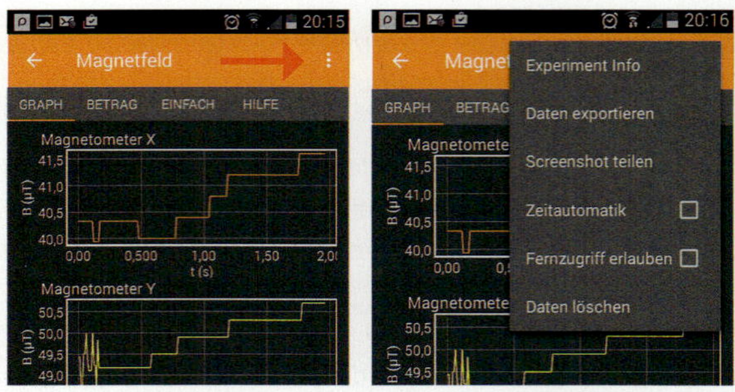

B1 *Nach Freigabe des Fernzugriffs kann eine Fernsteuerung des Handys erfolgen.*

Die Freigabe der Fernsteuerung wird im Kontextmenü durch Anklicken des Fernzugriffs vorgenommen (Bild **B1**). Im Internetbrowser wird die „Adresse" des Experiments mit Portnummer (z. B. http://192.168.178.5:8080) eingetragen.

Der Fernzugriff erlaubt nicht nur die Fernsteuerung des Smartphones, sondern ermöglicht es, die Messwerte direkt auf dem verbundenen Rechner darzustellen und zu projizieren. Der Fernzugriff ist in der aktuellen Version von phyphox jedoch nicht bei allen Sensoren möglich.

Weiterführende Hinweise. Sowohl die Gestaltung eigener Experimente als auch die differenzierte Auswertung der Messdaten kann mittels Rechner vorgenommen werden. Neben der unmittelbaren Darstellung und Auswertung der erhobenen Daten auf dem Smartphone ist ein Export der Daten in Form einer Tabelle möglich. Die Auswertung kann in Excel vorgenommen werden. Auf der Website www.phyphox.org ist ein Online-Editor (Bild **B2**) bereitgestellt, der die Erstellung eigener Experimente ermöglicht. Hier können sowohl die auszulesenden Sensoren mit erforderlichen Einstellungen als auch die gewünschte Darstellungsform für eigene Umsetzungen zusammengestellt werden. Programmierkenntnisse sind dafür nicht erforderlich.

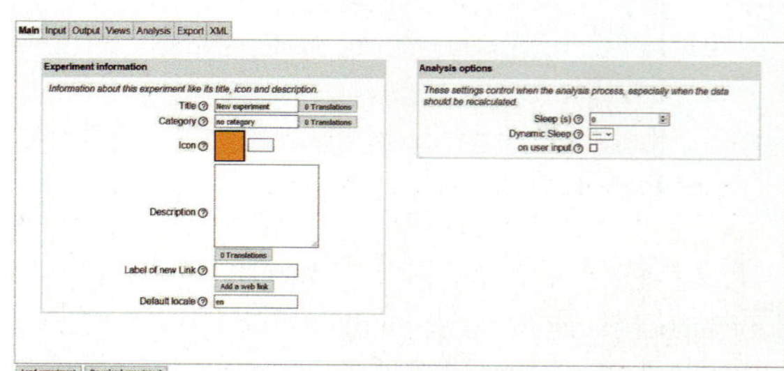

B2 *Online-Editor für eigene Experimente*

 Freier Fall mit akustischer Stoppuhr

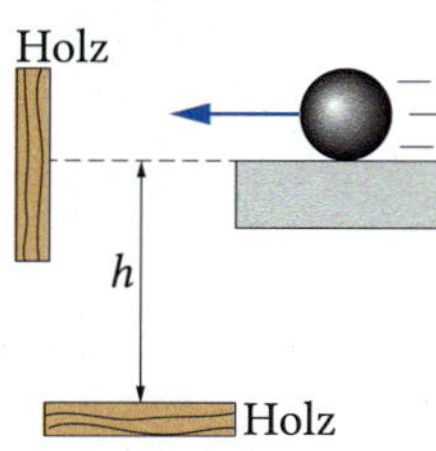

Zur Messung der Fallzeit einer Kugel wird die akustische Stoppuhr eingesetzt. Dazu löst ein erstes Geräusch die Stoppuhr aus, ein zweites Geräusch beendet die Messung.

- Um fehlerhafte Messungen aufgrund von Umgebungslärm zu vermeiden, ist ein Mindestabstand zu anderen Gruppen sinnvoll.
- Die Empfindlichkeit der akustischen Stoppuhr ist über die Wahl einer geeigneten Schwelle („Mindestlautstärke") regelbar.
- Metall- oder Holzplatten und eine schwere Kugel erzeugen ausreichend laute Geräusche.

Das Experiment wird mit verschiedenen Fallhöhen durchgeführt und die Daten in einem Zeit-Höhe-Diagramm dargestellt.

V2 **Kreisbewegung in der Salatschleuder**

Das Smartphone wird über Fernzugriff mit einem Rechner verbunden. Die Sensoren erfassen im vorbereiteten Experiment die Beschleunigung a und die Kreisfrequenz ω.

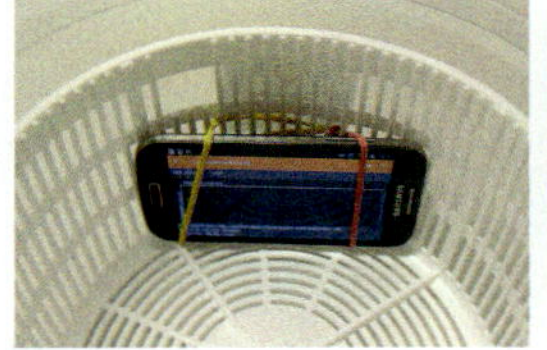 

Smartphone und Ausgleichsgewicht werden mit Gummibändern befestigt.
- Der Radius kann durch Salatschleudern mit unterschiedlichen Durchmessern variiert werden.
- Die Kreisfrequenz sollte langsam gesteigert werden.
- Die maximale Kreisfrequenz ist durch den verbauten Sensor begrenzt. Die Messung im Grenzbereich ist nicht zuverlässig.
- Ein Handtuch in der Mitte der Schleuder schützt das Telefon vor Beschädigung.

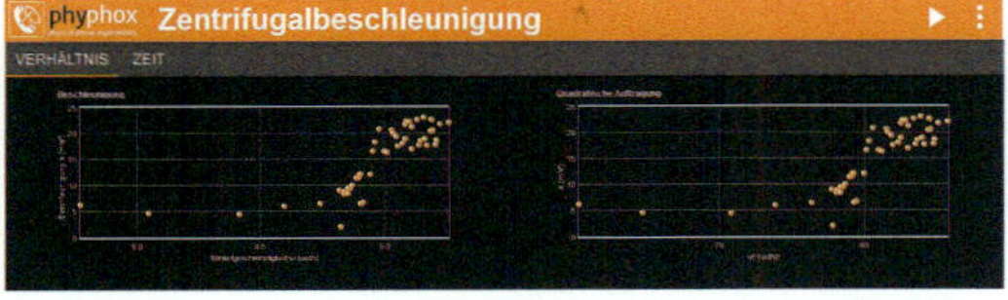

V3 **Bestimmung der Schallgeschwindigkeit**

Die Bestimmung der Schallgeschwindigkeit erfordert eine Kurzzeitmessung. Das geht auch mit zwei Smartphones und ohne aufwendige Messsysteme.

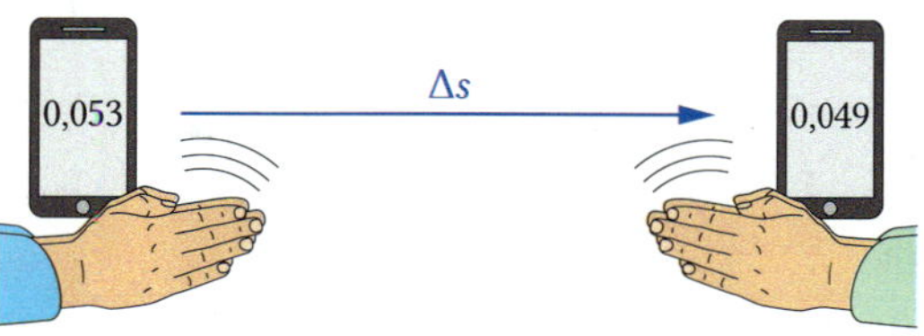

Analog zu Versuch **V1** wird die akustische Stoppuhr eingesetzt. Ausreichender Abstand zu möglichen Störgeräuschen sowie die Wahl einer geeigneten Schwelle müssen auch hier eingehalten werden.
- Beide Personen stehen in festem Abstand Δs und starten die akustische Stoppuhr.
- Die Personen klatschen nacheinander mit kurzer Unterbrechung. Smartphone 1 zeigt die Zeit Δt_1, Smartphone 2 entsprechend Δt_2.
- Die Bestimmung der Schallgeschwindigkeit erfolgt mit Hilfe der Beziehung $c = \frac{2\,\Delta s}{\Delta t_1 - \Delta t_2}$.

V4 **Magnetfeld einer Spule**

Stromdurchflossene Spulen erzeugen Magnetfelder. Ihre Stärke sowie der Einfluss der Stromstärke auf das Feld können mit phyphox untersucht werden.

 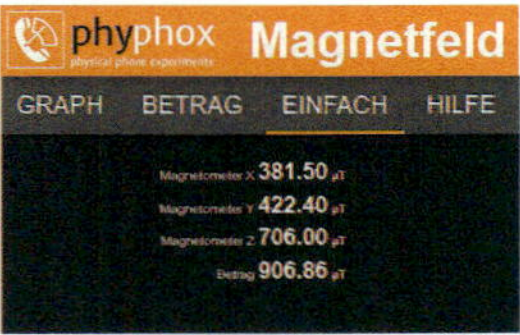

- Zur Halterung des Smartphones wird ein Plastikbecher mit zwei Schlitzen versehen, in welche das Smartphone gesteckt wird.
- Zu Beginn wird die Stromstärke auf 0 A gesetzt, dann langsam erhöht. Eine Feldstärke von 500 µT sollte nicht überschritten werden, um Telefon und Sensor nicht zu beschädigen.
- Die räumlichen Ausdehnung des Feldes wird bei konstanter Stromstärke in der Spule erkundet. Das Smartphone wird um die Spule geführt und die Stärke des Magnetfeldes notiert.
- Zur Untersuchung des Einflusses der Stromstärke wird eine feste Messposition gewählt. Die Stromstärke wird schrittweise erhöht und die Stärke des Magnetfeldes notiert.

Tabellen

Vorsilben zu Grundeinheiten

Vorsilbe	Abkürzung	Bedeutung
Tera	T	· 1 000 000 000 000
Giga	G	· 1 000 000 000
Mega	M	· 1 000 000
Kilo	k	· 1 000
Hekto	h	· 100
Zenti	c	· 0,01
Milli	m	· 0,001
Mikro	µ	· 0,000 001
Nano	n	· 0,000 000 001
Piko	p	· 0,000 000 000 001

Physikalische Größen und Einheiten (SI-konform)

Größe	Symbol	Einheit	Abkürzung
Ort	s	1 Meter	1 m
Streckenlänge	Δs	1 Meter	1 m
Zeitpunkt	t	1 Sekunde 1 Minute 1 Stunde	1 s 1 min = 60 s 1 h = 60 min
Zeitspanne	Δt	1 Sekunde	1 s
Frequenz	f	1 Hertz	1 Hz
Geschwindigkeit	v	1 Meter pro Sekunde	$1\,\frac{m}{s}$
Kraft	F	1 Newton	1 N
Masse	m	1 Kilogramm	1 kg
Temperatur	T	1 Kelvin	1 K
Energie	E	1 Joule 1 Kilowattstunde	1 J = 1 Nm 1 kWh = 3,6 MJ
Leistung	P	1 Watt	1 W = 1 J/s = 1 V · A
Spannung	U	1 Volt	1 V
Widerstand	R	1 Ohm	1 Ω
Stromstärke	I	1 Ampere	1 A

Ortsfaktoren

Ort	g in $\frac{N}{kg}$	Ort	g in $\frac{N}{kg}$
Mitteleuropa (Mittelwert)	9,81	Mond	1,62
Äquator	9,78	Merkur	3,70
Nord-/Südpol	9,83	Venus	8,87
Mt. Everest	9,763	Mars	3,71
Berlin	9,8127	Jupiter	24,79
München	9,8072	Saturn	10,44
Madrid	9,8000	Uranus	8,69
Bogota	9,7739	Neptun	11,15

Schallgeschwindigkeiten

Medium	v in m/s
Luft (20 °C)	344
Luft (0 °C)	332
Kohlenstoffdioxid (0 °C)	258
Wasserstoff (0 °C)	1286
Helium (0 °C)	971
Chlor (0 °C)	206
Argon (0 °C)	308
Wasser (4 °C)	1400
Wasser (20 °C)	1484
Aluminium (20 °)	5080
Beton (20 °C)	3800
Blei (20 °)	1200
Eisen (20 °)	5170
Glas	5000
Gold	2030
Kupfer (20 °C)	3900
Stahl (20 °C)	5100

Physikalische Konstanten

Gravitationskonstante	$\gamma = 6{,}674 \cdot 10^{-11}\ \mathrm{m^3 \cdot kg^{-1} \cdot s^{-2}}$
Normalfallbeschleunigung	$g_\mathrm{n} = 9{,}806\,65\ \mathrm{m \cdot s^{-2}}$
Molvolumen idealer Gase im Normzustand	$V_\mathrm{n} = 22{,}414\ \mathrm{dm^3 \cdot mol^{-1}}$
absoluter Nullpunkt	$-273{,}15\ \mathrm{°C}$
Gaskonstante	$R = 8{,}3145\ \mathrm{J \cdot mol^{-1} \cdot K^{-1}}$
physikalischer Normdruck	$p_\mathrm{n} = 101\,325\ \mathrm{Pa} = 1013{,}25\ \mathrm{mbar}$
avogadrosche Konstante	$N_\mathrm{A} = 6{,}022\,14 \cdot 10^{23}\ \mathrm{mol^{-1}}$
Boltzmannsche Konstante	$k = 1{,}380\,65 \cdot 10^{-23}\ \mathrm{J \cdot K^{-1}}$
Vakuumlichtgeschwindigkeit	$c_0 = 2{,}997\,924\,58 \cdot 10^{8}\ \mathrm{m \cdot s^{-1}}$
Elektronenmasse	$m_\mathrm{e} = 9{,}109\,382 \cdot 10^{-31}\ \mathrm{kg}$
Neutronenmasse	$m_\mathrm{n} = 1{,}674\,927 \cdot 10^{-27}\ \mathrm{kg}$
Protonenmasse	$m_\mathrm{p} = 1{,}672\,622 \cdot 10^{-27}\ \mathrm{kg}$
atomare Masseneinheit	$1\ \mathrm{u} = 1{,}660\,539 \cdot 10^{-27}\ \mathrm{kg}$
Elementarladung	$e = 1{,}602\,176 \cdot 10^{-19}\ \mathrm{C}$

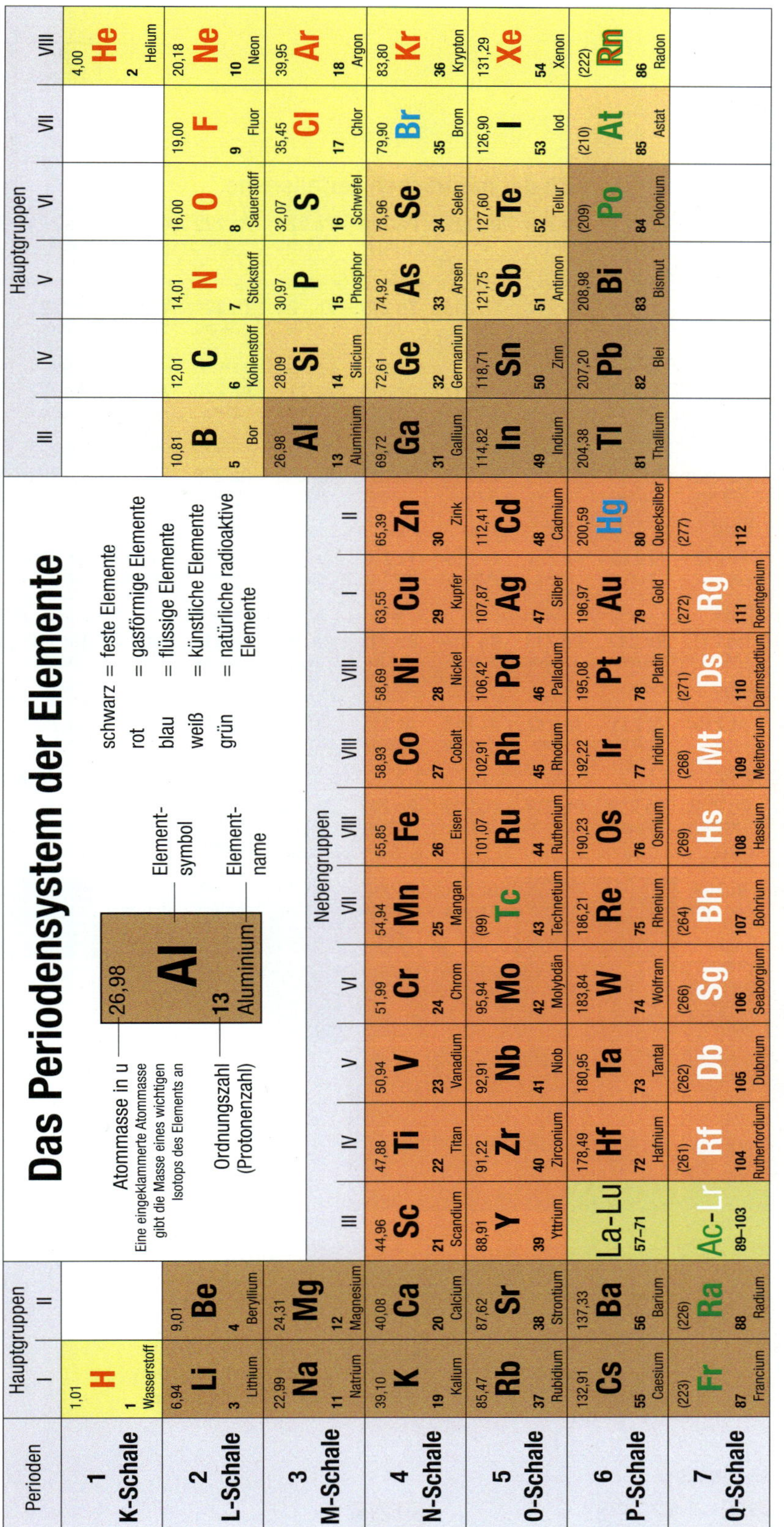

Auszug aus der Nuklidkarte (vereinfacht)

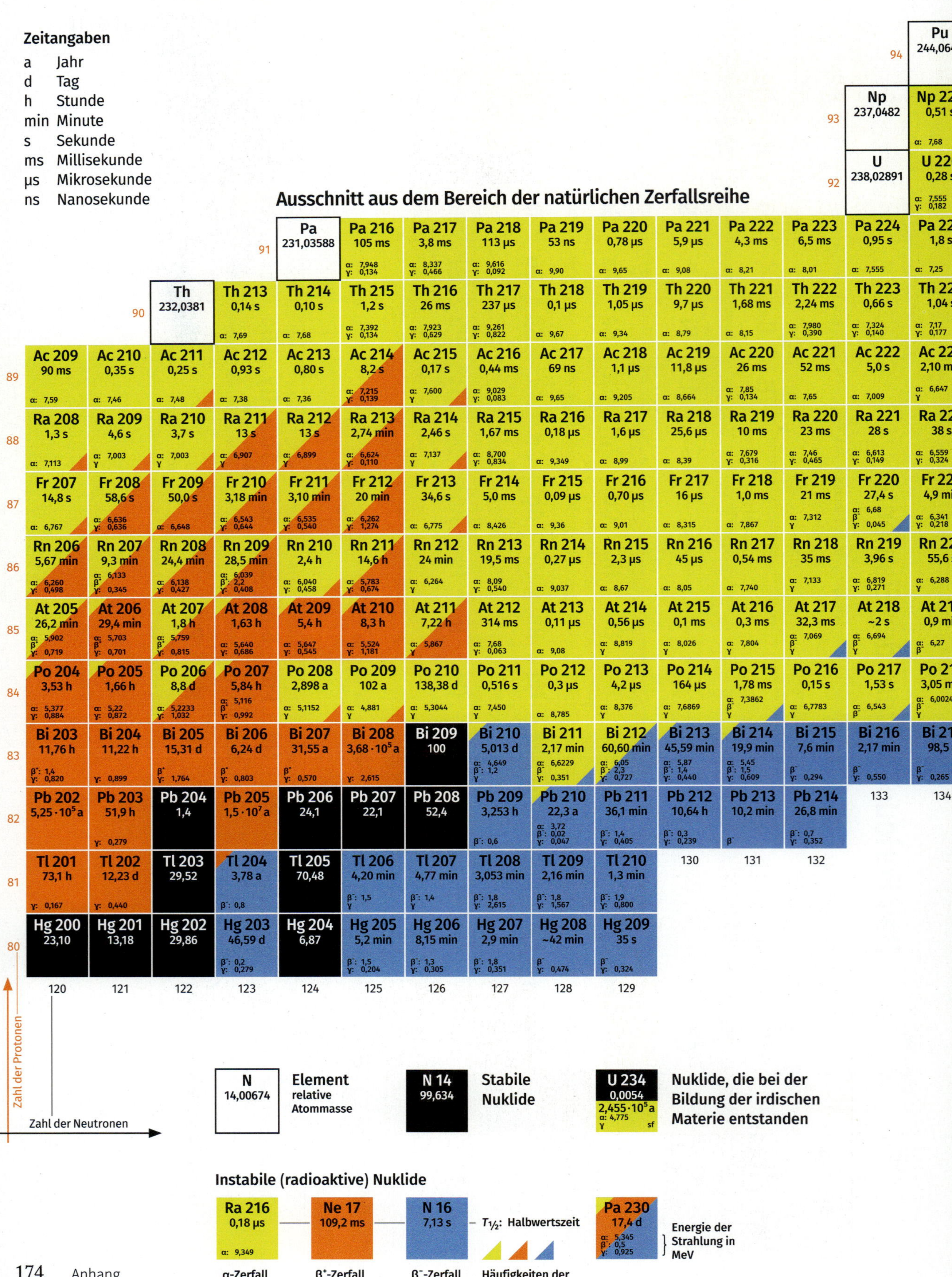

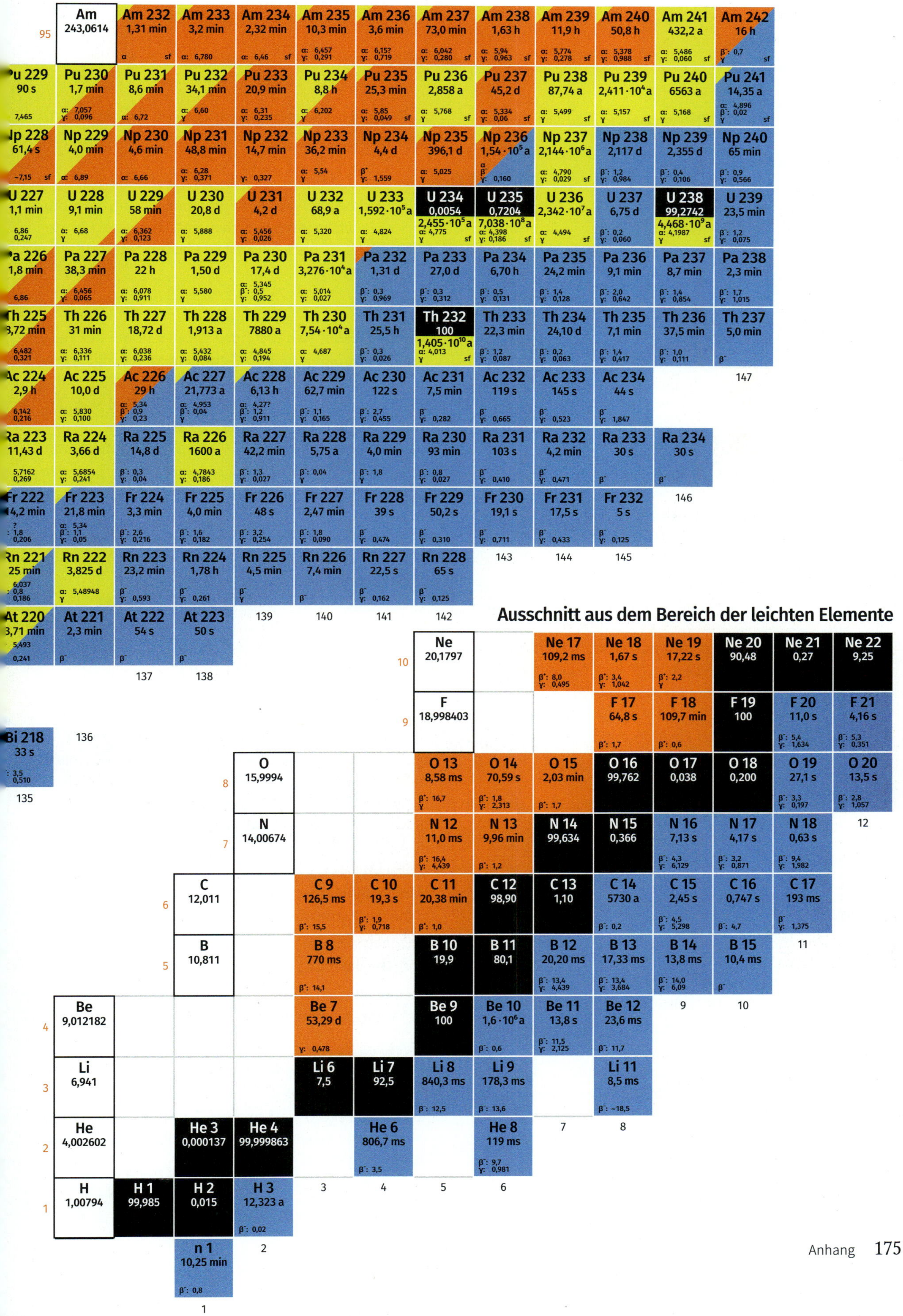

Nuklidkarte

Americium (95) — Am, 243,0614

Nuklid	Halbwertszeit / Häufigkeit	Zerfall
Am 232	1,31 min	α
Am 233	3,2 min	α: 6,780
Am 234	2,32 min	α: 6,46 sf
Am 235	10,3 min	α: 6,457 γ: 0,291
Am 236	3,6 min	α: 6,15? γ: 0,719
Am 237	73,0 min	α: 6,042 γ: 0,280
Am 238	1,63 h	α: 5,94 γ: 0,963
Am 239	11,9 h	α: 5,774 γ: 0,278
Am 240	50,8 h	α: 5,378 γ: 0,988
Am 241	432,2 a	α: 5,486 γ: 0,060
Am 242	16 h	β⁻: 0,7 γ sf

Plutonium — Pu

Nuklid	Halbwertszeit / Häufigkeit	Zerfall
Pu 229	90 s	7,465
Pu 230	1,7 min	α: 7,057 γ: 0,096
Pu 231	8,6 min	α: 6,72
Pu 232	34,1 min	α: 6,60
Pu 233	20,9 min	α: 6,31 γ: 0,235
Pu 234	8,8 h	α: 6,202
Pu 235	25,3 min	β⁺: 5,85 γ: 0,049 sf
Pu 236	2,858 a	α: 5,768
Pu 237	45,2 d	α: 5,334 γ: 0,06
Pu 238	87,74 a	α: 5,499 sf
Pu 239	2,411·10⁴ a	α: 5,157 sf
Pu 240	6563 a	α: 5,168 sf
Pu 241	14,35 a	β⁻: 0,02 4,896 sf

Neptunium — Np

Nuklid	Halbwertszeit / Häufigkeit	Zerfall
Np 228	61,4 s	~7,15
Np 229	4,0 min	α: 6,89
Np 230	4,6 min	α: 6,66
Np 231	48,8 min	α: 6,28 γ: 0,371
Np 232	14,7 min	γ: 0,327
Np 233	36,2 min	α: 5,54
Np 234	4,4 d	β⁺ γ: 1,559
Np 235	396,1 d	α: 5,025
Np 236	1,54·10⁵ a	β⁺/β⁻ γ: 0,160
Np 237	2,144·10⁶ a	α: 4,790 γ: 0,029 sf
Np 238	2,117 d	β⁻: 1,2 γ: 0,984
Np 239	2,355 d	β⁻: 0,4 γ: 0,106
Np 240	65 min	β⁻: 0,9 γ: 0,566

Uran — U

Nuklid	Halbwertszeit / Häufigkeit	Zerfall
U 227	1,1 min	6,86 γ: 0,247
U 228	9,1 min	α: 6,68
U 229	58 min	α: 6,362 γ: 0,123
U 230	20,8 d	α: 5,888
U 231	4,2 d	α: 5,456 γ: 0,026
U 232	68,9 a	α: 5,320
U 233	1,592·10⁵ a	α: 4,824
U 234	0,0054 / 2,455·10⁵ a	α: 4,775 γ: 0,186 sf
U 235	0,7204 / 7,038·10⁸ a	α: 4,398 γ: 0,186 sf
U 236	2,342·10⁷ a	α: 4,494
U 237	6,75 d	β⁻: 0,2 γ: 0,060
U 238	99,2742 / 4,468·10⁹ a	α: 4,1987 sf
U 239	23,5 min	β⁻: 1,2 γ: 0,075

Protactinium — Pa

Nuklid	Halbwertszeit / Häufigkeit	Zerfall
Pa 226	1,8 min	6,86
Pa 227	38,3 min	α: 6,456 γ: 0,065
Pa 228	22 h	α: 6,078 γ: 0,911
Pa 229	1,50 d	α: 5,580
Pa 230	17,4 d	α: 5,345 β⁻: 0,5 γ: 0,952
Pa 231	3,276·10⁴ a	α: 5,014 γ: 0,027
Pa 232	1,31 d	β⁻: 0,3 γ: 0,969
Pa 233	27,0 d	β⁻: 0,3 γ: 0,312
Pa 234	6,70 h	β⁻: 0,5 γ: 0,131
Pa 235	24,2 min	β⁻: 1,4 γ: 0,128
Pa 236	9,1 min	β⁻: 2,0 γ: 0,642
Pa 237	8,7 min	β⁻: 1,4 γ: 0,854
Pa 238	2,3 min	β⁻: 1,7 γ: 1,015

Thorium — Th

Nuklid	Halbwertszeit / Häufigkeit	Zerfall
Th 225	3,72 min	α: 6,482 γ: 0,321
Th 226	31 min	α: 6,336 γ: 0,111
Th 227	18,72 d	α: 6,038 γ: 0,236
Th 228	1,913 a	α: 5,432 γ: 0,084
Th 229	7880 a	α: 4,845 γ: 0,194
Th 230	7,54·10⁴ a	α: 4,687 γ
Th 231	25,5 h	β⁻: 0,3 γ: 0,026
Th 232	100 / 1,405·10¹⁰ a	α: 4,013 γ sf
Th 233	22,3 min	β⁻: 1,2 γ: 0,087
Th 234	24,10 d	β⁻: 0,2 γ: 0,063
Th 235	7,1 min	β⁻: 1,4 γ: 0,417
Th 236	37,5 min	β⁻: 1,0 γ: 0,111
Th 237	5,0 min	β⁻

Actinium — Ac

Nuklid	Halbwertszeit / Häufigkeit	Zerfall
Ac 224	2,9 h	6,142 γ: 0,216
Ac 225	10,0 d	α: 5,830 γ: 0,100
Ac 226	29 h	α: 5,34 β⁻: 0,9 γ: 0,23
Ac 227	21,773 a	α: 4,953 β⁻: 0,04 γ
Ac 228	6,13 h	α: 4,27? β⁻: 1,2 γ: 0,911
Ac 229	62,7 min	β⁻: 1,1 γ: 0,165
Ac 230	122 s	β⁻: 2,7 γ: 0,455
Ac 231	7,5 min	β⁻ γ: 0,282
Ac 232	119 s	β⁻ γ: 0,665
Ac 233	145 s	β⁻ γ: 0,523
Ac 234	44 s	β⁻ γ: 1,847

Radium — Ra

Nuklid	Halbwertszeit / Häufigkeit	Zerfall
Ra 223	11,43 d	α: 5,7162 γ: 0,269
Ra 224	3,66 d	α: 5,6854 γ: 0,241
Ra 225	14,8 d	β⁻: 0,3 γ: 0,04
Ra 226	1600 a	α: 4,7843 γ: 0,186
Ra 227	42,2 min	β⁻: 1,3 γ: 0,027
Ra 228	5,75 a	β⁻: 0,04 γ
Ra 229	4,0 min	β⁻: 1,8 γ
Ra 230	93 min	β⁻: 0,8 γ: 0,027
Ra 231	103 s	β⁻ γ: 0,410
Ra 232	4,2 min	β⁻ γ: 0,471
Ra 233	30 s	β⁻
Ra 234	30 s	β⁻

Francium — Fr

Nuklid	Halbwertszeit / Häufigkeit	Zerfall
Fr 222	14,2 min	β⁻: 1,8 γ: 0,206
Fr 223	21,8 min	β⁻: 1,1 γ: 0,05
Fr 224	3,3 min	β⁻: 2,6 γ: 0,216
Fr 225	4,0 min	β⁻: 1,6 γ: 0,182
Fr 226	48 s	β⁻: 3,2 γ: 0,254
Fr 227	2,47 min	β⁻: 1,8 γ: 0,090
Fr 228	39 s	β⁻ γ: 0,474
Fr 229	50,2 s	β⁻ γ: 0,310
Fr 230	19,1 s	β⁻ γ: 0,711
Fr 231	17,5 s	β⁻ γ: 0,433
Fr 232	5 s	β⁻ γ: 0,125

Radon — Rn

Nuklid	Halbwertszeit / Häufigkeit	Zerfall
Rn 221	25 min	6,037 β⁻: 0,8 γ: 0,186
Rn 222	3,825 d	α: 5,48948
Rn 223	23,2 min	β⁻ γ: 0,593
Rn 224	1,78 h	β⁻ γ: 0,261
Rn 225	4,5 min	β⁻ γ
Rn 226	7,4 min	β⁻
Rn 227	22,5 s	β⁻ γ: 0,162
Rn 228	65 s	β⁻ γ: 0,125

Astat — At

Nuklid	Halbwertszeit / Häufigkeit	Zerfall
At 220	3,71 min	α: 5,493 γ: 0,241
At 221	2,3 min	β⁻
At 222	54 s	β⁻
At 223	50 s	β⁻

Bismut — Bi

Nuklid	Halbwertszeit / Häufigkeit	Zerfall
Bi 218	33 s	3,5 γ: 0,510

Neutronenzahlen (Achse): 135, 136, 137, 138, 139, 140, 141, 142, 143, 144, 145, 146, 147

Ausschnitt aus dem Bereich der leichten Elemente

Neon (10) — Ne, 20,1797

Nuklid	Halbwertszeit / Häufigkeit	Zerfall
Ne 17	109,2 ms	β⁺: 8,0 γ: 0,495
Ne 18	1,67 s	β⁺: 3,4 γ: 1,042
Ne 19	17,22 s	β⁺: 2,2 γ
Ne 20	90,48	
Ne 21	0,27	
Ne 22	9,25	

Fluor (9) — F, 18,998403

Nuklid	Halbwertszeit / Häufigkeit	Zerfall
F 17	64,8 s	β⁺: 1,7
F 18	109,7 min	β⁺: 0,6
F 19	100	
F 20	11,0 s	β⁻: 5,4 γ: 1,634
F 21	4,16 s	β⁻: 5,3 γ: 0,351

Sauerstoff (8) — O, 15,9994

Nuklid	Halbwertszeit / Häufigkeit	Zerfall
O 13	8,58 ms	β⁺: 16,7 γ
O 14	70,59 s	β⁺: 1,8 γ: 2,313
O 15	2,03 min	β⁺: 1,7
O 16	99,762	
O 17	0,038	
O 18	0,200	
O 19	27,1 s	β⁻: 3,3 γ: 0,197
O 20	13,5 s	β⁻: 2,8 γ: 1,057

Stickstoff (7) — N, 14,00674

Nuklid	Halbwertszeit / Häufigkeit	Zerfall
N 12	11,0 ms	β⁺: 16,4 γ: 4,439
N 13	9,96 min	β⁺: 1,2
N 14	99,634	
N 15	0,366	
N 16	7,13 s	β⁻: 4,3 γ: 6,129
N 17	4,17 s	β⁻: 3,2 γ: 0,871
N 18	0,63 s	β⁻: 9,4 γ: 1,982

Kohlenstoff (6) — C, 12,011

Nuklid	Halbwertszeit / Häufigkeit	Zerfall
C 9	126,5 ms	β⁺: 15,5
C 10	19,3 s	β⁺: 1,9 γ: 0,718
C 11	20,38 min	β⁺: 1,0
C 12	98,90	
C 13	1,10	
C 14	5730 a	β⁻: 0,2
C 15	2,45 s	β⁻: 4,5 γ: 5,298
C 16	0,747 s	β⁻: 4,7
C 17	193 ms	β⁻ γ: 1,375

Bor (5) — B, 10,811

Nuklid	Halbwertszeit / Häufigkeit	Zerfall
B 8	770 ms	β⁺: 14,1
B 10	19,9	
B 11	80,1	
B 12	20,20 ms	β⁻: 13,4 γ: 4,439
B 13	17,33 ms	β⁻: 13,4 γ: 3,684
B 14	13,8 ms	β⁻: 14,0 γ: 6,09
B 15	10,4 ms	β⁻

Beryllium (4) — Be, 9,012182

Nuklid	Halbwertszeit / Häufigkeit	Zerfall
Be 7	53,29 d	γ: 0,478
Be 9	100	
Be 10	1,6·10⁶ a	β⁻: 0,6
Be 11	13,8 s	β⁻: 11,5 γ: 2,125
Be 12	23,6 ms	β⁻: 11,7

Lithium (3) — Li, 6,941

Nuklid	Halbwertszeit / Häufigkeit	Zerfall
Li 6	7,5	
Li 7	92,5	
Li 8	840,3 ms	β⁻: 12,5
Li 9	178,3 ms	β⁻: 13,6
Li 11	8,5 ms	β⁻: ~18,5

Helium (2) — He, 4,002602

Nuklid	Halbwertszeit / Häufigkeit	Zerfall
He 3	0,000137	
He 4	99,999863	
He 6	806,7 ms	β⁻: 3,5
He 8	119 ms	β⁻: 9,7 γ: 0,981

Wasserstoff (1) — H, 1,00794

Nuklid	Halbwertszeit / Häufigkeit	Zerfall
H 1	99,985	
H 2	0,015	
H 3	12,323 a	β⁻: 0,02

Neutron

Nuklid	Halbwertszeit	Zerfall
n 1	10,25 min	β⁻: 0,8

Neutronenzahlen (Achse): 1, 2, 3, 4, 5, 6, 7, 8, 9, 10, 11, 12

Lösungen

Kapitel 1   Kinematik

1. a) Zeichnerische Lösung:

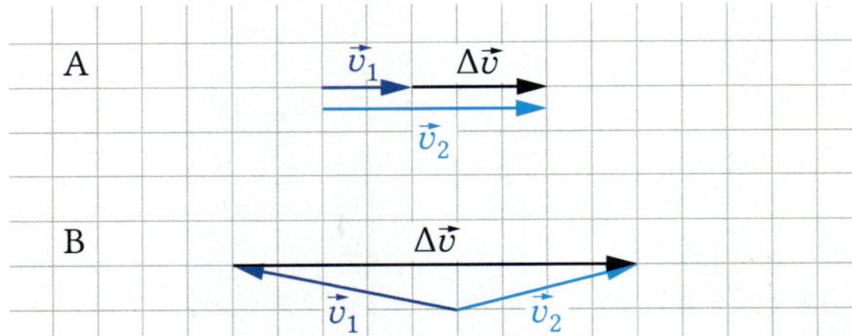

b) Ein Zentimeter Pfeillänge entspricht $18\,\frac{\text{km}}{\text{h}}$, also $5\,\frac{\text{m}}{\text{s}}$. Ausmessen der Pfeillänge führt daher auf folgende Geschwindigkeitsbeträge:

A: $v_1 = 5\,\frac{\text{m}}{\text{s}}$, $v_2 = 12{,}5\,\frac{\text{m}}{\text{s}}$, $\Delta v = 7{,}5\,\frac{\text{m}}{\text{s}}$

B: $v_1 \approx 12{,}7\,\frac{\text{m}}{\text{s}}$, $v_2 \approx 10{,}3\,\frac{\text{m}}{\text{s}}$, $\Delta v \approx 22{,}5\,\frac{\text{m}}{\text{s}}$

2. Laut Aufgabentext scheint es sich um eine eindimensionale Bewegung zu handeln. Wir legen fest, dass das Polizeiauto anfänglich am Nullpunkt der x-Achse steht und das Auto zum Zeitpunkt $t = 0$ s vorbeifährt.
Das Auto fährt mit einer konstanten Geschwindigkeit von $v_\text{A} = 150\,\frac{\text{km}}{\text{h}} \approx 41{,}7\,\frac{\text{m}}{\text{s}}$, es beschleunigt nicht und seine Position ändert sich entsprechend einer gleichförmigen Bewegung nach $x_\text{A}(t) = v_\text{A} \cdot t$. Das Polizeiauto fährt mit einer konstanten Beschleunigung vom Betrag $a_\text{P} = 9\,\frac{\text{m}}{\text{s}^2}$. In dem festgelegten Koordinatensystem gilt für Geschwindigkeit und Position in positive x-Richtung:

$$v_\text{P}(t) = a_\text{P} \cdot t \quad \text{und} \quad x_\text{P}(t) = \tfrac{1}{2}\, a_\text{P} \cdot t^2.$$

Die Graphen sehen daher folgendermaßen aus (rot: Auto, grün: Polizei):

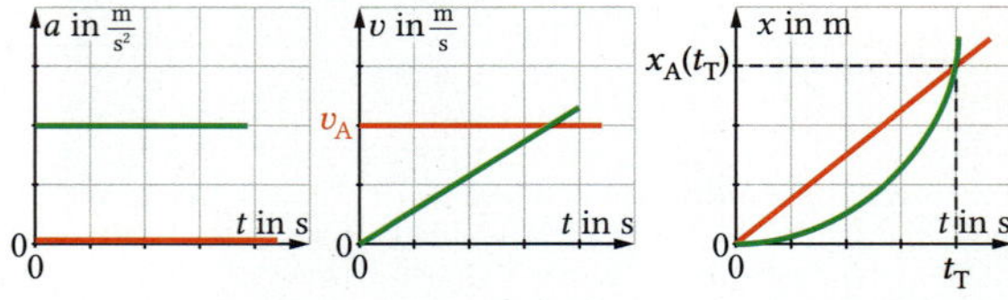

Der Zeitpunkt und die Position, an dem das Polizeiauto neben dem Auto vorbeifährt, lassen sich aus dem Schnittpunkt der Kurven im t-x-Diagramm grafisch bestimmen.
Rechnung: Das Polizeiauto holt das Auto ein und befindet sich zum Zeitpunkt t_T an der Position x_T direkt neben dem Auto. Es gilt:

$$x_\text{A}(t_\text{T}) = v_\text{A} \cdot t_\text{T} = \tfrac{1}{2}\, a_\text{P} \cdot t_\text{T}^2 = x_\text{P}(t_\text{T}).$$

Auflösen der Gleichung nach t_T führt auf die beiden Lösungen

$$t_{\text{T},1} = 0 \text{ s} \quad \text{und} \quad t_{\text{T},2} = \frac{2\,v_A}{a_P} \approx 9{,}3 \text{ s}.$$

Die erste Lösung $t_{\text{T},1}$ ist der Zeitpunkt, zu dem das Auto am stehenden Polizeiauto vorbeifährt. Die zweite Lösung $t_{\text{T},2}$ ist die gesuchte Lösung. Die Position ist

$$x_\text{A}(t_{\text{T},2}) = v_\text{A} \cdot t_{\text{T},2} = \frac{2\,v_\text{A}^2}{a_\text{P}} \approx 386 \text{ m}.$$

3. a) Es handelt sich um einen freien Fall mit der Fallbeschleunigung $g_\text{M} = 1{,}62\,\frac{\text{m}}{\text{s}^2}$ auf dem Mond. Wir legen den Nullpunkt eines Koordinatensystems auf die Höhe der Raumkapsel, die y-Achse zeigt vertikal von der Mondoberfläche in Richtung Weltall.
Das Werkzeug beginnt aus der Ruhe zum Zeitpunkt $t = 0$ s zu fallen. Es trifft nach einer Fallzeit t_F auf der Mondoberfläche am Ort $y(t_\text{F}) = -10$ m auf. Es gilt:

$$-10 \text{ m} = -\tfrac{1}{2}\, g_\text{M} \cdot t_\text{F}^2.$$

Auflösen nach t_F führt auf die einzig physikalisch sinnvolle Lösung

$$t_\text{F} = \sqrt{\frac{2 \cdot 10 \text{ m}}{g_\text{M}}} \approx 3{,}5 \text{ s}.$$

Für die Geschwindigkeit in y-Richtung beim freien Fall gilt in dem festgelegten Koordinatensystem (Werkzeug bewegt sich in negative y-Richtung):

$$v(t) = -g_\text{M} \cdot t.$$

Nach der Fallzeit t_F gilt daher $v(t_\text{F}) = -g_\text{M} \cdot t_\text{F} \approx -5{,}7\,\frac{\text{m}}{\text{s}}$.

b) Es handelt sich um einen vertikalen Wurf nach oben mit der gesuchten Anfangsgeschwindigkeit vom Betrag v_0. Das Werkzeug hat den minimalen Betrag der Anfangsgeschwindigkeit, falls der Betrag der Geschwindigkeit auf der Höhe der Raumkapsel $0\,\frac{\text{m}}{\text{s}}$ beträgt.
Betrachtet man den Vorgang „rückwärts", so fällt das Werkzeug in einer Zeit t_W aus der Ruhe 8 m tief in die Hand des Astronauten. Es handelt sich um die Situation aus a), wobei das Werkzeug 8 m statt 10 m fällt. Der Vorgang dauert $t_\text{W} = \sqrt{\frac{2 \cdot 8 \text{ m}}{g_\text{M}}} \approx 3{,}1$ s. Da der Astronaut nach oben wirft, also in positive y-Richung (!), gilt für die Anfangsgeschwindigkeit in y-Richtung:

$$v = v_0 = g_\text{M} \cdot t_\text{W} \approx 5{,}1\,\frac{\text{m}}{\text{s}}.$$

Alternativer Lösungsweg: Für den vertikalen Wurf nach oben mit Anfangsgeschwindigkeit vom Betrag v_0 und Abwurfort $y(0 \text{ s}) = -8$ m zum Zeitpunkt $t = 0$ s sind Position und Geschwindigkeit in y-Richtung gegeben durch:

$$y(t) = -8 \text{ m} + v_0 \cdot t - \tfrac{1}{2}\, g_\text{M} \cdot t^2 \quad \text{und} \quad v(t) = v_0 - g_\text{M} \cdot t.$$

Nach der Zeit t_W erreicht das Werkzeug die Raumkapsel an der Position $y(t_W) = 0$ m mit $v(t_W) = 0 \frac{m}{s}$. Einsetzen dieser Randbedingungen in die Bewegungsgleichungen für $y(t)$ und $v(t)$ führt ebenfalls zu obigem Ergebnis.

4. Wir legen den Nullpunkt eines Koordinatensystems an den Anfang der schiefen Ebene. Die x-Achse zeigt in Richtung der schiefen Ebene. Dann entspricht der zurückgelegte Weg s einer Kugel der x-Position. Die Bewegung der Kugel beginnt aus der Ruhe zum Zeitpunkt $t = 0$ s.

Der zeitliche Abstand von zwei Pulsschlägen beträgt konstant Δt. Die Zeitpunkte, zu denen die Teilstrecken l_1, l_2, l_3, … auf der schiefen Ebene in x-Richtung gemessen werden, sind daher $t_1 = \Delta t$, $t_2 = 2 \cdot \Delta t$, $t_3 = 3 \cdot \Delta t$ …

Die Teilstrecken l_1, l_2, l_3, … verhalten sich wie die ungeraden Zahlen 1, 3, 5, 7, … Das bedeutet: $l_1 = 1 \cdot l_1$, $l_2 = 3 \cdot l_1$, $l_3 = 5 \cdot l_1$, $l_4 = 7 \cdot l_1$, …

Die x-Position $x(t_i)$ und damit der Weg $s(t_i)$ zum Zeitpunkt t_i sind die jeweiligen Summen der bis zu diesem Zeitpunkt gemessenen Teilstrecken, also

$x(t_1) = l_1$, $x(t_2) = l_1 + l_2 = 4 \cdot l_1$, $x(t_3) = l_1 + l_2 + l_3 = 9 \cdot l_1$, …

Zusammengefasst gilt:

Zeit t	0 s	Δt	$2 \cdot \Delta t$	$3 \cdot \Delta t$	$4 \cdot \Delta t$	$5 \cdot \Delta t$
Weg $s(t)$	0 m	l_1	$4 \cdot l_1$	$9 \cdot l_1$	$16 \cdot l_1$	$25 \cdot l_1$

Offenbar führt eine Verdopplung (Verdreifachung, Vervierfachung) der Zeit zu einem vierfachen (neunfachen, sechzehnfachen) Weg. Der Weg $s(t)$ ist daher proportional zum Quadrat der Zeit t, also $s \sim t^2$.

5. Werden sämtliche Reibungseffekte auf Skater und Skateboard vernachlässigt und wird zudem angenommen, dass der Skater störungsfrei vom Skateboard abspringt (und landet), so liegt folgende Situation vor:

◻ Das Skateboard bewegt sich mit einer konstanten Geschwindigkeit $v_{0,x}$ in positive x-Richtung auf einer horizontalen Fläche.

◻ Der Skater besitzt vor und nach dem Absprung ebenfalls die Geschwindigkeit $v_{0,x}$ in positive x-Richtung. Zudem hat er in vertikaler y-Richtung eine Absprunggeschwindigkeit $v_{0,y}$. Er bewegt sich auf einer Wurfparabel (hoffentlich) über das Hindernis.

Da Reibungseffekte vernachlässigt werden, ändert sich die Geschwindigkeit des Skaters in x-Richtung nicht und entspricht daher der Geschwindigkeit des Skateboards. Er befindet sich also tatsächlich immer direkt über dem Skateboard – in unterschiedlichen Höhen.

Allerdings ist die Bewegung nicht ganz so einfach, wie der Skater sagt. Insbesondere Absprung und Landung verlangen viel Übung.

6. Die Bewegungen der Kugeln beginnen zum Zeitpunkt $t = 0$ s.

Weg 1: Auswertung der Messdaten in horizontaler Richtung.

Der Skizze entnimmt man, dass 9,5 cm in der Realität 250 m entsprechen.

Die Abstände in x-Richtung der Kugel, die aus dem ICE fällt, betragen etwa $(2,2 \pm 0,1)$ cm, also in der Realität etwa $(57,9 \pm 2,6)$ m.

Da sich der ICE mit konstant 216 $\frac{km}{h}$, also 60 $\frac{m}{s}$, bewegt, liegt zwischen der ersten und zweiten (sowie 2. und 3., 3. und 4., …) Momentaufnahme eine Zeit von

$$t = \frac{57,9 \text{ m}}{60 \frac{m}{s}} \approx 0,97 \text{ s}.$$

Der Abstand der Momentaufnahmen beträgt also etwa eine Sekunde.

Weg 2: Auswertung der Messdaten in vertikaler Richtung.

Der Skizze entnimmt man, dass 3,8 cm in der Realität 100 m entsprechen.

Die Positionen der frei fallenden Kugel in y-Richtung werden damit zu $y(0) = 0$ m, $y(t_1) = -5,3$ m, $y(t_2) = -23,7$ m, $y(t_3) = -50,0$ m, $y(t_4) = -86,8$ m abgelesen. Da für den freien Fall in dem verwendeten Koordinatensystem für die y-Koordinate $y(t) = -\frac{1}{2} g \cdot t^2$ gilt, berechnen sich die Zeiten zu $t_1 = 1,04$ s, $t_2 = 2,20$ s, $t_3 = 3,19$ s und $t_4 = 4,21$ s. Der zeitliche Abstand zwischen den Aufnahmen beträgt daher $t_1 - 0$ s $= 1,04$ s, $t_2 - t_1 = 1,16$ s, $t_3 - t_2 = 0,99$ s und $t_4 - t_3 = 1,02$ s. Der Abstand der Momentaufnahmen beträgt also etwa eine Sekunde.

Anmerkung: Je nach Vergrößerung/Verkleinerung der Skizze können die Werte für die entnommenen Abstände variieren.

Lösungen

1. a) Ist der Luftstrom in Fahrtrichtung gerichtet, erhält das Auto zusätzlich zu seiner Anfangsgeschwindigkeit eine Zusatzgeschwindigkeit. Da Anfangsgeschwindigkeit und Zusatzgeschwindigkeit die gleiche Richtung haben, addieren sich diese beiden Geschwindigkeiten zur neuen Endgeschwindigkeit.

b) Ist der Luftstrom gegen die Fahrtrichtung gerichtet, erhält das Auto eine Zusatzgeschwindigkeit, die der Anfangsgeschwindigkeit entgegengerichtet ist. Um die Endgeschwindigkeit zu erhalten, muss die Zusatzgeschwindigkeit von der Anfangsgeschwindigkeit abgezogen werden.

2. Konstruktion:

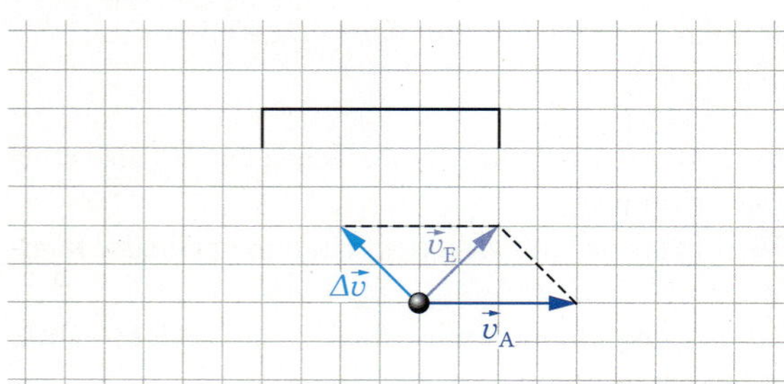

3. a) Nach Umrechnung der Geschwindigkeit in $\frac{\mathrm{m}}{\mathrm{s}}$ ($80\,\frac{\mathrm{km}}{\mathrm{h}} \approx 22{,}22\,\frac{\mathrm{m}}{\mathrm{s}}$) erhält man die Beschleunigung mit der folgenden Gleichung:

$$a = \frac{\Delta v}{\Delta t} \approx \frac{22{,}22\,\frac{\mathrm{m}}{\mathrm{s}} - 0\,\frac{\mathrm{m}}{\mathrm{s}}}{30\,\mathrm{s}} \approx 0{,}74\,\frac{\mathrm{m}}{\mathrm{s}^2}$$

b) Da die Antriebskraft des Lastwagen im leeren Zustand ($m_1 = 7\,\mathrm{t}$) und im vollbeladenen Zustand ($m_2 = 40\,\mathrm{t}$) identisch ist, kann man die Antriebskräfte gleichsetzen und erhält die Gleichung

$$m_1 \cdot \frac{\Delta v}{\Delta t_1} = m_2 \cdot \frac{\Delta v}{\Delta t_2}.$$

Nach Δt_2 umgestellt, kann die Zeit berechnet werden, die der Lastwagen im voll beladenen Zustand zum erreichen der Geschwindigkeit von $80\,\frac{\mathrm{km}}{\mathrm{h}}$ benötigt:

$$\Delta t_2 = \frac{m_2}{m_1} \cdot \Delta t_1 = \frac{40\,\mathrm{t}}{7\,\mathrm{t}} \cdot 30\,\mathrm{s} \approx 171\,\mathrm{s} \approx 2{,}8\,\mathrm{min}.$$

4. Muskelkräfte: Man kann zum Beispiel mit der Hand ein Spielzeugauto beschleunigen.

Magnetische Kräfte: Der Anker in einem Elektromagneten wird durch magnetische Kräfte beschleunigt oder abgebremst.

Druckkräfte: Der Kolben in einem Zylinder wird durch Druckkräfte der Verbrennungsgase in Bewegung gesetzt.

Reibungskräfte gehören nicht dazu, denn die Grundgleichung gilt nur für reibungsfreie Bewegungen. Allerdings muss die Reibungskraft gegebenenfalls bei der Berechnung der resultierenden Kraft einbezogen werden, wenn die betrachtete Bewegung nicht reibungsfrei ist.

5. Die Kraft berechnet sich nach Umrechnung der Geschwindigkeit ($100\,\frac{\mathrm{km}}{\mathrm{h}} \approx 27{,}78\,\frac{\mathrm{m}}{\mathrm{s}}$) und der Masse ($1\,\mathrm{t} = 1000\,\mathrm{kg}$) zu

$$F = m \cdot \frac{\Delta v}{\Delta t} \approx 1000\,\mathrm{kg} \cdot \frac{27{,}78\,\frac{\mathrm{m}}{\mathrm{s}}}{7\,\mathrm{s} - 0\,\mathrm{s}} \approx 3969\,\mathrm{N}.$$

6. Mit der Grundgleichung gilt für die Bremskraft

$$F = m \cdot a = 800\,\mathrm{kg} \cdot 2{,}5\,\frac{\mathrm{m}}{\mathrm{s}^2} = 2000\,\mathrm{N}.$$

7. Mit der Grundgleichung gilt:

$$F = m \cdot \frac{\Delta v}{\Delta t} \approx 70\,\mathrm{kg} \cdot \frac{8{,}33\,\frac{\mathrm{m}}{\mathrm{s}}}{0{,}7\,\mathrm{s} - 0\,\mathrm{s}} = 833{,}3\,\mathrm{N}.$$

Auch bei nur $30\,\frac{\mathrm{km}}{\mathrm{h}}$ beträgt die Kraft, die auf den Fahrer wirkt, mehr als seine Gewichtskraft. Auch bei dieser vermeindlich geringen Geschwindigkeit kommt der Fahrer also ohne Sicherheitsgurt nicht aus.

8. Das Auto wird um die Länge s_B verkürzt und führt dabei eine gleichmäßig beschleunigte Bewegung aus. Mit der umgerechneten Geschwindigkeit ($50\,\frac{\mathrm{km}}{\mathrm{h}} \approx 13{,}89\,\frac{\mathrm{m}}{\mathrm{s}}$) und Länge ($60\,\mathrm{cm} = 0{,}6\,\mathrm{m}$) berechnet sich die Beschleunigung zu

$$a = \frac{(\Delta v)^2}{2\,s_\mathrm{B}} \approx \frac{\left(13{,}89\,\frac{\mathrm{m}}{\mathrm{s}}\right)^2}{2 \cdot 0{,}6\,\mathrm{m}} \approx 160{,}78\,\frac{\mathrm{m}}{\mathrm{s}^2}$$

Für die Kraft gilt

$$F = m \cdot a = 950\,\mathrm{kg} \cdot 160{,}8\,\frac{\mathrm{m}}{\mathrm{s}^2} = 152\,760\,\mathrm{N}.$$

9. Mit der Grundgleichung gilt für die Beschleunigungskraft

$$F = m \cdot a = 700\,000\,\mathrm{kg} \cdot 0{,}15\,\frac{\mathrm{m}}{\mathrm{s}^2} = 105\,\mathrm{kN}.$$

10. Auf ebender Strecke muss man ständig in die Pedale treten, um dem Fahrrad eine Zusatzgeschwindigkeit zu geben. Die Fahrgeschwindigkeit nimmt ab, wenn die Kraft, die das Fahrrad antreibt, kleiner wird als die Reibungskräfte, die auf das Fahrrad wirken.

11. Sicherheitsgurte sorgen dafür, dass der Körper im Fall einer starken Bremsung mit dem Auto verbunden ist und somit mit abgebremst wird. Da der Kopf durch den Sicherheitsgurt nicht fest mit dem Auto verbunden werden kann und aufgrund des Trägheitsprinzips bei einer starken Bremsung daher nicht mit abgebremst wird, benötigt man Airbags. Sie sorgen dafür, dass der Kopf abgebremst wird.

12. Fährt der Bus schnell an, bleiben die Fahrgäste zunächst aufgrund des Trägheitsprinzips in Ruhe. Bremst der Bus schnell ab, behalten die Fahrgäste zunächst ihre Geschwindigkeit bei. Erst einige Zeit nach der Anfahrt bzw. dem Abbremsen haben die Fahrgäste die gleiche Geschwindigkeit wie der Bus. Sicherheitsgurte im Bus würden dafür sorgen, dass die Fahrgäste mit dem Bus verbunden wären und schneller mit dem Bus abgebremst bzw. beschleunigt würden.

13. Die Erde übt auf den Ball (Masse m_B) eine Kraft $\vec{F}_{EB}$ aus und beschleunigt ihn mit g. Umgekehrt übt der Ball die Kraft $\vec{F}_{BE}$ auf die Erde aus, die die Erde in Richtung Ball beschleunigt. Nach dem Wechselwirkungsprinzip ist $\left|\vec{F}_{EB}\right| = \left|\vec{F}_{BE}\right|$ und damit $m_E \cdot a = m_B \cdot g$.

Daraus folgt: $\dfrac{a}{g} = \dfrac{m_B}{m_E}$.

Da sich die Beschleunigungen umgekehrt wie die Massen verhalten und die Masse der Erde sehr viel größer ist als die Masse des Balls, kann man den „Fall" der Erde zum Ball vernachlässigen.

14. Im Kräftegleichwicht greifen zwei gleich große, entgegengesetzt gerichtete Kräfte am gleichen Körper an (hier am Seil). Beim Seilziehen erkennt man das daran, dass sich weder das Seil noch die Mannschaften nach links oder nach rechts bewegen.

Kapitel 3   Kreisbewegungen

1. a) Für einen Umlauf benötigt das Kind:

$$\Delta t = T = \frac{18{,}6 \text{ s}}{10} = 1{,}86 \text{ s}.$$

Das Karussell dreht sich also mit einer Frequenz von

$$f = \frac{1}{T} \approx 0{,}54 \text{ s}^{-1}.$$

Während eines Umlaufs legt es das Kind den Kreisumfang als Strecke zurück:

$$\Delta s = U = 2 \cdot \pi \cdot r = 2 \cdot \pi \cdot \frac{1{,}74 \text{ m}}{2} \approx 5{,}47 \text{ m}.$$

Daher folgt für die Bahngeschwindigkeit:

$$v_B = \frac{\Delta s}{\Delta t} \approx \frac{5{,}47 \text{ m}}{1{,}86 \text{ s}} \approx 2{,}94 \,\frac{\text{m}}{\text{s}}.$$

Weiter für die Winkelgeschwindigkeit:

$$\omega = \frac{v_B}{r} = 3{,}38 \text{ s}^{-1}.$$

2. Für die Umlaufzeit des Astronauten im Maximalbetrieb der Zentrifuge ergibt sich:

$$T = \frac{1}{f} = \frac{1}{50 \text{ min}^{-1}} = \frac{1}{0{,}83 \text{ s}^{-1}} = 1{,}20 \text{ s}.$$

Während eines Umlaufs legt der Astronaut den Kreisumfang als Strecke zurück:
$$\Delta s = U = 2 \cdot \pi \cdot r = 2 \cdot \pi \cdot 8{,}84 \text{ m} \approx 55{,}54 \text{ m}.$$
Daher folgt für die Bahngeschwindigkeit:

$$v_B = \frac{\Delta s}{\Delta t} \approx \frac{55{,}54 \text{ m}}{1{,}20 \text{ s}} \approx 46{,}29 \,\frac{\text{m}}{\text{s}} \quad (167 \,\frac{\text{km}}{\text{h}}!).$$

Weiter für die Winkelgeschwindigkeit:

$$\omega = \frac{v_B}{r} = 5{,}24 \text{ s}^{-1}.$$

3. Auf den Astronauten wirkt bei Maximalbetrieb der Zentrifuge die Zentripetalkraft
$$F_Z = m \cdot r \cdot \omega^2 = 85 \text{ kg} \cdot 8{,}84 \text{ m} \cdot (5{,}24 \text{ s}^{-1})^2 \approx 20{,}6 \text{ kN}.$$
Er erfährt dann eine Beschleunigung von

$$a_Z = \frac{F_Z}{m} = 242{,}7 \text{ m s}^{-2}.$$

Dies entspricht etwa dem 25-Fachen der Schwerebeschleunigung ($9{,}81$ m s^{-2}) an der Erdoberfläche!

4. Das Seil reißt, wenn die aufzubringende Zentripetalkraft einen Betrag von 700 N überschreitet:
$$m \cdot r \cdot \omega^2 > 700 \text{ N}$$

$$\Rightarrow \omega > \sqrt{\frac{700 \text{ N}}{0{,}16 \text{ kg} \cdot 0{,}47 \text{ m}}} \approx 96{,}5 \text{ s}^{-1}.$$

Dies entspricht

$$f = \frac{\omega}{2\pi} = 15{,}4 \text{ s}^{-1}.$$

5. a) Es müsste gelten:
$$F_G = F_Z \Rightarrow m \cdot g = m \cdot r \cdot \omega^2$$

$$\Rightarrow \omega > \sqrt{\frac{9{,}81 \text{ m s}^{-1}}{6{,}378 \cdot 10^6 \text{ m}}} \approx 1{,}24 \cdot 10^{-3} \text{ s}^{-1}.$$

Dies entspricht $f = \frac{\omega}{2\pi} = 1{,}97 \cdot 10^{-4} \text{ s}^{-1}.$

b) $T = \frac{1}{f} \approx 5066 \text{ s} \approx 1{,}41 \text{ h (!)}$

c) In der Realität ist die Gewichtskraft wesentlich größer als die Zentripetalkraft, die erforderlich ist, um den Menschen auf seine Kreisbahn um die Erde bringen. Der Mensch spürt die Differenz dieser beiden Kräfte als Schwere. Sind beide Kräfte dagegen betragsgleich, so erschiene es dem Menschen in seinem kreisförmig beschleunigten System, als wäre er „schwerelos".

6. Die Zentripetalkraft für diese Kreisbewegung beträgt:

$$F_Z = m \cdot \frac{v_B^2}{r} = 80 \text{ kg} \cdot \frac{(8{,}33 \text{ m s}^{-1})^2}{12 \text{ m}} \approx 463 \text{ N}.$$

Das entspricht etwa der halben Gewichtskraft seines Körpers.

7. a) Die erforderliche Zentripetalkraft errechnet sich zu:

$$F_Z = m \cdot \frac{v_B^2}{r} = 1200 \text{ kg} \cdot \frac{(8{,}33 \text{ m s}^{-1})^2}{12 \text{ m}} \approx 6939 \text{ N}.$$

b) Die maximal fahrbare Geschwindigkeit berechnet sich unter den gegebenen Verhältnissen zu:

$$v_{B,a} \leq \sqrt{\mu \cdot g \cdot r} = \sqrt{0{,}7 \cdot 9{,}81 \text{ m s}^{-2} \cdot 12 \text{ m}} = 9{,}08 \text{ m s}^{-1}.$$

Da dies knapp 32 km/h entspricht, fährt das Auto mit angemessener Geschwindigkeit.
Für die innere Spur gilt indes:

$$v_{B,i} \leq \sqrt{\mu \cdot g \cdot r} = \sqrt{0{,}7 \cdot 9{,}81 \text{ m s}^{-2} \cdot 9 \text{ m}} = 7{,}86 \text{ m s}^{-1}$$

Dies entspricht 28,3 km/h. Der Autofahrer muss seine Geschwindigkeit also anpassen.

8. Mit der Formel für die Maximalgeschwindigkeit in Kurven ergibt sich:

$$v_B \leq \sqrt{\mu \cdot g \cdot r} \Rightarrow \mu \geq \frac{v_B^2}{g \cdot r} = \frac{(9{,}72 \cdot \text{m s}^{-1})^2}{9{,}81 \text{ m s}^{-2} \cdot 16 \text{ m}} \approx 0{,}6.$$

9. Bei einer Kreisbewegung ist die erforderliche Zentripetalkraft in proportionaler Weise abhängig von der Masse des rotierenden Körpers. Im Falle der Kurvenfahrt eines Autos muss die Zentripetalkraft aber durch die Haftreibungskraft zwischen Reifen und Straßenbelag gewährleistet werden. Da die Haftreibungskraft ebenfalls proportional von der Masse abhängig ist, kürzt sich die Masse bei der Herleitung der maximalen Kurvengeschwindigkeit heraus.

10. Wenn ein Körper eine gleichmäßige Kreisbewegung beschreiben soll, muss auf ihn eine Kraft von konstantem Betrag wirken, die immer zum Mittelpunkt des Kreises hin gerichtet ist. Diese Kraft wird in der Physik Zentripetalkraft genannt. Eine weitere Kraft wirkt bei

einer Kreisbewegung nicht auf den rotierenden Körper. Sie spüren während einer Kreisbewegung die Reaktion ihres Körpers auf das System (Autotür, Sessel im Kettenkarussell etc.), dass sie ständig von ihrer natürlichen, geradlinig gleichförmigen Bewegung in Richtung der Kreismitte beschleunigt. Diese Reaktion kommt Ihnen in Ihrem beschleunigten System wie eine „Kraft nach außen" vor. Im Volksmund spricht man von „Zentrifugalkräften". Im physikalischen Sinne existieren diese Kräfte nicht.

11. Wenn nur die Zentripetalkraft dauerhaft auf Sie wirkt, bewegen Sie sich gleichförmig auf einer Kreisbahn (Fall A). Wirkte aber neben dieser Zentripetalkraft in entgegen gesetzter Richtung auch noch eine betragsgleiche „Zentrifugalkraft", so würden sich diese beiden Kräfte vektoriell aufheben, die resultierende Kraft wäre Null. Nach dem ersten newtonschen Gesetz würden Sie sich in diesem Fall geradlinig gleichförmig fortbewegen (Fall B).

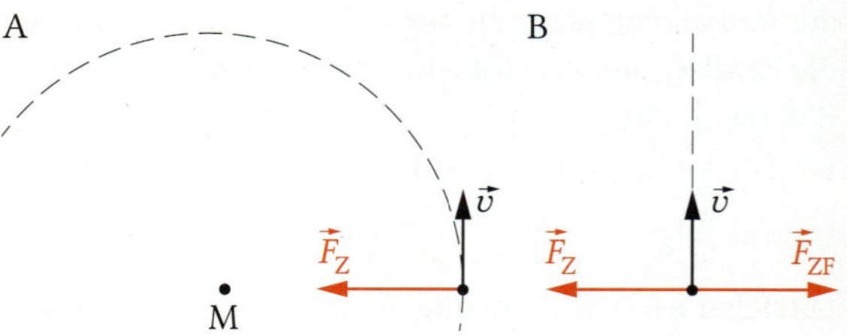

12. Zunächst werden die auf die Kugel wirkenden Kräfte in einem Kräfteparallelogramm eingetragen:

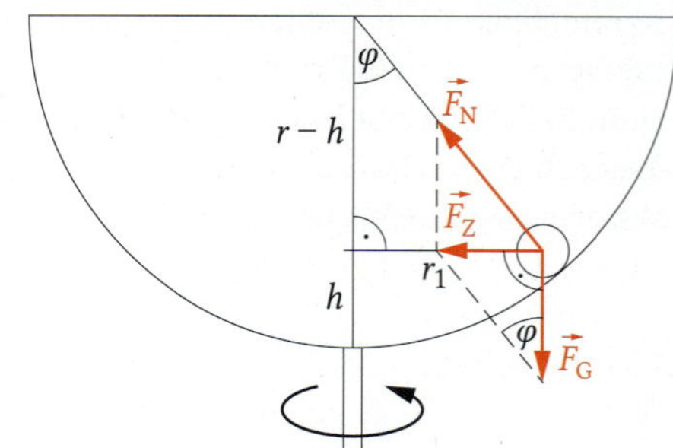

Auf die Kugel wirkt die Schwerkraft $\vec{F}_G$ mit $F_G = m \cdot g$, mit ihr und ihrer Trägheitskraft wirkt die Kugel auf die Schalenwand ein. Als Reaktion wirkt die Wand mit der Normalkraft $\vec{F}_N$ auf die Kugel ein. Die Resultierende aus diesen beiden Kräften entspricht der Zentripetalkraft $\vec{F}_Z$. $\vec{F}_G$ und $\vec{F}_Z$ spannen ein rechtwinkliges Dreieck auf, das einem Dreieck mit den Katheten $r - h$ und r_1 ähnlich ist. Es gilt:

$$\frac{|\vec{F}_{\mathrm{G}}|}{|\vec{F}_{\mathrm{Z}}|} = \frac{m \cdot g}{m \cdot r_1 \cdot \omega^2} = \frac{r - h}{r_1}.$$

Gekürzt und nach h aufgelöst ergibt sich:

$$h = r - \frac{g}{\omega^2} = 0{,}15 \text{ m} - \frac{9{,}81 \text{ m s}^{-2}}{246{,}7 \text{ s}^{-2}} \approx 0{,}11 \text{ m}.$$

Die Kugel wirkt auf die Schalenwand mit einer Kraft ein, die gemäß dem dritten newtonschen Gesetz der Normalkraft $\vec{F}_{\mathrm{N}}$ betragsgleich, aber entgegengesetzt orientiert ist. Der Betrag dieser Kraft kann daher wie folgt bestimmt werden:

$$\frac{|\vec{F}_{\mathrm{N}}|}{|\vec{F}_{\mathrm{G}}|} = \frac{r}{r - h} \Leftrightarrow |\vec{F}_{\mathrm{N}}| = m \cdot g \cdot \frac{r}{r - h} \approx 1{,}1 \text{ N}.$$

Kapitel 4   Energie

1. Unter der potenziellen Energie versteht man die Energieform, die ein Körper aufgrund seiner Lage gegenüber einer Nulllage (z.B. dem Erdboden) besitzt. Die Aussage ist unvollständig, da die Nulllage nicht angegeben wird.

2. Im Startpunkt (Höhe h) hat die Kugel gegenüber ihrem tiefsten Punkt die maximale potenzielle Energie. Wird die Kugel losgelassen, wandelt sich die potenzielle Energie nach und nach in kinetische Energie um. Im tiefsten Punkt ist die kinetische Energie maximal, die potenzielle Energie ist null. Von da an nimmt die kinetische Energie wieder ab und die potenzielle Energie zu, bis die Kugel im Idealfall wieder ihre Ausgangshöhe erreicht. Aufgrund von Reibung wird in der Realität bei jeder Schwingung ein Teil der Energie der Kugel an die Umgebung abgegeben. Diese Energie steht für die Pendelbewegung dann nicht mehr zur Verfügung und führt dazu, dass die Kugel nach mehreren Schwingungen im tiefsten Punkt stehen bleibt. Man spricht von Energieentwertung.

3. Mit der Gleichung für die kinetische Energie erhalten wir bei einer Geschwindigkeit von $72 \frac{\text{km}}{\text{h}} = 20 \frac{\text{m}}{\text{s}}$:

$$E_{\mathrm{kin}} = \frac{1}{2} m \cdot v^2 = \frac{1}{2} \cdot 1000 \text{ kg} \cdot \left(20 \tfrac{\text{m}}{\text{s}}\right)^2 = 200 \text{ kJ}.$$

Verdoppelt sich die Geschwindigkeit, vervierfacht sich die kinetische Energie wegen der quadratischen Abhängigkeit von v. Bei einer Geschwindigkeit von $2 \cdot v = 144 \frac{\text{km}}{\text{h}} = 40 \frac{\text{m}}{\text{s}}$ beträgt E_{kin} also 800 kJ. Es werden also mindestens 600 kJ benötigt, um den Pkw auf diese Geschwindigkeit zu bringen.

4. Die potenzielle Energie des Pfeils beträgt

$$E_{\mathrm{pot}} = m \cdot g \cdot h = 0{,}1 \text{ kg} \cdot 9{,}81 \tfrac{\text{m}}{\text{s}^2} \cdot 100 \text{ m} = 98{,}1 \text{ J}.$$

5. Im Idealfall ohne Reibung und Luftwiderstand ist die potenzielle Energie der Kugel am Boden vollständig in kinetische Energie umgewandelt worden. Damit gilt

$$E_{\mathrm{pot}} = E_{\mathrm{kin}} \Leftrightarrow m \cdot g \cdot h = \frac{1}{2} m \cdot v^2$$
$$\Leftrightarrow v = \sqrt{2 g \cdot h} = \sqrt{2 \cdot 9{,}81 \tfrac{\text{m}}{\text{s}^2} \cdot 30 \text{ m}} \approx 24{,}26 \tfrac{\text{m}}{\text{s}}.$$

6. Mit $F = D \cdot s$ berechnet sich die Spannenergie zu:

$$E_{\mathrm{Spann}} = \frac{1}{2} D \cdot s^2 = \frac{1}{2} D \cdot \left(\frac{F}{D}\right)^2 = \frac{1}{2} \frac{F^2}{D} = \frac{1}{2} \cdot \frac{(250 \text{ N})^2}{1000 \tfrac{\text{N}}{\text{m}}} = 31{,}25 \text{ Nm}.$$

7. Während die Fahrzeuge vom Berg ins Tal rollen, wird die potenzielle Energie der Fahrzeuge in kinetische Energie umgewandelt. Daher gilt für beide Fahrzeuge:

$$E_{\mathrm{pot}} = E_{\mathrm{kin}} \Leftrightarrow m \cdot g \cdot h = \frac{1}{2} m \cdot v^2.$$

Teilt man beide Seiten der Gleichung durch die Masse m und stellt man die Gleichung nach der Geschwindigkeit v um, erhält man für die Geschwindigkeit

$$v = \sqrt{2 g \cdot h}.$$

Diese Gleichung hängt nur noch von der Höhe h des Bergs ab. Diese ist für beide Fahrzeuge gleich und damit haben sie auch die gleiche Geschwindigkeit am Fuß des Bergs.

8. Die Spannenergie wird vollständig in Bewegungsenergie umgewandelt:

$$E_{\mathrm{Spann}} = E_{\mathrm{kin}} \Leftrightarrow \frac{1}{2} \cdot D \cdot s^2 = \frac{1}{2} m \cdot v^2$$
$$\Leftrightarrow v = \sqrt{\frac{D}{m} \cdot s^2} = \sqrt{\frac{500 \tfrac{\text{N}}{\text{m}}}{0{,}025 \text{ kg}} \cdot (0{,}05 \text{ m})^2} \approx 7{,}07 \tfrac{\text{m}}{\text{s}}.$$

9. Mit dem Energieansatz muss gelten: $E_{\mathrm{pot}} = E_{\mathrm{kin}}$, d.h.

$$m \cdot g \cdot h = \frac{1}{2} m \cdot v^2.$$

Umstellen nach h ergibt:

$$h = \frac{v^2}{2 g} = \frac{\left(10 \tfrac{\text{m}}{\text{s}}\right)^2}{2 \cdot 9{,}81 \tfrac{\text{m}}{\text{s}^2}} \approx 5{,}1 \text{ m}.$$

Lösungen

10. Wenn der Fahrradfahrer den Berg hinunter gerollt ist, wurden seine kinetische Energie $E_{kin,1}$ zu Beginn und seine potenzielle Energie E_{pot} in kinetische Energie $E_{kin,2}$ umgewandelt:

$$E_{kin,1} + E_{pot} = E_{kin,2} \Leftrightarrow \frac{1}{2}\,m \cdot v_1^2 + m \cdot g \cdot h = \frac{1}{2}\,m \cdot v_2^2$$

und damit

$$v_2 = \sqrt{v_1^2 + 2\,g \cdot h} = \sqrt{\left(15\,\tfrac{m}{s}\right)^2 + 2 \cdot 9{,}81\,\tfrac{m}{s^2} \cdot 10\,m} \approx 20{,}52\,\tfrac{m}{s}.$$

11. Für die Beschleunigung von $0\,\frac{km}{h}$ auf $v_1 = 72\,\frac{km}{h} = 20\,\frac{m}{s}$ benötigt der Pkw eine Energie von

$$E_{kin,1} = \frac{1}{2}\,m \cdot v_1^2 = 200\,kJ,$$

für die Beschleunigung von $72\,\frac{km}{h}$ auf $144\,\frac{km}{h}$ (doppelte Geschwindigkeit = vierfache Energie)

$$E_{kin,2} = 800\,kJ - 200\,kJ = 600\,kJ.$$

Für die Beschleunigung von $72\,\frac{km}{h}$ auf $144\,\frac{km}{h}$ wird also die dreifache Menge an Benzin benötigt. Da die benötigte Energie mit dem Quadrat der Geschwindigkeit wächst, ist es zum Benzinsparen sinnvoll, möglichst wenig zu beschleunigen, sprich: langsam zu fahren.

12. Die Energie der Tafel Schokolade muss in potenzielle Energie umgewandelt werden:
$2000\,kJ = m \cdot g \cdot h$.
Nach h umgestellt ergibt sich für die Höhe h, die der Wanderer überwinden muss:

$$h = \frac{2000\,kJ}{m \cdot g} = \frac{2\,000\,000\,J}{60\,kg \cdot 9{,}81\,\frac{m}{s^2}} \approx 3397{,}9\,m.$$

13. Die potenzielle Energie des Balls wird vollständig in Spannenergie umgewandelt. Daher gilt:

$$m \cdot g \cdot h = \frac{1}{2}\,D \cdot s^2.$$

D erhält man über den Zusammenhang $F = D \cdot s_1$, also

$m \cdot g \cdot h = \frac{1}{2}\,\frac{F}{s_1} \cdot s_2^2$. Wir erhalten für die Verkürzung:

$$s_2 = \sqrt{\frac{2\,m \cdot g \cdot h}{\frac{F}{s_1}}} = \sqrt{\frac{2 \cdot 1\,kg \cdot 0{,}1\,m \cdot 9{,}81\,\frac{m}{s^2}}{10\,000\,\frac{N}{m}}} \approx 0{,}014\,m.$$

Kapitel 5 Akustik (Wahlmodul)

1.

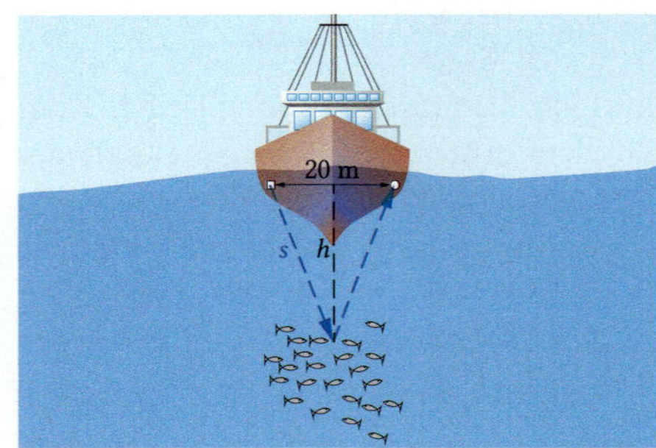

Wir nehmen an, dass das Signal von der obersten Schicht des Fischschwarms in einer Tiefe h stammt.
Das Ultraschallsignal des Echolots legt vom Sender zum Empfänger den Weg $2\,s$ zurück (siehe Skizze).
Aus der Schallgeschwindigkeit $v = 1400\,\frac{m}{s}$ in Wasser (bei $0\,°C$, siehe Tabelle **T2** auf S. 87) und der Laufzeit des Signal von $t = 357\,ms = 0{,}357\,s$ berechnet sich s zu
$2\,s = v \cdot t = 1400\,\frac{m}{s} \cdot 0{,}357\,s \approx 499{,}8\,m$, also ist $s = 249{,}9\,m$.
Nach Satz des Pythagoras gilt: $s^2 = (10\,m)^2 + h^2$. Auflösen nach h ergibt: $h \approx 249{,}7\,m$.
Der Fischschwarm befindet sich also etwa 250 m unterhalb der Wasserlinie und tiefer.

2. Im Rahmen der angegebenen Messunsicherheiten könnte es sich um drei Messreihen handelt.

Vielfa-che	1	2	3	4	5	6	7	8
Reihe 1	250	502			1249		1750	2001
Reihe 2	440			1761	2198	2640	3080	
Reihe 3	815							

Verloren gegangen sind vermutlich aus der ersten Messreihe die Frequenzen 750 Hz, 1000 Hz und 1500 Hz und aus der zweiten Messreiche die Frequenzen 880 Hz und 1320 Hz.
Andere Lösungen sind möglich, falls noch weitere Messungen von Grund- und Obertönen verloren gegangen sind.

3. Ausmessen des Frequenzspektrums:
Nullpunkt und die Frequenz 1599 Hz im Abstand von 6,8 cm sind gegeben; je nach Vergrößerung variieren die Abstände! Damit entspricht 1 mm ungefähr 23,5 Hz.
Die Frequenzen im Spektrum sind dann
211,5 Hz; 399,5 Hz; 564,0 Hz; 775,5 Hz; 1010,5 Hz; 2044,5 Hz; 2232,5 Hz.

Ein offensichtliche Grund- und Obertonstruktur ist nicht zu erkennen.

Da die Unsicherheit in der Abstandsmessung jedoch mindestens 1 mm beträgt, sind alle Frequenzen auf lediglich $\pm 23{,}5$ Hz genau bestimmt.

Daher könnten 399,5 Hz und 1010,5 Hz der 1. bzw. 4. Oberton des Grundtons 211,5 Hz sein; der 2. und 3. Oberton sind in dieser Darstellung dann aufgrund zu kleiner Amplituden nicht zu finden.

4. Das Schwingungsbild besteht aus einer regelmäßigen Struktur von Maxima und Minima. Die Auslenkung ist positiv im Bereich 0 ms < t < 1 ms und negativ zwischen 1 ms < t < 2 ms.

Ein einfacher Erklärungsansatz besteht in der Überlagerung von zwei Tönen unterschiedlicher Frequenz (Verteilung der Extrema) und leicht unterschiedlicher Amplitude (Beträge der Extrema und positiver/negativer Bereich).

Aus dem Abstand $t_1 = 1$ ms der beiden Extrema mit der vom Betrag her größten Auslenkung wird die Frequenz $f_1 = \frac{1}{2t_1} = 500$ Hz abgeschätzt.

Der zweite Ton hat eine höhere Frequenz, da mehrere Maxima und Minima zu beobachten sind. Aus dem Abstand $t_2 = 0{,}2$ ms zwischen dem ersten Maximum und dem zweiten Maximum wird die Frequenz $f_2 = \frac{1}{2t_2}$ = 2500 Hz abgeschätzt.

Im Bereich 0 ms < t < 1 ms beträgt die Auslenkung mindestens 0,1 in willkürlichen Einheiten (w.E.) und maximal 1,0 w.E. Die Amplitude des Tons mit der niedrigeren Frequenz muss daher etwas größer sein als die Amplitude des Tons mit der höheren Frequenz. Das Diagramm zeigt die resultierenden Überlagerung für das Amplitudenverhältnis 3 : 2.

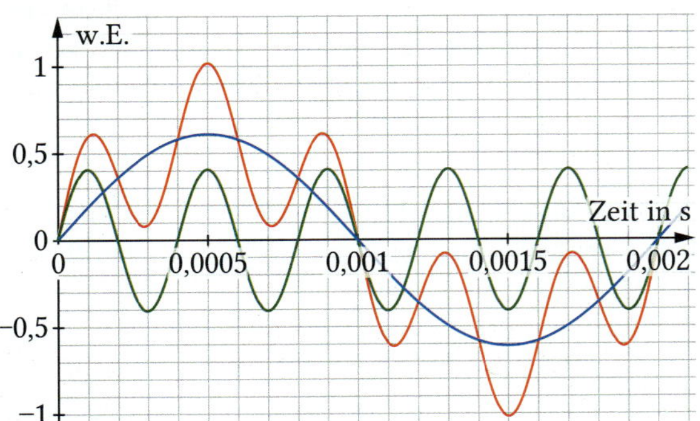

Die Auslenkung $y(t)$ ergibt sich als Summe der Auslenkungen mit der Frequenz $f_1 = 2500$ Hz und der Frequenz $f_2 = 500$ Hz:
$$y(t) = 0{,}6 \cdot \sin(2\pi \cdot 500\,t) + 0{,}4 \cdot \sin(2\pi \cdot 2500\,t)$$

5. a) Schwebung (Schwingungsbild in rot) bei zwei Tönen mit den Frequenzen $f_1 = 900$ Hz und $f_2 = 1000$ Hz und gleicher Amplitude.

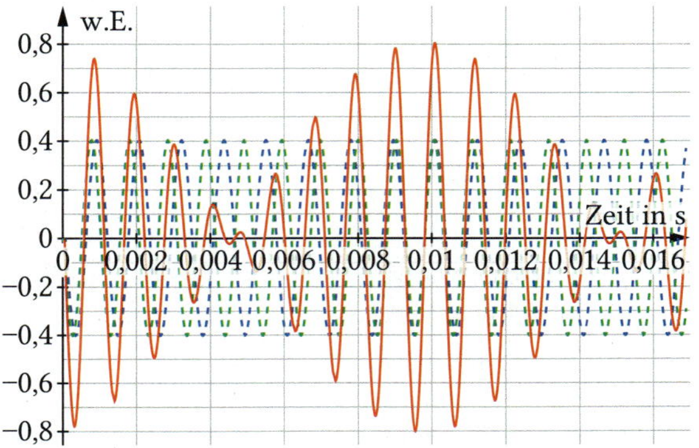

b) Schwebung bei zwei Tönen mit den Frequenzen $f_1 = 1200$ Hz und $f_2 = 1250$ Hz und Amplituden im Verhältnis 2 : 1.

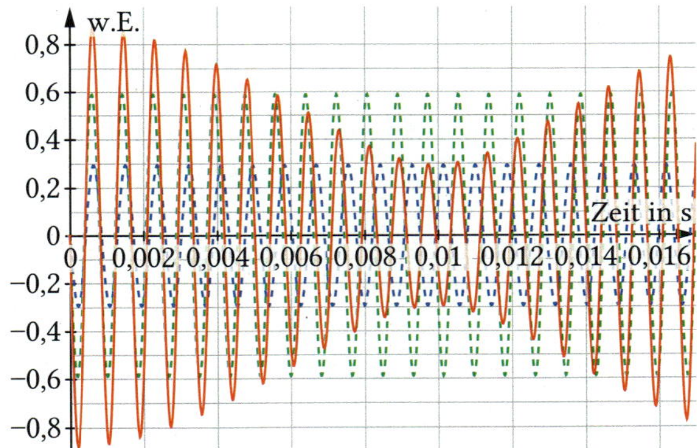

In beiden Fällen ist die Amplitude der resultierenden Schwingung größer als die Amplitude jeder einzelnen Schwingung.

6. Entsprechend der für die Dur-Tonleiter festgelegten musikalischen Intervalle (Tabelle **T3** auf S. 91) gilt:

Intervall	Frequenz in Hz	Frequenzverhältnis
Prime	264	1
Sekunde	297	9 : 8
große Terz	330	5 : 4
Quarte	352	4 : 3
Quinte	396	3 : 2
Sexte	440	5 : 3
Septime	495	15 : 8
Oktave	528	2

Lösungen

1. Die Abbildung erfolgt an der Lochblende. Die Beschreibung erfolgt durch den Abbildungsmaßstab $A = \frac{B}{G}$ $= \frac{b}{g}$. Gegeben sind $B = 16{,}7$ mm $= 0{,}0167$ m als maximale Höhe des Bildes bei $b = 0{,}035$ m Abstand.

a) $\frac{B}{G} = \frac{b}{g} \Leftrightarrow g = \frac{G}{B} \cdot b = \frac{1{,}80\text{ m}}{0{,}0167\text{ m}} \cdot 0{,}035\text{ m} = 3{,}77\text{ m}$

b) $A = \frac{B}{G} = \frac{0{,}0167\text{ m}}{1{,}80\text{ m}} = 0{,}009$

2. Experiment 1: Parallele Lichtstrahlen treffen parallel zur optischen Achse auf die Linse. Der Schnittpunkt der Strahlen hinter der Linse bildet den Brennpunkt. Sein Abstand zur Linse entspricht der Brennweite.
Experiment 2: Auf einer Schiene werden ein Gegenstand, die unbekannte Linse und ein Schirm befestigt. Die Linse und der Schirm werden solange verschoben, bis Gegenstand und Bild die gleiche Größe haben. Die Hälfte des Abstandes zwischen Schirm und Linse entspricht der Brennweite.
Experiment 2 ist für Zerstreuungslinsen nicht durchführbar, Experiment 1 hingegen schon. Hier ist allerdings eine zeichnerische Konstruktion erforderlich.

3. a) Diagramm:

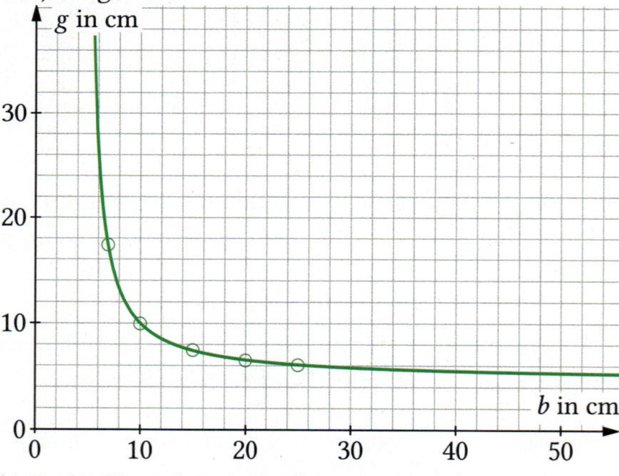

b) Sind Bild- und Gegenstandsweite identisch, so beträgt f genau die halbe Bildweite. Somit gilt $f = 5$ cm.

c) Beispielrechnung:

$\frac{1}{f} = \frac{1}{g} + \frac{1}{b} = \frac{1}{7\text{ cm}} + \frac{1}{17{,}4\text{ cm}} = 0{,}200\,\frac{1}{\text{cm}}.$

Der Kehrwert liefert $f = 5$ cm und ist somit identisch zum Ergebnis aus b).

4. a) Anwendung des Linsengesetzes:

$\frac{1}{15\text{ cm}} = \frac{1}{20\text{ cm}} + \frac{1}{b} \Leftrightarrow \frac{0{,}017}{\text{cm}} = \frac{1}{b}.$

Der Kehrwert liefert $b = 60$ cm.

b) Die Mindesthöhe entspricht der Bildgröße. Mittels Abbildungsmaßstab ergibt sich

$B = G \cdot \frac{b}{g} = 7\text{ cm} \cdot \frac{60\text{ cm}}{20\text{ cm}} = 21\text{ cm}.$

c) Der Abbildungsmaßstab ist in der vorherigen Rechnung enthalten: $A = \frac{60\text{ cm}}{20\text{ cm}} = 3.$

d) Die Aussage ist falsch. Bei halber Gegenstandsweite befindet sich das Objekt zwischen Brennpunkt und Linse. Daher kann hier kein reelles Bild auf dem Schirm entstehen.

5. In der theoretischen Betrachtung ist die Brennebene eine Linie durch F senkrecht zur optischen Achse. Im Experiment zeigt sich jedoch, dass die einzelnen Punkte mit zunehmendem Abstand zur optischen Achse weiter von der Brennebene abweichen. Das verwendete Modell zur geometrischen Konstruktion hat hier Schwächen.

6. a) Das Diagramm zeigt eine Messreihe (analog Aufgabe 3). Dabei sind Gegenstandsweite auf der Rechts- und Bildweite auf der Hochachse dargestellt. Zusammengehörige Werte sind durch eine Gerade verbunden, welche sich in einem gemeinsamen Punkt schneiden.
b) Hypothese: Der x-Wert (oder y-Wert) des Schnittpunktes entspricht der Brennweite der Linse. Mit $g \approx 35$ cm, $b \approx 47$ cm folgt $\frac{1}{f} = \frac{0{,}0498}{\text{cm}}$, also $f \approx 20$ cm.

7. Der Sehwinkel ist ein Maß für die Größe des Bildes auf der Netzhaut. Je größer der Sehwinkel, desto größer das wahrgenommene Bild. Eine Vergrößerung des Sehwinkels kann durch optische Instrumente wie Lupe, Mikroskop oder Fernrohr erreicht werden.

8. Skizze analog Seite 115, Bild **B2**. Hinweise auf:
- Die Vergrößerung des Sehwinkels für weit entfernte Objekte wird erreicht.
- Der Abstand der Linsen entspricht der Summe der Brennweiten.
- Die Bildentstehung erfolgt in der Brennebene, da einfallendes Licht als parallel angenommen wird.

9. Belichtungsdauer heruntersetzen, sodass weniger Licht auf Sensor/Film gelangt.

Blendenzahl verkleinern, sodass die Öffnung, durch die das Licht gelangt, verringert und die Lichtmenge reduziert wird.

10. a) Konstruktion an der ersten Linse liefert ein Bild ($b_1 = 5{,}25$ cm, $B_1 = 1{,}5$ cm) zwischen beiden Linsen. Die neue Gegenstandsweite beträgt $g_2 = 15$ cm $- 5{,}25$ cm $= 9{,}75$ cm, die Gegenstandsgröße G_2 entspricht der Bildgröße. An der zweiten Linse entsteht das Bild bei $b_2 = 10{,}3$ cm mit $B_2 = 1{,}6$ cm.

b) Wird die zweite Linse dichter an die erste geschoben, so nimmt die Gegenstandsweite g_2 ab und die Bildweite b_2 zu. Das Bild wird zunächst größer. Wird die zweite Linse von der ersten entfernt, so nimmt die Gegenstandsweite g_2 zu und die Bildweite b_2 ab. Dabei wird das Bild kleiner.

Fortgeschritten: Anmerkungen zur Bildentstehung bei minimalem Abstand.

Kapitel 7 Strahlungsphysik und Klima (Wahlmodul)

1. $A = a^2 = (10^{-4} \text{ m})^2 = 10^{-8} \text{ m}^2$

a) Mit Hilfe des Boltzmann-Strahlungsgesetzes erhält man $S = \frac{P}{A} = \sigma \cdot T^4 \Leftrightarrow P = A \cdot \sigma \cdot T^4$; $\sigma = 5{,}67 \cdot 10^{-8} \frac{\text{W}}{\text{m}^2 \text{K}^4}$

$T = 6000$ K: $P = 0{,}75$ W

$T = 525$ °C: $P = 2{,}34 \cdot 10^{-4}$ W

$T = 20$ °C: $P = 4{,}25 \cdot 10^{-6}$ W

$T = -196$ °C: $P = 2{,}04 \cdot 10^{-8}$ W

b) Durch Umformen erhält man $A = \frac{P}{\sigma \cdot T^4}$ und damit $a = \sqrt{A}$.

$T = 6000$ K: $a = 1{,}16 \cdot 10^{-4}$ m

$T = 525$ °C: $a = 6{,}54 \cdot 10^{-3}$ m

$T = 20$ °C: $a = 0{,}05$ m

$T = -196$ °C: $a = 0{,}70$ m

2. a) Mit Hilfe des wienschen Verschiebungsgesetzes erhält man:

$\lambda_{max} = 2898 \text{ µm K} \cdot \frac{1}{T} = 2898 \text{ µm K} \cdot \frac{1}{9900 \text{ K}} \approx 0{,}29$ µm; die Wellenlänge liegt im ultravioletten Bereich.

b) $S_{Sirius} = \sigma \cdot T^4 = 5{,}67 \cdot 10^{-8} \frac{\text{W}}{\text{m}^2 \text{K}^4} \cdot (9900 \text{ K})^4 \approx 5{,}44 \cdot 10^8 \frac{\text{W}}{\text{m}^2}$;

$P_{Oberfläche} = S_{Sirius} \cdot 4\pi \cdot r_S^2 \approx 9{,}69 \cdot 10^{27}$ W mit $r_S = 1\,191\,000$ km;

$P_{Sirius} = S_{Sirius} \cdot 4\pi \cdot r_{SE}^2 \approx 4{,}54 \cdot 10^{43}$ W mit $r_{SE} = 8{,}14 \cdot 10^{13}$ km;

$P_{Sirius} = 1{,}19 \cdot 10^{17} \cdot P_{Sonne}$

c) $P_{Erde} = S_{Sirius} \cdot 4\pi \cdot r_E^2 \approx 6{,}96 \cdot 10^{22}$ W mit $r_E = 6378$ km.

3. a) Mit Hilfe des Boltzmann-Strahlungsgesetzes erhält man:

$S = \frac{P}{A} = \sigma \cdot T^4 \Leftrightarrow A \cdot \sigma = \frac{P}{T^4}$

(i) $A \cdot \sigma = \frac{P}{T^4} = \frac{141 \text{ W}}{(453 \text{ K})^4} \approx 3{,}35 \cdot 10^{-9} \frac{\text{W}}{\text{K}^4}$

(ii) $A \cdot \sigma = \frac{P}{T^4} = \frac{200 \text{ W}}{(493 \text{ K})^4} \approx 3{,}39 \cdot 10^{-9} \frac{\text{W}}{\text{K}^4}$

(iii) $A \cdot \sigma = \frac{P}{T^4} = \frac{270 \text{ W}}{(532 \text{ K})^4} \approx 3{,}37 \cdot 10^{-9} \frac{\text{W}}{\text{K}^4}$;

(iv) $A \cdot \sigma = \frac{P}{T^4} = \frac{670 \text{ W}}{(664 \text{ K})^4} \approx 3{,}45 \cdot 10^{-9} \frac{\text{W}}{\text{K}^4}$

b) Diagramm:

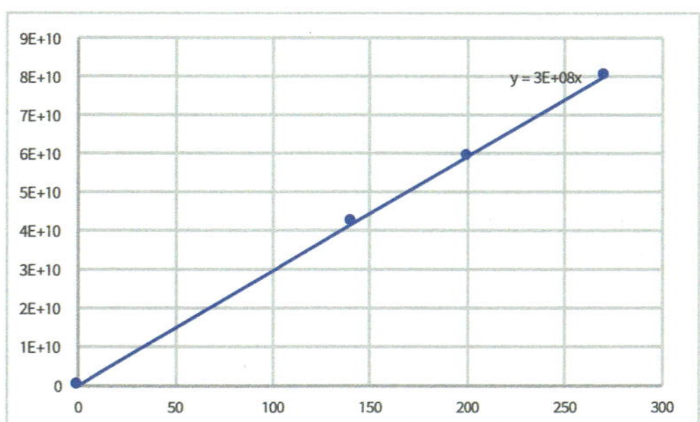

c) (i) $\sigma = \frac{3{,}35 \cdot 10^{-9} \frac{\text{W}}{\text{K}^4}}{0{,}025 \text{ m}^2} \approx 1{,}34 \cdot 10^{-7} \frac{\text{W}}{\text{m}^2 \cdot \text{K}^4} = 13{,}4 \cdot 10^{-8} \frac{\text{W}}{\text{m}^2 \cdot \text{K}^4}$

(ii) $\sigma = \frac{3{,}39 \cdot 10^{-9} \frac{\text{W}}{\text{K}^4}}{0{,}025 \text{ m}^2} \approx 1{,}35 \cdot 10^{-7} \frac{\text{W}}{\text{m}^2 \cdot \text{K}^4} = 13{,}5 \cdot 10^{-8} \frac{\text{W}}{\text{m}^2 \cdot \text{K}^4}$

(iii) $\sigma = \frac{3{,}37 \cdot 10^{-9} \frac{\text{W}}{\text{K}^4}}{0{,}025 \text{ m}^2} \approx 1{,}35 \cdot 10^{-7} \frac{\text{W}}{\text{m}^2 \cdot \text{K}^4} = 13{,}5 \cdot 10^{-8} \frac{\text{W}}{\text{m}^2 \cdot \text{K}^4}$

(iv) $\sigma = \frac{3{,}45 \cdot 10^{-9} \frac{\text{W}}{\text{K}^4}}{0{,}025 \text{ m}^2} \approx 1{,}38 \cdot 10^{-7} \frac{\text{W}}{\text{m}^2 \cdot \text{K}^4} = 13{,}8 \cdot 10^{-8} \frac{\text{W}}{\text{m}^2 \cdot \text{K}^4}$

Arithmetisches Mittel: $\overline{\sigma} \approx 13{,}6 \cdot 10^{-8} \frac{\text{W}}{\text{m}^2 \cdot \text{K}^4}$,

Theoretischer Wert: $\sigma_{Theo} = 5{,}67 \cdot 10^{-8} \frac{\text{W}}{\text{m}^2 \cdot \text{K}^4}$.

Der gemessene Wert ist etwa 2,4-mal so hoch.

4. a) Durch Auszählen erhält man für den Schwarzen Körper: $A_{SK} \approx 80$ FE; für Wolfram: $A_W \approx 20$ FE;

$\alpha = \frac{20 \text{ FE}}{80 \text{ FE}} = \frac{20}{80} = 25$ %.

b) $S = \sigma \cdot T^4 = 5{,}67 \cdot 10^{-8} \frac{\text{W}}{\text{m}^2 \text{K}^4} \cdot (2000 \text{ K})^4 \approx 9{,}22 \cdot 10^5 \frac{\text{W}}{\text{m}^2}$

c) Aus der Abbildung lässt sich ablesen: $\lambda_{max} \approx 1{,}4$ µm. Mit Hilfe des wienschen Verschiebungsgesetzes erhält man:

$\lambda_{max} = k \cdot \frac{1}{T} \Leftrightarrow k = \lambda_{max} \cdot T = 1{,}4 \text{ µm} \cdot 2000 \text{ K} = 2800$ µmK.

Die Abweichung beträgt etwa:

$\frac{2898 - 2800 \text{ µm K}}{2898 \text{ µm K}} \approx 0{,}034 = 3{,}4$ %

d) $\lambda_{max} = 2898 \text{ µm K} \cdot \frac{1}{T} = 2898 \text{ µm K} \cdot \frac{1}{2000 \text{ K}} \approx 1{,}45$ µm

Lösungen

5. $S_E = 1370\ \frac{W}{m^2}$; 93 % der eintreffenden Strahlung werden absorbiert, also

$S_0 = 1370\ \frac{W}{m^2} \cdot 0{,}93 = 1274{,}10\ \frac{W}{m^2}$;

$S_1 = \frac{1}{4}\,S_0 = \frac{1}{4} \cdot 1274{,}1\ \frac{W}{m^2} \approx 318{,}53\ \frac{W}{m^2}$;

Mit Hilfe des Boltzmann-Strahlungsgesetzes erhält man

$$S = \sigma \cdot T^4 \Leftrightarrow T = \sqrt[4]{\frac{S}{\sigma}} = \sqrt[4]{\frac{318{,}53\ \frac{W}{m^2}}{5{,}67 \cdot 10^{-8}\ \frac{W}{m^2 K^4}}} \approx 272{,}70\ \text{K} = -0{,}45\ ^\circ\text{C}$$

6. a) Da in den USA Energie billig ist, wird wenig Wert auf Energieeinsparung gelegt. Daher schlechte Wärmeisolation der Häuser, „spritfressende" Autos, …
b) In Frankreich wird elektrische Energie zu 90 % in Kernkraftwerken und Wasserkraftwerken gewonnen, die kein CO_2 abgeben. In Deutschland wird elektrische Energie zu etwa 50 % durch das Verbrennen von Kohle gewonnen.

Kapitel 8 Atom- und Kernphysik (Wahlmodul)

1. Die Funktionsweise des Geiger-Müller-Zählrohrs ist auf Seite 153 beschrieben.

2. a) Die Strahlung transportiert Energie und ionisiert Atome und Moleküle.
- Die Strahlung stammt aus Atomkernen.
- α-Strahlung besteht aus energiereichen zweifach positiv geladenen Heliumkernen. α-Strahlung kann ein Blatt Papier nicht durchdringen.
- β-Strahlung (genauer β^--Strahlung) besteht aus sehr schnellen, energiereichen Elektronen. β-Teilchen können 5 mm Aluminium nicht durchdringen.
- γ-Strahlung besteht aus energiereichen γ-Teilchen, die keine elektrische Ladung tragen. γ-Strahlung ist Licht, UV- und Röntgenstrahlung ähnlich, überträgt aber im Vergleich zu diesen größere Energieportionen. Dicke Bleischichten kann die γ-Strahlung kaum durchdringen. γ-Strahlung lässt sich nie zu 100 % abschirmen.
- Reichweite in Luft: α-Strahlung < 10 cm; β-Strahlung $\approx$ 1 m; γ-Strahlung: Die Zahl der γ-Teilchen wird erst in einer Luftschicht von mehr als 50 m auf unter 1 % reduziert.

b) α-Zerfall: Der Kern sendet einen Heliumkern (α-Teilchen) aus, das Energie mit sich führt. Zurück bleibt ein Kern, der zwei Protonen und zwei Neutronen weniger hat als der Ausgangskern. Der Restkern hat eine um zwei kleinere Kernladungszahl Z und eine um vier kleinere Nukleonenzahl A.

β^--Zerfall: Im Kern zerfällt ein Neutron in ein Proton unter Aussendung eines Elektrons, das Energie mit sich führt. Zurück bleibt ein Kern eines anderen Elementes, dessen Kernladungszahl Z um eins größer ist als der Ausgangskern. Die Nukleonenzahl A ändert sich nicht.
γ-Zerfall: Beim γ-Zerfall wird ein energiereiches γ-Teilchen nach einem α- oder β^--Zerfall von einem angeregten Atomkern ausgesendet. Dabei ändern sich die Kernladungszahl Z und die Nukleonenzahl A des Kerns nicht.

3. Aussage 1: Die Aussage ist falsch. Trifft die Strahlung radioaktiver Stoffe, z. B. von Ra-226, Materie, so wird die Strahlung dort teilweise oder ganz absorbiert. Die Teilchen verlieren ihre Energie dabei im Wesentlichen durch Stöße (besser durch Wechselwirkung) mit den Atomen oder Molekülen der Materie. Die Atome oder Moleküle werden dadurch ionisiert oder angeregt und können anschließend eventuell Licht aussenden, aber nicht α-, β- oder γ-Strahlung. Experimentell lässt sich dies den Schülern dadurch demonstrieren, dass man Materie (z. B. ein Stück Eisen) längere Zeit in den Strahlengang eines Schulpräparates hält und anschließend vor ein Zählrohr hält. Dies zeigt nur den Nulleffekt an. Erwähnen kann man vielleicht, dass Neutronenstrahlung oder energiereiche Teilchen aus der Höhenstrahlung oder von Teilchenbeschleunigern in Materie Kernreaktionen auslösen können. Die Nuklide, welche dabei entstehen, können radioaktiv sein!
Aussage 2: Die Aussage ist falsch. Von einer radioaktiven Substanz kann man nie sagen, wann der letzte Kern zerfallen wird. Wann ein einzelner Kern zerfällt, bleibt allein dem Zufall überlassen.

4. a) $^{90}_{39}\text{Y} \xrightarrow{\ \beta^-\ } {}^{90}_{40}\text{Zr}$.
b) 8 Tage haben 192 Stunden; dies sind 3 Halbwertszeiten von Y-90. Es sind deshalb $8{,}75 \cdot 10^5$ Kerne zerfallen.

5. Das Bild der Aufgabe zeigt die kosmische Strahlenkomponente der natürlichen Strahlenexposition eines Menschen. Sie nimmt mit der Höhe über dem Meeresspiegel zu. In Hamburg beträgt die effektive Dosis dieser Komponente $0{,}3\ \frac{mSv}{a}$, in 2 100 m Höhe ca. $0{,}7\ \frac{mSv}{a}$, also $0{,}4\ \frac{mSv}{a}$ mehr. Im ganzen Leben (80 Jahre) erhält also ein Bewohner, der dauernd auf 2 100 m Höhe lebt, ca. 30 mSv mehr an effektiver Dosis durch die kosmische Strahlenkomponente als ein Bewohner in Hamburg. Zusätzliche Strahlenexpositionen sollte man im Hinblick auf die Bewertung der Gesundheit am besten mit der gesamten natürlichen Strahlenexposition und deren

Schwankungsbreite vergleichen. Die mittlere natürliche Strahlenexposition eines Menschen in Deutschland beträgt 2,1 $\frac{mSv}{a}$ und hat eine Schwankungsbreite von 1 bis 6 $\frac{mSv}{a}$ (je nachdem an welchem Ort man wohnt; nachzulesen z. B. im Internet unter www.bfs.de).

Im Hinblick auf die Gesundheit eines Menschen lässt sich sagen, dass bei Strahlenexpositionen in der Größenordnung von 0 bis 200 mSv keine deterministischen Strahlenschäden auftreten. Für stochastische Strahlenschäden dagegen gilt: Je höher eine Strahlenexposition ist, desto größer ist auch die Wahrscheinlichkeit, dass stochastische Strahlenschäden wie Leukämie und Tumorerkrankungen (Krebs) auftreten.

Vergleicht man die zusätzliche Strahlenexposition von 0,4 $\frac{mSv}{a}$, die ein dauernd in Avers-Juf lebender Mensch gegenüber einem in Hamburg lebenden Menschen erhält, mit der Strahlenexposition eines Menschen durch die natürliche Strahlung (2,1 $\frac{mSv}{a}$), so stellt man fest, dass sie gerade 20 % davon beträgt. Da zudem die natürliche Strahlenexposition eine Schwankungsbreite von 1 bis 6 $\frac{mSv}{a}$ hat, lässt sich die Folgerung ziehen, dass Menschen, die das ganze Jahr in Avers-Juf leben, zwar theoretisch ein etwas größeres Risiko als Bewohner in Hamburg haben, an Leukämie oder Krebs durch die kosmische Strahlenkomponente zu erkranken, dieses Risiko aber im Vergleich zu vielen Bewohnern in Deutschland eher geringer oder vollkommen zu vernachlässigen ist.

6. a) Die natürliche Strahlenexposition beträgt im Mittel 2,1 $\frac{mSv}{a}$ oder $\frac{2100}{365} \frac{\mu Sv}{d} \approx 6 \frac{\mu Sv}{d}$.

Eine Flugreise nach Rom belastet also den menschlichen Körper mit einer Dosis, die so groß wie eine Tagesdosis der natürlichen Strahlung ist, während sie bei einem Flug nach San Francisco 7- bis 18-mal so groß ist.

Blickt man auf alle angeführten Flüge, findet man: Die zusätzliche Strahlenexposition durch die kosmische Strahlung bewegt sich bei den angeführten Flugreisen in der Größenordnung vom einfachen bis fast zum Zwanzigfachen einer Tagesdosis der natürlichen Strahlung.

b) Die natürliche Strahlenexposition in der Bundesrepublik hat eine Schwankungsbreite von 1 bis 6 $\frac{mSv}{a}$ (je nachdem an welchem Ort man wohnt; nachzulesen z. B. im Internet unter www.bfs.de). Diese ist deutlich größer als die zusätzliche Strahlenexposition durch die kosmische Strahlung bei den angeführten Flügen (3 bis 110 µSv). Man braucht deshalb von einzelnen Flügen nicht abzuraten.

7. a) Man erkennt deutlich, dass die Umweltradioaktivität – es ist genauer die externe Strahlenexposition in Bodennähe im Freien – von Ort zu Ort schwankt. Am stärksten ist sie in der Gegend des Bayrischen Waldes und im Erzgebirge und am geringsten in der norddeutschen Tiefebene.

Die Karte zeigt die Strahlenexposition, wenn man die gesamte Zeit im Freien lebt. Sie stammt aus den jährlichen Berichten der Bundesregierung zum Thema „Umweltradioaktivität und Strahlenschutz". Seit einiger Zeit findet man in den Berichten eine Karte, in der die externe Strahlenexposition dargestellt ist, wenn man sich täglich fünf Stunden im Freien aufhält.

b) Auf www.bfs.de findet man unter dem Thema „Ionisierende Strahlung" aktuelle Messwerte der Gammaortsdosisleistung an 1800 Messstellen in der Bundesrepublik Deutschland. Die Gammaortsdosisleistung entspricht in etwa dem in dem Bild von Aufgabe 7a angegeben Werten.

Beispiel: Für die Messstelle Hannover-Flughafen findet man die Gammaortsdosisleistung 0,069 $\frac{\mu Sv}{h}$. Auf das Jahr hochgerechnet wäre dort also die jährliche Gammaortsdosisleistung $\approx$ 0,6 mSv.

c) Auf www.bfs.de findet man viele Informationen zum Thema Radon. Auch die „Radonkarte" ist dort zu finden. Wie die Karte über die Gammaortsdosisleistung gibt diese Karte eine Orientierung über die regionale Verteilung der Radonkonzentration in der Bodenluft einen Meter unter der Erdoberfläche in Deutschland.

8. Die Aktivität von Cs-137 in den 200 g Rehfleisch beträgt 4 200 $\frac{Bq}{kg} \cdot$ 0,2 kg = 840 Bq und in den Pilzen 12 500 $\frac{Bq}{kg} \cdot$ 0,1 kg = 1 250 Bq, zusammen also 2 090 Bq. Die effektive Dosis, die der Mensch erhält, ist somit 2 090 Bq $\cdot$ 1,4 $\cdot$ 10^{-8} $\frac{Sv}{Bq}$ = 29,3 µSv.

Strahlenexpositionen des Menschen vergleicht man oft mit der Schwankungsbreite der natürlichen Strahlenexposition. Diese beträgt in der Bundesrepublik Deutschland einige Millisievert. Die Strahlenexposition durch die angegebene Mahlzeit ist demgegenüber minimal.

Stichwortverzeichnis

A

Abbildungsmaßstab 102, 122
abgeschlossenes System 69, 76
Absorption 132
– selektive 136
– von Schall 82
Absorptionsgrad 130
Abstoßgeschwindigkeit (Kugelsto-
ßen) 30
actio = reactio 46
Addition, vektorielle 14
Agenda 21 141
Airbag 42
aktive Schallunterdrückung 93
Aktivität 160
ALARA-Prinzip 165
Albedo 138
Allgemeine Relativitätstheorie 45
α-Strahlung, -Teilchen, -Zerfall 154
Altersbestimmung 163
Amplitude 80, 96
Ampulle (Ohr) 44
Anfangsgeschwindigkeit 36, 48
Anschnallgurt 42
Anti-Lärm-Kopfhörer 93
Antiteilchen 151
Aristoteles 23, 29, 41, 44
astronomisches Fernrohr 114, 122
Atom 148
– -hülle 148
– -kern 148
– -modell 148
Auflösungsvermögen 113
Auge 112
Autotracking (Videoanalyse) 27

B

Bahngeschwindigkeit 52
– des waagerechten Wurfs 25
ballistische Kurven 29
Baryonen 150
Becquerel (Bq) 160
Becquerel, Henri 154
Beobachter 12, 59
beschleunigtes Bezugssystem 59
Beschleunigung 14, 32, 39, 48
– Betrag 15
– Zentripetal- 56
Bestrahlungsstärke *siehe* Leistungs-
dichte
β-Strahlung, -Teilchen, -Zerfall 154
Betrag der Beschleunigung 15
Betrag der Geschwindigkeit 10, 13
Bewegung
– beschleunigte 14
– beschreiben 10
– freier Fall 16

– gleichförmig geradlinige 11, 32
– gleichmäßig beschleunigte geradlini-
ge 14, 32
– Kreisbewegung 52
Bewegungsenergie *siehe* kinetische
Energie
Bewegungsgleichung
– gleichförmig geradlinige Bewe-
gung 11
– gleichmäßig beschleunigte geradlini-
ge Bewegung 15
– schiefer Wurf 28
– waagerechter Wurf 25
Bewegungslehre, Geschichte 23
Bezugssystem 59
Bild
– reelles 122
– virtuelles 122
Bildgröße 102
Bildweite 102
Bläschenbewegung 22
Bogengänge 44
Bor-Neutroneneinfangtherapie 167
Bremsen 15, 44, 74
Bremskraft 74
Bremsweg 74
Brennebene 106
Brennpunkt 106
Brennweite 106
Bungeesprung 68

C

Cäsium-Isotopen-Generator 160
chemische Elemente 150
CO_2-Anteil in der Atmosphäre 140
CO_2-Emissionen 140
Cochlea-Implantat 92
Colladon, Jean-Daniel 87
Crashtest 42

D

dB *siehe* Dezibel (dB)
Delta-Schreibweise 10
deutliche Sehweite 112
Dezibel (dB) 85
Diagnostik, medizinische
– 156
Dioptrie 106
Dosis, effektive
– 164
down-Quark 150
Drehfrequenz 52, 64
drittes newtonsches Gesetz 46

E

Echo 82
effektive Dosis 164
Einheiten, willkürliche 81

Einstein, Albert 45
Einwirkungsdauer 38
elektromagnetische Wechselwir-
kung 151
elektromagnetische Wellen 128
Elementarteilchen, Standardmodell
der 151
Elementarteilchenzoo 150
Emission 132
Endgeschwindigkeit 18, 36, 48
Endlager 166
Energie
– innere 126
– Ionisierungs- 149
– kinetische 68, 76
– potenzielle 68, 76
– Rotations- 73
– Spann- 68, 76
Energieansatz 74
Energiedosis 164
Energie, Energieformen 68
Energieentwertung 69, 76
Energieerhaltungssatz 69, 70, 76
Energiekonten 68, 76
Energieübertragung 126
Ernährung 142
erstes newtonsches Gesetz 44

F

Fall
– freier 16, 32
– mit Luftwiderstand 18
– mit Reibung 18, 32
Fallbeschleunigung 17, 32, 41, 48
– akustische Messung 20
– g-Leiter 21
Fallbewegung
– freie 16
– mit Luftwiderstand 18
– Stationenlernen 20
Fallgesetze 17
Fallschirmsprung 18
Fallschnüre 20
Farbspektrum 128
Federkonstante 68
Federpendel 72
Feldquanten 151
Fliehkraft *siehe* Zentrifugalkraft
Fotoapparat 116
Fourieranalyse *siehe* Frequenzanalyse
freier Fall 16, 32
– und waagerechter Wurf 24
Freifallphase 18
Frequenz 81, 96
Frequenzanalyse 89
Frequenzspektrum 96